教育部人文社会科学重点研究基地
上海外国语大学中东研究所丛书

能源地缘政治理论与实践

以美国为例

Theory and Practice of the Geopolitics of Energy: A Case Study of United States

潜旭明◎著

时事出版社
北京

图书在版编目（CIP）数据

能源地缘政治理论与实践：以美国为例／潜旭明著．—北京：时事出版社，2020.1

ISBN 978-7-5195-0301-7

Ⅰ.①能… Ⅱ.①潜… Ⅲ.①能源战略—地缘政治学—研究—美国 Ⅳ.①F471.262

中国版本图书馆CIP数据核字（2019）第271911号

出版发行：时事出版社
地　　址：北京市海淀区万寿寺甲2号
邮　　编：100081
发行热线：（010）88547590　88547591
读者服务部：（010）88547595
传　　真：（010）88547592
电子邮箱：shishichubanshe@sina.com
网　　址：www.shishishe.com
印　　刷：北京旺都印务有限公司

开本：787×1092　1/16　印张：20.5　字数：305千字
2020年1月第1版　2020年1月第1次印刷
定价：120.00元

本书出版获中央高校基本科研业务费以及上海外国语大学学术著作出版资助

目录

Contents

第一章 能源安全与能源地缘政治理论

第一节　能源安全与能源地缘政治

一、能源安全

能源是人类社会存在与发展的物质基础。在现代工业社会，能源安全是国家安全体系的重要组成部分，直接关系到国民经济发展和国家安全等重大问题。① 随着世界工业化和城市化进程的加快，人们对能源的消费也不断增加，世界能源格局也发生了重大变化，石油超过煤炭成为一次性能源消费中的主导能源。中东地区成为石油供应板块的核心区域，1960 年石油输出国组织（OPEC）成立后，他们以集体的力量走上了国际能源舞台。在第四次中东战争中，石油输出国组织对以美国为首的西方国家实行石油禁运，引发 1973 – 1974 年的石油危机，从而使能源安全的重要性凸显。面对石油危机，1974 年，以美国为首的 OECD 国家成立了国际能源署（IEA），提出以稳定原油供应和价格为核心的能源安全概念。②

不同机构、学者对于能源安全概念有不同观点，美国学者威廉·马丁认为，能源安全有三个层面的含义：第一个层面是广义的能源安全，是指

① 潜旭明：《全球能源与气候治理视野下的 G20》，《教学与研究》第 7 期，2016 年 10 月 15 日。

② 陆忠伟：《非传统安全论》，北京：时事出版社，2003 年 11 月版，第 165 页。

以合理的价格获得充足的能源供应，以满足不断增长的能源需求；第二个层面是狭义的能源安全，指在对不稳定的中东石油进口依赖不断增长的情况下，对中东石油供应可能中断或短缺带来的风险进行管理；第三个层面是与能源相关的环境和可持续发展议题，如环境问题和可持续发展问题。[①] 国际能源署（IEA）把能源安全定义为“以合适的价格获得的充足的能源供应，特别是获得充足的石油供应”。[②] 欧洲委员会（EC）把能源安全定义为“保障能源供应安全的能力”，或者通过充足的国内能源供应，或者稳定的国外能源供给，以可接受的价格，确保满足必要的能源需求的能力。[③]

能源安全的内涵和外延也不断得到充实和发展，20 世纪 70 年代能源安全这个概念刚提出来时，其内涵主要指供应安全，随着全球化的发展及全球能源体系安全的扩展，能源安全呈现出全球性和关联性等特点，能源安全的内涵也不断得到丰富和充实，由单一性向综合性转变，由单纯的能源供应安全向需求安全、能源价格、环境和气候变化等问题拓展。

（一）能源安全的要素

一个国家的能源安全一般理解为免受在经济上可以承担的燃料短缺威胁，或者说，能源资源处于可以满足需求的状态。从能源出口国的角度来看，能源安全意味着具有稳定的能源市场、完善的能源基础设施、充足的能源投资、稳定的能源需求。[④] 对于能源资源短缺的国家来说，能源安全通常包括四个方面的要素：可获得性、可靠性、可承担性和可持续性。

可获得性：可获得性要求存在一个能源市场，买卖双方通过能源市场交易能源的产品及服务。在能源市场中，各方利益得到满足是能源安全的

---

① William Martin, “Maintaining energy security in a global context”, a report on the Trilateral Commission, 1996, p. 4.

② Robert Skinner and Robert Arnott: the Oil Supply and Demand Context for Security of Oil Supply to the EU from the GCC Countries, Oxford Institute for Energy Studies, April 2, 2005, p. 4.

③ EC Study on Energy Supply and Geopolitics, OECD/IEA, Paris, 2004, p. 6.

④ E/ESCAP/64/34,《第六十四届会议主题：“亚太区域的能源安全与可持续发展”》，联合国网站，http://www.un.org/chinese/esa/energy/asia.shtml。

先决条件，能源市场需要有能源资源、资本投入、有效的技术、适当的法律框架等。这些内容使“可获得性”十分明确、清楚。[①] 有些资源比较充裕，但是由于技术的原因，在市场上买不到。例如，可燃冰是甲烷与水在高压低温状态下形成的一种冰状的结晶物质，如果技术达到一定的水平，突破开采瓶颈，在成本较低的条件下实施商业化利用，那么可燃冰就有可能成为一种新型能源。

可靠性：可靠性就是采取措施防止能源供应的中断。能源是确保国民经济健康稳定运行的基础物资，如果发生能源供应中断，会使工厂生产、医院照明、家庭供暖等都受到影响。从某种程度来说，能源的可靠性与人们的生命攸关。提升能源可靠性的措施主要有：（1）能源品种的多样化；（2）能源来源的多元化；（3）提升能源网络的储备能力，如石油管道、发电站、能源运输体系等；（4）压缩能源需求；（5）建立能源战略储备；（6）及时了解市场信息。[②]

可承担性：买不起能源也就无法使用能源。能源安全的可承担性指的不仅仅是能源价格对可支配收入而言的高低问题，还涉及到能源价格波动的问题。能源价格的波动会引起严重的国家社会和经济方面的问题，造成经济困难。消费者会采取措施为应对预期之外的财政负担而斗争，会导致政局的不稳。

可持续性：随着全球气候变化问题凸显，国际社会开始以可持续性发展的眼光来重新审视能源安全问题，开始更多关注由于能源使用所造成的全球性生态环境问题。[③] 能源安全更加注重环境的可持续发展，在增进能源安全过程中如果没有考虑到环境的可持续发展，在采用先进技术及实践的过程中会恶化地球环境，其反过来也会影响能源系统。

石油安全在能源安全中的地位尤为重要。石油安全就是经济社会发展所需要的石油能在一定价格下保持连续、稳定的供应。具体来说包括以下

---

① Carlos Pascual and Jonathan Elkind, Energy Security: Economics, Politics, Strategies and implications. Washington D. C. Brookings Institution Press, 2010, p. 123.

② Carlos Pascual and Jonathan Elkind, Energy Security: Economics, Politics, Strategies and implications. Washington D. C. Brookings Institution Press, 2010, pp. 125 - 126.

③ 倪健民、郭云涛：《能源安全》，杭州：浙江大学出版社，2009 年版，第 58 页。

几个方面：运得来、买得起、数量充足、价格稳定。

（二）能源问题的非传统安全特征

非传统安全是一个动态的概念，它呈现了安全现实和安全理论的变化和拓展，是对应于军事、政治领域之外的经济、资源、社会、文化、环境、生态、信息等更广泛的领域存在的生存威胁。[①] 在这种视角下，能源安全也被纳入非传统安全范畴。非传统安全问题的主要特点有：跨国性、转化性、动态性、广泛性、临界性、系统性和依赖性等，非传统安全也可以向传统安全转化，从而能对国家安全造成实质性影响。非传统安全威胁同样可以引发冲突、甚至战争，危及一个国家的生存等根本利益。[②]

能源安全是一个国家经济安全的重要组成部分，能源价格的上涨会导致燃料成本增加、工业生产成本上升，进而引发通货膨胀、经济衰退。能源安全状况直接影响到经济发展、环境安全、可持续发展和整个社会稳定。过度使用能源所排放的气体会导致全球气候变暖、大气环境质量下降、产生酸雨、污染环境，造成一系列问题。现代意义上的能源安全与可持续发展联系在一起，能源安全不仅包括能源的需求安全、供应安全，还包括能源在生产和使用过程中所造成的环境问题，所以实现能源安全是实现国民经济持续发展和社会进步所必须具备的条件。[③]

在全球化的时代，能源安问题已经成为一个全球性问题，能源安全的影响和威胁是跨国界的，没有一个国家能够摆脱世界市场和其他国家的影响而单独保证能源安全。能源生产国政局动荡、地缘政治风险、能源投机等因素都会影响全球能源价格等的走向。能源使用后对环境的影响也是跨国界的，以酸雨为例，西北欧和中欧国家排放的SO_2有相当一部分扩散到了其他国家，使欧洲成为世界上一大酸雨区。

随着国际能源贸易规模的扩大、世界能源的投资开发与能源型产品的

---

① 余潇枫、魏志江编：《非传统安全概论》，北京大学出版社，2015 年版，第 45 页。

② 宋效峰、张立华：《传统与非传统：对石油安全的双重解读》，《攀登》2006 年第 4 期。

③ 余建华等著：《上海合作组织非传统安全研究》，上海社会科学院出版社，2009 年 5 月版，第 45、46 页。

生产日益国际化，能源企业跨国经营和市场调节机制多元化。能源配置国际化给各国既带来利益，也带来风险。一方面，能源消费国通过能源进口满足国内需求；能源出口国通过勘探、开发和出口国内能源资源，增加本国的财政收入，世界能源贸易的增加使能源生产国和消费国的利益关系更加紧密、世界经济更加融合。另一方面，能源配置国际化也带来风险，加剧了国际能源产业的竞争。能源地缘政治往往引发激烈竞争和冲突，甚至引发战争。

二、能源地缘政治

由于世界能源的分布极不平衡，能源生产国和消费国在地理上分离，能源与地理因素相结合，特别是与交通枢纽的结合，形成了能源地缘政治。现代能源地缘政治学是将能源与地缘政治争夺紧密联系在一起进行研究的学说，称为“能源地缘政治学”“石油地缘政治学”。[①] 能源地缘政治学说认为，煤、石油与天然气等能源物资，不仅与一个国家的执政当局关系密切，甚至对国与国之间的关系也能产生重大影响。对能源的控制权成为国际政治的一种重要的权力，控制世界是以控制世界资源贮藏丰富和开发条件最好的地区为前提和目标。[②]

关于能源地缘政治的定义，众多学者的学术文章对其进行了探讨，他们对能源地缘政治的定义各不相同。美国学者相尔文·科能特（Melvin A. Conant）在《能源地缘政治》一书中认为，地缘政治作为一种研究国际关系的方法，着重考察地理位置对国家之间关系的影响。地缘政治强调地理因素影响国家战略和对国家间权力关系的决策。地理因素的重要性随着时间、科学技术、对资源的需求、国家政治目标的发展而变化，地理因素的重要性也会随着国际关系的变化而变化。因为基本能源需要转化为一定

---

① 较早提出“能源地缘政治学”（Geopolitics of Energy）的是美国的相尔文·科能特（Melvin A. Connate），他曾于1978年出版了《能源地缘政治学》；参见徐小杰：《世纪的油气地缘政治》，北京：社会科学文献出版社，1998年版。

② 张文木：《世界地缘政治中的中国国家安全利益分析》，济南：山东大学出版社，2000年版，第134页。

的状态、运送到一定的地方才能使用，所以除了能源的分布区域外，能源的运输通道、技术、处理设备（如果没有这些设备能源将显示出较小的价值）对国际关系也有重要影响。[①] 影响能源供给的因素（储量、工艺流程、新的发现、对能源消费的增加、能源研究、新技术）和影响能源需求的因素（经济的发展、经济体对能源的需求、替代能源的可获得性）的相互作用，也是能源地缘政治中非常重要的方面，在不同的历史时期供求关系赋予不同的资源和地理因素的重要性不同。[②]

美国学者保罗·罗伯茨认为，石油地缘政治有三个重要要素，第一个因素是美国所扮演的角色。自石油工业产生到现在，美国一直扮演着主宰的角色，美国先是世界上最大的能源出口国，现在又是最大的消费国，美国的巨大市场吸引着世界上的其他行为体，对世界石油秩序产生重大的影响。第二个因素是中东地区的石油。石油地缘政治所关注的问题集中在欧佩克国家的石油上，而且主要集中在了沙特阿拉伯的石油资源上。石油地缘政治中的第三个要素就是石油价格。价格决定国际资金和政治影响的流向和速度，价格对经济发展的快慢起着重要的作用，价格还控制着我们使用的能量。[③]

美国学者卡罗斯·帕斯库尔（Carlos Pascual）和埃维·赞比坦克斯（Evie Zambetakis）认为，能源是工业国家经济发展的核心，能源为我们的交通、工厂、建筑、学校、医院等提供动力。能源地缘政治是处理国家之间的能源关系的学问，其中最主要的关系就是能源生产国和能源消费国的关系，而消费国（或者集团）之间的关系最为重要，其原因主要是能源的重要性以及来自能源供应的冲击。能源地缘政治还涉及国际能源行为体利用能源权力来达到其他政治或者安全的目的。能源地缘政治（谁来决定能源供应？谁来确保以合理的价格购买能源?）[④] 是世界繁荣和安全的动力。

---

① Melvin A. Conant, Fern Racine Gold, *The Geopolitics of Energy*, Colorado: Westiew Press, 1978, pp. 4 – 5.

② Ibid. .

③ ［美］保罗·罗伯茨：《石油恐慌》，北京：中信出版社，2008 年版，第 68—70 页。

④ Carlos Pascual, *The Geopolitics of Energy*: *From Security to Survival* [R/OL], http: // www. brookings. edu / papers / 2008/01_energy_pascual. aspx, 2008 – 08 – 18.

在未来的几十年，能源地缘政治将决定地球上人类的生存问题。[①]

美国哈佛大学的梅根教授对于能源地缘政治的定义为：能源地缘政治主要研究与能源相关的供应和需求问题，一个国家采取种种政策（政治、经济、军事、外交）来确保能源安全，满足对能源的需求。研究产油国如何运用石油和天然气作为一种工具或者一种国家权力来达到其政治或经济的目的。石油消费国把满足本国的能源需求作为外交政策、能源安全政策的目标，并运用军事手段、石油外交、“管道政治”或者能源重商主义等手段来达到其目的。

我国学者徐小杰认为，地缘政治问题是事关各国的政治和经济实力生存和发展空间的问题。能源地缘政治的核心问题是各国掌控政治经济发展所需要的能源资源的能力和空间。这种争夺在一些地缘政治薄弱环节和真空地带表现得最为激烈，地缘政治关系最为复杂。[②]

我国学者陆俊元把资源地缘政治定义为：在工业经济时代，对资源的加工和消耗使资源在世界政治经济关系中的作用和地位不断上升，占有资源就是主动，反之则是被动，争夺资源成为国际政治的主要内容。资源地缘政治的核心是对稀缺资源的控制与反控制，这种竞争贯穿于对资源产地的控制、资源的开发和生产、资源运输与销售等各个环节。[③]

我国学者庞昌伟认为，能源地缘政治是指政治棋手对能源（石油、天然气、煤炭、铀、水能、核能等）的产地、勘探、开发、运输、储藏、销售等环节的竞争与博弈、控制与反控制。能源政治是指一国在内政和外交方面实施的旨在保证国家能源安全的国务活动和政策方针。能源分布的地理特征使能源获得了地缘政治的属性，能源因为和国家经济安全密切相关，因而更具有战略性，能源地缘政治学在学科性质上具有战略的本质。[④]

我国学者初立忠认为，随着战后世界现代工业的发展，能源特别是石油成为各国谋求经济发展、政治强大、发挥国际影响力的最为重要的筹

---

① Carlos Pascual, Jonathan Elkind, *Energy Security: Economics, Politics, Strategies, and Implications*, Washington DC: Brookings Institution Press, p. 9.

② 《徐小杰教授在华东师范大学的演讲》，《解放日报》，2005年12月18日，第8版。

③ 陆俊元：《地缘政治的本质和规律》，北京：时事出版社，2005年版，第181页。

④ 庞昌伟：《国际石油政治学》，北京：中国石油大学出版社，2008年版，第15页。

码。一国为保证生产稳定持续健康发展而绝对控制并能稳定获取的能源总量，会更为准确地反映该国的实力和地位。二战后的地缘政治理论已深化为以控制世界资源为中心的理论。传统地缘政治学论点逐渐向“能源决定外交”的论点演进。他认为能源地缘政治形成之后，各国相互争夺能源的斗争将对世界能源地缘政治格局产生重大影响。他把二战后世界能源地缘政治格局的发展分为三个不同的阶段：第一阶段从二战结束到1973年第一次石油危机，其特征为以美国为主导的西方石油消费国主宰世界能源地缘政治格局；第二阶段从第一次石油危机到冷战结束，其特征为以美国为首的西方石油消费国石油霸权的消失，以欧佩克为代表的石油生产国开始决定世界石油产量和价格；第三阶段是冷战结束后，美国逐步加大在能源领域的投入和争夺力度，以美国为主导，其他能源消费大国之间相互博弈，主要产油国地位凸显的世界能源地缘政治格局逐步形成。①

我国学者任娜和孙暖认为，地缘政治因素会影响到国家对能源的获得，这使得从地缘政治的角度来研究石油安全尤为重要，现代能源地缘政治将能源与地缘政治争夺紧密联系在一起进行研究的学说，被称为“石油地缘政治”“能源地缘政治学”。石油地缘政治首先要考察的是全球石油分布、供应和需求版图。以石油出产地和消费地区的分布为出发点，可以看到主要消费国在围绕石油产地进行的地缘政治争夺。谁控制了资源，谁就能控制对手；控制了对手，也就控制了世界。资源价值与地缘价值在时间和空间上合二为一是现代地缘政治理论的鲜明特色。她们认为，美国的全球战略布局在很大程度上都围绕石油展开。②

我国学者杨中强对能源地缘政治的定义是：国际政治中围绕能源这种战略资源的占有、使用、控制、交易，由地理分布以及与地理密切相关因素而引起的，不同国际行为体之间的相互关系与涉及重大国际政治及国际关系的战略和策略问题。③

---

① 初立忠：《浅析地缘政治中的石油因素》，《学术交流》2007年第4期。

② 任娜、孙暖：《地缘政治视角下的能源安全——以美国全球能源安全战略为例》，《世界经济与政治》2007年第2期。

③ 参见杨中强：《石油安全研究》，中共中央党校出版社，2006年版，第45页。

能源地缘政治的定义有广义和狭义之分。狭义的能源地缘政治主要考察的是全球能源的分布、生产、运输、消费的空间布局等问题。广义的能源地缘政治指的是国家或国家集团为保障能源安全，运用其权力来实现对国际能源体系的影响和控制，进而影响国际格局。

笔者对能源地缘政治的定义为，国家或国家集团运用其权力，通过制定和实施国际能源战略来实现对国际能源体系的影响和控制，以实现其能源安全，进而影响国际政治经济格局，其中对于国际能源价格的博弈是能源地缘政治的焦点。国家能源体系主要包括能源的供给板块、需求板块、运输通道、能源金融、国际机制和国际能源市场。能源地缘政治的主要目标是通过对国际能源体系的影响和控制来实现国家的能源安全。能源地缘政治的核心是实现能源安全，能源博弈的焦点是对国际能源价格的影响和控制。

第二节　能源地缘政治学的理论分析框架

一、能源地缘政治学的变量和理论分析框架

能源地缘政治学的基本变量有三个：权力、国际能源战略和国际能源体系。其中权力为自变量，国际能源战略为中介变量，国际能源体系为因变量。[①] 在能源地缘政治学中，一个国家的权力主要通过国际能源战略的制定和实施，与世界重要能源行为体进行能源利益博弈，来实现对国际能源体系的影响和控制，形成有利于自己的能源战略格局。国际能源体系包含六大要素：供应板块、需求板块、能源运输通道、能源金融、能源市场和国际能源机制，这六大要素形成了能源地缘政治的地缘空间。

在国际政治中，霸权国凭借强大的政治、经济、军事实力，制定和实

---

① 为了研究方便，笔者去除一些不重要的因素，着重研究一些更重要的因素。

施相应的国际能源战略，来控制能源产地、能源运输通道、能源金融、能源需求、国际能源机制和国际能源市场，从而实现对国际能源体系影响和控制，进而实现能源安全。

（一）自变量：权力

权力是政治学的核心概念，地缘政治学之所以被称为政治学，必然与权力不可分割，是关于权力在空间中展开的学问。在国际关系领域，权力是指一国在国际舞台上控制他国、影响国际事件的综合能力。[①] 杰弗雷·哈特认为，“权力是对资源、对行为者、对事件及其结果的控制能力”。戴维·鲍德温认为，“权力是改变人们行为结果分配的能力的表现”。[②]

一个国家的权力大小是由国家的实力决定的。美国军事理论家马汉通过对英帝国崛起的研究，认为制海权具有决定的意义，指出谁控制了海洋，谁就能掌握世界的财富，从而统治全世界。马汉提出影响海权的六要素：地理位置、自然结构、领土的大小、人口、国民性和政府的特性。海权问题中特别引人注目的是对海上通道的控制。[③]

英国地理学家麦金德认为，世界历史是海上霸权与陆上霸权不断对抗的历史，但陆权比海权重要。因为随着铁路、公路等陆地交通的发展，陆权将越来越占有优势。因此，支配了欧亚大陆的心脏地带就等于支配了欧亚大陆地带乃至全世界。他在《历史的地理枢纽》一书中提出了后来被称为“心脏地带论”的思想。

1921 年，杜黑出版了《制空权》一书，认为航空为人类开辟了一个新的活动领域——空中领域，结果就必然形成一个新的战场。飞机的使用，引起了战争样式的革命，夺取制空权成为决定战争胜负的关键因素，丧失制空权就意味着失败。该书对各国空军建设和军事革命产生了巨大影响。

雷蒙·阿隆把国家的力量归结为以下基本要素：所占据的地理空间、

---

① 倪世雄：《当代西方国际关系理论》，上海：复旦大学出版社，2006 年版，第 263 页。

② David Baldwin, “Power Analysis and World Politics - New Trends vs Old Tendencies ”, *World Politics*, *January* 1979.

③ 蒲瑶：《地缘政治理论的历史、现状与发展趋势——兼论中国的空间安全》，《社会科学家》2008 年 6 月。

资源（包括人力和物力）、集体行动的能力、军事力量、社会结构和质量等。“国际关系之父”汉斯·摩根索认为，国家权力的根源主要来自于九个方面：地理因素、自然资源、工业能力、军事装备、人口、民族性格、国民士气、外交质量和政府质量。归纳起来，国家的权力分为有形和无形的权力两种。[①]

美国学者克莱因在《世界权力的估量》一书中，提出了国家综合国力公式，又称“克莱因公式”：Pp =（C + E + M）×（S + W）。

其中，C 代表基本实体（人口和领土），E 代表经济能力，M 代表军事实力；S 代表国家战略意图及实施国家战略意图的意志，W 代表国力中的精神因素。因此，“克莱因公式”可以写成：国家力量 = ［（人口 + 领土）+ 经济能力 + 军事能力］×（战略意图 + 贯彻国家战略的意志）。其中领土、人口、国民生产总值与产业结构、核武器和常规兵力等物质因素是客观存在的，战略目标、国民凝聚力、政府领导人的能力、国民对国家利益和战略的关心等精神因素是主观的。客观与主观之间是互为前提的，物资因素能否充分发挥作用取决于精神因素。[②]

笔者认为，在能源地缘政治学中，权力就是一国或数国通过运用政治、经济、军事、文化、金融、外交、资源、科学技术等综合国力，来实现对国际能源体系（供给板块、需求板块、能源通道、能源金融、能源贸易、国际能源市场、国际能源机制）的影响和控制，其核心是实现能源安全，博弈的焦点是对国际能源定价权的影响和控制能力。

能源生产国拥有丰富的能源资源，它们通过控制能源的供应，以能源作为一种武器来达到其政治、经济和外交的目的：“如果你敌视我们，你就得不到石油；如果你中立，就可以得到石油，但不能像以前那样多；如果你持友好的态度，就可以得到和以前一样多的石油。”[③] 1973 年 10 月第四次中东战争爆发后，石油输出国组织（OPEC）国家祭起能源武器，以

---

① Hans Morgenthau, *Polities Among Nations*, McGraw - Hill Humanities/Social Sciences/Langua, 1978, pp. 117 - 155.

② 樊勇明：《西方国际政治经济学》，上海人民出版社，2006 年版，第 165 页。

③ ［美］丹尼尔·耶金，钟菲译：《石油·金钱·权力》，北京：新华出版社，1996 年版，第 653 页。

减产、禁运和提价等措施打击亲以色列的西方势力，引发了第一次石油危机。在石油武器的打击下，美国也开始被迫调整其中东政策，1975 年首次承认巴勒斯坦问题是阿以冲突的核心问题。欧洲调整了其中东政策，发表了《布鲁塞尔宣言》，要求以色列撤出 1967 年战争以来占领的阿拉伯领土，保证巴勒斯坦人的合法权利；日本则脱离了美国中东政策的轨道，通过实施“新中东政策”来改善同阿拉伯国家的关系。

在市场经济的大规模生产条件下，控制需求也是一种权力。如果某一商品生产出来之后没有需求，将导致产品卖不出去，企业收入减少，就会面临亏损乃至倒闭的危险。在能源领域也一样，能源生产国经济结构单一，对能源出口依赖很大，如果生产出来的石油销售不出去，或者价格极低，就会影响其外汇收入，导致经济疲软或衰退。能源消费国拥有巨大的能源市场，可以通过控制能源的需求，以降价、经济制裁等手段来打击敌对产油国，来达到其政治、经济和外交的目的。20 世纪 50 年代，西方国家就曾利用其垄断国际石油市场的优势，禁止伊朗石油进入世界市场，导致伊朗收入锐减、经济衰退、政局不稳，致使伊朗石油国有化运动夭折。另一例子就是美国还把伊拉克萨达姆政权、伊朗、利比亚和苏丹等列为“无赖国家”或“邪恶轴心”，对其进行经济制裁，禁止美国及其盟国的石油公司与其开展贸易交往，在经济上对它们进行孤立和打击。

在能源地缘政治中，影响和控制国际能源通道对于能源安全非常重要，如果能源通道被切断，那么产油国就不能把能源卖到国际能源市场，能源消费国也就得不到急需的能源，这一点在阿以冲突中得到了充分体现。在 1948 年第一次中东战争中，伊拉克切断了通向以色列海法港的输油管线，使以色列石油供应出现紧张；在 1956 年第二次中东战争中，苏伊士运河的石油运输被切断，沙特对英法实行禁运，导致欧洲出现油荒。

国际能源机制在实现能源权力当中也起着非常重要的作用，国家之间通过制定国际能源机制，把能源供应国或者能源消费国联合起来，形成一股合力，以集团的力量实现对能源体系的控制，往往显示出巨大的威力。如 20 世纪 60 年代，石油生产国成立石油输出国组织（OPEC），以集体的力量走上了国际舞台，来维护其经济利益，在国际舞台上大显身手，通过采取各种手段，如提价、减产、禁运等形式一步步控制能源的定价权。20世纪70年代，以美国为首的西方国家成立了国际能源署（IEA），一来共同应对石油危机，二来控制能源的需求，对付OPEC组织，把握国际能源体系的主动权。

通过能源金融来影响能源价格。能源金融是全球能源产业链利益分配中的一个重要环节，涉及国际能源产业的方方面面。能源金融手段包括利用金融市场来完善能源市场价格信号的形成与传递，管理和规避能源市场风险，解决能源开发利用的融资问题，优化能源产业的结构，促进节能减排和新能源开发利用等方面，而其核心是能源的市场化定价机制。[①] 能源金融体系大体由三个层面组成：（1）能源货币体系；（2）能源金融市场；（3）能源产业资本运作。

在能源地缘政治中，控制国际能源市场是关键，其核心是实现能源安全，博弈的焦点是对国际能源定价权的影响和控制能力。因为国际石油定价权的大小直接决定不同国家和地区的基本生产成本和收入[②]，对国际政治经济格局产生重大影响，所以石油价格控制权成为国际石油舞台各方争夺的焦点。在20世纪70年代以前，以“七姊妹”为首的跨国石油公司长期把石油的价格压得很低，使西方国家长期通过获取廉价的石油来满足其经济发展的需求，而产油国则经济不发达，处于长期被掠夺、被剥削的境地。70年代以后，石油输出国组织（OPEC）控制了石油的定价权，使得国际石油收入分配发生改变，使石油输出国收入大增，而西方发达国家则花费巨额资金来购买石油，陷入了巨大的经济危机。

（二）中介变量：国际能源战略

在英文中战略“strategy”一词源于希腊语“strategos”，意思是将军或领袖，以及“strategeia”，意思为战役或将道。在现代“战略”一词被引申至政治和经济领域，其含义演变为泛指统领性的、全局性的、左右胜败

---

① 林伯强、黄晓光：《能源金融》，北京：清华大学出版社，2014年版，第15、16页。

② 黄运成、马卫锋、李畅编著：《中国石油金融战略体系构建及风险管理》，北京：经济科学出版社，2007年版，第20页。

的谋略、方案和对策。关于战略和政策的关系，就中国的情况而言，这两个概念在使用中通常没有严格的界定。在战略学研究领域，人们通常不作政策和战略的辨析。[①] 国外学术界一般认为，政策（Policy）、战略与战术（或策略，tactics）是分属三个层面的东西，各有不同的属性。例如，在战争的问题上，政策是由政府提出的，决定国家在什么时候，依靠谁和为了什么目的进行战争。政策决定之后，军事领导人根据政策目标制定战略，决定如何使用国家的资源和力量来贯彻政策。有了战略之后，指挥员还必须制定战术（或策略），以决定在战斗中运用的方法。[②]

笔者把国际能源战略界定为：国家通过运用政治、经济、文化、军事、外交等手段来实现其国际能源政策、保障国家能源安全的总体方略。一般来讲，国际战略包括战略目标、战略手段、战略谋略及其内容等。

在国际政治中，一个国家通过制定和实施其国际能源战略，把其权力施加于国际能源体系，通过对国际能源体系的影响和控制，来实现能源安全。总体而言，国际能源战略包括七个部分，它们分别为：对能源能源供应的控制，对需求的管理，对能源战略通道的控制，对能源金融以及能源贸易的影响，对国际能源市场的影响以及对国际能源机制的制定和参与。

一个国家根据其权力的大小、在国际政治中所处的地位，制定相应的能源战略，取得在国际能源体系中的相应位置。随着国际格局的变化，一个国家的权力发生变化，也会相应调整其国际能源战略，以期在新的国际能源体系中谋求新的相应位置。

（三）因变量：国际能源体系

在能源地缘政治学中，国际能源体系是能源地缘政治结构的主体。关于国际能源体系的定义，有学者认为，国际能源体系是全球性国际体系的一个重要的分体系，它是指能源消费国、生产国和一系列非国家行为体（跨国石油公司、国际组织和国际会议）按照既有和不断演变的规则、制

---

① 李少军：《国际战略学》，北京：中国社会科学出版社，2009 年版，第 17、18 页。

② *Encyclopedia International*, Lexicon Publications, Vol. 17, 1982, pp. 305 – 306.

度和价值规范，在地缘、经济、金融和环境保护等不同领域的复合状态。在国际能源体系中，各行为体的能源安全政策在地区、双边、全球、多边等不同层次进行磨合，同时会推进各种层次的互动机制、规则和价值的广泛演进。[①] 有学者认为，国际石油体系是指国际石油市场所赖以生存和运作的政治环境，是国际石油市场的主要行为体的相互关系和相互作用的规则。国际石油体系中的主要行为体包括国家行为体（石油生产国和消费国）和非国家行为体（国际石油公司联盟、石油生产国联盟、石油消费国联盟）。国际石油体系中的行为体对石油资源的占有和支配能力是影响国际石油体系运行规律的重要因素。国际石油体系还受到国际政治体系结构的制约，即单极、两极还是多极结构，其中也包括美国在世界体系中所处的位置对国际石油体系的影响。[②] 还有学者认为，国际石油体系是指在特定环境下，即在围绕石油勘探、生产、消费和分配所形成的领域中，有关行为体以某种方式互动所构成的整体。其基本要素包括：行为体成员（单位）、组织原则（规则）、体系结构和外部环境。[③]

笔者认为，国际能源体系是由能源供应板块、需求板块、能源运输通道、能源贸易、能源金融、国际能源市场和国际能源机制等要素构成，国际上各种能源行为体根据自身权力的大小，通过制定能源战略，在国际能源体系中进行权力博弈，在一定时期内形成一种相对均衡的态势或结构。在国际能源体系中国际能源价格是核心，维护能源安全是目标，对国际能源价格控制权是国际能源舞台各方争夺的焦点。在不同的历史时期，国际能源价格控制权的更替、转移标志着国际石油市场主导权的更替、转移。

在能源领域，世界各国是相互依存的，不论哪个国家、国家集团都不能独立于国际能源体系之外。能源价格的剧烈波动关系到整个国际能源体系的稳定，任何国家都不能脱离国际能源体系而独善其身，近年来，石油

---

① 杨洁勉等：《大体系：多极多体的新组合》，天津人民出版社，2008 年版，第 393、394、404、405 页。

② 王波：《美国石油政策研究》，北京：世界知识出版社，2008 年版，第 23、24 页

③ 孙溯源：《国际石油公司研究》，上海人民出版社，2010 年版，第 51 页。

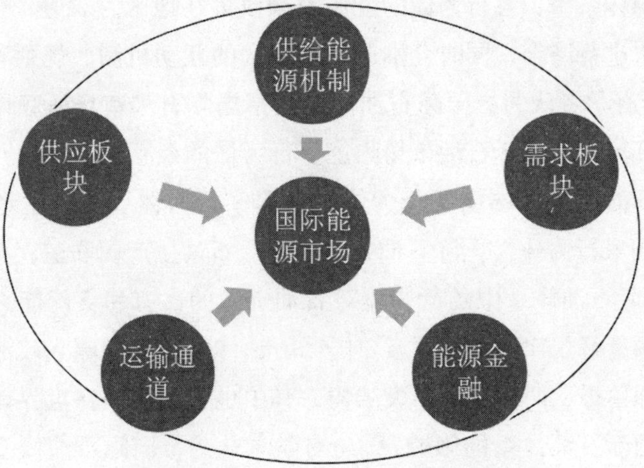

图 1—1　国际能源体系的结构

生产国之间、石油消费国之间、石油生产和消费国各种互动机制正在得到加强，相互依存、互利多赢、可持续发展成为能源生产国和消费国的共识。①

1. 供应板块

从石油资源的分布来看，世界石油储量主要集中在中东、中亚、俄罗斯、非洲以及美洲地区，在世界石油储藏的地缘政治版图上，形成了一个从北非的马格里布到波斯湾、中亚、俄罗斯的西伯利亚和远东地区的巨大的带状区域②，以及从加拿大沿美国到墨西哥的北美地带，形成能源供应东西半球的两个带状轴心。

目前世界已探明的石油储量为 17067 亿桶，其中在中东地区已探明的石油储量为 8135 亿桶、亚欧大陆为 1615 亿桶、非洲地区为 1280 亿桶、拉丁美洲地区为 3279 亿桶、北美地区为 2275 亿桶、亚太地区为 484 亿桶。③

---

① 杨洁勉等：《大体系：多极多体的新组合》，天津人民出版社，2008 年 1 月版，第 405 页。

② 刘新华、秦华：《略论 21 世纪的石油地缘政治学》，《当代亚太》2003 年第 7 期。

③ BP，*BP Statistical Review of World Energy*，June 2017，p. 12.

2. 需求板块

从石油需求的分布来看，世界性的石油需求主要分布在东亚、南亚、欧洲大陆以及英国和美国。在东北亚地区，地缘政治结构和自然资源相结合，使能源安全更加重要，甚至被称为“东北亚危机弧”。[①] 美国的石油进口量也将稳步增长。目前，美国每天消费 1963.1 万桶原油，占世界石油消费总量的 20.3%。[②] 亚太地区，尤其是东亚地区对石油的需求将会大大增加。发展中国家的消费量也将增加 1 倍以上，世界石油消费中心正在由北美向亚洲新兴市场主要是东亚和南亚市场移动。[③]

3. 油气运输通道

由于世界各个区域石油储藏分布不均，造成石油生产区域和消费区域之间在地理上的分离，这就需要用交通运输工具把石油从产油区运往消费区。而石油生产区和消费区距离遥远，就需要保证石油运输通道的安全。当前跨地区的石油运输通道主要有两种形式：第一种是在陆上油气运输通道；第二种是海上油气运输通道。

（1）陆上油气运输通道。就陆地运输而言，石油输出的方向主要是从“石油中轴”区域向欧洲、南亚和东亚流通，具体有西向、南向和东向这三个方向，形成了西线、南线和东线。西线是从俄罗斯和中亚输往欧洲市场；南线是从波斯湾和中亚到南亚次大陆；东线则是从俄罗斯、中亚到环黄海地区的中国、日本及韩国。[④] 为保证陆上石油运输通道的安全，就需要发展强大的陆权来保卫输油管道、交通运输线和重要关口的安全。一般而言，传统的陆权国家具有较大的战略纵深，可以保证其运输安全。欧亚大陆上的国家大多是以陆权为主的国家，如果它们接近世界的油库，跨地区的石油管道运输对它们就具有战略意义。[⑤]

（2）海上油气运输通道。全球大约有 60% 的原油及其产品的出口是通

---

① Kent Calder, *Fereidun Fesharaki*, *Energy and Security in Northeast Asia*: *Fueling Security*: *An IGCC Study Commissioned for the Northeast Asia Cooperation Dialogue* V Energy Workshop, 1996, p. 9.

② BP, *BP Statistical Review of World Energy*, June 2017, p. 15.

③ 刘新华、秦仪：《略论 21 世纪的石油地缘政治学》，《当代亚太》2003 年第 7 期。

④ 同上。

⑤ 同上。

过油轮来运输的，每天大约有4800万桶原油及其产品通过油轮往返于各个港口。[①] 世界出口的石油大约40%通过霍尔木兹海峡，28%通过马六甲海峡，7%通过曼德海峡。[②] 对于石油供应而言，保障海上运输线非常重要。在漫长的海上运输线中，起决定性作用的是一些具有战略意义的海峡，也称为海上战略运输通道。在全世界的海峡中起重要作用的仅有40多个，这些海峡是海上交通运输的生命线、货物贸易的大动脉，对国家的经济发展和影响力的扩大具有极其重要的战略意义。

国际战略通道是海上交通的走廊和枢纽，也是国际海上运输的捷径。如马六甲海峡是沟通太平洋与印度洋航运的咽喉要道，中国石油进口的80%、日本石油进口的90%都途经马六甲海峡，被认为是中国和日本的“海上生命线”；英吉利—多佛尔海峡号称世界上最繁忙的海峡，是欧洲到美洲、非洲航线的必经之路，每年通过的船只多达12万艘；霍尔木兹海峡是世界著名的“石油海峡”，是波斯湾通往阿拉伯海的咽喉、波斯湾沿岸国家石油出口的要道。苏伊士运河的开通，使欧洲大西洋沿岸国经苏伊士运河—曼德海峡航线比绕道好望角缩短航程5500—8000千米；巴拿马运河的通航，使太平洋和大西洋之间的航程比绕道麦哲伦海峡缩短了5000—14000千米。[③]

国际能源通道的通畅与否，也会反映到能源供应和需求板块上，影响供给和需求曲线，进而影响到国际石油的价格，如武装冲突、恐怖主义、海盗抢劫、极端民族主义行为等，多会对国际石油的价格产生影响。对于石油供应而言，保障海上运输线非常重要。20世纪70年代末，伊朗“伊斯兰革命”和“两伊战争”爆发后，双方相互攻击对方及中立国的船只，霍尔木兹海峡的石油运输受到破坏，引发了1979—1980年的第二次石油危机，1979年4月，石油价格达到14.5美元/桶，随后“两伊战争”爆发，油价高达32美元/桶，甚至一度突破40美元/桶。

---

① 菲利普·赛比耶—洛佩兹：《石油地缘政治》，潘革平译，北京：社会科学文献出版社，2008年版，第33页。

② Carlos Pascual and Jonathan Elkind, *Energy Security*, Washington, DC: Brookings Institution Press, 2010. p. 14.

③ Seaway maritime directory St. Clair, Mich. : McDaniel, 1965.

4. 能源金融

能源金融包括利用金融市场来完善能源市场价格信号的形成与传递，管理和规避能源市场风险，解决能源开发利用的融资问题，优化能源产业的结构，促进节能减排和新能源开发利用等方面，而其核心是能源的市场化定价机制。[①] 能源金融体系大体由三个层面组成：（1）能源货币体系；（2）能源金融市场；（3）能源产业资本运作。能源金融是全球能源产业链利益分配中的一个重要环节，涉及国际能源产业的方方面面。

5. 国际能源机制

国际能源机制对国际能源体系的形成和发展具有重要作用。国际能源机制为国际能源秩序提供基本条件，在国际能源体系中的行为者之间进行有效的政策协调，以维护或变革已有的世界能源体系。随着全球相互依赖的迅速发展，政府间的国际机制大量涌现，国际机制通过国际协调对世界能源秩序的影响越来越大。有效的国际能源机制是一种国际能源体系得以形成和发展的重要因素。国际能源机制与权力及利益密切相关，在国际能源机制内部，占支配地位的强国总是最有发言权，国际能源机制的基本准则首先是与强国的价值标准、原则、目标、决策程序相一致的。[②] 尽管国际能源机制的效能在具体发挥的过程中不可避免地受到主权国家行为体的影响和制约，但国际能源机制进行的国际协调对于实现国际能源秩序的基本目标具有重要意义。

国际机制会对国际能源市场及其价格产生重要的影响，例如在 20 世纪 70 年代，第四次中东战争爆发，欧佩克（石油输出国组织）为反对美国等西方国家支持以色列，祭起石油武器反对西方国家，引发石油危机。1974 年，石油消费国成立了国际能源署（IEA），通过采取一系列措施，来应对石油危机、增进石油消费国的合作，对国际石油价格的形成发挥了巨大的作用。1990 年伊拉克入侵科威特，使国际原油市场的供给每天减少 470 万

---

① 张飘洋、秦放鸣、孙庆刚：《能源金融问题研究综述及展望》，《开发研究》2013 年第 5 期。

② 倪世雄：《当代西方国际关系理论》，上海：复旦大学出版社，2005 年 10 月版。第 375 页。

桶，国际油价迅速上涨，国际能源机构（IEA）马上采取行动，稳定了国际石油市场，使油价回到了正常的水平。

6. 国际石油市场

在市场经济时代，能源地缘政治已不仅是一个单纯争夺控制世界地理重心和交通要道的理论，它已经深化为以控制世界能源资源和控制世界市场为中心的理论。新的地缘政治理论的逻辑是：谁控制了资源和市场，谁就能控制世界。因此在新时期，对国际石油市场的控制始终是能源地缘政治的核心内容。在不同的历史时期，国际石油价格控制权的更替、转移标志着国际石油体系主导权的更替、转移。国际石油市场是国际能源体系中最重要的组成部分，国际能源体系中的供应板块、需求板块、运输通道、能源金融、能源贸易、国际能源机制等都是通过石油的供给和需求对国际石油市场起作用来影响国际石油价格。

（1）国际石油市场。石油是一种战略物资，虽然在国际政治中发挥着重要的作用，但它仍是一种商品，石油的价格也遵循一般商品的基本规律。国际石油市场由石油供应、石油需求和国际石油价格机制构成，国际石油价格是国际石油市场的核心，石油价格控制权成为国际石油舞台各方争夺的焦点。

一是石油供给的特点。石油产业本身有其特有的规律，一般来讲，石油的生产费用等于生产设备的折旧费用和利息等固定费用，产量越多，单位成本越低。由于产量增加导致的价格下跌可以通过生产成本的下降加以弥补，从而使供给曲线出现向右下方倾斜。新油田的勘探、开发需要有一个过程，而对于一个已发现的油田，从探明储量到形成生产规模一般也要花费 7～10 年的时间，因此新的石油需求不可能在较短的时间内得到满足。在短期内，当石油供应量达到临界产值水平时，靠提高石油价格不能增加石油供应量，这时石油供给曲线是一条垂直线。[①] 石油的供给曲线的表达式为：$P=S(Q)$

① 黄运成、马卫锋、李畅编著：《中国石油金融战略体系构建及风险管理》，北京：经济科学出版社，2007 年版，第 1、2 页。

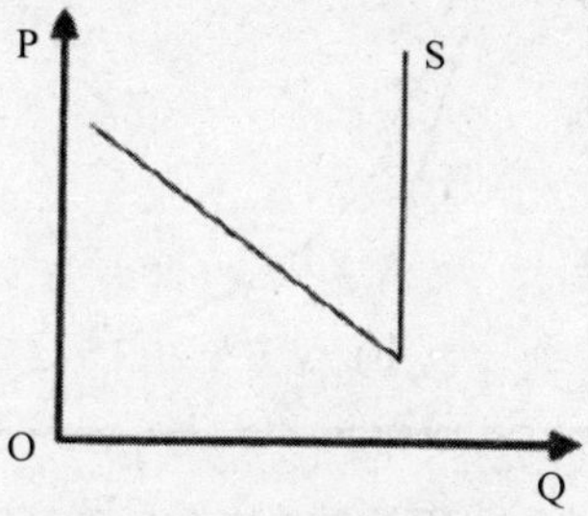

图 1—2　原油供给曲线[①]

页岩气革命以来，美国油气产量大增。美国成为油气大国，并代替沙特成为“机动生产者”。美国的页岩油气产业是由千百家页岩油、致密油生产公司组成，它们相信和遵从市场原则，投入、产出、成本、利润、现金流和股东回报是它们生产和停产的基本要素。它们是国际能源市场的“机动生产者”，“边际成本”和“边际利润”在很大程度上决定石油价格的走势和波动空间。[②]

二是石油需求的特点。石油是工业社会的重要基础物资，人们对于石油的需求与工业发展所处的阶段、科学技术的水平、人们对石油消费的需求息息相关，具有相对的稳定性。在短期来看，经济社会的运行对于石油的需求是刚性的，石油价格上涨了，消费量并不会立即下降，短期内也无法实现能源大规模替代和石油节约。但从长期来看，石油需求具有弹性，石油供应紧张会导致石油价格上涨，就会增加节能技术的使用、替代能源和新能源的发展，从而引起石油需求量的下降。石油的需求曲线的表达式为：P = D（Q）

① 黄运成、马卫锋、李畅编著：《中国石油金融战略体系构建及风险管理》，北京：经济科学出版社，2007 年版，第 1、2 页。

② 黄晓勇：《世界能源发展报告》，北京：社会科学文献出版社，2016 年版，第 92、93 页。

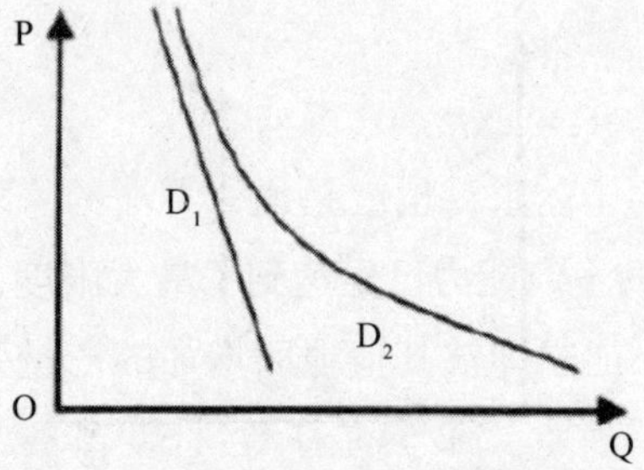

图 1—3　石油需求的长短期特征①

三是石油的价格。石油的价格是由石油供给曲线和需求曲线决定的，也就是由 S（Q）＝D（Q）的交点所决定的。在短期，石油的需求曲线基本上是无弹性的，如图 1—4 所示，在石油供给曲线的 S1 部分，随着石油供给的不断增加，石油价格下降。随着各国对石油需求的增加，一旦需求曲线接近石油供给曲线中 S2 部分，也就是说，对石油的需求接近石油供给的最大量时，石油价格就会不断上涨。

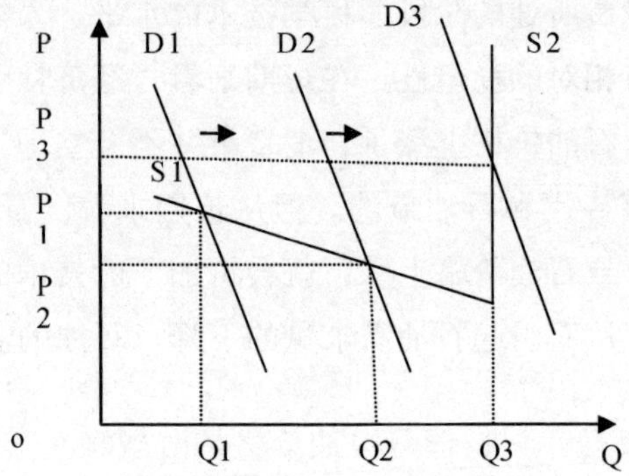

图 1—4　石油的价格曲线

① 黄运成、马卫锋、李畅编著：《中国石油金融战略体系构建及风险管理》，北京：经济科学出版社，2007 年 1 月版，第 3 页。

当国际石油的生产大于需求，也就是说，石油的需求曲线与供给曲线在 S1 部分相交，石油供应板块某一地区石油产量的减少能立即被其他地区增加的产量弥补，减产并不会造成油价上涨。

当国际石油生产小于需求，也就是说，石油的需求曲线与供给曲线在 S2 部分相交时，石油的生产能力已经达到了最大限度，石油供应板块某一地区石油产量的减少不能立即被其他地区增加的产量弥补，减产就会造成油价上涨。[①] 如图 1—5 所示，S2 向左移动到 S2’，石油价格也上升到 P2。

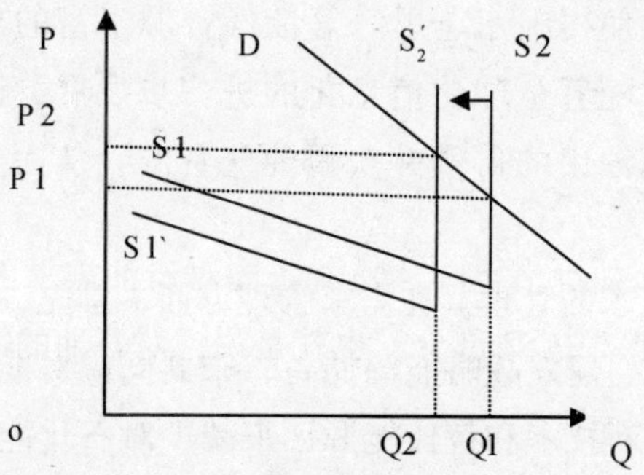

图 1—5　石油的价格曲线

（2）国际石油定价权。国际石油定价权是指在国际石油市场上，市场参与者对国际石油交易价格的影响力、决定力。国际石油定价权的大小直接决定不同国家和地区的基本生产成本和收入[②]，对国际政治经济格局产生重大影响。石油价格控制权成为国际石油舞台各方争夺的焦点。在不同的历史时期，国际石油价格控制权的更替、转移标志着国际石油体系主导权的更替、转移。一般来讲，国际石油价格是由当时在国际石油市场上占主导地位的力量来决定的。在不同的历史时期，国际石油市场的结构不同，价格的主导力量不同。

① 王全能：《石油与当代国际经济政治》，北京：时事出版社，1993 年版，第 182、183 页。

② 黄运成、马卫锋、李畅编著：《中国石油金融战略体系构建及风险管理》，北京：经济科学出版社，2007 年版，第 20 页。

（四）能源地缘政治博弈的手段

能源地缘政治博弈的主要手段包括六个部分，它们分别为：对能源供应的控制、对需求的管理、对能源战略通道的控制、提高能源金融的手段、对国际能源市场的影响以及对国际能源机制的制定和参与。

（1）对于能源供应的控制。在工业在国民经济中占有较大比重的时代，对于能源的充分占有是经济发展、社会稳定的前提条件，对于能源产地的控制是占有能源的一种最直接、便捷的方法。大国围绕能源产地进行激烈的角逐，使得中东、里海等油气资源丰富的地方长期成为强国的战略重点区域。随着全球化信息化的进一步发展，油气消费国可以通过资本运作来控制油田的份额并获得油气资源，从而实现对石油产地的控制。

（2）对能源需求的管理。在需求管理方面，首先，消费国通过制定一系列国际能源机制、建立战略能源储备，来共同应对能源危机。其次，能源消费国通过发展新技术和替代能源，来减少对石化能源的过分依赖。第三，消费国可以通过节约对能源的使用，推广节能、循环技术来对能源的需求进行管理。

（3）对能源运输通道的控制。由于世界能源的分布极不平衡，能源生产国和消费国在地理上分离，能源与地理因素相结合，特别是与交通枢纽的结合，形成了能源地缘政治。如何确保能源运输安全是消费国必须面对的一个突出问题，能源的运输一般采用管道运输和海运等方式，控制运输线，特别是海陆的交通枢纽成为地缘资源的主要手段。因此，能源地缘政治成了控制、争夺交通枢纽和输油管道的斗争。

（4）国际能源机制的制定和参与。国际能源行为体通过参与和制定相关国际能源机制，来对国际能源体系产生影响。其中最具有代表性的是石油输出国组织和国际能源署。石油输出国组织以集体的力量与国际石油公司相抗衡，在国际能源体系中发挥了重要的作用。相对应，能源消费国也成立了国际能源署，通过制定一系列措施来应对石油危机。

（5）通过影响能源金融手段来影响国际能源体系。能源金融涉及国际能源产业的方方面面。因此能源金融的发展与能源战略的实施息息相关。① 第一，通过将本币作为国际能源贸易的主要计价及结算货币，通过维持本币在国际货币体系中的地位，进而争取在全球能源产业链的利益分配中获得有利的位置。第二，借助国际金融市场来影响国际能源市场中能源商品的价格形成。第三，通过兼并、收购等资本运作手段来实现能源产业链的整体与优化，提高跨国能源公司的整体规模与竞争力。②

（6）对国际能源市场的影响。国际能源市场由现货市场和期货市场组成，主要包括能源供应、能源需求和国际能源价格机制等，石油价格控制权成为国际石油舞台各方争夺的焦点。对国际石油市场的控制始终是能源地缘政治的核心内容。而石油定价权是国际能源市场机制的核心，也是能源地缘政治博弈的焦点，在不同的历史时期，国际石油价格控制权的更替、转移标志着国际石油市场主导权的更替、转移。

（五）能源生产国、消费国在国际能源市场中的博弈

能源生产国、消费国是国际石油市场最基本也是最重要的行为体，它们的能源战略和行动直接决定着能源的供给曲线和能源的需求曲线的移动。能源生产国产量的变化、石油储产比的变化、政局的稳定与否、地缘政治等都会直接影响供给曲线的变化；能源消费国的石油库存、石油消耗量的增减、技术进步、投机炒作等都会影响需求曲线的变动。

能源生产国的主要国际机制有石油输出国组织（OPEC）、非石油输出国组织产油国等；能源消费国的主要国际机制是国际能源署（IEA）。为实现自身的利益，能源生产国、消费国在国际能源市场展开激烈的博弈，能源生产国通过成立石油输出国组织（OPEC），整合一国或多国的力量，调节石油的产量，使石油的供给曲线向左或向右移动来影响国际石油价格。能源消费国也通过成立国际能源机构（IEA）、发展先进能源技术，增加石油战略储备等措施来影响石油的需求曲线，进而影响国际石油价格。

（1）能源生产国的主要国际机制包括有石油输出国组织（OPEC）、非

---

① 林伯强：《发展能源金融保障国家能源安全》，《中国电力报》，2014 年 7 月 15 日。
② 林伯强、黄晓光：《能源金融》，北京：清华大学出版社，2014 年版，第 44 页。

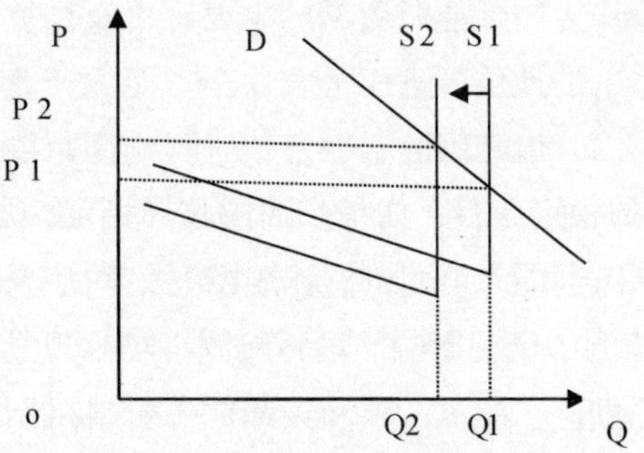

图 1—6　石油供给曲线的移动

石油输出国组织产油国等。欧佩克为维护其权利，获得国际石油市场的主导权，与跨国石油公司展开长期斗争，成为国际能源体系中主要的博弈方之一，对国际石油市场有着重要影响。美国等油气消费国通过建立西方石油战略储备，意图操纵和打压 OPEC，OPEC 对国际市场油价的控制力大不如前。从 1973 年至今，OPEC 对世界石油出口的控制已由 53% 下降到 37%①。另一方面，由于 OPEC 成员国内部政治利益、经济利益的分化和差异，沙特阿拉伯、科威特、阿联酋与印尼、伊拉克等国的分歧日益明显，对石油产量的控制也愈加困难。非 OPEC 产油国主要包括美国、俄罗斯、墨西哥、挪威等国，目前非 OPEC 产油国对国际石油市场的影响加深。

能源生产国的石油的库存、产量的变化、石油储产比的变化、政局的稳定与否都会直接影响供给曲线的变化，对国际石油市场造成影响。

产量的变化：如果石油的产量增加，在市场上石油的供应就会增加，石油供给曲线就会向右移动，油价就会下降；如果石油的产量减少，在市场上石油的供应就会减少，石油供给曲线就会向左移动，油价就会上涨。

石油储产比的变化：在目前的科学技术条件下，人们很难准确地测量地球上石油的储量，每年都会有新发现的油田。根据 BP 的统计数据显示，

① 崔民选：《2007 中国能源发展报告》，北京：社会科学文献出版社，2007 年版，第 31 页。

1997 年探明的世界石油储量为 9102 亿桶，到 2007 年增加到 12379 亿桶。[①]科学家通过种种方法来预测石油储量，但并不能得出准确的结果。如果预测的储量偏高，石油供给曲线就会向右移动，预测的油价就会偏低；如果预测的储量偏低，石油供给曲线就会向左移动，预测的油价就会偏高。

产油国政局的稳定与否：如果产油国政局稳定，那么产油国的产量就会保持相对稳定，国际石油市场的价格也会保持相对稳定；如果产油国政局不稳或者发生战争，战争或者冲突势必毁坏油田，那么产油国的产量就会因此受到影响，就会对国际石油市场产生冲击，引发石油价格上涨，在石油投机的作用下就会导致油价进一步上涨。

（2）能源消费国的主要国际机制是国际能源署（IEA）。国际能源署（IEA）在成立之初，由于受到石油市场规律和美国国内因素的制约，国际能源署并没有发挥明显的作用，从 80 年代开始，国际能源署的作用开始显现出来。国际能源署的分享机制、储备机制和石油信息共享机制在应对石油中断威胁方面发挥了重要作用。国际能源署通过对非石油输出国组织国家石油的开发、节能政策的实施，使石油输出国组织国家在国际石油市场的份额下降。[②] 以中国、印度、巴西等为代表的新兴发展中国家经济发展迅速，对石油需求增加迅速，成为国际能源体系中一支不可忽视的力量。

石油消费国的石油库存、石油消耗量的增减、技术进步、投机炒作等都会影响需求曲线的变动。

石油的库存：石油的库存设立的目的在于保障石油的供应、稳定石油价格，成为影响国际能源市场短期供应的重要因素。例如国际能源署（IEA）要求成员国建立不低于 90 天消费量的石油库存以应对石油冲击，美国也设有庞大的战略石油储备，如果国际石油市场受到石油冲击，美国就通过动用战略石油储备来平抑油价，使石油价格趋于稳定，因而起到了石油价格缓冲器的作用。

石油消费国的石油消耗量的增减：全球主要石油消费国的经济增长会增加对能源的需求，使石油的需求曲线向右移动，从而拉动石油价格上

① BP，*BP Statistical Review of World Energy*，June 2008.

② 王波：《美国石油政策研究》，北京：世界知识出版社，2008 年版，第 13 页。

涨；反之，如果全球主要石油消费国的经济衰退会减少对能源的需求，使石油的需求曲线向左移动，从而使石油价格下跌。

技术进步：随着石油天然气价格的提高，以及石化能源的使用所排放的温室气体的增加，对气候变化产生不良影响。世界各国纷纷加大对科学技术的投入，加大开发新能源和可再生能源的力度，这样它们对石油、天然气等石化能源的需求会相应减少，使石油的需求曲线向左移动，价格降低。

投机炒作：亚洲金融危机后，相当多的对冲基金进入国际原油期货市场，石油期货交易量目前约为现货交易量的8—9倍[①]，对国际石油价格产生了重大影响，影响油价的各种因素都会成为国际游资炒作的题材，热钱基金原油期货的持仓量与国际油价具有高度的正相关，当基金净多持仓大幅增加时，国际油价上涨；当基金大幅减仓时，国际油价下跌。[②]

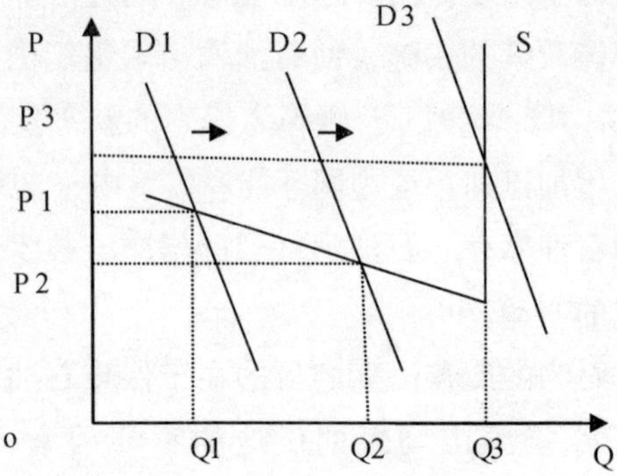

图1—7　石油需求曲线的移动

此外，石油—美元计价机制使得石油价格和美元汇率息息相关，美元的汇率和利率对国际石油价格产生影响。石油价格和美元汇率之间存在着负相关，根据韦勒（Weller）和莉莉（Lilly）的测算，石油价格和美元汇

① 童媛春：《石油真相》，北京：中国经济出版社，2009年版，第16页。
② 同上。

率之间的相关系数为 -0.7。[①]

在20世纪60年代以前，美国和西方国际石油公司“七姊妹”控制着国际石油价格，它们利用着“租让协议”控制了中东地区绝大部分的石油资源，垄断了石油生产的上、中、下游，为获取高额利润，国际石油公司把当时的国际石油价格压得很低。1960年石油输出国组织（OPEC）成立，产油国以集体的力量走上了国际石油舞台，通过提价、参股、国有化、禁运等措施一步步夺回了石油定价权，主导国际能源市场，引发油价上涨。20世纪80年代以后，以美国为首的西方国家采取措施，削减对石油的需求，建立战略石油储备，成立国际能源组织，加强对非OPEC国家的投资等，削弱了OPEC国家对国际能源市场的定价权。20世纪80年代中期石油价格暴跌。随着原油期货市场的出现，原油期货价格和国际石油衍生品市场对国际原油的价格产生了重大的影响。在现行国际原油价格的决定方面，供求双方在签订国际现货原油供货合同时，通常只是确定某种计价公式，计价公式中的基准价格一般为一段时间现货交易市场中每天结算价格的平均价，与石油期货市场上的原油价格直接或间接相联，其基本公式为：$P = A + D$。其中，P为原油结算价格，A为基准价，D为升贴水。[②] 国际成品油价格的国际化程度相对较低，各地区的成品油贸易主要都以该地区的市场价格为基准。[③]

2000年以后，世界经济的增长带动对能源需求的增加，加上投机资金的炒作，引发新一轮油价上涨，2008年油价在高位运行，受国际金融危机的影响，发达国家对石油的需求减少，油价趋于回落。2009年国际石油需求进一步下降，国际油价在2009年2月12日达到年内最低的33.98美元/桶后强劲反弹，在经济复苏和美元贬值预期的作用下，2010—2013年石油价格又回升。到了2014年，欧佩克开会决定以“保份额，不减产”的原则来应对石油价格下跌的局面，沙特放弃了“机动生产者”的角色，全球

---

① Christian E. Weller and Scott Lilly, *Oil Prices Up, Dollar Down - Coincidence?* Center for American Progress, 2004, November 30.

② 黄运成、马卫锋、李畅编著：《中国石油金融战略体系构建及风险管理》，北京：经济科学出版社，2007年版，第10、11页。

③ 同上书，第13页。

的石油供给不但没有减少，石油价格还进一步下跌。2016 年 11 月，全球主要产油国达成减产协议，其中 OPEC 减产 120 万桶/日，非 OPEC 国家减产 55.8 万桶/日，共计减产 175.8 万桶/日。[①] 2017 年底，OPEC 成员国及俄罗斯同意将减产协议延至 2018 年底。[②]

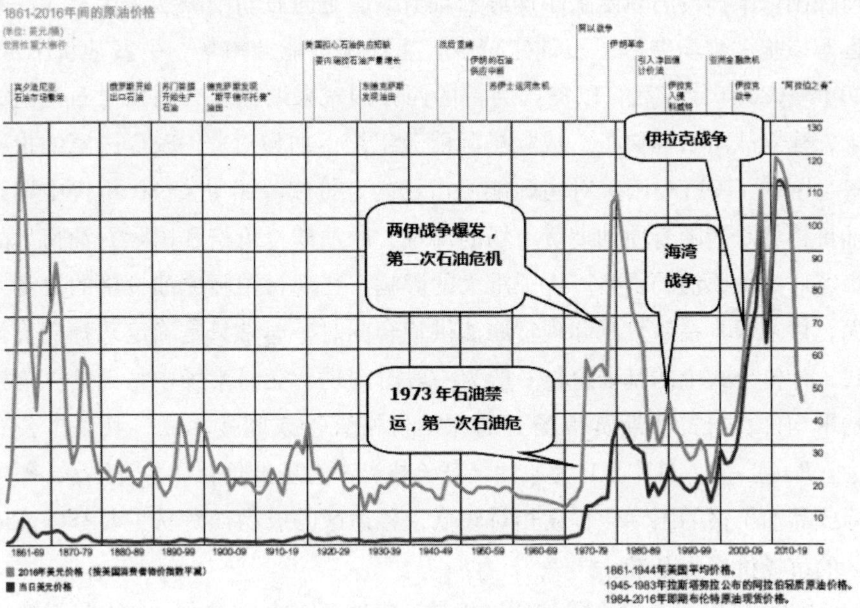

图 1—8　世界石油价格的演变[③]

二、能源地缘政治的逻辑

在能源地缘政治学中，权力是自变量，国际能源战略是中介变量，国际能源体系是因变量。随着一个国家的变化发展，其权力也会发生相应的

---

① 王佩：《OPEC 与非 OPEC 国家联合减产力促全球石油市场再平衡》，《国际石油经济》2017 年第 1 期。

② 邓青：《全球原油供应格局悄然改变》，《期货日报》，2018 年 1 月 3 日，第 3 版。

③ BP, *BP Statistical Review of World Energy*, June 2017.

变化和发展，其权力的大小决定了其在国际体系中的位置。一个国家通过制定和实施一定的国际能源战略，在实施能源战略的过程中与国际上其他国家或经济体进行激烈的能源博弈，从而形成了一定的国际能源体系（国际能源战略格局），国际能源体系的结构决定国际能源市场的结构，最终决定国际能源的价格。我们可以归纳出能源地缘政治学的逻辑脉络：一国国际体系中的权力→国际能源战略→国际能源博弈→国际能源体系→能源安全（如图1—9所示）。

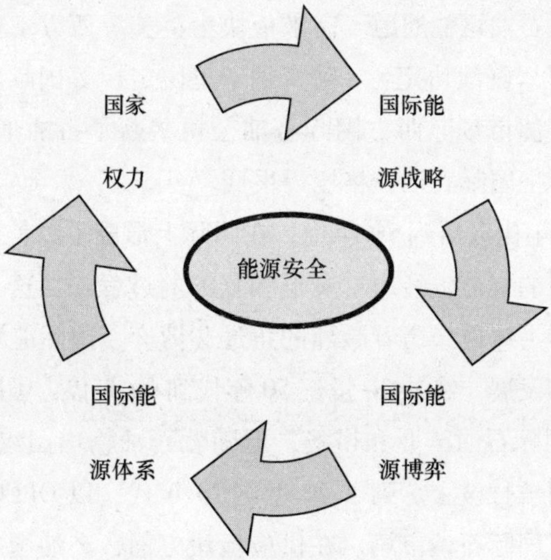

图1—9　能源地缘政治的逻辑

国际能源体系是由供给板块、需求板块、运输通道、能源贸易、能源金融、国际能源市场和国际能源机制组成。在国际能源体系中，国际石油定价权是核心。在国际政治中，随着国际体系权力结构的消长，引发国际能源体系结构的变迁，国际能源定价权也会随着发生转移。国际能源体系的变迁反过来也会影响国际权力的结构，能源霸权国利用其在能源体系中的有利地位，通过主导国际能源价格获取巨额的经济利益，来维持和巩固其霸权地位；相反，一国如果在国际能源体系中处于不利的地位，则会处于受剥削和掠夺的状态，在国际能源博弈中处于劣势。

在不同的历史时期，国际能源体系具有不同的结构。从20世纪初到40年代，英国霸权正处于逐渐走向衰落时期，美国的政治、经济、军事蓬勃发展，经历了第二次世界大战后，美国走向了其权力的巅峰时期。这一时期，美国的国际石油战略为支持跨国石油公司向世界扩张。美国石油公司在美国政府的大力支持下，从拉美到中东、亚洲，向海外英国的势力范围扩展。经过激烈的能源博弈，形成了以英美石油公司为主导的国际石油体系。这一时期国际石油体系的结构为：供应板块为以英美为主导的西方跨国石油公司控制下的美洲、亚洲和非洲石油产地。英美等西方国家还控制了关键的海上石油运输通道。需求板块为英美等西方工业国。英美等西方石油巨头通过《红线协定》《阿奇纳卡里协定》等国际条约瓜分国际石油产地、国际石油市场。西方国际石油公司垄断了石油工业链的上、中、下游产业部门，把国际石油价格压得很低。

20世纪50年代以后到80年代，在国际上形成了以美苏为首的雅尔塔国际格局。美国的权力也经历着衰退和复苏的过程，在这一过程中，国际能源市场中各行为体也经历着激烈的角逐和博弈，国际能源体系的结构也不断发生变化和发展。在从20世纪50年代到60年代，国际石油巨头“七姊妹”控制着国际石油产业和市场，但随着石油输出国组织（OPEC）的成立，这一局面被打破了。到了20世纪70年代，以OPEC为主的石油生产国逐渐控制了国际石油市场。在供应板块方面，产油国通过国有化、提价、减产、禁运等一系列行动，加强对国际石油供应板块的控制。在需求板块方面，美国等西方国家汽车工业的发展、欧洲经济的复苏，都对国际原油的需求增加。以美国为主的西方国家控制着国际石油运输线，但美国身陷越南战争，力量有所削弱。在国际石油市场方面，OPEC对美国的主导权发起了强有力的挑战，在第四次中东战争中，美国支持以色列，OPEC国家祭起石油武器，对美国等西方国家进行禁运，引发第一次石油危机。后来，由于两伊战争和伊朗“伊斯兰革命”，又引发第二次石油危机，对西方国家的经济造成巨大的冲击。

经受了石油危机之后，美国对其国际石油战略进行了调整。在能源需求方面实施能源独立计划，建立国际能源署（IEA）。在能源供给板块方面，对 OPEC 国家实行“胡萝卜加大棒”政策，拉拢亲美国家沙特阿拉伯，对伊朗实施制裁，增加对非 OPEC 国家的投资力度，使能源的来源多样化。美国通过建立石油战略储备，以应对突发的能源中断冲击。在能源通道方面，美国组建中央司令部，加大在海湾地区的军事存在。1974 年美国与沙特货币当局达成了一个秘密协议，该协议规定沙特中央银行可购买在竞拍机制之外的美国政府债券（美国政府保证这些资金的安全），但沙特必须确保以美元作为石油的计价货币。[①] 沙特同意将美元作为石油出口的唯一计价货币。后来又把该协议扩展到欧佩克其他成员国。[②] 这些协议使得美元在国际石油交易计价货币中处于垄断地位。在国际机制方面，美国联合西方发达国家组建国际能源署（IEA），建立共享机制，应对危机于未然。这样，国际能源体系的控制权又向以美国为首的西方国家倾斜。

冷战结束，苏联解体，国际体系形成了一超多强的格局。以美国为首的西方国家进一步加强了对国际石油体系的控制。在供给板块方面，美国又拉又打，极力拉拢沙特阿拉伯，打压伊拉克、伊朗。美国通过伊拉克战争，推翻了萨达姆政权，驻军海湾，扶植亲美政府。美国通过阿富汗战争，逐鹿中亚。为抢滩非洲，2007 年美国成立了非洲司令部，加大对非洲的军事介入力度。在需求板块方面，美国汽车工业的发展对石油的需求依然强劲。美国通过能源独立计划，大力发展新能源和可再生能源，提高能源的利用效率。而且美国的石油战略储备已经非常成熟，在应对石油危机方面发挥了重要的作用。在国际能源通道方面，美国通过其庞大的遍布全球的军事基地网络加以控制。在国际石油市场方面出现了一些新的进展，国际石油远期合约和期货合约开始出现，成为以美国为首的西方国家谋取国际石油市场定价权的重大举措。20 世纪 70 年代后期，英国推出了布伦特（Brent）远期合约，1988 年英国国际石油交易所（IPE）推出了以该远

---

① David E. Spiro, *The Hidden Hand of American Hegemony*: *Petrodollar Recycling and International Markets*, Ithaca: Cornell University Press, 1999.

② Krassimir Petrov, “*The Proposal Iranian Oil Bourse*,” http: //www. energybulletin, net/12125. html.

期合约为清算基础的布伦特期货合约。1983 年美国纽约商品交易所（NY－NEX）推出了西德克萨斯中质原油（WTI）期货合约。该期货合约现在已经成为世界原油价格的重要风向标。① 这样，西方石油巨头又有了一种影响能源价格的“新武器”，他们通过对石油期货的投机炒作来影响石油价格，美国对国际石油市场仍然发挥着巨大的影响。

美国总统奥巴马上台以来，实行能源新政，推动能源产业转型、发展新能源和可再生能源、提高能源使用效率，引领能源技术发展新潮。奥巴马政府还大力开发页岩气，积极应对气候变化，对全球能源地缘政治格局产生巨大的影响。随着美国页岩气和页岩油的大规模开发，世界油气版图发生了新变化，新的能源线北起加拿大的艾伯塔，向南穿过北达科他州和得克萨斯州南部地区，再经过法属圭亚那沿海最后到达巴西，世界石油版图的中心从中东、中亚转向西半球。② 全球将形成以中东、中亚为轴心的东半球常规油气能源中心板块和以美洲为轴心的西半球非常规油气资源中心板块的“东西两极能源供应格局”。③ 在能源通道方面，美国调整亚太军事部署，落实“空海一体战”作战概念，加强对印太地区的战略关注，加大对能源战略通道的控制力度。

第三节　能源地缘政治的变迁

一、国际能源体系的变迁

能源是人类生存和社会发展的主要物质基础之一，人类对能源的开发

---

① 谭克非：《世界经济格局中的石油期货交易》，《期货与金融衍生品》2004 年第 8 期。

② Daniel Yergin, “Oil’s New World Order”, The Washington Post, October 28, 2011, http//www. washingtonpost. com/opinions/daniel－yergin－for－the－future－of －oil－look－to－the－americans－not－the －middle －east/2011/10/18/gIQA xDw7L_story. html,，访问日期：2014 年 11 月 1 日。

③ 李扬：《非常规油气资源开发现状与全球能源新格局》，《当代世界》2012 年 7 月，第 50 页。

和利用，决定性地推动了工业社会和现代文明的形成和发展。世界上石油、煤炭等石化能源的储量有限，可再生能源在可预见的未来难以成为主要能源，石化能源的开发、运输、利用已成为国际政治、经济、外交、军事关注的焦点，对能源安全的关注往往处于地缘政治利益的中心。从历史上看，一个国家要拥有先进的技术、发达的商业、巧妙的外交和强大的军事努力，才能确保获得足够的能源，保证能源通道的安全。①

能源的重要性是随着科学技术和世界经济的发展而变化的。在人类社会的不同历史时期，人们的技术水平不同，能源消费结构不同，所使用的主体能源是不同的。纵观人类使用能源的历史，根据人类使用的主体能源不同，可分为三个不同的时代：薪柴时代、煤炭时代、石油时代。之后，随着太阳能、风能等清洁能源的大规模使用，人类将进入新能源时代。我们当前正处于石油时代，石油在人们的生产生活中发挥着重要的作用。

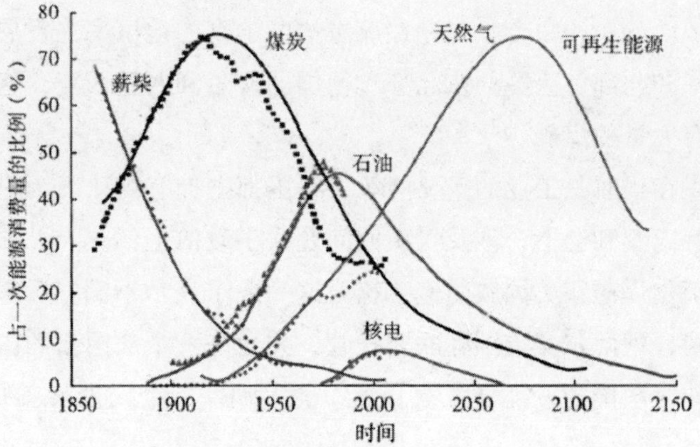

图1—10　世界一次能源消费构成的变化及其发展趋势②

① Frank Umbach, *Global Energy Supply and Geopolitical Challenges*, *Asia and EuropeCooperating for Energy Security*, January 2004, https://www.researchgate.net/publication/46015832_Global_energy_supply_and_geopolitical_challenges.

② 罗伯特 A. 海夫纳三世，马圆春，李博抒译：《能源大转型：气体能源的崛起与下一波经济大发展》，北京：中信出版社，2013 年版。

薪柴时代：薪柴时代是从人类发明火开始到18世纪中叶，这一时代人类使用的能源主要有三类：一是薪柴，二是人的体能，三是畜力、风力、水力等。与这一时期相适应的是以刀耕火种为特征的农业文明。在“薪柴时代”，农业经济的自给自足性导致与外部的经贸往来不频繁，古代中国就以“朝贡”方式确立了自身在影响力所及的国际体系中的核心国家地位。①

煤炭时代：从18世纪中叶工业革命开始，到20世纪60年代人类进入煤炭时代，在这一时代，随着蒸汽机的发明，人们开始大量使用煤炭，与这一时期相适应的是以大机器生产为特征的工业文明。煤炭消费的热潮首先从英国开始，1866年英国的产煤量为10320万吨，占世界总产量的60%②，英国通过采用先进技术，大量使用煤炭，率先完成了工业革命，成为当时世界的霸主。其他西方列强也纷纷效仿，先后完成工业革命，世界权力的中心由东方进入西方。所以19世纪欧洲工业化的地理格局大体与地下煤的地质分布相吻合，工业在煤炭蕴藏丰富的地区率先发展起来，如英国的中部和北部、法国的东北部、德国的鲁尔和西里西亚，这些重要的工业区拥有大量的煤矿。③

鉴于煤在当时是工业的重要能源，各国都把拥有煤矿视为对外政策的主要目标，巴黎和会上，涉及煤矿的问题成了政治上的热点。如法国要求德国割让萨尔煤矿，美国威尔逊总统对这一要求表示不满，后来法国和美国相互妥协，把萨尔交给国际联盟托管，并允许一个法国籍的国际联盟专员把萨尔作为法国的一部分管辖15年，然后将举行公民投票来决定其未来归属。④

石油时代：内燃机的发明拉开了石油时代的序幕，随着汽车工业的兴

---

① 张仕荣：《世界能源技术的三次革命与中国国际地位的变迁》，《内蒙古大学学报（哲学社会科学版）》2008年第2期。

② 石宝珩等：《能源资源与可持续发展》，北京：中国科学技术出版社，1999年版，第3页

③ ［英］苏珊·斯特兰奇：《国家与市场》，杨宇光译，上海人民出版社，2006年版，第198页。

④ ［英］苏珊·斯特兰奇：《国家与市场》，杨宇光译，上海人民出版社，2006年版，第199页。

起，机车、飞机、坦克、军舰的广泛使用，石油以其可燃性好、热值高、易运输等特点，开始成为一种战略物资，成为工业社会的“血液”。到了1967年，石油在一次能源消费结构中的比例达到40.4%，超过了煤炭38.8%[①]，成为能源之王。随着全球化的发展，石油又与金融联姻，成为一种金融产品，开启了能源地缘政治的新时代。

随着战后世界现代工业的发展，能源特别是石油成为各国谋求经济发展、政治强大、发挥国际影响力的最为重要的筹码。一国具有为保证生产稳定持续健康发展而能够绝对控制并能稳定获取的能源总量，可以更为准确地反映该国的实力和地位。[②] 剑桥能源研究协会（CERA）董事长、国际石油界的知名人士丹尼尔·尤金（Daniel Yergin）曾说过：“石油，10%是经济，90%是政治”，他认为“石油与地缘政治之间的密切关系，是其他任何原料都无法企及的，这一点在中东、俄罗斯、中国、拉美……乃至世界任何地区都可以得到证实”。[③]《石油帝国》的作者哈维·奥康诺也说过，“谁占有石油，谁就占有了世界，因为它可以用柴油统治海洋，用高度精炼的石油统治天空，用汽油和煤油来统治陆地。除此之外，他还能在经济上统治他的同胞，因为从石油中他可以取得意想不到的财富。”[④]

石油在地缘政治上的重要性使得国际石油市场的变化对国际政治权力的分布有着直接的影响。由于石油是交通工具、国防工业、化工产业的主要燃料，石油与一个国家的经济增长、就业率、通货膨胀率、贸易政策、外交政策等密切相关。[⑤] 主要石油生产国和地区成为能源进口和消费国竞

---

① 徐小杰：《新世纪的油气地缘政治—中国面临的机遇与挑战》，北京：社会科学文献出版社，1998年版，第4页。

② 初立忠：《浅析地缘政治中的石油因素》，《学术交流》2007年第4期。

③《丹尼斯·尤金访谈录》，《国际政治》2003年第98期，第331页；转引自：菲利普·赛比耶—洛佩兹著，潘革平译，《石油地缘政治》，北京：社会科学文献出版社，2008年版，第1页。

④ 哈维·奥康诺：《石油帝国》，第265页，转引自冯跃威：《石油博弈》，北京：企业管理出版社，2003年7月版，第3页。

⑤ Ystein Noreng, *Oil Politics in the 1980s: Pattens of international cooperation*, New York: McGRAW－HillBook Company, 1978, p. 23.

相角逐的政治、军事、外交中心。因此，从能源地缘政治角度考察，有助于更好地理解国际关系的变化和国际格局的特点。[①]

由于石油的稀缺性及其在国民经济中的重要性，产油国以石油为武器，为其外交目的服务，使其成为一种重要的权力资源。1960 年 9 月 14 日，中东、拉美、北非等地区的一些产油国成立了石油输出国组织（OPEC），来协调各国的石油政策，商定原油产量和价格，采取共同行动反对西方国家对产油国的剥削和掠夺，维护石油收入，在国际政治中发挥了重要的作用。在第四次中东战争中，阿拉伯国家运用石油武器，对欧美等西方国家实行石油禁运，对以色列施压，有效地打击了欧美对以色列的支援。

随着全球化和信息化的发展，发达的后工业化国家将逐渐降低对资源的消耗，但工业产业占主导地位的国家仍难以摆脱对资源的依赖。[②] 石油是目前最主要的能源形式，是现代工业社会的“经济命脉”，石油地缘政治仍是国际政治的一个重要内容。

二、石油地缘政治的变迁

从表 1 - 1 可以看出，从 1860 年开始到现今，世界石油生产从无到有、从小到大，从 1860 年的 7 万吨发展到 2006 年的 39. 14 亿吨。石油生产地区从美洲到欧洲、亚洲和非洲，逐步发展成为一个影响世界政治经济的最重要产业。石油供应板块的重心也从北美洲转移到中东，再形成一条从北非的马格里布到波斯湾、里海、俄罗斯西伯利亚和远东地区的巨大的带状区域。国际石油体系也从北美地区扩展到了全球。

---

① 任娜、孙暖：《地缘政治视角下的能源安全——以美国全球能源安全战略为例》，《世界政治与经济论坛》，2007 年第 2 期。

② 陆俊元：《地缘政治的本质与规律》，北京：时事出版社，2005 年版，第 181、182 页。

表 1—1　1860—2006 年世界石油产量的区域分布①

年份	总产量（亿吨）	北美占（%）	中南美占（%）	中东占（%）	苏联占（%）	远东占（%）	西欧占（%）	非洲占（%）	其他地区占（%）
1860	0.001	98							
1880	0.04	89			10		1		0
1900	0.20	44			51	2	2		1
1914	0.56	65	6	1	16	6	2		4
1920	0.94	64	24	2	4	4	1		1
1930	1.93	64	17	3	9	4	1		2
1947	4.14	61	19	10	6	1			3
1960	10.81	36	18	26	14	3	1		2
1972	25.85	22	10	35	15	4	1	10	3
1978	30.15	17	11	34	19	8	3	10	1.2
1980	28.63	20	10	32	21	3.7	4.1	10	2.8
1985	27.62	21	12	18	22	7.8	6.8	8.8	3.6
1990	31.50	16	12	26	18	7.9	6.3	10	1.8
1995	30.72	13	13	31	11	10	9.9	10	2.1
2000	33.55	11.7	12.4	32	11.4	8.8	9.6	10	4.1
2006	39.14	16.5	8.8	31.2	15.3	9.7	6.3	12.1	0.1

（一）北美时期（1859—1947）

在 19 世纪上半叶，在美国的宾夕法尼亚州、俄亥俄州、肯塔基州和西弗吉尼亚州，人们打井取盐的时候就发现渗漏出来的石油，当时人们称之为"岩油"。美国历史上石油的勘探和生产始于 1859 年②，当时美国人德

① 转引自郎一环、王礼茂：《世界石油供应板块地缘格局及重心迁移的驱动力机制研究》，《中国能源》2009 年第 8 期；徐剑：《2006 年世界石油储量、产量和消费量统计评论》. http: // www. worldenergy. tom. cn/ StatisticsData/2007/0628/ content - l6944. htm，2007 - 06 - 28；张抗、周总瑛、周庆凡：《中国石油天然气发展战略》，北京：地质出版社，2002 年版，第 407—424 页。

② E. B. Brossard, *Petroleum Politics and Power*, Oklahoma: PennWell Publishing Company, 1983, p. 1.

雷克（Edwin Drake）打出世界上第一口有工业价值的石油井，标志着现代石油工业的起源。1870 年洛克菲勒标准石油公司成立，通过不断的兼并成为美国最大的石油垄断企业，1911 年该公司分为埃克森、莫比尔、雪弗龙等几家公司，成为国际石油公司的先驱。这一时期，美国石油年产量一直居于首位，1860 年占世界产量的 98%，1870 年为 91%，1880 年为 88%，1900 年为 43%。当时美国 75% 的产量在东部的阿巴拉契亚地区。[①] 从 19 世纪 80 年代中期开始，在俄罗斯的阿塞拜疆的巴库也发现了油田，俄罗斯成为美国之外的重要产油国。

19 世纪 80—90 年代，美国的石油生产重心开始从宾夕法尼亚向美国西部转移。在堪萨斯、科罗拉多、加利福尼亚等州开始生产少量石油。储量丰富的德克萨斯州和俄克拉马州也开始大量开采石油[②]，20 世纪初，在德克萨斯州也发现大量的油井。当时墨西哥石油持续增长，也成为美国一战时期石油供应的重要补充。从 1900—1947 年，是世界石油工业的兴盛时期，世界石油产量从 1900 年的 2043 万吨增长到 1947 年的 4. 14 亿吨，美国的石油产量在大多数年份占世界石油产量 60% 以上的份额。欧洲作为两次世界大战的主要战场，石油工业受到不同程度影响，苏联和罗马尼亚的石油产量分别锐减 37. 5% 和 45. 6%。战争中断了中东的石油勘探活动，一部分油田也关闭了。所以美国成为当时石油供应板块地缘政治的中心，石油的贸易主要是从北美洲流向西欧。这一时期汽车工业迅速发展和汽车的广泛使用，使石油工业进入了“汽油时代”，二战后美国经济的高速增长，使美国对石油的消费迅速增加。

在这一时期，国际石油定价权掌握在国际石油公司手中，以美国为主的七大国际石油公司（“七姐妹”）控制了世界大部分石油资源，垄断了石油产业的勘探、开采、运输、贸易、加工、提炼和销售等各个环节。世界石油价格长期处于极低的价格水平。

---

① 郎一环、王礼茂：《世界石油供应板块地缘格局及重心迁移的驱动力机制研究》，《中国能源》2009 年第 8 期。

② 赵庆寺：《美国石油安全体系与外交》，上海人民出版社，2009 年版，第 15 页。

（二）中东时期（1948—1990 年）

二战后汽车工业迅速发展和美国经济的高速增长，使美国国内对石油的需求迅速增加，从 1948 年起美国的石油进口量超过了石油的产量，成为石油净进口国，世界能源供应中心开始从墨西哥湾向波斯湾转移。20 世纪 50—60 年代，中东地区已探明的石油储量和产量迅猛增长，石油储量从 280 亿桶上升到 3670 亿桶，石油日产量从 110 万桶上升到 1820 万桶，在 1948—1972 年间，世界 7/10 的新增石油储量是在中东发现的。[①] 美国在世界石油总储量中的比重却从 43% 下降到 7%。随着世界石油生产从墨西哥湾向波斯湾转移，世界能源地缘政治竞争围绕着中东地区展开。1960 年 9 月欧佩克的成立。标志着石油输出国联合起来，以集体的形式出现在国际石油市场上，与跨国石油公司作斗争，欧佩克通过第一次和第二次石油危机，从跨国石油公司手中夺回了石油定价权和生产权，开始掌握世界石油市场的控制权。1972 年世界石油产量达到 25.85 亿吨，中东占到 34%，中东首次超过北美而居世界首位，其中沙特、伊朗和科威特的石油产量分别居全球第三、四、六位[②]，石油供应板块重心由北美地区转移到了中东地区，我们把这一历史阶段称为“中东时期”。二战后随着世界经济的恢复和发展，美国、西欧、日本的经济快速发展，对石油的需求大增，成为能源需求板块的重心。

20 世纪 70 年代的两次石油危机充分展示了欧佩克对国际石油市场的影响力。1973 年阿以战争爆发，欧佩克对以美国为首的西方国家实施石油禁运，第一次石油危机爆发，国际石油价格从 1—2 美元/桶上涨到 10 美元/桶以上。在第二次石油危机中，石油价格从 1978 年的 12.78 美元/桶上升到 1980 年的 33.75 美元/桶。[③] 两次石油危机对西方国家的经济造成巨大的冲击。

---

① ［美］丹尼尔·耶金，钟菲译：《石油·金钱·权力》，北京：新华出版社，1992 年版，第 401、424 页。

② 郎一环、王礼茂：《世界石油供应板块地缘格局及重心迁移的驱动力机制研究》，《中国能源》2009 年第 8 期。

③ 朱小莉：《国际战略视野中的中东》，北京：世界知识出版社，2010 年版，第 71 页。

（三）北非—海湾—里海—俄罗斯轴心时期（1990—2000年）

20世纪90年代以来，随着里海能源的开发和俄罗斯石油工业的复苏，产油区的重心在向北偏移，石油供应板块重心由西非沿海湾向西北扩展，横贯里海，直达俄罗斯的西伯利亚，形成一条从北非的马格里布到波斯湾、里海、俄罗斯西伯利亚和远东地区的巨大带状区域，这一区域蕴藏着大量的油气资源，包括沙特阿拉伯、俄罗斯、伊拉克、伊朗、利比亚、科威特、阿联酋等产油大国，这就是北非—海湾—里海—俄罗斯石油供应轴心。世界石油储量排名前十位的国家就有七个位于这一带状区域之内。[①]这一地带对世界石油主要消费国而言，是一个生命攸关的地带。中国学者徐小杰称之为"石油心脏地带"。在石油心脏地带，海湾地区仍然是全球最大的和最关键的石油输出地区，其中沙特阿拉伯和伊朗一直是最重要的石油输出国。欧洲对外石油输出的份额逐渐下降，俄罗斯和里海地区的石油产量份额缓慢增加。[②]

美国通过建立国际能源合作机制，大体实现了对国际石油需求的控制；通过对非欧佩克产油国的投资，对欧佩克成员国的奖惩措施，拉拢温和派沙特阿拉伯，打击强硬派伊拉克和伊朗，实现了对国际石油供给的控制；又通过遍布全球的军事基地网，来实现对石油运输通道的控制；以及通过发达的能源期货市场来对国际石油价格的控制，从而在20世纪90年代到现在美国扩大了对整个国际石油市场的影响控制。

三、21世纪以来的能源地缘政治

进入21世纪来，能源地缘政治格局呈现出一些新的动态。美国通过页岩气革命成为油气生产大国；石油的金融化日益明显，石油和金融结合成为了石油地缘政治的核心。近年来，随着气候问题的凸显，全球气候变化又给传统的地缘政治理论注入了新的内容。

---

① BP, *BP Statistical Review of World Energy*, June 2001.

② 刘新华、秦仪：《略论21世纪的石油地缘政治学》，《当代亚太》2003年第7期。

（一）能源地缘政治的新态势

1. 美欧国家通过地缘冲突控制世界能源

"9·11"事件以后，美国把能源战略的重心转移到海湾地区和包括里海地区在内的亚欧大陆中南部地区，借反恐为名控制中东和里海这两个世界最大石油阀门，在石油资源的争夺中占据了优势，进而削弱欧佩克等石油组织的作用，操纵国际市场的油价，对世界经济产生重大影响。

在中东，美国从伊拉克撤军，作为撤军交换条件，美国及盟国在伊拉克获得开采石油的权力。2015 年 7 月，伊朗核问题达成历史性的全面协议。美欧国家干预利比亚内战，推翻卡扎菲政权，排挤其他国家在利比亚的能源利益。在中亚，美欧加大与中亚国家的能源合作，积极建设"南部能源走廊"，"南部能源走廊"主要包括纳布科天然气管线、土耳其—希腊—意大利能源网（ITGI）、东南欧管线和跨亚德里亚海管线。美国还鼓励中亚和中东国家向"南部能源走廊"投放能源。在非洲，美国积极开展能源外交，加大与安哥拉、埃及、尼日利亚等国家的能源合作。美国还与非盟建立起双边高层对话机制，美国国际开发署与非盟签署了新的伙伴关系协议，促进美国与非洲国家的经济以及能源合作。"非洲繁荣与机遇法案论坛"也是美国与非洲国家进行能源合作的重要平台。在美洲，奥巴马政府帮助美国的企业向美洲油气生产国的能源领域渗透，倡导成立了"美洲能源与气候伙伴关系"，在美洲推广清洁能源、提高能效、完善能源基础设施等。① 美国还通过"北美峰会"这个平台，加强与加拿大、墨西哥的能源合作。②

---

① Office of the Press Secretary, The White house, Energy and Climate Change Patnership of the Amiricas: Fact Sheet, March 21, 2011, p. 1, http://www.whitehouse.gov/sites/default/files/ecpa_fact-sheet.pdf.

② U. S. Energy Information Administration, Counties: Mexico, http://www.eia.gov/countries/cab.cfm? fips = MX.

2. 美国页岩气革命对全球能源地缘政治格局影响深远

美国的“能源独立”对全球能源地缘政治格局产生巨大的影响。随着美国页岩气和页岩油的大规模开发，世界油气版图发生了新变化，新的能源区域北起加拿大的艾伯塔，向南穿过北达科他州和得克萨斯州南部地区，再经过法属圭亚那沿海，最后到达巴西附近，世界石油版图的中心从中东、中亚转向西半球。全球将形成以中东、中亚为轴心的东半球常规油气能源中心板块和以美洲为轴心的西半球非常规油气资源中心板块的“东西两极能源供应格局”。页岩气革命使美国能源产量大增，对国际能源价格的影响增加。美国的页岩油气产业是由千百家页岩油、致密油生产公司组成，它们相信和遵从市场原则，投入、产出、成本、利润、现金流和股东回报是它们生产和停产的基本要素。它们是国际能源市场的“机动生产者”，“边际成本”和“边际利润”在很大程度上决定石油价格的走势和波动空间。[①] 在国际能源体系中，形成以中东、中亚－俄罗斯、北美为主体三大能源供应板块，以欧洲、东亚、南亚三大区域为主体的能源需求板块的国际能源供求大格局。美国、俄罗斯和中东国家在国际能源市场的竞争加剧。[②]

3. OPEC 在国际能源体系中的影响力减弱

在“页岩革命”和替代能源的冲击下，OPEC（石油输出国组织）在国际能源体系中的影响力减弱，OPEC 的内部协调愈发困难。OPEC 的几轮能源部长会议都未能就限产保价达成一致，凸显出其内部的利益分歧。随着伊拉克、伊朗、利比亚等国的产能恢复及重返市场，OPEC 内部的竞争可能会进一步加剧。[③] 2016 年 11 月 30 日，石油输出国组织（OPEC）同意在 2017 年上半年将原油产量削减 120 万桶/日；两周后，俄罗斯、阿曼和墨西哥等国同意减产 55.8 万桶/日。2017 年 11 月 30 日，OPEC 与非 OPEC 产油国如期将减产协议延长 9 个月至 2018 年底。OPEC 与俄罗斯等产油国

---

① 黄晓勇：《世界能源发展报告》，北京：社会科学文献出版社，2016 年版，第 92、93 页。

② 潜旭明：《美国中东能源战略转变：页岩气革命成推手》，《中国经济导报》，2013 年 7 月 20 日。

③ 冯玉军：《国际能源战略格局加速盘整，中国应该如何作为》，凤凰国际智库网站，2016 年 7 月 11 日，http：//www. pit. ifeng. com/a/20160711/49331792_0. shtml。

联合声明，2018 年 6 月考虑是否进一步调整减产。利比亚和尼日利亚将接受从 2018 年 1 月 1 日开始限制产量。①

4. “欧佩克 +” 机制在国际能源体系中的异军突起

近年来，俄罗斯频频运用“能源武器”，在国际能源体系中扮演更加重要的角色。俄罗斯积极酝酿“天然气欧佩克”，大力开拓亚太市场，实现能源出口多元化，并努力寻求打造“石油卢布”，扩大在世界能源市场的影响力，积极寻求与发展中国家建立能源合作机制。

欧佩克影响力虽然在下降，但它仍然是国际能源格局中的重要组成部分，影响力不容忽视。特别是欧佩克这几年加强同非欧佩克国家之间的合作，形成“欧佩克 +”机制，从而扩大能源话语权，获取最大的石油垄断利益。目前“欧佩克 +”机制主要包括欧佩克成员加上俄罗斯、哈萨克斯坦、阿曼、阿塞拜疆、巴林、文莱、赤道几内亚、马来西亚、墨西哥、苏丹和南苏丹等国。在这一机制下，沙特加强了与俄罗斯等国的政策协调，携手应对国际油价下跌，维护国际能源市场供需平衡。

2016 年 11 月底至 2018 年底，欧佩克与非欧佩克产油国已举办 5 次会议，多次达成减产协议，对国际石油市场产生重大影响。

表 1—2　历次 OPEC 和非 OPEC 部长级会议

会议	日期	内容
第一届 OPEC 和非 OPEC 部长级会议	2016 年 12 月 10 日	1. OPEC 产油国合计减产 120 万桶/天，从 2017 年 1 月 1 日起实施，有效期 6 个月。2. 非 OPEC 产油国将减产 55.8 万桶/天。3. 定期召开的专家会议和部长级会议，以确保持续积极的合作。
第二届 OPEC 和非 OPEC 部长级会议	2017 年 5 月 25 日	将 2016 年 11 月的减产协议延长 9 个月至 2018 年 3 月，从 7 月 1 日起执行。

① 《明年 6 月 OPEC 考虑再调整减产两豁免国明年限产》，中金网，2017 年 12 月 1 日，http://www.news.10jqka.com.cn/20171201/c601848812.shtml。

续表

会议	日期	内容
第三届 OPEC 和非 OPEC 部长级会议	2017 年 11 月 30 日	1. 将 2016 年 11 月的减产协议延长至 2018 年底，OPEC 国家保证完全遵守减产协议，非 OPEC 国家自愿减产。2. 为加强合作，通过动态和透明的机制加强合作，包括定期监管，共同分析市场，授权部长联合监督委员会检查遵守的情况，向 OPEC 大会及 OPEC 和非 OPEC 部长级会议报告。3. 通过定期召开的专家会议和部长级会议，以确保持续积极的合作。
第四届 OPEC 和非 OPEC 部长级会议	2018 年 6 月 22 - 23 日	1. 会议遵守 2016 年 11 月达成的减产 120 万桶/天的决议，将减产执行率（从 2018 年 5 月份的 147%）恢复至 100% 的水平，从 7 月 1 日起执行。2. 俄罗斯增产额度为 60 万桶/天。
第五届 OPEC 和非 OPEC 部长级会议	2018 年 12 月 7 日	1. 以 2018 年 10 月原油产量为基准，OPEC 及非 OPEC 主要产油国共减产 120 万桶/日，于 2019 年 1 月起开始实施，为期 6 个月，于 2019 年 4 月进行重新评估并举办下一次欧佩克会议。2. OPEC 成员国共减产 80 万桶/日（2.5%），非 OPEC 主要产油国共减产 40 万桶/日（2.0%）。3. 欧佩克及非欧佩克产油国强调将合作章程草案下的合作定期化、持续化。①

除了协调原油生产外，沙特和俄罗斯之间还加强了高层互动。2017 年 10 月，沙特国王萨勒曼访问了俄罗斯，标志着两国关系进入新的阶段。2018 年 3 月，沙特王储萨勒曼表示，欧佩克正在考虑与俄罗斯签署一项长期协议，将原油产量减少的协议变为 10—20 年的协议。这表明欧佩克希望将减产协议制度化。在阿根廷二十国集团峰会期间，沙特王储穆罕默德与俄罗斯总统普京举行了会晤，双方达成了延长减产计划。

目前欧佩克和俄罗斯、哈萨克斯坦、阿曼等国合起来的石油储量约占全球总储量的 80.2%，产量约占全球总产量的 56.3%，二者若能长期联手，将显著增强其在国际原油市场的影响力和话语权。此外，在油气产业投资上，沙特与俄罗斯也正在不断加深合作，沙特阿美计划投资俄罗斯北

① The 5th OPEC and non - OPEC Ministerial Meeting concludes No 28/2018, No 28/2018 Vienna, Austria 07 Dec 2018, https://www.opec.org/opec_web/en/press_room/5279.htm.

极地区的液化天然气项目。

5. 气候变化给传统的地缘政治理论注入了新的内容

近年来，全球气候变化又给传统的地缘政治理论注入了新的内容，各国使用和储存能源的方式也发生了巨大变化，竞相通过提高效率减少能源的消耗和使用替代能源来减少温室气体的排放。国际体系的主导大国纷纷争夺新能源和低碳经济的创新优势[①]，从而获得更加有利的经济发展空间，进而影响世界权力的转移。欧美发达国家利用其技术和在国际秩序中的优势地位，通过能源和气候变化谈判来占领能源市场和温室气体排放额度的先机，实现对低碳经济的控制。因此，能源与气候变化问题成为国际政治、经济、文化、外交的重点。世界各国纷纷实施的绿色新政，推动低碳经济，实行一种长期稳定增长与资源消耗、环境保护相协调的新经济发展模式。

（二）国际能源体系的新发展

随着美国水平井与分段压裂综合技术等一系列的技术创新与成熟完善，为页岩气等非常规天然气的商业化开采奠定了基础。利用这一技术，原先被视为不可能被开发的页岩层油气资源得以大量开采，美国本土油气产量迅猛增长，[②] 国际能源体系呈现一些新特点。

1. 供应板块

（1）中东、中亚和俄罗斯、非洲、美洲为四大石油净出口板块。中东拥有的石油储量占全球储量的47.7%[③]，是世界上最大的石油输出区，所生产石油的80%用于出口，约占世界出口总量的40%；其中沙特阿拉伯和伊朗一直是最大的石油输出国，沙特阿拉伯的石油出口量占中东地区的40%以上。[④]

（2）欧佩克在石油供应中占有较大的份额，但对国际石油市场的控制

---

① 杨洁勉：《世界气候外交和中国的应对》，北京：时事出版社，2009年版。

② EIA，Annual Energy Outlook 2012，April 2013，p. 2.

③ BP，*BP Statistical Review of World Energy*，June 2009.

④ 张宏民：《石油市场与石油金融》，北京：中国金融出版社，2009年版，第91页。

力有所下降。近年来西方国家纷纷对本国能源战略进行调整，大幅降低了欧佩克成员国在国际石油市场中的份额，有效提升了以俄罗斯为代表的非欧佩克石油出口国的市场地位与作用。美国等油气消费国通过建立西方石油战略储备，意图操纵和替代欧佩克，欧佩克对国际市场油价的控制力大不如前。从 1973 年至今，欧佩克对世界石油出口的控制量已由 53% 下降到 42. 5%①。另一方面，由于欧佩克成员国内部政治、经济利益的分化和差异，沙特阿拉伯、科威特、阿联酋与印尼、伊拉克等国的分歧日益明显，对石油产量的控制也愈加困难。

2. 需求板块

（1）北美、亚太、欧洲为三大石油净进口板块。全球已经形成北美、亚太、欧洲对石油消费的三大重心板块。这三大板块的石油消费量在 2016 年占世界总消费量的 79% 。② 北美、欧洲板块对石油的消费趋于稳定，东亚、南亚板块对石油消费的需求旺盛，并保持增长的势头。

（2）以美国为首的西方国家控制石油市场的价格主导权。美国和西欧国家、日本等石油进口国纷纷调整国家能源战略，通过节约能源、发展新能源和替代能源、发展核能、调整产业结构等措施来削减对石油的需求，对石油的依赖大为降低。西方国家通过国际机制来完善库存调节机制，如通过国际能源署、经济合作发展组织等，通过庞大的石油战略储备来完善库存信息分布机制，掌握市场主导权。

3. 国际能源市场

进入 21 世纪，随着全球化的进一步发展，石油市场与金融市场、资本市场相互融合，随着全球统一的金融市场和资本市场的逐渐形成，石油期货交易日趋活跃，原油期货价格成为全球的基准油价，石油安全从“数量—供应”为主的安全体系，向以“价格—金融”为主的安全体系转变。③石油和金融结合也成为石油地缘政治的核心。

---

① 崔民选：《2007 年中国能源发展报告》，北京：社会科学文献出版社，2007 年版，第 31 页。

② BP, *BP Statistical Review of World Energy*, June 2017.

③ Ibid. .

石油不但是一种战略物资，而且表现出强烈的金融属性，日益成为一个牵动全球神经的金融产品。[①] 期货市场的出现和发展对世界石油市场产生了巨大的影响，它改变了国际油价的形成机制。期货市场已经在某种程度上发挥了价格功能，期货价格已经成为国际石油价格变化的风向标。随着石油期货市场、石油场外衍生品市场的发展，石油市场已经成为高度复杂的“复合市场”。再加上以美国为首的西方国家以其强大的金融体系为支撑，建立国家石油战略储备，支持石油企业的海外扩张，石油已经成为一种“准金融产品”了。

国际石油市场流通的现货价格与期货价格直接挂钩，供求双方在签订供货合同时，并不直接确定价格，通常只是确定某种计价公式，计价公式中的基准价格一般为一段时间现货交易市场中每天结算价格的平均价，与石油期货市场上的石油价格直接或间接相连，其基本公式为：

$$P = A + D$$

P 为石油结算价格，A 为参照基准价，D 为升贴水。[②]

其中参照价格也就是基准价，是与成交前后一段时间的现货价格、期货价格或某报价机构的报价相联系而计算出来的。有些石油使用某个报价体系中对该种石油价格的报价，经公式处理后作为基准价；有些石油由于没有报价等原因则要挂靠其他石油的报价。[③]

目前的国际石油市场是全球金融市场的重要组成部分，以美国为首的西方国家通过石油期货交易体系，从而最终掌握石油定价权，使得国际油价基本上掌握在西方大国和国际资本集团手中。越来越多的对冲基金和机构投资者把目标转向石油，美国治下的国际金融市场的力量空前强大，对石油市场产生重大的影响。美元的石油计价、美元债券、期货市场以及对全球近 70% 的石油资源及主要石油运输通道的控制，庞大的战略石油储备[④]，使得美国成为国际能源体系的霸主。

---

① 张宏民：《石油市场与石油金融》，北京：中国金融出版社，2009 年版，第 32 页。

② 同上书，第 35 页。

③ 黄运成、马卫锋、李畅编著：《中国石油金融战略体系构建及风险管理》，北京：经济科学出版社，2007 年版，第 11、415、416 页。

④ 杨洁勉等：《大体系：多极多体的组合》，天津人民出版社，2008 年版，第 415、416 页。

4. 页岩气的大规模开发使可再生能源的发展受到影响。美国大力开发页岩气，导致页岩气的价格下降，对可再生能源形成一种替代效应，从而对可再生能源产生巨大的冲击，美国大的新能源企业面临破产风险，美国的可再生能源开发步伐变得相对缓慢，为保护本国的新能源产业，美国推行贸易保护主义政策，对中国光伏产品和风能产品实施双反调查，征以惩罚性关税，中国的太阳能和风能产业面临巨大的压力。在美国的带动下，加拿大、墨西哥、阿根廷、澳大利亚、中国、印度、印度尼西亚等国都对页岩气进行了勘探或开发。由此可以预测未来10年能源结构中天然气将超过煤炭，成为第二大能源，甚至可能与石油并驾齐驱。由此也将减缓非化石能源即可再生能源的开发力度。

5. 全球天然气市场的一体化进程加快。由于天然气远距离输气的成本较高，加之贸易方式和政治因素的影响，目前尚无全球性天然气市场，只有北美、亚洲和欧洲三大区域市场，这三大市场的价格几乎没有任何关联。页岩气的大规模开发将大幅提高液化天然气的供应量，液化天然气贸易的灵活性将有可能改变长期合同的贸易方式和三个区域市场价格各自相对独立的格局，从而使天然气价格和油价脱钩并加速全球天然气市场的一体化进程。①

---

① 孔祥永：《美国“页岩气革命”及影响—兼论对中国页岩气开发的启示》，《国际论坛》2014年第1期。

第二章 美国国际能源战略的缘起和演变

第一节 美国国际能源战略的缘起

美国是世界上唯一的超级大国，也是能源大国，其能源储藏量、生产量、消费量都相当巨大。美国已探明的石油储量为58亿吨，占世界探明储量的2.8%，已探明天然气储量为8.7万亿立方米，占世界探明储量的4.7%，煤炭总蕴藏量为2528.12亿吨，约占世界的22.1%[①]，铀和水力资源的蕴藏量也丰富。美国出口大批煤炭、少量的天然气以及大批能源设备和服务项目。[②]

由于美国庞大的经济规模、美国人资源消耗型的生活方式，使得美国每年需要消耗大量的能源。2016年度美国的能源消耗量为22.727亿吨油当量，其中最主要的是石油，占总量的37.9%；其次是天然气，占总量的31.5%。其他能源：煤炭占总量的15.8%，核能占总量的8.4%，可再生能源占总量的3.7%，水能占总量的2.6%。[③]

根据BP统计，2016年美国石油产量为1235.4万桶/日，占世界总产量的13.4%；天然气产量为7492亿立方米，占世界总产量的21.1%。[④] 美

① BP, *BP Statistical Review of World Energy*, June 2017.

② ［俄］斯·日兹宁：《国际能源政治与外交》，上海：华东师范大学出版社，2005年版，第143页。

③ BP, *BP Statistical Review of World Energy*, June 2017, pp. 8 – 9.

④ Ibid.

国的“页岩气革命”取得了巨大的成功，有助于美国摆脱经济困境，缓解美国的就业问题，为其经济的复苏注入活力。美国本土发现有48个州蕴藏着丰富的页岩气资源，主要分布在东北部、中部内陆、墨西哥湾沿岸、落基山脉、南部和西海岸6个地区大小不等的盆地中，包括北美克拉通盆地、前陆盆地侏罗系、泥盆系、密西西比系，其中东北部页岩气储量为7306 × 10^8立方米，占美国页岩气资源的41%；墨西哥湾地区页岩气储量为7167 × 10^8立方米，约占总量的40%；中部内陆地区页岩气储量为1685 × 10^8立方米，约占总量的9%。①

美国是世界上最大的石油消费国，1950年石油超过煤成为美国第一大能源以后，石油在美国的能源消费结构中所占的比重始终保持在15%以上，1977年达到47.6%，随后有所下降，2001年美国石油消费占能源消费的39.8%②，2017年占37%。③

美国是石油进口大国，石油进口在其整个石油消费中的比例从1973年的35%上升到1996年的56%。2008年美国日均消耗1941.95万桶石油，占世界石油总消耗量的22.5%④。2016年美国日均消耗1963.1万桶石油，占世界石油总消耗量的20.3%。⑤

随着美国经济的增长和汽车工业的发展，美国的石油进口不断上升，从1948年起，美国的进口原油和成品油大于出口，进口量节节攀升，1977年日均进口原油量增至880.7万桶，进口成品油量增至856.5万桶；从1979年到1985年，政府重视节能和提高使用效率，并采取了一些措施，石油进口下降很大，1985年以后，石油进口再次呈上升的趋势。近年来，美国国内石油页岩气产量大增，美国原油的日进口量从2005年的1090万桶减少到2013年的780万桶。⑥ 成品油则由净进口转为净出口，2016年出

---

① 于立宏、牟伯中、李嘉良编著：《中国页岩气发展战略与政策体系研究》，上海：华东理工大学出版社，2017年版，第16页。

② U. S. Energy Information Administration, *Annual Energy Review* 2002, p. 9.

③ BP, *BP Statistical Review of World Energy*, June 2017, p. 7.

④ BP, *BP Statistical Review of World Energy*, June 2009.

⑤ BP, *BP Statistical Review of World Energy*, June 2017, p. 15.

⑥ IEA, Energy Policies of IEA Countries 2014Review The United States, p. 173.

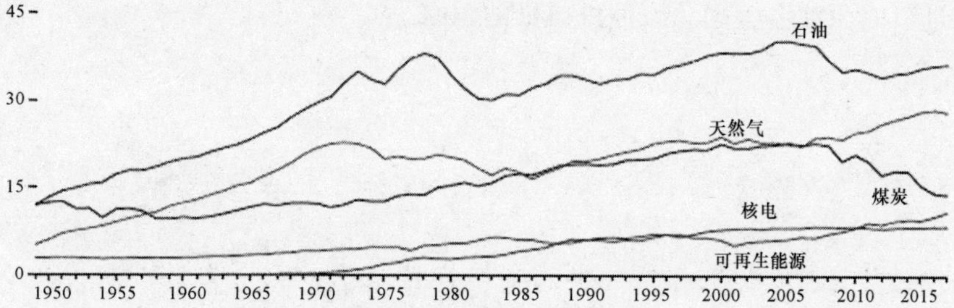

图 2—1 美国能源消费中各种能源的比重

口成品油 986 万吨。①

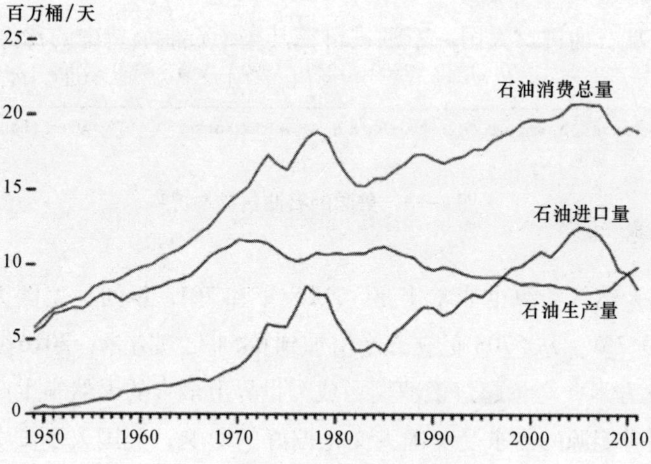

图 2—2 美国石油进口情况

美国的石油进口主要来自西半球、中东、非洲和欧亚地区。2000 年，这 4 个地区占美国石油进口量的比例为：西半球为 50%，中东为 24%，非洲为 14%，欧亚为 9%，其他地区为 3%。② 美国有四大石油供应国，它们

① BP, *BP Statistical Review of World Energy*, June 2017, p. 25.

② National Energy Policy Development Group, *National Energy Policy*, May 2001.

分别为加拿大、沙特阿拉伯、墨西哥和委内瑞拉，2010 年美国从这 4 个国家进口的原油占美国总原油进口量的 30% 。①

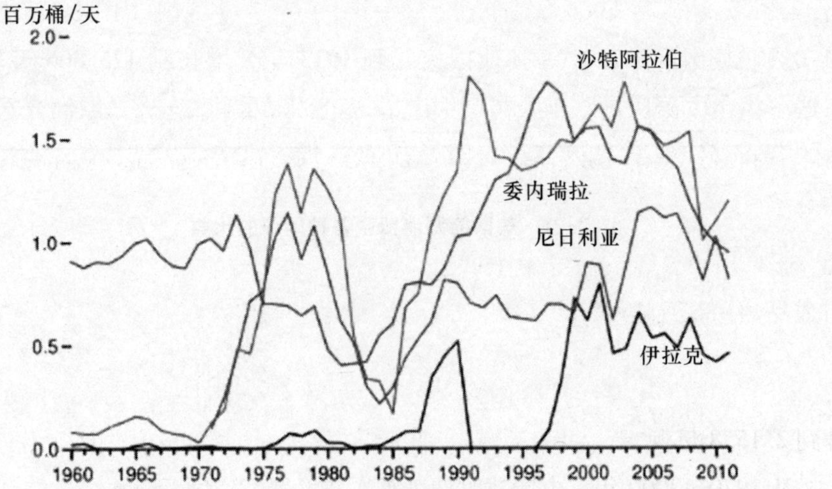

¹ On this graph, imports from Nigeria are shown beginning in 1971, when Nigeria joined OPEC.

图 2—3　美国的石油贸易情况②

美国天然气资源也非常丰富，2008 年和 2013 年间，美国天然气产量增加了 20. 7% ，从 5708 亿立方米增加到 6854 亿立方米，2016 年产量达到 7492 亿立方米，产量超过俄罗斯，成为世界上最大的天然气生产国。③

美国对能源的需求受美国人文化偏好的影响，美国人不安分的天性和对独立空间和自由的崇尚，表现为对汽车的迷恋以及对郊区生活方式的喜好，电和汽车改变了美国的社会。④

---

① U. S. Energy Information Administration, *Petroleum Supply Annual 2011*, September 2012, http: //tonto. eia. doe. gov /FTPROOT/petroleum/0340201. pdf.

② Doe /EIA, *Annual Energy Review* 2011, September 2012, http: //www. eia. doe. Gov/cmeu/aer/ contents. Html.

③ Bp, *BP Statistical Review of World Energy*, June 2017.

④ 劳伦斯·R·格里、戴维·E·麦克纳布，付满译：《美国的能源政策》，南京：江苏人民出版社，2016 年版，第 38 页。

20世纪美国资本主义的兴起和繁荣主要是通过生产和销售汽车来实现的，汽车工业对美国的经济具有非常重要的意义，从20世纪初开始，美国就成为世界上汽车拥有量和生产量最多的国家。1907年，美国注册的汽车为14.32万辆，每1000人拥有汽车1.65辆，超过英国（1.56）、法国（1.02）、德国（0.26）等其他国家。到1913年，增长到125.806万辆。在这一年，15家美国汽车公司产生出了38.8096万辆汽车，是欧洲公司产量的13倍。[①] 到了1929年，美国每1000人拥有汽车219辆，55%的家庭拥有汽车，10%的家庭拥有2辆以上。[②] 1960年，美国注册的汽车数已达到了7390万辆，78%的家庭至少拥有一辆以上汽车。[③] 每1000人拥有的汽车数为401辆。汽车工业已经成为“美国经济的基石”。在1960年的财富杂志所评选出的最大企业中，排在前9位的有6家是汽车和石油企业。[④] 到1980年，美国注册的汽车为1.55796亿辆，2000年美国注册的汽车上升到2.1558亿辆。[⑤]

从1970—2000年，由冷战时期美苏军备竞赛和空间竞赛而引发的计算机产业的生产和发展，以及知识经济的兴起，许多美国老牌企业如IBM等也开始了产业的转型，开始生产笔记本电脑，一些新的企业如微软，从一家小的公司发展成为一家企业大鳄。加利福尼亚的“硅谷”成为技术密集型信息和通讯技术的缩影。30年来，虽然美国经历着巨大的经济转型，然而“汽车加石油”这一经济根基却基本不变。[⑥]

汽车工业是美国最大的产业之一，联系着无数汽车经销商和服务网

---

① Bardou, Jean - Pierre Jean - Jacques Chanaron, Patrick Fridenson and James M Laux, *The Automoblie Revolution The lmpacto ofAn Industry*, Chapel Hill: University of North Carolina Press, 1982, p. 74.

② Bardou, Jean - Pierre Jean - Jacques Chanaron, Patrick Fridenson and James M Laux, *The Automoblie Revolution The lmpact ofAn Industry*, Chapel Hill: University of North Carolina Press, 1982, pp. 112、117.

③ US Department of Energy, OTT, O*ak Ridge Natioanl Laboratory Transportation Energy Data Book*, Edition 21, Tennessee, 2001, pp. 11 - 15.

④ *Fortune Magazine*. July 1961. p. 168.

⑤ Ian Rutledge, *Addited to Oil*: *America's Relenless Drive for Energy Security*, London I. B. Tauris, 2005.

⑥ Ian Rutledge, *Addited to Oil*: *America's Relenless Drive for Energy Security*, London I. B. Tauris, 2005, p. 120.

络；美国汽车产业涉及橡胶、玻璃、钢铁、化工等产业，形成巨大的产业链。汽车工业的发展带动了钢铁、塑料和石油产业的发展。美国的汽车产业链为美国提供了大约660 万个就业岗位①，美国每6 个工人中就有1 个从事汽车或卡车相关行业。汽车工业对美国的整个经济起着基本的决定性作用。②

美国人还偏好独栋房屋，2007 年这种独栋房屋占全国房屋总数的63%，2008 年平均每栋新建的独栋房屋面积为2519 平方英尺，相比20 世纪50 年代新建房屋的面积翻了一倍。③

汽车产业和独栋房屋的大量建造，需要消费大量能源。正是这种对汽车的迷恋以及对郊区生活的向往，使美国产生了对石油的深深依赖。为了满足不断增长的汽车对汽油的消费，美国的炼油能力从1950 年的每天生产670 万桶提高到980 万桶。④ 1960 年美国的石油供应总量提高了51%，国内石油产量从每天590 万桶提高到每天800 万桶，石油净进口量从每天50 万桶提高到每天160 万桶。于是中东就成为了美国重要的石油供应地，从1950—1960 年，美国从科威特、沙特阿拉伯、卡塔尔、伊朗等国家的英美石油公司的石油进口额从每天11.4 万桶上升到每天31 万桶。⑤ 美国每户居民每年所消耗的车用汽油和柴油为2043 升，是日本每户居民耗油的3 倍多，是德国、法国、英国的2 倍半。⑥

---

① Fulton et al., *Contribution of the Automotive Industry to the US Economy in* 1998, by Institution of Labor and Industrial Relations University of Michigan, p. 37.

② Chinese Academy of Engineering and National Research Council, *Personal Cars and China*, *Washington DC*, National Academies Press, 2003, p. 7.

③ 劳伦斯·R·格里、戴维·E·麦克纳布，付满译：《美国的能源政策》，南京：江苏人民出版社，2016 年版，第37 页。

④ American Petroleum Institute, *Basic Petroleum Data Book*, Vol. XVIII, No. 1, 1998.

⑤ Ian Rutledge, *Addited to Oil*: *America's Relenless Drive for Energy Security*, London I. B. Tauris, 2005, p. 20.

⑥ Ian Rutledge, *Addited to Oil*: *America's Relenless Drive for Energy Security*, London I. B. Tauris, 2005, p. 10.

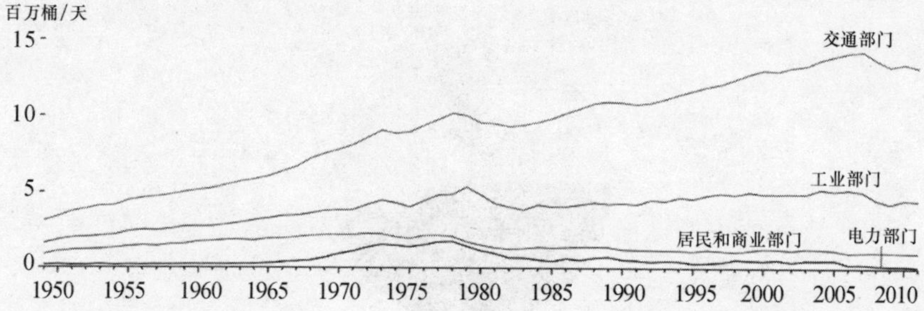

图 2—4　美国各部门消费石油的情况①

从图 2—1 我们可以看出，石油在美国能源结构中所占比重最大，从图 2—4 我们可以看到，美国的交通运输是石油消费的最大部门，从美国的经验来看，交通运输部门对石油的消费不断增长从而引发美国对石油的巨大需求，是美国对石油产生依赖的最主要原因。1950 年以来，美国的交通运输部门对石油的消费一直在快速增长。在 1950 年，美国交通部门所消耗的石油占石油消耗总量的 54%，到 20 世纪 70 年代提高到 56%，到 20 世纪 80 年代提高到 60%，到了 20 世纪 90 年代达到了 67%，到 2001 年达到了 69%（包括汽车、航母、舰船和铁路）②，在 1974 年、1979 年、1982 年、1990—1991 年、2001 年、2008 年期间受高油价的影响，石油需求有所下降，但很快就又回升。③ 实际上，美国汽车对汽油加柴油的消费量增加很快，1960 年消耗了 376 万桶/每天，1980 年增加到 710 万桶/每天，2001 年竟达到 1010 万桶/每天。④

---

① Doe /EIA, *Annual Energy Review* 2008, http: //www. eia. doe. Gov/cmeu/ aer/ contents. Html.

② Ian Rutledge, *Addited to Oil*: *America's Relenless Drive for Energy Security*, London I. B. Tauris, 2005, p. 10.

③ 王波：《美国石油政策研究》，世界知识出版社，2008 年版，第 64、72 页。

④ Ian Rutledge, *Addited to Oil*: *America's Relenless Drive for Energy Security*, London I. B. Tauris, 2005, p. 10.

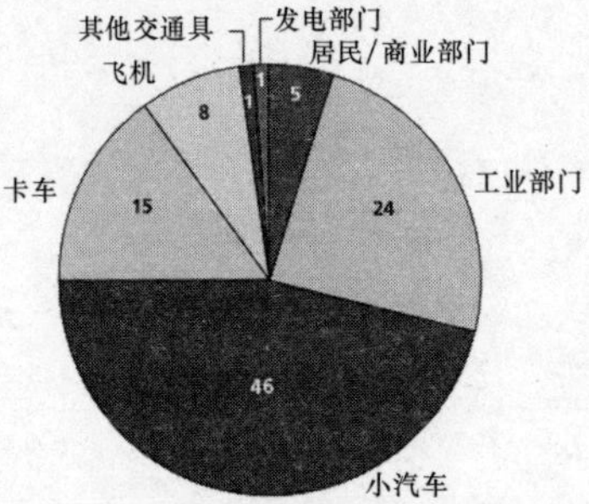

图 2—5　美国各部门对石油的需求①

从图 2—5 我们还可以看出，2007 年小汽车的石油消耗量占美国石油总消费量的 46%，卡车的石油消耗量占总消耗量的 15%，飞机占 8%，其他交通工具占 1%，美国的交通运输行业石油消耗量占总消耗量的 70%。② 而工业用油占石油总消耗的 24%，居民和商业用油占 5%，发电占 1%。美国交通运输行业是石油的消费主体行业。

从图 2—6 我们可以看出，1950 年以来，石油在美国的交通运输部门所消费的能源比重一直占据很高的百分比。2004 年石油占交通运输消耗能源的 97%。美国的交通运输部门对石油的需求，除 20 世纪 80 年代上半期和 2008 年外，一直呈不断增长的趋势，这都说明美国能源部门和交通运输部门对石油的依赖在不断加深。④

汽车工业在美国经济结构中的核心地位、汽车在美国的大量使用、美国民众对独栋房子的偏好，导致独栋房屋的大量建造，决定了美国对石油产生严重的依赖，能源安全在美国国家安全中的重要性不断提升，美国的

---

① Keith Crane, Andreas Goldthau, *Imported Oil and U. S. National Security*, Rand Corperation, 2009, p. 6.

② Keith Crane, Andreas Goldthau, Imported Oil and U. S. National Security, Rand Corperation, 2009, p. 5.

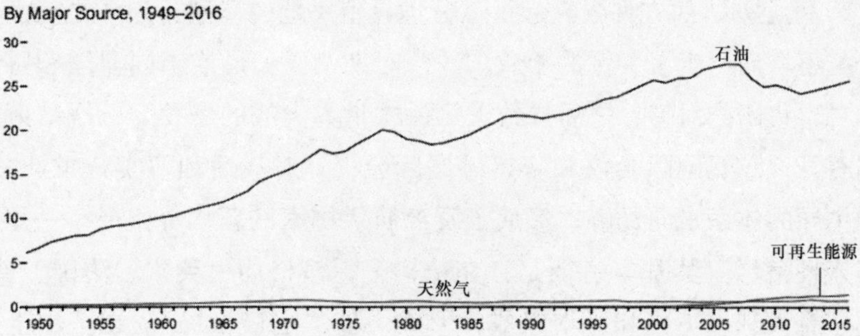

图 2—6　石油在美国交通运输部门能源消费的比重①

国际能源战略在其全球战略中的地位也越来越重要。为维护其能源安全，美国政府通过制定和实施国际能源战略来实现对国际能源体系的控制和影响。

第二节　美国国际能源战略的形成

一、美国国际能源战略的雏形

从19世纪到20世纪初，英国处于世界霸主地位，英国利用其强有力的霸权，建立了以英国为主导的世界秩序，形成了英国治下的世界。在国际能源体系中，英国利用其政治、经济、军事力量控制着除北美以外世界重要的石油生产地区，在英国政府的支持下英国石油公司（British Petroleum）在中东处于垄断地位，控制着中东的石油资源，包括沙特、伊朗（波斯）和伊拉克（美索不达米亚），而美国石油公司在海外的地区仅限于墨西哥和罗马尼亚。在这一时期，美国能源战略的目标就是打破英国对国际

① 王波：《美国石油政策研究》，北京：世界知识出版社，2008年版，第64页。

石油体系的支配地位。①

20 世纪初，西方列强掀起了瓜分世界殖民地的高潮，列强之间由于利益分配不均而产生了尖锐的矛盾。这一时期，欧洲形成了同盟国和协约国两大军事集团的对峙，之后导致了第一次世界大战的爆发。一战结束后战胜国召开凡尔赛国际会议和华盛顿国际会议，对战后利益实行重新分配，英国主导的体系走向瓦解，形成了资产阶级国家的新均势格局——凡尔赛—华盛顿格局。其基本特征是：在结构上，该格局由英国、法国、德国、俄国、意大利、美国和日本组成，形成一种“七极格局”。在范围上，凡尔赛—华盛顿格局已经扩展到全世界。

在这一时期，美国是世界的主要石油生产和出口大国，石油产量居世界之首，从 1859 年（石油商业化的第一年）开始到 1883 年，美国的石油产量占世界石油产量的 80% 以上。② 20 世纪初，随着汽车工业的迅速崛起，德克萨斯、俄克拉荷马、加利福尼亚州新发的油田，石油工业进入了新的时代。1919 年美国控制了当时世界石油产量的 68% 。③ 第一次世界大战后，由于战争对石油需求的拉动，以及美国石油驱动汽车的增加，石油的战略价值凸显。1910—1920 年，汽车企业每年汽车的销售量从 18. 1 万辆上升到 190. 5 万辆。同一时期美国注册的汽车数量从 4. 583 万上升到 813. 15 万辆。1918 年到 1925 年，美国每年石油消耗量从 7450 万桶上升到 2. 239 亿桶，其中 90% 用于汽车消费。④ 美国在立足国内石油开发的同时，加强了对国外石油资源的争夺。当时美国在国际政治格局中处于次强国的地位，美国石油界和美国政府都认为，英国在美国人动手之前，占据世界其余地区的所有石油资源。因此，华盛顿要立即团结起来，支持石油公司争取外国石油。美国由此产生了“门户开放”政策，要求给美国资本和商

---

① Hans Jacob Bull - Bull - Berg, *American International oil Policy*: *Causal Factors and Effect*, London: France Pinter, p. 159.

② Robert B. Krueger, *An Evaluation of the Option of the U. S. Government in Its Relationship to U. S. Firms in International Petroeum Affairs*, California Los Angeles, 1975, p. 40.

③ Shaffer, *the United States and the Control of World Oil*, London: Croom Helm, 1983, p. 47.

④ Schurr and Netschert, *Energy in the American Economy* 1850 - 1975, The Johns Hopkins Press, 1960, p. 117.

人与他人同等竞争的机会。[①] 美国石油公司逐步把触角伸向拉美、亚洲和中东地区。

(一) 闯入拉美

早在1876年，美国就在墨西哥开发石油。20世纪初，美国在墨西哥买进了第一批石油产品[②]，到了1914年，美国石油公司参与18个国家的石油生产，其石油产量约占世界（美国以外产量）的13%。[③] 1914年，墨西哥石油日产量为7.2万桶，随着技术的创新和一战的拉动，到1922年，墨西哥的石油日产量增至50.8万桶[④]，其中大部分石油被美国石油公司控制。[⑤] 墨西哥1917年宪法第27款规定，墨西哥资源的所有权归国家，包括“石油和所有固体的、液体的和气体的碳氢化合物”。[⑥] 墨西哥1917年宪法极大地改变了政府和石油公司的关系。

在接下来的20年，跨国石油公司和墨西哥政府之间对宪法条款的解释存在争议。跨国石油公司认为这一条款并不适用于先前政府给予跨国公司的租借，这一观点获得了美国政府的支持，美国政府“不承认”墨西哥政府。如1920年，美国和墨西哥政府的外交关系一度中断，美国政府不承认墨西哥总统，要求除非他保证外国投资者的安全。结果，墨西哥政府宣布一些美国跨国石油公司对矿产拥有的权利。[⑦] 1925年颁布的《墨西哥石油法》，使墨西哥政府可以对跨国石油公司征以重税，跨国石油公司对石油

---

① ［美］丹尼尔·耶金，艾平等译，《石油大博弈（上）》，北京：中信出版社，2008年版，第135页。

② Leonard M. Fanning, *American Oil Operations Aboard*, New York and London: Mcgraw Hill Bppk Company, 1947, p. 2.

③ Leonard M. Fanning, *American Oil Operations Aboard*, New York and London: Mcgraw Hill Bppk Company, 1947, p. 15.

④ Robert B. Krueger, *An Evaluation of the Options of the U. S. Government in Its Relationship to U. S. firms in international Petroleum Affairs: A Report Prepared for the Federal Energy Administration*, California: Nossaman, 1975, pp. 42 – 43.

⑤ Robert B. Krueger, *An Evaluation of the Options of the U. S. Government in Its Relationship to U. S. firms in international Petroleum Affairs: A Report Prepared for the Federal Energy Administration*, California: Nossaman. 1975, pp. 42 – 43.

⑥ G. Barrows, *Petroleum Legislation*, Supplement 7, 1973, p. 52.

⑦ J. R. Powell, *The Maxican Petroleun Industry*, 1938 – 1950, Russell & Russell, 1972, p. 118.

的所有权也不明确，引发了墨西哥政府与跨国石油公司之间的争端，随着在委内瑞拉和哥伦比亚相继发现一些大的油田，很多石油公司把资本转移到了委内瑞拉和哥伦比亚。

在一战期间（1914—1918 年），美国的石油利益扩展到了秘鲁、阿根廷、奥地利，在罗马尼亚、俄罗斯、波兰、哥伦比亚、阿根廷都拥有股份、租借油田或者拥有特许权。

一战结束之前，委内瑞拉的石油还是由壳牌石油公司控制着，一些美国独立的石油公司如马拉开波石油开发公司（Maracaibo Oil Exploration）也拥有一定地区的租让权。到了 20 年代的初期，美国的大石油公司如埃克森石油公司、海湾石油公司便开始进入委内瑞拉。一开始，美国的大石油公司通过购买独立石油公司的资产来对委内瑞拉进行渗透。随着这些石油巨头资本和技术的注入，1922 年，委内瑞拉石油产量剧增，1928 年成为世界第二大石油生产国（美国为第一大石油生产国）。[①] 美国石油公司在委内瑞拉拥有的产量从 1925 年的 31.5% 增加到 1929 年的 54.8%。[②]

（二）挤进印尼

美国的石油公司在政府的支持下进入荷兰东印度公司的势力范围——印度尼西亚。1918 年以前，英国壳牌石油公司控制着印度尼西亚唯一的生产特许，美国埃克森石油公司曾几度想进入都遇到了挫折，因为当地的法律不允许给予第二个公司生产特许权。1918 年印度尼西亚对该法律进行了修订，但新的特许权仍然给了壳牌石油公司，美国石油公司感到十分失望。美国政府向荷兰（印尼是荷兰的殖民地）政府表达了对这一行为的反对，更为重要的是，美国国会于 1920 年通过了《矿产租让法》（Mineral Leasing Act），该法建立了一条互惠原则，如果一国的法律、规定或惯例拒绝给予美国公民或公司获得土地的租让权，那么美国也禁止该国家的公民

① E. Leuwen, *Petroleumin Venezula*, 1954. p. 38.

② Robert B. Krueger, *An Evaluation of the Options of the U. S. Government in Its Relationship to U. S. firms in international Petroleum Affairs: A Report Prepared for the Federal Energy Administration*, California: Nossaman. 1975, pp. 42 - 43.

或公司获得美国的土地租让权。[①] 认识到这一法律的效力，为了将来获得美国的产品或土地租让权，荷兰政府向美国政府保证在将来印尼给予生产特许权时，对美国石油公司不再予以歧视。[②]

之后不久，荷兰殖民者当局向壳牌石油公司租借印尼南苏门答腊的一块区域，而没有给美国石油公司任何机会。作为回应，美国政府不同意租借联邦政府拥有的在犹他州、怀俄明州和俄克拉何马州的土地给壳牌石油公司，并告知荷兰政府，只有当美国石油公司在印尼不受歧视时，壳牌石油公司才可以租到美国的土地。结果，到了1928年，荷兰当局取消了美国在印尼租借的限制，埃克森石油公司进入了印尼。[③]

（三）染指伊拉克

美索不达米亚（伊拉克）地区蕴藏有丰富的油气资源，最初进入该地区的是土耳其石油公司（Turkish Petroleum Company），土耳其石油公司成立于1912年，德意志银行（the Deutsche Bank）拥有该公司25%的股份，皇家荷兰/壳牌公司（the Royal Dutch/Shell）拥有该公司25%的股份，土耳其国家银行（the Turkish National Bank）持有50%的股份。[④] 1920年4月的协约国最高委员会会议上，英国首相劳合·乔治和法国总理亚历山大·米勒兰签署了《圣雷莫协定》（San Remo Agreement），美索不达米亚地区成为联合国委任下的英国托管地，石油仍由土耳其石油公司开发，法国放弃了对摩苏尔的领土要求，德国人在土耳其石油公司的份额转让给法国。[⑤] 美国人被排斥在外，美国政府和石油界对此大为不满，认为英国率

---

① Fiona Venn, *Oil Diplomacy in the Twenties Century*, Hampshire and London: MacMillan Education Lted., 1986, p. 51.

② Robert B. Krueger, *An Evaluation of the Options of the U. S. Government in Its Relationship to U. S. firms in international Petroleum Affairs: A Report Prepared for the Federal Energy Administration*, California: Nossaman, 1975, p. 42.

③ A. Bartlett III, R. Barton, J. Bartlett, G. Fowler, Jr. and C. Hays, *Pertamina, Indonesian National Oil*, 1972, p. 49.

④ Daniel Yergin, *The Prize: The Epic Quest for oil, Money, and Power*, New York: Simon and Schuster, 1991, p. 185.

⑤ Daniel Yergin, *The Prize: The Epic Quest for oil, Money, and Power*, New York: Simon and Schuster, 1991, p. 189.

先占有了美国以外的世界石油资源。1920 年 5 月 12 日，当时驻伦敦的美国大使戴维斯（John W. Davis）照会英国外交大臣克仁（Curzon）勋爵，对美国被排除在外表示抗议。[①] 美国国务院随即宣布该协定违反了门户开放政策，美国政府不承认《圣雷莫协定》。[②]

1919 年 3 月，美国石油公司成立了美国石油协会（American Petroleum Institute API），7 月成立“外交委员会”（Foreign Relation Committee），由新泽西石油公司（后改名艾克森石油公司）总裁沃特·梯格尔（Walter C. Teagle）担任主席[③]，美国石油协会要求政府支持美国石油公司向中东扩张。1919 年，美国国务院要求其外交机构和使领馆给予寻求石油租让权的美国公民一切合法的协助。[④]

1921 年，美国政府在华盛顿召集石油界人士开会研究对策，决定由 7 家美国公司组成近东发展公司，作为一个石油财团竞争美索不达米亚地区的石油资源。威尔逊政府和哈定政府都大力支持美国石油公司获取海外石油权益。在美国的抗议下英国开始妥协，同意美国公司参与开发美索不达米亚地区的石油。随后，英美石油公司开始进行谈判，1922 年 8 月，英国同意将英波石油公司 12% 的股份让给美国石油公司，后来提高到 20%，但都遭到美国石油公司的拒绝。1922 年 12 月，英国把转让给美国的股份提高到 24%，但附加了两个条件：一是要把石油产量的 10% 无偿交给英波石油公司；二是不再就土耳其石油公司的权利提出质疑，这也遭到美国的拒绝。[⑤]

1928 年 7 月 31 日，美、英、法、荷四国政府和石油公司签署了《红

---

① Leonard M. Fanning, *American Oil Operations Aboard*, New York and London: Mcgraw Hill Bppk Company, 1947, p. 5.

② U. S. Congress, Senate, Committee on Foreign Relations, Subcommittee on Multinational Corporations, *Multinational Petroleum Companies and Foreign Policy*: *Report Together with Individual Views*, Part 7, Washington D. C.: U. S. Government Printing Office, 1974, p. 163.

③ Ian Rutledge, *Addicted to Oil*: *America's Relentlesss Drive for Energy Security*, London: I. B. Tauris, p. 26.

④ Fiona Venn, *Oil Diplomacy in the Twenties Century*, Hampshire and London: MacMillan Education Lted., 1986, p. 51.

⑤ Charles W. Hamilton, *American and oil in the Middle East*, Gulf Publishing Company, 1962, p. 83.

线协定》(The Red Line Agreement)，关于土耳其石油公司(1927 年改名为伊拉克石油公司，Iraq Petroleum Company)股权分配如下：美国的近东开发公司、英国石油公司、法国石油公司和英荷壳牌公司拥有 23.75% 的权益，英国的石油富商古尔本金拥有其余 5% 的权益，约定各方不得在奥斯曼帝国边界(除科威特和伊朗)这一“红线”范围内谋求石油特许权。[①] 当时有人对“奥斯曼帝国”的概念不清楚，古尔本金找来一张中东地图，用一支红铅笔沿原奥斯曼帝国的边界画了一条红线。约定各方不得在这一红线范围内谋求石油特许权，除了伊朗和科威特，后来所有的产油国都在红线之内。[②] 美国石油公司终于在开发奥斯曼帝国石油资源上取得了与英、法、荷三国同等的权利。《红线协定》是英国和美国的石油公司为了瓜分中东石油资源达成的第一个协议，是石油公司控制世界石油生产的第一个行动。

1928 年 8 月，美国的埃克森石油公司和英国石油公司与壳牌石油公司(英国和荷兰合资)签署了《阿奇纳卡里协定》(The Achnacarry Agreement)，承认各大石油公司 1928 年除美国以外的资本主义石油市场的现状，按产地就近供应原油，防止生产过剩，维护垄断价格。[③] 该协定的宗旨是结束石油市场的无序竞争、划分各石油公司的市场范围。[④]

《红线协定》和《阿奇纳卡里协定》这两个协定的签署标志着美国石油公司冲破英国限制，在中东获得了第一块立足之地，迈开了染指中东石油资源的重要一步。[⑤]

---

① 上海社会科学院世界经济与政治研究院：《能源问题与国际安全》，北京：时事出版社，2009 年版，第 9 页。

② ［美］丹尼尔·耶金，艾平等译，《石油大博弈(上)》，北京：中信出版社，2008 年版，第 141、142 页。

③ 李若晶：《石油冷战：中东石油与冷战中的大国竞争(1945—1999)》，北京：世界知识出版社，2016 年版，第 42 页。

④ 王波：《美国石油政策研究》，北京：世界知识出版社，2008 年版，第 30 页。

⑤ 赵庆寺：《美国石油安全体系与外交(1941—1981)》，上海人民出版社，2009 年版，第 27 页。

（四）租借巴林和沙特

20 世纪 30 年代美国石油公司进一步向英国传统的势力范围海湾地区渗透：向巴林和沙特阿拉伯挺进。美国石油公司在进入巴林的过程中遇到两大障碍。第一大障碍是《红线协定》。巴林在《红线协定》规定的范围之内，根据协定，伊拉克石油公司的股东不能在这一范围内单独开采石油。[①] 第二大障碍是“英国国籍条款”（British Nationality Clause）或“英国控制条款”（British Control Clause）。根据该条款规定，在没有得到英国政府同意的情况下，巴林不得授予外国公司任何资源开采权，而任何在英国殖民地经营的公司都应该在英国注册，由英国公民管理。这一条款限制了美国石油公司进入巴林。

第一次世界大战后，新西兰采矿工程师弗朗克·霍尔姆斯（Frank Holmoes）参与组建了“东方综合辛迪加”（the East and General Syndicate）到中东地区开发石油，1925 年该公司获得巴林的租让权。1927 年 11 月，海湾公司收购了“东方综合辛迪加”在阿拉伯地区的全部开采权。海湾公司经勘测认为，巴林拥有具备商业开采价值的石油资源，但海湾公司是近东开发公司的成员，受到《红线协定》的限制，于是将租让权转给了加州标准石油公司。[②]

为了绕开“英国国籍条款”或“英国控制条款”的限制，加州标准石油公司于 1929 年在加拿大注册成立了一家完全属于自己的子公司——巴林石油公司，因为根据 1926 年的《英联邦国家贝尔福宣言》，加拿大的公司可享受英国公司的待遇。[③] 美国国务院随后也与英国政府进行交涉，英国政府允许该公司进入巴林，但坚持必须将其置于英国的控制之下，加州标准石油公司拒绝了这一要求。美国国务院与英国政府进行了长达一年多的

---

① ［美］丹尼尔·耶金，艾平等译，《石油大博弈（上）》，北京：中信出版社，2008 年版，第 141、142 页。

② 赵庆寺：《〈红线协定〉与中东石油政治格局的变迁》，《阿拉伯世界研究》，2007 年第 4 期。

③ 江红：《为石油而战—美国石油霸权的历史透视》，上海：东方出版社，2002 年版，第 91 页。

交涉，英国政府最后允许巴林石油公司获得巴林的租让权，但提出了一些象征英国控制的条件。巴林石油公司于 1931 年 10 月开始钻探，1932 年 5 月 31 日发现石油。[①] 1940 年，巴林石油公司又与巴林酋长签订补充协议，延长了租让期限，并将范围扩大到整个巴林。

一战后，英国的力量被削弱，对沙特的影响力减弱。1933 年 2 月，加州标准石油公司派代表开始与沙特的财政大臣阿不杜拉·苏莱曼（Abdullah Suleiman）谈判石油租让权。1933 年 5 月 29 日，加州标准石油公司与沙特签订了租让权协议，获得了 36 万平方英里的土地租让权，约占沙特面积的 39%，租让权有效期为 60 年，该协议还规定，加州标准石油公司成立一家子公司：加利福尼亚—阿拉伯标准石油公司（the California - Arabian Standard Oil Company，Casoc）来负责开发沙特石油。[②] 该公司于 1944 年改名为阿拉伯美国石油公司，简称阿美石油公司。沙特后来与加州标准石油公司签订补充协议，扩大租地的面积。

1945 年 2 月，美国总统罗斯福在美国军舰上会见沙特国王伊本·沙特，其会谈的主要内容为：美国给予沙特军事支持，帮助其打败一切外国的进攻或者国内的挑战，作为回报，美国享有获取沙特石油的特权。为进一步增进美国和沙特的关系，1946 年美国向沙特贷款 1000 万美元[③]，美国国防部在靠近阿美石油公司的达兰市建立了空军基地；1948 年又在巴林建立了一个小型的海军基地。[④]

（五）平分科威特

1930 年海湾公司开始与科威特谈判石油租让权，英国政府则希望利用“英国国籍条款”来限制美国海湾公司进入科威特。海湾石油公司向美国

---

① ［美］丹尼尔·耶金，艾平等译，《石油大博弈（上）》，北京：中信出版社，2008 年版，第 196 页。

② George W. Stocking, *Middle East Oil: A Study in Political and Economic Controversy*, Vanderbilt University Press, 1970, p. 81.

③ Ian Rutledge, *Addicted to Oil: America's Relentlesss Drive for Energy Security*, London: I. B. Tauris, p. 31.

④ ［美］迈克尔·克莱尔：《石油政治学》，孙芳译，海口：海南出版社，2009 年版，第 177 页。

国务院请求援助，1931年美国国务院援引门户开放政策向英国施加压力，1932年4月，英国政府放弃了“英国国籍条款”。[①] 随后，英波石油公司和海湾石油公司进行谈判，1933年12月14日两个石油公司达成一致协定，建立一个科威特石油公司，英波石油公司和海湾石油公司各持股50%，两公司根据《阿奇纳卡里协定》联合开发科威特，平分科威特的石油产量。[②] 科威特石油公司获得科威特全部陆地、岛屿和沿海3英里领海的石油开采权。

为了更好地执行《红线协定》，美国石油公司又与国际石油公司签署了三个执行的附属协定：1930年1月20日签订的《欧洲市场备忘录》(Memorandum for European Markets)、1932年12月15日签订的《协定总部机构地设置》(The Heads of Agreement of Distribution) 和1934年1月1日达成的《原则备忘录草案》(The Draft Memorandum of Principle)。《欧洲市场备忘录》划定了各石油公司在欧洲市场的份额。[③] 《协定总部机构地设置》规定了执行《阿奇纳卡里协定》的两个机构：负责市场供应的总部设在纽约，负责市场销售的总部设在伦敦。[④]《原则备忘录草案》确定了市场额度的分配规则。[⑤] 上述一系列协定规定了国际石油公司的开采领地、市场份额、石油价格以及对进入中东未开发油田准入等。

这一时期的国际石油体系结构的特点主要有：在供应板块上，北美仍然占有很大的份额，同时中东石油的重要性初显。在需求板块上，由于汽车工业的迅速发展，美国对石油的消耗剧增，西欧对石油的消耗量也很大。石油运输通道主要被英国和美国控制。在国际石油机制方面，美国石

---

① Daniel Yergin, *The Prize: The Epic Quest for oil, Money, and Power*, New York: Simon and Schuster, 1991, p. 294.

② George W. Stocking, *Middle East Oil: A Study in Political and Economic Controversy*, Vanderbilt University Press, 1970, p. 115.

③ Edward W. Chester, *United States Oil Policy and Diplomacy: A Twentieth Century Overview*, Westport, Conn: Greenwood Press, 1983, p. 15.

④ Daniel Yergin, *The Prize: The Epic Quest for oil, Money, and Power*, New York: Simon and Schuster, 1991, p. 256.

⑤ Svante Karlsson, *Oil and World Order: American Foreign Oil Policy*, Warwick: Berg Publishers, 1986, p. 35.

油公司通过《红线协定》和《阿奇纳卡里协定》进入了英国石油公司的势力范围，染指中东的石油资源，通过三个执行的附属协定将触角进一步向海湾地区扩展。美国支持其石油公司染指伊拉克、租界巴林、独占沙特、平分科威特，形成了美国国际石油战略的雏形。

二、美国国际能源战略的形成

凡尔赛—华盛顿体系仅持续了20年时间，随着世界列强的实力对比发生了变化，先前的实力均衡被打破了，形成了法西斯轴心国集团和反法西斯盟国集团，最后导致第二次世界大战的爆发。在二战的后期，美、苏、英三个主要战胜国通过雅尔塔会议等国际会议，就结束战争和进行战后安排达成了妥协，形成了雅尔塔体系。其基本特征是：在结构上，美苏两个超级大国是雅尔塔体系的核心，美国领导的北约分体系和苏联领导的华约分体系之间形成全面对峙状态，在两大体系之外，由广大亚非拉国家形成中间地带。雅尔塔体系是一个真正意味上的全球体系。二战后，美国主导的联合国、国际货币基金组织、世界银行、关贸总协定/国际贸易组织等国际组织和国际制度在体系中发挥了重要的作用。

第二次世界大战使国际能源地缘政治格局发生了巨大的变化，美国在二战中大发战争财，成为世界霸主，美国主导着世界政治、经济、文化和军事秩序，通过建立一系列国际机制，形成了美国治下的世界；在经济上建立了布雷顿森林体系，美元成为世界货币；在政治上建立了联合国，主导国际政治事务；在军事上，美国拥有原子弹，为盟国提供核保护伞。[①]

英国在二战中受到了重创，在国际体系中沦为次强国，这一地位的变化随即反映到石油体系中来。英国所控制的世界石油份额（美国和苏联以外）从1938年的53%下降为1953年的33%。[②] 在国际能源领域，美国所

---

① Svante Karlsson, *Oil and World Order: American Foreign Oil Policy*, Warwick: Berg Publishers, 1986, pp. 4 –5.

② Steven A. Schneider, *The Oil Price Revolution*, Baltimore, MD: The John Hopkins University Press1983, p. 36.

控制的世界石油份额则从1938年的33%上升到1953年的53%。[①]

随着美国实力的增强，美国政府支持石油公司就开始突破原有市场份额、进入中东未开发油田，并于1948废除英国所主导的《红线协定》。1953年美国中央情报局参与推翻伊朗摩萨德政权，成立了以美国石油公司为主体的伊朗国际石油财团，1954年，伊朗国际石油财团重新划分了伊朗石油开采市场份额，美国石油公司确立了在中东的主导地位。[②]

（一）马歇尔计划

二战后，欧洲经济面临巨大困难，欧洲能源也面临着巨大的问题。1947年3月，美国总统杜鲁门提出了“杜鲁门主义”，其目标就是增加美国的国际责任，保卫资本主义国家不受共产主义国家的威胁。这样，美国的军事干预就政治合法化了。1947年，美国国会通过了《国家安全法》，组建了国家安全委员会、中央情报局（CIA）和国防部作为冷战的总司令部。

1947年6月5日，时任美国国务卿马歇尔在哈佛大学发表演讲时提出“马歇尔计划”，表示美国将通过转让大批资源来帮助欧洲恢复经济，重建欧洲的工业。“马歇尔计划”的实质就是帮助西欧资本主义经济复苏，防止“产生导致独裁的民主主义和社会主义经济”。[③] 1944年布雷顿森林体系建立之后，美国把其视为未来世界经济结构的蓝图，西欧经济的复苏和发展无疑有利于布雷顿森林体系的稳定。

石油在欧洲的经济复苏中扮演重要的作用，美国参议院的一份报告《燃料调查研究》（Fuel Investigation）认为：“石油对于欧洲经济的复苏起着必不可少的作用，发展陆路、海上和空中的交通，扩展内陆的运输，农业的现代化，工业中重要部门的燃料，公众的取暖系统和柴油动力系统……所有这一切都需要有足够的石油供应才能实现，润滑油对欧洲经济

---

① Steven A. Schneider, *The Oil Price Revolution*, Baltimore, MD: The John Hopkins University Press1983, p. 36.

② 王波：《美国石油政策研究》，北京：世界知识出版社，2008年版，第33、34页。

③ Schurmann F. , *The Logic of World Power*, New York, 1974, p. 17.

来说尤其重要。"①

1947 年，16 个欧洲国家的代表汇集在巴黎起草欧洲复兴合作计划的指导方针②，并成立了欧洲经济合作组织（OEEC），该组织成立的目的就是协调和分配"马歇尔计划"的援助。欧洲经济合作组织还设立能源问题、燃料和电力特别委员会，其下设立两个分委员会：石油分委员会、煤炭和电力分委员会。③

"马歇尔计划"执行了 4 年之后，160 多亿美元以资本或者实物的形式从美国运往欧洲。布雷顿森林体系建立后，美元成为国际货币，而欧洲缺少美元，经历着美元荒，而要买美国控制的石油，就需要用美元支付。当时尽管欧洲缺少美元，"马歇尔计划"大约一半的资金用于购买美国公司的石油及其相关的产品。④ 这样，美国石油公司成了"马歇尔计划"的受益者，美国公司一方面通过出售石油给欧洲国家，另一方面加大对欧洲炼油产业的投资力度，拥有欧洲石油公司的股份。例如，美国加德士石油公司、新泽西标准石油公司、纽约标准石油公司在意大利投资 3200 万美元建造炼油厂，并拥有该厂的股份。⑤ 这样一来，美国石油公司通过"马歇尔计划"控制了欧洲的石油公司，深刻影响着欧洲的经济。

（二）废止《红线协定》

美、英、法、荷四国政府和石油公司签署了《红线协定》，该协定规定了各个石油公司的股权分配，同时也约定各方不得在原奥斯曼帝国边界

---

① US Congress, House of representative, Committee on Foreign Affairs, Message from the Prisedent of United States. Program of United States Support for European Recovery, 80th Cong., 1st Sess., Document No 48 (Washington, 1947), p. 7.

② 这些国家包括奥地利、比利时、丹麦、法国、英国、希腊、荷兰、爱尔兰、冰岛、意大利、卢森堡、挪威、葡萄牙、瑞典、瑞士和土耳其。虽然德国没有派代表参加，但也被包括进去。

③ Svante Karlsson, *Oil and World Order: American Foreign Oil Policy*, Warwick: Berg Publishers, 1986, pp. 4 - 5.

④ Ibid. p. 77.

⑤ Klebanoff, S., *Middle East Oil and U. S. Foreign Policy.* With Special Reference to the U. S. Energy Crisis. New York: 1974. p. 25.

(除科威特和伊朗）这一“红线”范围内谋求石油特许权。[①] 根据该协定，每一个石油公司都有权否决其他公司的行为，这一协定限制了美国石油公司（标准石油公司和纽约标准—真空石油公司）在中东的进一步扩张。

在中东产油国中，美国独享巴林和沙特的石油租让权，沙特的石油储量丰富，质量好，对美国有着特殊的意义。二战后，英国仍然控制着沙特的政治、经济和军事力量，美国与沙特既无外交关系，也无经济与军事的联系。随着美国实力的增强，美国开始逐步向沙特渗透和施加影响力。在二战中期，美国就开始通过加强官方交往、提供军事援助、在中东建立军事基地等措施来扩大影响。20 世纪 50—60 年代美国在中东的军事基地主要有以下一些地方，沙特：宰赫兰、吉达，伊朗：班达尔·阿巴斯（Bandar Abbas)、特克曼（TackmanI&II)，巴林：朱费尔，塞浦路斯：亚克罗提利（Akotiri)、德凯（Dhekelia)，阿曼：马西拉岛（Masirah)，利比亚维勒斯，摩洛哥：利奥泰港（Lyautey)、盖特勒拉、西迪苏莱曼（Sidi Sliman)，土耳其：锡诺普、迪亚巴克尔（Dyarbakir)、阿达纳（Adana)、因切尔利克、贝尔巴西、伊兹密尔、萨姆松、奇利、卡拉米赛尔等。[②]

二战后，美国通过废止《红线协定》的斗争，进一步排挤英国的势力。加州标准石油公司在 1933 年获得沙特的租让权之后，成立了一家子公司（加利福尼亚阿拉伯标准石油公司)，1944 年改名为阿拉伯美国石油公司，简称阿美石油公司。1936 年，得克萨斯（1959 年改为德士古 Texaco）石油公司参股这家公司。战后，沙特极力通过提高石油产量来增加石油收入，这需要巨额资金的投入，也需要巨大的销售市场。阿美石油公司的两家母公司难以胜任，需要建立一个合资公司来引进资金、技术和销售市场。1946 年 9 月，阿拉伯美国石油公司开始与新泽西标准石油公司和纽约标准 - 真空石油公司谈判。但是这两家公司都是伊拉克石油公司的股东，都受到《红线协定》的约束，这两家石油公司要和伊拉克石油公司的其他

① 上海社会科学院世界经济与政治研究院：《能源问题与国际安全》，北京：时事出版社，2009 年版，第 9 页。

② Robert E. Harkavy, Great Power Copetition for oversea Bases: the Geopolitics of Access Diplomacy, New York: Pergamon Press, 1982, pp. 136 - 140.

合伙人一起加入阿美石油公司才行。为了保持美国石油公司对沙特石油的垄断，美国不想让其他合伙人加入。新泽西标准石油公司和纽约标准—真空石油公司宣称《红线协定》失效，这一观点得到美国国务院的支持，英国政府也被迫接受了。后来两家美国公司经过与法国石油公司和古尔本金的斗争，最终于1948年11月废止了《红线协议》。1948年12月，新泽西标准石油公司和纽约标准—真空石油公司加入了阿拉伯美国石油公司。1948年12月2日合同生效，阿拉伯美国石油公司的股份分配结构为：加州标准石油公司持有30%的股份，得克萨斯石油公司持有30%的股份，新泽西标准石油公司持有30%的股份，纽约标准—真空石油公司持有10%的股份。①

《红线协定》的废止标志着美国石油公司在中东支配地位的确立，美国开始逐步取代英国在中东的霸权地位，美国通过控制中东来实现影响世界工业命脉石油的价格和流向。②

（三）挤进伊朗

伊朗早在1908年勘探就发现了石油，到1950年仍然是中东的最大产油国。伊朗是英国的传统势力范围，英国通过英伊石油公司取得了开发伊朗石油的主导地位。美国政府一直想在伊朗找到一个立足点，1920年美国国务卿致电英国外交部，认为英国独占伊朗石油租让权违反了美国的门户开放政策。1921年新泽西标准石油公司向伊朗申请租让权，遭到英国外交部的抵制。美国在1923年、1936年和1944年向伊朗申请租让权都没有成功。③

二战后，英国的势力仍然在伊朗占主导地位，垄断伊朗石油开发的英伊石油公司从伊朗石油资源中榨取高额利润。面对英伊石油公司的掠夺，伊朗掀起了收回石油资源主权和反英的浪潮。1951年3月伊朗议会通过石油国有化的决议。4月，代表伊朗民族资产阶级利益的摩萨台担任首相，

---

① Edward W. Chester, *United States Oil Policy and Diplomacy: A Twentieth Century Overview*, Westport, Conn: Greenwood Press, 1983, p. 261.

② 赵庆寺：《美国石油安全体系与外交》，上海：上海人民出版社，2009年版，第59页。

③ Michael Tanzer, *The Energy Crisis: World Struggle for Power and Wealth*, New York: Monthly Review Press, 1974, p. 43.

他上台后宣布实施石油国有化的决议，6月，解散英伊石油公司，成立伊朗国家石油公司。

伊朗的石油国有化运动对中东其他产油国产生了巨大的影响，这些国家纷纷提出增加石油利润分成的要求，对美国石油公司的利益也造成冲击。美国决心推翻摩萨台政府。由于英国对伊朗实施石油禁运，伊朗的石油收入被切断，于是伊朗经济不断恶化，通货膨胀严重，政局不稳。

1953年6月25日，美国国务卿杜勒斯主持了决定推翻摩萨台的高层会议，讨论通过了中央情报局提出的“埃贾克斯计划”（Project Ajax），美国中央情报局科米特·罗斯福（Kermit Roosevelt）负责指挥这次行动。1953年8月19日，美国中央情报局在英国情报部门的策划下，伊朗亲国王的军人发动政变推翻了摩萨台政府。[①]

此后，伊朗石油主导权问题成为英美斗争的焦点。1953年，美国总统艾森豪威尔任命小赫伯特·胡佛（Jr. Herbert Hoover）为国务卿杜勒斯的特别助理，处理伊朗危机的相关事宜。胡佛计划是让在中东经营的五大美国石油公司与英伊石油公司、英荷壳牌石油公司和法国石油公司组成一个国际财团开发伊朗石油，来确保国王的石油收入并阻止可能出现的石油价格战。[②] 英国意识到垄断伊朗石油已经不可能了，但要求控制财团多数股份。美国坚持与英国石油公司拥有的股份持平，最后英国被迫让步。国际石油财团的股权结构为：英国石油公司持有40%的股权，5家美国石油公司持有40%的股权，英荷壳牌石油公司持有14%的股权，法国石油公司持有6%的股份。[③] 经过两个多月的谈判，1954年9月19日，伊朗政府同由美、英、法、荷石油公司组成的伊朗国际石油财团（International Iranian Oil Consortium）签订协议：伊朗国家石油公司拥有本国石油资源和设施，国际石油财团负责管理和经营伊朗石油，国际石油财团获得伊朗西部和南

---

① Kermit Roosevelt, Countercoup: *The Struggle for the Control of Iran*, New York: McGraw-Hill, 1981, p. 117.

② Benjamin Shwadran, *Middle East Oil Crisis Since 1973*, Boulder and London: Westview Press, 1986, p. 14.

③ Michael Tanzer, *The Energy Crisis: World Struggle for Power and Wealth*, New York: Monthly Review Press, 1974, p. 51.

部 25.4 万平方公里领土上石油的勘探、开采、提炼权利，期限为 40 年。① 实际上，国际石油财团控制了伊朗的石油工业。美国利用伊朗石油危机的解决和伊朗国际石油财团的建立，不但巩固了美伊联盟，而且还帮助石油公司维持了对世界石油市场的控制，扩大了石油权力。

这一时期，美国在国际体系中由次强国上升为霸权国，其国际能源战略经历着重大的发展，在供应板块方面，美国通过“门户开放”政策支持其国际石油公司向外扩张，一步步确立了对中东的主导地位。在需求板块方面，主要的能源需求区域为欧洲，随着美国汽车工业的发展和经济的高速增长，美国也从石油出口国变为进口国。美国凭借其强大的军事力量，控制海上运输通道。在国际石油市场上，以美国为主的七大石油公司（“七姊妹”）控制了石油生产和销售的各个环节，把国际油价定于极低的水平。

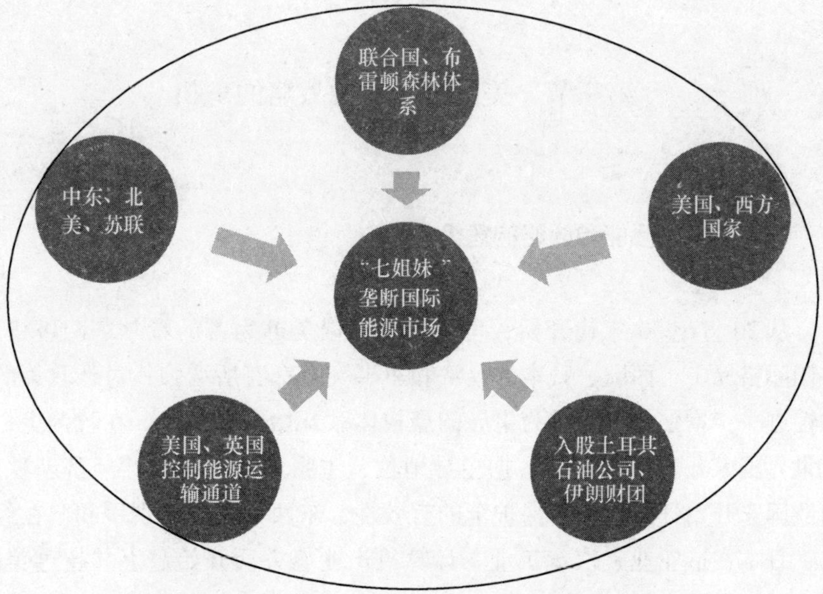

图 2—7　美国国际能源战略形成期的国际石油体系结构

① Michael Tanzer, *The Energy Crisis: World Struggle for Power and Wealth*, New York: Monthly Review Press, 1974, p. 51.

在能源金融方面，美国石油公司入股土耳其石油公司、组建伊朗国际财团，加大了对中东石油的控制。在国际机制方面，美国石油公司废除《红线协定》，通过建立联合国、布雷顿森林体系确立了世界政治、经济霸权，染指中东的石油资源，将触角进一步向海湾地区扩展。到1954年，美国控制了中东一半以上的石油生产：控制了巴林和沙特石油的100%，科威特石油的50%，伊朗石油的40%，伊拉克石油的25%。[①] 此后到20世纪60年代，形成了以美国为主导的国际石油体系。

这一时期的国际能源市场结构特点为：美国和西方石油公司“七姊妹”——埃克森、壳牌、英国石油、海湾、德士古、莫比尔（飞马）和加州标准石油（雪佛龙）控制着国际石油价格，它们利用“租让协议”控制了中东地区绝大部分的石油资源，从而垄断了石油生产的上游勘探开发、中游提炼运输、下游批发销售，致使国际石油价格长期处于很低的水平。

第三节　美国国际能源战略的危机

一、美国国际能源战略的危机

从20世纪50年代开始，世界形成了以美苏为首的雅尔塔两极格局，在国际格局中，西欧、日本的经济和军事实力都有所增强，对外政策的自主性进一步增强。以美国为主导的霸权体系开始出现危机。在政治上，第三世界国家开始在联合国占据主导地位，主张建立国际政治经济新秩序。西欧国家开始怀疑美国核保护伞的有效性，东西方关系出现缓和。在经济上，日本在造船业、汽车工业、计算机产业等方面开始赶上并超过美国，日本开始挑战美国的领先地位。在军事上，美国深陷越南战争的泥潭，苏

---

① Benjamin Shwadran, *Middle East Oil Crisis Since* 1973, Boulder and London: Westview Press, 1986, p. 2.

联的军事力量也迎头赶上。[①] 苏联崛起为超级大国，对美国的石油霸权发出了挑战。特别是1956年第二次中东战争（苏伊士运河战争）以后，美国和苏联在中东争夺霸权的斗争也日趋激烈，石油是美苏争夺的一个重点。这一时期，美国的剩余石油产能开始减少，随着欧洲、日本经济的发展，对石油需求的增长，石油市场出现需求大于供给的状况。石油输出国组织（OPEC）走上国际政治舞台，对美国的石油霸权发起挑战。美国主导的国际石油体系面临着危机。

20世纪50年代上半期，苏联发现了伏尔加—乌拉尔油田，石油产量迅速增加，从1948年的日产61.6万桶上升到1953年的日产850万桶。苏联的石油生产超过国内需求后开始出口，1950年石油出口为2.65亿桶，1955年增至5亿桶，1958年达到10亿桶。[②] 1956年苏共二十大提出与资本主义和平共处、和平竞赛的对外政策，苏联通过降价和进行易货贸易，对东欧社会主义国家、第三世界国家和西方国家出口石油。苏联通过政治、军事和经济等手段确保与东欧政治和意识形态上的统一，利用石油出口加强了其在东欧的优势地位。苏联还通过廉价石油与美国争夺第三世界国家，例如50年代末通过石油出口来扩大在古巴和印度的政治影响。苏联通过压低石油价格向西方石油市场渗透，通过价格折扣的办法打入欧洲市场，采取以货易货的方式换取工业设备、人造橡胶和其他产品。1960年，意大利、西德和日本成为苏联的三个最大的西方石油进口国。[③] 苏联石油的大量出口导致了50年代末国际石油价格的下跌。[④]

为保护美国国内石油工业，抵挡国外廉价石油的涌入，1959年，艾森豪威尔总统颁布了强制的石油进口配额制度，关闭了美国这个最大的石油销售市场，石油公司开始降价销售石油。1959年1月13日，英国石油公

---

① Svante Karlsson, *Oil and World Order: American Foreign Oil Policy*, Warwick: Berg Publishers, 1986, p. 5.

② Shoshana Karlsson, *Middle East Oil and U. S. Foreign Policy: With Special Reference to the U. S. Energy Crisis*, New York: Praeger Publishers, 1974. pp. 167 – 168.

③ 赵庆寺：《美国石油安全体系与外交》，上海人民出版社，2009年12月版，第110—112页。

④ Steven A. Schneider, *The oil Price Revolution*, Baltimore; Johns Hopkins University Press, 1983, p. 82.

司每桶降价 18 美分，其他石油公司纷纷效仿，石油生产国的收入减少了 10%。1960 年 8 月，新泽西标准石油公司单方面宣布第二次降价，每桶降价 10 美分，导致石油生产国收入又损失了 6%。①

石油的降价引起了石油出口国的不满，1960 年 9 月 10 日，沙特、委内瑞拉、伊拉克、伊朗等主要石油出口国在巴格达商议对策。9 月 14 日的会议决定成立石油输出国组织（the Organization of Petroleum Exporting Countries，OPEC），其主要目标就是维护国际石油市场价格的稳定，防止石油价格进一步下跌。② 石油输出国组织成立之初只有 5 个成员国，但这 5 个成员国拥有世界石油储量的 67%，掌控世界石油生产的 38% 和石油贸易的 90%。③ 后来利比亚（1962 年）、阿拉伯联合酋长国（1967 年）、阿尔及利亚（1969 年）、尼日利亚（1971 年）、厄瓜多尔（1973 年）和加蓬（1975 年）等石油生产国陆续加入：④ 这样，石油生产国联合成为一个集团，为争取有利于自己的石油价格和石油收入目标，对美国主导的国际石油体系发出了挑战。

（一）利比亚冲击

利比亚于 1961 年开始出口石油，1965 年成为世界第六大石油出口国，占世界石油出口的 10%，1969 年的石油产量已经超过沙特阿拉伯。⑤ 利比亚石油的大量出口进一步加剧了国际石油价格的下跌。1969 年卡扎菲推翻了亲西方的伊德里斯国王，掌握了利比亚的政权，卡扎菲政府实行对西方强硬的政策，关闭了英美在利比亚的军事基地。1970 年利比亚与国际石油

---

① Benjamin Shwadran, *Middle East Oil Crisis Since 1973*, Boulder and London: West view Press, 1986, p. 17.

② Svante Karlsson, *Oil and World Order: American Foreign Oil Policy*, Warwick: Berg Publishers, 1986, p. 189.

③ Robert B. Krueger, *The United States and International Oil*, New York: Praeger, 1975, p. 59.

④ VO Xuan Han. *Oil, the Persian Gulf States, and the United States*, Westport, Connecticut, 1994, p. 38.

⑤ Daniel Yergin, *The Prize: The Epic Quest for oil, Money, and Power*, New York: Simon and Schuster, 1991, pp. 528 – 529.

公司谈判，要求提高石油价格。① 卡扎菲政府的第一个目标是西方石油公司（Occidental Petroleum），因为西方石油公司是一个独立石油公司，它完全依靠利比亚石油供应欧洲市场。利比亚政府通过对西方石油公司施加压力，削减该公司的石油产量，西方石油公司最后妥协了，1970 年 9 月 4 日与利比亚政府签订新协定，每桶标价提高 30 美分，5 年内每年增加 2 美分，税率提高到 58%。随后利比亚政府和其他石油公司也签订了类似的协定。② 利比亚与石油公司的谈判对其他产油国产生了重要的示范效应，阿尔及利亚于 1970 年 7 月单方面宣布将原油标价由每桶 2. 08 美元提高到 2. 25 美元；伊拉克政府把从地中海出口的原油标价每桶提高 0. 20 美元；科威特政府把原油标价每桶提高 0. 11 美元，利税提高到 5%；伊朗政府把原油标价每桶提高 0. 09 美元，利税提高到 55%；委内瑞拉政府把石油利税从 52% 提高到 60%，并立法规定总统有权单方面修改原油标价，这样跨国公司单方面决定原油标价的权力被打破了。③

（二）争夺石油标价权

1970 年 10 月 9—12 日，石油输出国组织在加拉加斯举行第 21 届部长级会议，会议通过决议要求产油国石油税率由 50% 提高到 55%，增加标价，取消标价折扣。石油输出国组织建立海湾小组委员会，在一个月内与跨国石油公司在德黑兰谈判。④

跨国公司计划作为一个团体与石油输出国组织谈判，准备创建联合阵线。1971 年 1 月 11 日，西方 24 家石油公司代表在纽约召开秘密会议，提出《5 年价格稳定条约》，规定每年以国际通货膨胀率来调整原油标价，在不提高税率、不进行再投资和协定保持 5 年不变的条件下，给予利比亚和其他短途运输国家的原油更多运输补贴。这个联合阵线约占西方石油公司

① 赵庆寺：《美国石油安全体系与外交》，上海人民出版社，2009 年版，第 135、136 页。

② Benjamin Shwadran, *Middle East Oil Crisis Since 1973*, Boulder and London: West view Press, 1986, p. 21.

③ 赵庆寺：《美国石油安全体系与外交》，上海人民出版社，2009 年版，第 136、137 页。

④ Benjamin Shwadran, *Middle East Oil Crisis Since* 1973, Boulder and London: West view Press, 1986, p. 22.

的80%，并建立了利比亚安全网络（the Libya Security Net），秘密约定如果有公司由于和卡扎菲政府冲突而被下令削减石油产量，其他公司将向其提供石油。①

1971 年 2 月 4 日，跨国石油公司与海湾国家在德黑兰举行谈判，签署了《德黑兰协定》（the Tehran Agreement），有效期到 1975 年 12 月 31 日。该协定规定，在不谋求其他国家取得优惠条件的情况下，跨国公司同意每桶石油标价提高 30 美分，每年提高 5 美分，税率增加到 55%，为补偿通货膨胀和美元贬值的损失，每年原油的标价提高 2. 5% 。②

1971 年 2 月 24 日，跨国石油公司开始与产油国（利比亚、阿尔及利亚、沙特和伊拉克）代表在的黎波里谈判，4 月 2 日双方代表签订《的黎波里协定》（the Tripoli Agreement），协定从 1971 年 3 月 20 日开始执行，有效期为 5 年。规定石油标价从 2. 55 美元增加到 3. 45 美元（每桶增加 90 美分）；每年标价增加 5 美分，为补偿通货膨胀和美元贬值的损失，每年额外增加 2. 5%；税率提高到 55% 。③

随着美国经济的相对减弱，国际收支逆差逐年增加，美元危机不断发生。1971 年尼克松政府宣布美元和黄金脱钩，1971 年 12 月，美国宣布美元贬值 7. 89%，美元贬值给石油生产国带来了巨大的经济损失。1972 年 1 月，石油输出国组织和跨国石油公司在日内瓦举行会谈。1 月 20 日，跨国石油公司被迫与石油输出国组织签订第一个日内瓦协定，称为《日内瓦协定（一）》，该协定规定，为弥补美元贬值带来的损失，将海湾和地中海油管出口的原油标价提高 8. 49%，石油输出国组织可以根据美元贬值的情况调整价格。④ 产油国于 1972 年 5 ~6 月与跨国石油公司签订了具体协定。

---

① Michael Tanzer, *The Energy Crisis*: *World Struggle for Power and Wealth*, New York: Monthly Review Press, 1974, p. 123.

② Joan Edelman Spero and Jeffery A. Hart, eds. , *The Politics of International Economic Relations*, 5th, New York: St Martin's Press, 1997, p. 254.

③ Daniel Yergin, *The Prize*: *The Epic Quest for oil*, *Money*, *and Power*, New York: Simon and Schuster, 1991, p582, Benjamin Shwadran, *Middle East Oil Crisis Since 1973*, Boulder and London: West view Press, 1986, pp. 26 – 27.

④ Benjamin Shwadran, *Middle East Oil Crisis Since* 1973, Boulder and London: West view Press, 1986, p. 33.

1973 年 2 月 12 日，美元宣布贬值 11.11%，1973 年 4 月 13 日，石油输出国组织与跨国石油公司在开罗举行谈判，6 月 2 日双方签署了日内瓦第二个协定，称为《日内瓦协定（二）》。该协定规定把原油标价提高 11.9%，协定还规定根据 11 种主要货币来逐日计算油价变动的情况，并根据由美元与 11 种货币的汇率趋势来确定石油未来的标价。①

《德黑兰协定》《的黎波里协定》和两个《日内瓦协定》的签署标志着石油输出国组织已经作为一个集体参与到国际石油价格的决定中，国际石油价格的控制权开始由跨国石油公司转移到石油输出国组织。②

（三）参股和国有化

20 世纪 70 年代初，石油公司与产油国政府签署一系列有关产油国参与石油生产的协定，产油国要求石油公司接受它们所提出的要求：1. 产油国应当拥有进入石油勘探、开发和冶炼领域的权利。2. 产油国应当拥有对本国自然资源的控制权，包括对石油生产的控制权和定价权。这些要求对美国主导的石油体系、游戏规则发起挑战。

美国石油公司对国际石油体系的控制逐渐减弱，美国主导的国际石油体系出现危机。1973 年 10 月第四次中东战争爆发，以美国为首的西方国家支持以色列，石油输出国组织运用石油武器，通过减产、提价、禁运、国有化等手段来反对以色列和西方国家，并成功的夺取了世界石油市场中的主导权，并引发 1973—1974 年的第一次石油危机。石油价格从 1973 年 4 月的 3 美元/桶升至 1974 年的 12 美元/桶，飚升了 3 倍，对美国和西方国家的经济造成严重冲击。受伊朗伊斯兰革命的爆发和两伊战争的影响，又发生了 1979—1980 年的第二次石油危机。1979 年 4 月，石油价格达到 14.5 美元/桶，随后两伊战争爆发，油价高达 32 美元/桶，一度突破 40 美元/桶。③ 对美国和西方国家的经济再次造成巨大的冲击，美国等西方国家

---

① Benjamin Shwadran, *Middle East Oil Crisis Since* 1973, Boulder and London: West view Press, 1986, p. 36.

② 潜旭明：《美国的国际能源战略研究：一种能源地缘政治学的分析》，上海：复旦大学出版社，2013 年版。

③ 朱小莉：《国际战略视野中的中东》，北京：世界知识出版社，2010 年版，第 72 页。

经济出现“滞胀”的局面。

在这一时期，美国深陷越南战争，美国的世界霸权有所削弱，苏联发出咄咄逼人的攻势。石油输出国组织（OPEC）通过提价、禁运等手段，一步步夺回石油市场的主导权，运用石油武器在国际舞台上大显身手。在石油供应板块方面，中东的地位凸显，苏联的石油产量也迅速增加。在需求板块方面，美国的剩余石油产能开始减少，随着汽车工业的发展，对石油的需求增加。日本、西欧的经济也得到恢复，对石油的需求也在增加。国际能源通道基本被美国和苏联两个超级大国所控制。在能源金融方面，OPEC 国家通过参股、国有化等手段，夺回石油市场的主导权。在国际能源机制方面，OPEC 国家通过《德黑兰协定》《的黎波里协定》和两个《日内瓦协定》掌控国际石油价格的控制权。

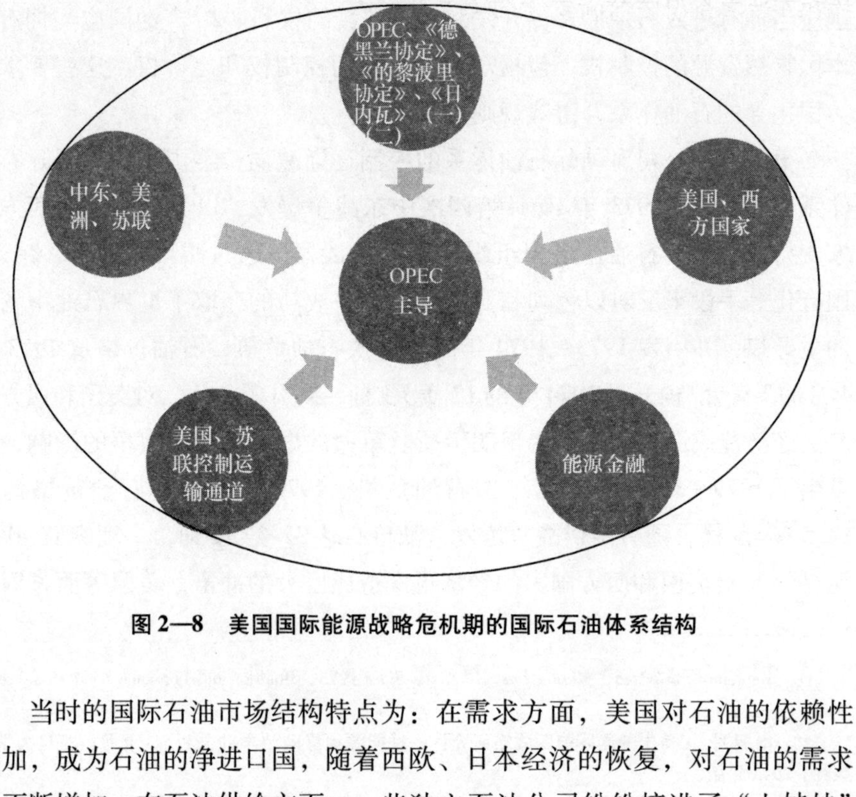

图 2—8　美国国际能源战略危机期的国际石油体系结构

当时的国际石油市场结构特点为：在需求方面，美国对石油的依赖性增加，成为石油的净进口国，随着西欧、日本经济的恢复，对石油的需求也不断增加。在石油供给方面，一些独立石油公司纷纷挤进了“七姊妹”

的势力范围，改变了“七姊妹”一统石油产业上游业务的局面。1960 年，石油输出国组织（OPEC）成立，产油国以集体的力量参与国际石油市场博弈，成为国际石油市场一支举足轻重的力量。OPEC 通过参股、国有化、减产、禁运等手段逐步掌握了国际能源市场的主导权，形成了以 OPEC 为主导的卖方市场，国际石油公司成为国际油价的被动接受者。①

第四节　美国国际能源战略的重构

经历了两次石油危机，美国开始高度重视石油安全问题，着手营造比较系统的国际能源安全战略。美国关注的重点在于石油进口来源、能源结构和石油安全保障等方面实行多元化，形成一个多元发展的国际石油体系，目的在于应对石油中断和价格暴涨的威胁，保障石油稳定可靠的供应。这一时期，美国通过提出能源独立计划、建立石油安全储备、建立国际能源合作机制、构建石油—美元机制、实施石油进口来源多元化等战略举措，实现了对美国国际能源地缘战略的重构，为进一步发展打下了基础。

一、能源独立计划

1973 年 10 月 7 日，尼克松向全国宣布了美国所面临的能源紧急状况，介绍了政府采取的积极措施，提出了《能源自立计划》。② 1973 年 11 月 7 日，尼克松发表关于能源危机的电视讲话，说美国正面临一场能源危机，并提出了一系列建议，要求在全国推行《能源自立计划》。主要目的是开

① 潜旭明：《国际能源体系中的中东》，《阿拉伯世界研究》，2013 年第 5 期。

② ［美］维托·斯泰格利埃诺：《美国能源政策：历史、过程与博弈》，郑世高、刘晓青、孙旭东译，北京：石油工业出版社，2008 年版，第 15 页。

发石油潜力而不依赖外国的石油资源，到1980年实现美国能源自立。[①] 由于这个计划没有经过科学的规划，它所设定的目标没能实现。1973年12月4日，尼克松总统签署了第11748号行政命令，成立联邦能源办公室（Federal Energy Office），于1974年10月11日获国会第93－275法案获得通过。[②]

在福特政府时期，福特总统提出一个宏伟的十年计划，他的目标是到1985年底，合成燃料油和页岩油产量达100万桶，建成200个核电厂、250个大型煤矿、150个大型火力发电厂、30个大型炼油厂、20个大型合成燃料生产厂。[③] 1974年10月11日，福特总统签署《能源重组法》［Energy Reorganization Act of 1974（PL 93－438）］，成立能源资源委员会（Energy Resource Council）和能源研究和发展署（Energy Research and Development Administration ERDA）来协调处理能源问题。[④] 1975年12月22日，福特总统签署了《能源政策和储备法》（Energy Policy and Conservation Act, EPCA），内容包括授权总统逐步放开石油价格和配额控制，建立"战略石油储备"，拟定汽车能效标准，要求在10年之内汽车的平均燃料效能提高一倍，从每加仑汽油13英里增加到每加仑27.5英里，批准美国加入新成立的国际能源署等。[⑤]

卡特总统上台之后，把能源问题置于优先地位，出台了《国家能源计划》（the National Energy Plan），提出了四个目标：1. 通过制度改革集中联邦能源规划；2. 通过有选择地使用市场的力量和联邦立法的权威来提高能源效率；3. 增加联邦政府在节能和生产上的投入；4. 环境保护和保证社

---

① Benjamin Shwadran, *Middle East Oil Crisis Since* 1973, Boulder and London: West view Press, 1986, p. 91.

② E. B. Brossard, *Petroleum Politics and Power*, Oklahoma: Pennwell Publishinf Company, 1983. p. 72.

③ ［美］维托·斯泰格利埃诺：《美国能源政策：历史、过程与博弈》，郑世高、刘晓青、孙旭东译，北京：石油工业出版社，2008年版，第18页。

④ E. B. Brossard. *Petroleum Politics and power.* Oklahoma: Pennwell Publishinf Company. 1983. p. 72.

⑤ ［美］维托·斯泰格利埃诺：《美国能源政策：历史、过程与博弈》，郑世高、刘晓青、孙旭东译，北京：石油工业出版社，2008年版，第19页。

会公平。[①] 计划把美国能源需求的年增长率降至 2% 以下；把汽油的消耗量减少 10%；把石油的进口量减少到每天 600 万桶，即低于美国在不实行节约的情况下进口数量的一半；建立可供大约 10 个月之用的 10 亿桶战略石油储备；把煤炭的产量增加 2/3 以上，达到每年 10 亿吨；把 90% 的美国人的住宅和所有新建筑安上绝热设备；在 250 万套住宅里使用太阳能。[②] 这个计划与先前的计划有许多相似之处，但它突出了能源危机的长期性，强调转换使用煤和其他替代能源的重要性。1979 年 4 月 5 日，卡特提出一个一揽子能源解决建议，建议放开国内油价，征收暴利税（windfall profit tax）以照顾低收入群体的利益。卡特政府还颁布《合成燃料法案》，建立合成燃料企业，从煤页岩、沥青中制取合成燃料。后来合成燃料计划在 80 年代后期被搁置了。[③] 为更有效地执行能源政策，卡特总统于 1977 年 3 月 1 日建议国会撤销联邦能源署、联邦电力委员会、能源研究和发展署，把其功能和权力赋予能源部。1977 年 8 月 4 日，卡特总统签署能源部组织法，成立了能源部。能源部长是内阁成员，能源部当时的年预算额为 106 亿美元。[④]

里根就任总统后，颁布的法令之一是加快取消油价管制。他认为能源危机的产生主要原因是美国政府的调节和政策失误，解决办法在于恢复“自由市场”，让市场来调节能源的供求，美国政府对能源市场减少干预。里根政府采取了一系列节能措施使能源使用效率提高了 25%，石油的使用效率提高了 32%；发电厂和工业大量使用煤，大力发展核能和替代能源，石油在工业国家的能源市场总的比重从 1978 年的 53% 下降到 1985 年 43%。[⑤]

---

① Foreign Policy Research Institute, *Oil Diplomacy: The Atlantic Nations in the Oil Crisis of 1978 – 1979*, Philadelphia, 1980, p. 6.

② 华泽澎：《能源经济学》，北京：石油大学出版社，1991 年版，第 392 页。

③ Vinod Kumavi, *The Energy and Society*, Newdelhii Discovery Publish House, 1994, p. 23.

④ E. B. Brossard, *Petroleum Politics and Power*, Oklahoma: Pennwell Publish Company, 1983, p. 73.

⑤ ［美］丹尼尔·耶金：《石油风云》，上海市政协翻译组译，上海译文出版社，1992 年版，第 905 页。

二、建立战略石油储备

进入20世纪70年代，石油输出国逐渐掌握了石油的定价权，得以主导国际石油市场。随着美国社会经济及汽车工业的发展，美国国内石油生产的能力已经不能满足美国国内对石油的需求，石油剩余生产能力逐渐消失。美国在石油危机面前无能为力，损失巨大。为应对石油中断，美国推出的一个重要举措就是建立战略石油储备。

1975年12月福特总统签署的《能源政策与储备法》（Energy Policy and Conservation Act，EPCA），授权联邦能源署（能源部的前身）建立石油战略储备。美国政府最初制定的战略石油储备目标是10亿桶，1977年7月，第一批原油（约41.2万桶沙特轻质原油）注入战略石油储备。[①] 战略石油储备的大部分是进口原油，其中大部分是在20世纪80年代上半期进口的。

自1976年9月起，美国开始在得克萨斯州和路易斯安那州的近墨西哥湾一侧沿岸兴建5个储油点，其中除威克斯岛（Weeks Island）因储油洞被发现有漏洞而废弃外，布莱恩（Bryan Mound，2.3亿桶）、西哈克伯里（West Hackberry，2.25亿桶）、大希尔（Big Hill，1.65亿桶）和查克托（Bayou Choctaw，0.8亿桶）4个储油点总储存能力达到7亿桶。

20世纪80年代是美国战略石油储备的快速增长期，1980年突破1亿桶，1981年迅速达到2.3亿桶，1982年达到2.94亿桶，1983年增加到3.79亿桶，1985年接近5亿桶，此后增速放缓，1990年为5.86亿桶，1994年达到高峰5.92亿桶。由于克林顿总统的石油战略储备政策发生变化，几次都用战略石油储备来平抑石油价格，此后回落，到2000年底，美国的战略石油储备为5.41亿桶。小布什政府时期，对石油安全的重视程度

---

① U. S. Department of Energy，*Strategic Petroleum Reserve – Profile*，September 5，2003，http：//www. fe. doe. gov. /programs/ reserves/ spr/.

上升，2001 年美国战略石油储备达到 5.5 亿桶，2004 年升到 6.526 亿桶。[①] 2018 年 2 月，达到 6.6557 亿桶。[②]

1990 年 9 月 27 日伊拉克入侵科威特，美国第一次动用了战略石油储备，美国能源部决定试售 500 万桶原油，“在真实的环境中来检验石油战略储备体系的有效性”。但到 12 月 3 日，美国实际上只出售了约 400 万桶原油。1991 年 1 月 16 日，海湾战争爆发的前一天，美国总统宣布动用战略石油储备，期间共销售了 2100 万桶原油，其动作的快速和高效，对于平抑国际原油价格起了重要的作用。[③] 2005 年 8 月，飓风“卡特里娜”袭击墨西哥湾，导致大量石油设施被毁，墨西哥湾的石油产量相当于美国国内石油产量的 25%，石油价格飙升，布什总统授权下令释放战略石油储备，共出售原油 1100 万桶。[④] 通过动用战略石油储备，油价马上稳定下来。

三、“双柱”政策

美国在海湾的“双柱”（Twin Pillar）政策是由“尼克松主义”演变而来的。1969 年 7 月 25 日尼克松在关岛发表“新亚洲政策”讲话，提出美国已不能担负保卫“自由世界国家”的责任，表示要从越南战争中脱身。这一讲话被称为“尼克松主义”或“关岛主义”。后来尼克松在一次演讲中又提出三条原则：1. 美国将恪守所有条约承诺；2. 如果某个核大国威胁美国某个盟国或者美国认为与其利益攸关的国家的自由，美国将提供保护；3. 如果涉及的是其他类型的侵略，如果盟国的要求在条约承诺之内，美国将提供适当的军事和经济援助，而当事国则承担提供人力的

① 中国现代国际关系研究院经济安全中心：《全球能源大棋局》，北京：时事出版社，2005 年版，第 125 页。

② Energy Information Administration，https：//www.eia.gov/dnav/pet/PET_SUM_SNDW_A_EPC0_SAS_MBBL_W.htm.

③ 中国现代国际关系研究院经济安全中心：《全球能源大棋局》，北京：时事出版社，2005 年 1 月版，第 119 页。

④ DOE，*Releasing Crude Oil From the Strategic Petroleum Reserve*，http：//fossil.energy.gov/programs/reserves/spr/spr-drawdown.html#katrina_sale.

主要责任。[1] 1970 年 2 月 8 日，尼克松在题为《70 年代美国的对外政策：争取和平的新战略》的国情咨文之中，把“尼克松主义”由亚洲推广到全世界，并概括为“伙伴关系”“实力”“谈判”三原则，作为“尼克松主义”的三大支柱。[2] 即：以伙伴关系为核心，以实力为基础和后盾，以谈判为主要手段。“尼克松主义”提出的战略主张，成为 20 世纪 70 年代美国奉行“现实威慑”战略的基础。[3] 在海湾，“尼克松主义”被诠释为“双柱”政策。尼克松在 1973 年针对波斯湾地区指出：“波斯湾最大国家中的两个，伊朗和沙特阿拉伯，已经承担了更大的责任，以协助加强这一地区的稳定，并确保波斯湾的命运将由波斯湾国家自己决定，不受外来的干预。”[4] 当时负责近东和南亚事务的助理国务卿约瑟夫·西斯科说：“美国在波斯湾的主要政策之一是：鼓励这个地区的友好国家对该地区的集体安全担负越来越多的责任。在波斯湾，这个责任主要是由伊朗和沙特阿拉伯分担的。”具体做法是，美国将向其在本地区的伙伴（伊朗和沙特）提供前所未有的巨大数量的武器，并希望它们提供地区安全保障。伊朗将成为军事支柱，起警察作用；沙特主要成为经济支柱，通过运用其庞大的经济诱导力量，起到稳定器作用。[5] 约瑟夫·西斯科从 1974—1975 年详细阐述了美国推行“双柱”政策想要达到的目标，具体有四项：1. 支持本地区区域性的集体安全努力，为不受外来干涉提供稳定的条件和促进发展；2. 和平解决本地区内国家间的领土和其他争端；3. 继续以合理的价格和足够的供应量，满足美国在欧洲和亚洲的朋友和盟国对海湾石油日益增长的需要；4. 促进美国的商业和金融利益。[6]

---

① Nixon, *The Wars for Vietnam*, President Nixon's Speech on "Vietnamization", November 3, 1969.

② Richard Nixon, United States foreign policy for the 1970's – to the Congress of the United, States, Address on the State of the Union, January 22, 1970.

③ 吕敬正等主编：《当代战略指南》，北京：国防大学出版社，1990 年版，第 182 页。

④ 尼克松：《尼克松 1973 年对外政策报告》，上海人民出版社，1973 年版，第 244—245 页。

⑤ Robert G. Darius, John W. Amos, Ralph H. Magnus, Gulf security into the 1980s: perceptual and strategic dimensions, Hoover Institution Press, Stanford University, 1984, p. 99.

⑥ Hossein Amirsadeghi, Ed, The Security of the Persian Gulf, New York: St Martin's Press, 1981, p. 74.

实际上，美国想达到的目标主要有两个方面：一方面，扶植伊朗和沙特充当保护美国及其西方盟友在波斯湾利益的代理人，特别是保证石油源源不断地供应；另一方面，使美国不直接卷入就能将苏联干涉的危险降低到最小程度。① 此后，历经10年。美国的海湾战略一直以“双柱”政策为基础。

从1969—1971年间，美国向伊朗出售的军事装备包括：30架C－130运输飞机、200多架直升机（美国设计，意大利生产）、数百辆装甲车。1972年5月，尼克松和基辛格访问德黑兰。访问期间，伊朗国王被告知，从此以后，所有伊朗的军火需求将被允许由伊朗人自己提出来，美国只充当执行机构。② 伊朗国王在1972年就加快了武器采购计划（仅当年11月份，伊朗国王就从美国增购了400架直升机，使其对这种飞机的购买数量增至700架）。③ 在1972—1976年间，美国对伊朗的武器销售总额达160亿美元，使伊朗成为美国军事装备的最大买主。④ 1973年10月爆发了第四次中东战争。战争期间，美国站在以色列一边。海湾产油国（除伊朗外）及其他阿拉伯欧佩克成员国对美国进行石油禁运并完全收回原油定价权，由此引发石油价格的猛涨。到1974年3月，当阿拉伯欧佩克成员解除禁运时，世界市场上的石油价格上涨了4倍。伊朗作为海湾的非阿拉伯成员国，未参加阿拉伯国家对美国的石油禁运，并且在战争期间仍旧向以色列出售石油。⑤

在美国的强有力支持下，沙特成为美国中东能源战略的另一个支柱⑥，

① Hossein Amirsadeghi, Ed, The Security of the Persian Gulf, New York: St Martin's Press, 1981, p. 74.

② 《美国对伊朗的军售》（GPO, US Military Sale to Iran），美国政府出版局1976年版，第10页。

③ Aviation Weekly and Space Technology, Nov. 13th, 1972; International Herald Tribune, May 14th, 1973.

④ Doug Stokes and Sam Raphael. Global Energy Security and American Hegemony, Baltimore. The John Hopkings University Press. 2010, p. 89.

⑤ Hossein Amirsadeghi, Ed, The Security of the Persian Gulf, New York: St Martin's Press, 1981, pp. 182－183.

⑥ ［美］拉马扎尼（R. K. Ramazani）：《波斯湾和霍尔木兹海峡：国际战略通道》，赵祥龄、段稚荃译，北京：世界知识出版社，1982年版，第84页。

美国主要是希望沙特通过使用其雄厚的经济实力来维护海湾地区的稳定。沙特是海湾地区面积最大、储油最多的阿拉伯国家，而且是个君主制国家。为了创建一支现代军事力量，沙特政府花费了大量金钱购买美国的武器。1950—1970 年间，美国向沙特出售的武器装备总价值共约 12 亿美元，1972 年约 3.09 亿美元。石油禁运结束之后，美国向沙特出售武器规模增加。1973—1980 年间，美国向沙特出售武器的金额共计 340 亿美元（包括一部分预付款）。其中在 1975—1979 年期间，美国向沙特出售的武器装备以及维修设备的价值约 150 多亿美元，另外还有 140 亿美元的武器装备已订货而未交货和付款。[①] 20 世纪 70 年代后期，美国日益把沙特的军事力量看作其波斯湾政策不可缺少的组成部分，利用向沙特出售武器来稳固其国内统治和提高其在本地区的威望，保卫西方的石油供应线和既得利益，同时也捞回一部分石油美元。[②] 沙特也没有辜负美国的期望，它运用自己巨大的经济资源保卫了海湾地区以及附近红海地区的温和政府，并在半岛和整个阿拉伯世界发挥作用。其财政援助国在 20 世纪 70 年代前有阿曼、巴林、也门、埃及、索马里等。

1973 年 10 月战争引发油价上涨，阿拉伯国家对西方进行石油禁运后，沙特和伊朗的作法有所不同但又相辅相成：沙特禁运，但并不全力抬高油价；伊朗使劲鼓动油价上涨，但却不实行禁运，不加条件地保证石油的稳定供应。两者的不同行为对美国各有利弊，但是也从两个方面缓解了美国和西方的困境，石油禁运产生的危机于 1974 年 3 月解除禁运时已经缓和下来。第四次中东战争后，再次实行禁运和油价进一步上涨的威胁依然存在。由于通货膨胀和美元贬值，1976 年 12 月石油输出国组织商讨分两阶段提价 15%，而沙特阿拉伯和阿联酋在石油输出国组织多哈会议上主张石油提价 15%，致使国际上出现双重石油价格[③]，这在一定程度上稳定了油价，1976 年美国从波斯湾进口的 20% 以上的石油来自沙特，所以这对美国

---

① 北京大学亚非研究所西亚研究室编：《石油王国沙特阿拉伯》，北京：北京大学出版社，1985 年版，第 173—174 页。

② 同上。

③ ［美］拉马扎尼（R. K. Ramazani）：《波斯湾和霍尔木兹海峡：国际战略通道》，赵祥龄，段稚荃译，北京：世界知识出版社，1982 年版，第 70 页。

最为有利，沙特也因此被欧佩克成员称为“温和国家”。总体来看，美国支持亲美的沙特政府，促成了温和派集体安全制衡体系，也有效地防止了阿拉伯产油国再次使用石油武器给美国的经济和世界霸权造成巨大的挑战。①

美国政府通过扶植伊朗和沙特阿拉伯，维护了海湾现存政治格局；保证了美国对海湾地区的间接控制权和源源不断的石油供应；遏制了苏联的南下战略。美国参议员、能源专家杰克逊认为：“双柱”政策与美国支持以色列的政策结合在一起，遏制了伊拉克和利比亚等亲苏势力策划在海湾产油国中推翻君主政体的政治行动，从而保证了美国在波斯湾的主要石油来源的稳定。②

四、推行“卡特主义”

1980 年 1 月，美国政府提出了著名的“卡特主义”，卡特总统表示：“外国力量想控制波斯湾地区的任何企图，将被视为对美国重大利益的攻击，对于这种攻击，（美国）将采取任何必要手段予以击退，其中包括使用军事力量。”③ 此后，“卡特主义”成为美国谋求中东石油利益的重要外交政策工具。

在 1977 年 8 月的卡特总统“第 18 号指示”中提出了美国的战略框架，该框架的核心是成立“快速反应部队”（Rapid DeploymentForce，RDF），有能力在短时间内在中东和朝鲜半岛进行军事打击。④ 1980 年 1 月，卡特总统提出了“卡特主义”后，开始采取行动扩充军队。1980 年 3 月正式成立“快速部署联合任务部队”（Rapid Deployment Joint Task Force），到 1983

---

① 张新利、翟晓敏：《20 世纪 70 年代美国对波斯湾的“双柱”政策》，《世界历史》2001 年第 4 期。

② 同上。

③ Edward W. ehester，*United Stated Oil Policy and Diplomacy*：*A Twentith – Century Overview*，（M）London：Greenwood Press，1983，p. 29.

④ Hans Jacob Bull – Berg，*American International Oil Policy*：*Causal Factors and Effect*，London：France Pinter，p. 112.

年 1 月 1 日，美国设立了中央司令部来专门负责海湾地区的安全事务。该部队扩充到 29 万人，并不断地扩大队伍。[①] 到 20 世纪 80 年代中期，该部队规模已仅次于美国部署在欧洲的军队。

中央司令部离美国最近的军事基地部署在印度洋的迪戈加西亚岛上，配备了现代化的装备。美国还加紧在印度洋和海湾地区部署美国海军。从表面上来看，这支部队是用于威慑苏联的威胁，实际上，这支部队也为美国在军事上控制海湾地区的石油生产国提供便利，并确保霍尔木兹海峡的畅通。[②]

五、建立西方能源合作机制

（一）国际能源署

面对石油生产国组织咄咄逼人的攻势，美国的国际石油体系危机迭起。美国政府认识到有必要将西方石油消费国组织起来，应对挑战，重构国际石油体系。[③] 1974 年 2 月在华盛顿会议上，基辛格提出了一项能源合作“行动计划”，该计划包括 7 方面的内容：（1）节约能源；（2）发展替代能源；（3）加强对能源的研发；（4）紧急状态下能源的共享；（5）国际间关于能源问题的金融合作；（6）发展中国家的能源问题；（7）石油生产国和消费国的关系。[④] 会议结束时发表的公报列举了西方国家能源合作的领域，并宣布成立由与会国高级官员组成的能源协调小组，负责监督和指导现有组织执行相关任务；建立临时小组来执行没有适当执行机构的任

---

① Keith Crane, Andreas Goldthau, *Imported Oil and U. S. National Security*, Rand. May 11th, 2009, pp. 60 – 61.

② 1984 年 2 月 21 日，白宫发言人拉里·斯皮克斯坚持认为，“毫无疑问”，美国的意图是保持海湾地区的开放（当代档案，1984 年 8 月，第 33057 页）。美国于 1984 年夏天向沙特提供毒刺防空导弹也是出于同样的原因。

③ 江红：《为石油而战：美国石油霸权的历史透视》，上海：东方出版社，2002 年版，第 383 页。

④ Svante Karlsson, *Oil and the World Order*: *America Foreign Policy*, Leamington Spa: berg, 1986, p. 241.

务。[1] 会议结束后，能源协调小组起草了《国际能源计划协议》。[2]

1974 年 9 月 20 日，协议最后文本送交经合组织 24 个成员国政府批准。协议的主要内容为：（1）建立石油分享制度。在石油供应短缺超过 7%、影响到任何一个或全体成员国的情况下，石油分享制度就会启动，石油短缺的国家将从其他成员国获得石油供应，使其石油供应短缺量不超过其石油消费量的 7%。[3]（2）建立紧急石油储备和节约机制。协议要求各成员国必须至少拥有 90 天净进口量的石油储备，一旦实施石油共享计划，各成员国必须削减石油消费量，并在国际能源署同意的基础上动用现有的储备。如果石油供应总量短缺 12%，成员国必须将石油需求量减少 10%。（3）国际能源署的决策机构是能源理事会，由成员国的部长和高级官员组成。美国拥有投票权占总票数的 43%。[4]

1976 年 1 月 19 日，协议经各国批准生效，国际能源署正式成立，总部设在巴黎。在成立之初，由于受到石油市场规律和美国国内因素的制约，国际能源署并没有发挥明显的作用。从 80 年代开始，国际能源署的作用开始显现出来。国际能源署的分享机制、储备机制和石油信息共享机制在应对石油中断威胁方面发挥了重要作用。国际能源署通过对非石油输出国组织国家石油的开发，节能政策的实施，石油输出国组织国家在国际石油市场的份额开始下降，国际石油市场开始出现供大于求的局面。[5]

（二）七（八）国首脑会议

面对石油危机，美日欧开始走向联合，协调各自的经济政策。1975 年 11 月，法国政府邀请美国、英国、意大利和日本政府首脑到朗布依埃召开会议，讨论货币、贸易、能源、原材料以及发展中国家的问题，这样朗布

---

① 江红：《为石油而战：美国石油霸权的历史透视》，上海：东方出版社，2002 年版，第 391—392 页。

② 王波：《美国石油政策研究》，北京：世界知识出版社，2008 年版，第 153 页。

③ International Energy Agency（IEA），*Agreement on an International Energy Program*，http：//www. iea. org/Textbase/about/IEP. PDF.

④ Ibid. .

⑤ 王波：《美国石油政策研究》，北京：世界知识出版社，2008 年版，第 13 页。

依埃会议成了西方国家讨论经济政策的国际论坛。后来德国和加拿大也加入进来。从1977年伦敦会议开始，欧共体委员会主席也应邀加入。波多黎各会议确定会议每年7月召开一次，会议由法、美、英、德、日、意、加轮流当东道主，东道主国家元首或政府首脑为当年主席。[①] 1997年俄罗斯加入，这样就形成了西方八国首脑会议。2014年6月4日，八国集团（G8）在布鲁塞尔开会，为报复克里米亚入俄以及俄罗斯在乌克兰东部动荡局面中的角色，八国首脑会议把俄罗斯排除在外，形成七国首脑会议。

西方七国首脑会议对国际石油价格的影响主要通过以下几个手段：（1）首脑会议的财长会议对国际石油价格进行判断，断定石油价格是否过高。（2）首脑会议的成员国通过协调而形成集体行动，来增强其在石油价格谈判中的地位，从而影响价格的制定。（3）成员国通过控制自身的石油消费和进口，来保持国际石油市场的价格稳定和充足供应。[②]

六、石油—美元机制

20世纪初，美国石油出口居世界首位，当时墨西哥湾的原油都是采用美元来定价的，从墨西哥湾出口的石油采用基点体系来定价（墨西哥湾产出的原油价格+运输的费用=到岸的石油价格），这为石油用美元定价奠定了历史基础。二战后，美国通过布雷顿森林体系使美元的地位进一步提升，世界各国的货币同美元挂钩，美元同黄金挂钩，固定汇率，加上美元是国际货币基金组织的官方贷款货币，这样美元就成为世界货币，石油—美元机制也得到了进一步的加强。

1971年尼克松总统宣布停止美元兑换黄金，时任美国财长和尼克松总统特使的威廉·西蒙（William E. Simon）数次飞往阿拉伯地区，于1974年与沙特货币当局达成了一个秘密协议。该协议规定沙特中央银行可在购买在竞拍机制之外的美国政府债券（美国保证这些资金的安全），但沙特

① 赵庆寺：《美国石油安全体系与外交》，上海人民出版社，2009年版，第187—188页。
② 同上书，第188页。

必须确保以美元作为石油的计价货币。[①] 沙特同意将美元作为石油出口的唯一的计价货币。该协议在西蒙的继任者迈克尔·布鲁门撒尔（W. Michael Blumenthal）任职期间，又把该协议扩展到欧佩克其他成员国，任何想进行石油交易的国家就得拥有一定量的美元储备。[②]

这些协议使得美元在国际石油交易计价货币中处于垄断地位，沙特等国的石油收入又以资本的方式重新回流到了美国，为美国巨额的贸易逆差融资。布雷顿森林体系崩溃以后，美国正是通过美元垄断石油等大宗商品的交易媒介地位来维系和巩固美元的霸权地位。[③]

石油美元（petrodollars）就是由出售石油而获得的美元收入，或是石油收入中的美元和美元资产。20 世纪 70 年代到 80 年代初，中东产油国家通过输出石油已经赚取了大量财富。虽然它们不断增加本国的社会福利开支，但是由于产业的单一，产油国内部对这笔资金的吸收能力很低，每年都有数百亿美元的剩余资金。它们急于为这笔巨额的石油美元寻找投资出路。美国利用此机会，向中东产油国开放金融市场，接受石油美元存入美国银行、在美国购置不动产、购买产权，还允许中东产油国大量购买美国财政部债券。石油美元的环流在美国通过大量经常项目逆差的方式维持美元输出的同时，保证了美国的资本项目顺差，从而也就弥补了贸易和财政上的赤字。这对支撑美国经济增长起到了至关重要的作用。[④] 这样，石油美元使美国在依赖中东石油的同时，中东产油国也在不断加深对美国经济发展的依赖，美国通过石油美元机制，把石油美元引向美国，双方紧紧联系在一起。中东国家考虑到大量投入美国的石油美元，对石油武器的动用慎之又慎。

① David E. Spiro, *The Hidden Hand of American Hegemony*: *Petrodollar Recycling and International Markets*, Ithaca: Cornell University Press, 1999. p. X.

② Krassimir Petrov, The Proposal Iranian Oil Bourse, http: // www.energybulletin.net/12125.html.

③ 管清友、张明：《国际石油交易的计价货币为什么是美元》，《国际经济评论》2006 年第 7—8 月刊。

④ 张宇燕、李增刚：《国际经济政治学》，上海人民出版社，2008 年版，第 360、361 页。

七、打压欧佩克

欧佩克自成立以来，在国际石油舞台上发挥着越来越重要的作用。欧佩克以集体的力量与跨国石油公司展开一系列的斗争，逐步夺取了国际石油市场的主导权，对美国主导的国际石油体系发出了挑战。从第一次石油危机开始，欧佩克国家通过不断地提高石油的价格、运用石油武器来实现其政治目标，对美国主导的国际石油体系造成了严重的冲击。美国一直以来对欧佩克执行对抗政策：（1）分化欧佩克。美国对欧佩克成员国采用“萝卜加大棒”政策，对于沙特阿拉伯等友好国家采取软的一手，对伊拉克等强硬的国家采取硬的一手来分化瓦解欧佩克，使欧佩克的政策有利于美国的石油安全利益。（2）通过组建国际能源署、西方七国首脑会议等形式，利用集体的力量来削弱欧佩克国家对国际石油市场的控制力。[①]（3）加大对非欧佩克国家的投资。为减少对欧佩克国家的依赖，美国实行石油供应多元化政策，加大对非欧佩克国家的投资。美国积极发展与加拿大、墨西哥和委内瑞拉等产油国的石油关系，以巩固其石油供应安全的基础。随着西非、中亚、俄罗斯等地区石油的进一步开发，美国也促使美国国际石油公司对这些地区加大投资的力度，来确保美国的石油供应安全。

随着国际石油公司的投资增加，非欧佩克国家石油生产（如墨西哥和北海）的产量及输出量急剧上升，市场份额不断扩大，几乎与欧佩克平分秋色。

八、“卡特主义推论”

里根总统上台9个月后，就对“卡特主义”进行了扩展，不仅包括外在力量对美国获得石油的威胁，还包括区域内力量的威胁，美国将采取任何必要手段予以击退，其中包括使用军事力量，被称为“卡特主义推论”。

① 王波：《美国石油政策研究》，北京：世界知识出版社，2008年版，第136—137页。

他明确了威胁的性质和美国的承诺："如果（沙特）被任何人控制，美国不能得到石油，我们决不会袖手旁观。"[①]

里根政府面对苏联咄咄逼人的扩张，实行推回去政策，在对于石油地缘政治极为重要的地区实行"苏联在哪里干涉，就在哪里同他对抗"的政策。[②] 在阿富汗，一方面美国在国际上加强对苏联入侵和占领的谴责，使苏联在政治上处于被动地位；另一方面，通过不同渠道和方式向阿富汗游击队提供物资援助，把苏联的势力顶了回去。两伊战争爆发后，美国政府明确表示：在两伊战争中严守中立，要求双方立即停火，反对使用武力吞并领土，反对苏联和其他国家干预两伊战争，保持海湾航道的通航自由。美国在海湾的主要战略利益在于保证海湾产油区和海湾航道的安全，同时防止苏联插手这一地区。

九、削弱苏联

美国为争夺世界霸权对苏联实施了经济战，从对苏联出口创汇的石油下手。一方面通过与沙特阿拉伯的合作而压低石油价格，另一方面阻止西方向苏联进口天然气，从而发起一场使苏联的硬通货收入减少的斗争。

石油价格的下降对美国的经济有明显的好处，但对苏联的经济将造成严重的冲击。石油价格的下降意味着硬通货收入的减少，如果每桶石油的价格下跌10美元，那么苏联的收入将减少100亿美元。[③] 因为苏联的石油生产能力早已达到极限，不能通过增加产量来增加收入。为搞垮苏联，美国采取种种办法来压低石油价格。

1.1983年2月初，美国政府派遣能源部的两位官员赴伦敦会见英国的能源大臣奈杰尔·劳森，劝说劳森降低原油的官方价格和增加北海油田的

---

① Keith Crane, Andreas Goldthau, *Imported Oil and U. S. National Security*, Rand, 2009, p. 61.

② 资中筠：《战后美国外交史》，北京：世界知识出版社，1994年版，第853页。

③ ［美］彼得·施魏策尔：《里根政府是如何搞垮苏联的》，殷雄译，北京：新华出版社，2001年版，第123页。

石油产量，[①] 因为北海油田巨大的石油产量可以压低国际石油价格。

2. 停止购买用于战略石油储备（SPR）的原油。SPR 是 1973—1974 年阿拉伯产油国对西方实行禁运的产物，目的在于再次出现石油危机时能够动用战略石油储备。美国国会规定，到 1990 年要储备 7.5 亿桶石油。但是，1983 年初，美国政府宣布要大幅度削减石油购买量。此举的目的不仅是“为了平衡预算，而且也是为了减少石油需求，使石油价格下降”。[②]

3. 要求沙特增加石油产量。美国与沙特磋商，要求沙特增加石油产量。1985 年 8 月沙特放弃“减产保价”措施，实施“减价保额”石油新战略，引发国际油价暴跌，英国北海布伦特原油和美国西得克萨斯原油分别降至 8.85 美元/桶和 10.8 美元/桶的谷底，阿拉伯的油价跌至 6.8 美元/桶。[③] 这导致苏联的收入减少 100 亿美元。同时美国又通过美元贬值来推动出口，这对苏联来说更是雪上加霜，出口额减少了 1/4。油价暴跌间接影响了莫斯科的军火贸易，苏联军火的老客户伊朗、伊拉克和利比亚 1986 年上半年的石油收入减少了 46%，结果苏联军火的销售在 1986 年减少了 20%。[④]

4. 要求欧共体国家大幅度提高对苏联的贸易贷款利率，把进口苏联的天然气数量限制在最多不超过天然气消费总量的 30%。[⑤]

里根的能源政策与军事安全政策相结合，取得了重大效果，特别是运用石油价格武器，使苏联的经济困境雪上加霜，加深了对西方贷款的依赖性。里根政府的国际石油战略使苏联的经济遭受巨大打击，经济实力被严重削弱。

面对石油危机，美国调整了其石油战略，通过推出能源独立计划发展国内油源，开发非欧佩克国家的石油，建立战略石油储备制度，建立国际

---

① ［美］彼得·施魏策尔：《里根政府是如何搞垮苏联的》，殷雄译，北京：新华出版社，2001 年版，第 166 页。

② 同上书，第 167 页。

③ 安维华、钱雪梅：《海湾石油新论》，北京：社会科学文献出版社，2000 年版，第 91 页。

④ ［美］彼得·施魏策尔：《里根政府是如何搞垮苏联的》，殷雄译，北京：新华出版社，2001 年版，第 167 页。

⑤ 同上。

能源合作机制等国际机制。以美国为首的西方发达国家实现了国际石油体系的重构，重新获得了国际石油价格的主导权。里根政府通过“星球大战”计划，通过军备竞赛、压低油价来拖垮苏联。在石油供应板块方面，美国通过对非欧佩克产油国的投资，通过对欧佩克成员国的奖惩措施，拉拢温和派沙特阿拉伯，打击强硬派伊拉克和伊朗，加大了对国际石油供给的控制；在需求板块方面，美国通过建立国际能源合作机制（国际能源机构、八国集团等），压缩需求，发展新技术，扩大国内石油供应等措施，大体实现了对国际石油需求的控制；在能源运输通道方面，美国通过遍布全球的军事基地网，来实现对石油运输通道的控制；20 世纪 70 年代后期，国际石油远期合约和期货合约开始出现，成为以美国为首的西方国家谋取国际石油市场定价权的重大举措；在能源金融方面，1983 年美国纽约商品交易所（NY－NEX）推出了西德克萨斯中质原油（WTI）期货合约，对国际原油价格产生重要的影响。在国际石油市场上，美国通过发达的能源期货市场来实现对国际石油价格的影响和控制。

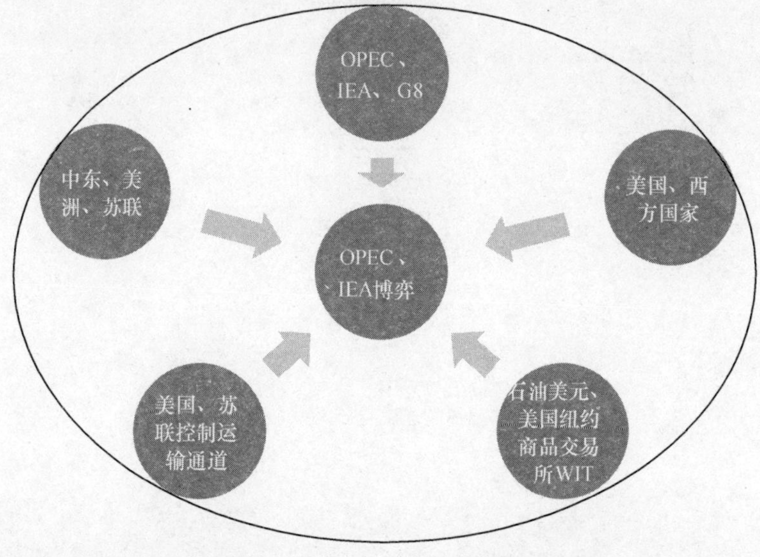

图 2—9　美国国际能源战略重构期的国际石油体系结构

这一时期国际石油市场结构的特点为：首先，以美国为首的西方石油消费国成立国际能源署，国际能源署的分享机制、储备机制和石油信息共享机制在应对石油中断威胁方面发挥了重要作用。其次，以美国为首的西方石油消费国加大对非欧佩克国家石油投资和开发的力度，实现石油来源多元化，美国阿拉斯加北坡、北海、墨西哥等地发现大的油田，苏联、哥伦比亚的石油产量也迅速增长，打破 OPEC 一统石油供应的局面。最后，美国通过建立规模庞大的战略石油储备来应对 OPEC 的石油武器。这样，OPEC 在国际石油市场中的地位被削弱。

第三章

冷战后美国的国际能源战略

第一节　美国国际能源战略的发展

一、美国国际能源战略的发展

冷战期间，由于苏联的存在，美国通过组建同盟体系来控制西方国家，在这个体系中，这些国家在政治、经济上依附于美国。苏联解体后，西方国家便不再依附这一体系了，西欧国家成立了欧盟，并不断东扩，吸收一些东欧国家加入。欧盟还于2002年使用欧元来取代美元，使得美元作为国际储备货币的地位大大降低。因此，在美国看来，维持美元在石油交易中的地位至关重要。如果其他国家控制了中东、中亚地区及其油气资源，将会使美国在这些地区的影响力减弱，于是对美国而言，控制中东、中亚地区的油气资源和输油管道更是一个政治问题①，不但可以维持美元在石油交易中的地位，而且可以控制欧亚大陆的油气资源，从而确立美国在欧亚大陆的霸权地位。②

为达到这个目标，美国一方面通过海湾战争和“沙漠之狐”行动，增强在海湾地区的军事存在，另一方面通过利用北约“和平伙伴计划”和获

---

① Bulent Gokay, The Politics of Oil. Haines House, 2006. p. 39, p. 40.

② 潜旭明：《美国对里海地区能源地缘战略及其走向》，《美国问题研究》，北京：世界知识出版社，2008年版。

取石油开采权，加紧向中亚地区进行政治、经济和军事渗透，通过控制里海的能源和输油管道来控制亚欧大陆的心脏地带。美国控制里海地区的油气资源，并不是因为美国依靠这里的油气资源，实际上，这是美国重建安保体系和维持其霸权地位大战略的一部分。①

“9·11”事件后，美国把能源地缘战略的重心转移到海湾地区和包括里海地区在内的亚欧大陆中南部地区。美国通过反对恐怖主义，控制中东、挺进里海、逐鹿中亚，控制了中东和里海这两个世界最大石油阀门，可以进而削弱欧佩克等石油组织的作用，操纵国际市场的油价，对世界经济产生重大影响，从而为实现其在欧亚大陆的霸权埋下伏笔。

在这一时期，国际体系形成一超多强的国际格局。国际能源体系结构的供应板块方面，美国通过海湾战争、逐鹿中亚，加强对中东和中亚这两大能源供给板块的影响力度。在需求板块方面，随着汽车工业的发展，美国和西方发达国家对石油的依赖不减，中国和印度等新兴发展中国家也加入石油需求国的行列。在国际石油运输通道方面，美国加强了在海湾、南亚和中亚的军事存在，强化对海上和陆地能源运输通道的影响和控制。在国际机制方面，美国通过主导IEA、G8等国际能源机制，通过能源期货市场深刻影响能源价格，重新掌控了国际石油体系并使其得到进一步发展。

（一）海湾战争

1989年10月2日，布什总统发布《国家安全指示NSD－26》（*National Security Directive NSD－26*）指出：“获得海湾的石油和维护中东主要友好产油国的安全对美国的国家安全利益攸关。美国保证捍卫在这一区域的重大利益，如果有必要美国将使用武力来反对苏联和区域内其他不友好国家。”②

1990年8月2日伊拉克入侵科威特，威胁到沙特阿拉伯时，布什总统命令五角大楼制订计划来保护沙特的油田，3天以后，授权副总统切尼开

---

① 潜旭明：《美国对里海地区能源地缘战略及其走向》，《美国问题研究》，北京：世界知识出版社，2008年版。

② Keith Crane，Andreas Goldthau，*Imported Oil and U. S. National Security*，Rand，2009，p. 61.

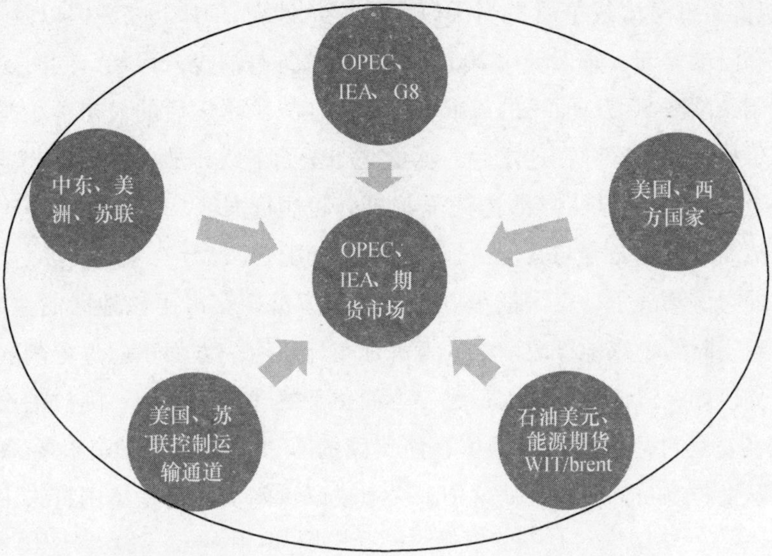

图 3—1　美国国际能源战略发展期的国际石油体系结构

派遣部队到海湾地区。1990 年 8 月 8 日，布什总统在演讲中说："美国所消费石油的几乎一半依靠进口，如果沙特阿拉伯在敌对国的控制之下，那么对美国经济的独立性来说是一种威胁。"[①] 1991 年 1 月 17 日，美国在集体安全的口号下，发动了"沙漠风暴"行动。

联合国随后对伊拉克实施石油禁运，引发了油价的上涨。由于战争的破坏和禁运，世界市场一下子减少了 4 万桶石油——与 1973 年和 1979 年石油危机时的规模相同，世界原油价格从 7 月的 16 美元/桶上涨到当年 9 月的 26 美元/桶。在海湾危机期间，美国政府派能源部长沃特金斯专程去沙特阿拉伯和阿联酋寻求弥补伊拉克、科威特 400 万桶/日的缺额。在美国的外交努力下，欧佩克决议暂时中止其配额生产体制，成员国纷纷增加石油生产以弥补科威特和伊拉克减少的产量。在海湾战争中，美国首次动用了战略石油储备。1991 年1月 16 日，美国总统布什批准动用美国战略石油

① Keith Crane，Andreas Goldthau，*Imported Oil and U. S. National Security*，Rand，2009，p. 61.

储备，每天向市场投放 112 万桶原油。国际能源署（IEA）也积极配合，在 1 月 17 日海湾战争爆发当天以实施应急计划，21 个成员国以及冰岛、芬兰和法国一起，每天动用 200 万桶战略储备石油投入市场，同时实施消费限制，削减 50 万捅/日的需求量。虽然在战争爆发后的最初两小时国际石油价格普遍上涨，在这之后，油价立即全面下跌，从前一天的 32 美元/桶跌至 21.3 美元/桶。[①] 海湾战争并未引起油价大涨，主要原因是美国动用了战略石油储备并与其他措施进行有效的配合。

通过海湾战争，美国把军事力量推进海湾，获得了该地区的主导权。出于对当时的中东地缘政治格局考虑，布什政府一方面不愿过分削弱伊拉克，使伊朗在海湾地区坐大；另一方面留下好斗的萨达姆，阿拉伯产油国才会在安全问题上有求于美国，使美国的军事力量合理地驻扎在海湾地区，从而控制石油资源。从这个意义上说萨达姆实际上是美国打入中东的楔子。[②]

海湾战争以后，美国一方面在波斯湾地区继续保持强大的军事存在，对伊朗和伊拉克实行遏制，防止这些地区性政权威胁现有的体系；另一方面积极推动中东和平进程，从政治上消除石油危机的根源。为解决阿以争端，美国参与了新一轮中东和谈，克林顿促成了巴勒斯坦和以色列和平协议的签署。

（二）逐鹿里海

里海地区的地理位置特殊，与波斯湾连为一体，成为石油心脏地带。但是该地区民族、宗教矛盾复杂，被布热津斯基称为“欧亚大陆的巴尔干”。[③] 里海丰富的石油资源可降低欧佩克对市场的垄断，加强非欧佩克的力量；西方石油公司进入里海参与能源开发，可使西方国家的能源来源多元化，从而提高其能源安全程度。当时美国石油安全战略的一个重要特征

---

① 《世界石油价格暴跌》，《人民日报》，1991 年 1 月 19 日第 6 版。

② 王逸舟：《当代国际政治析论》，上海人民出版社，1995 年版，第 213 页。

③ 布热津斯基：《大棋局——美国的首要地位及其地缘战略》，上海人民出版社，1998 年版，第 163 页。

是对里海地区的渗透。克林顿认为里海地区“对于开发新的油气资源来说是一个非常重要的地区，未来几年对于开采和运输油气的决定将极大地影响未来几代人”。[①] 美国在1998年公布的《国家安全战略》（*National Security Strategy*）中指出：“在未来几十年中，里海地区在应对不断增长的能源需求中必将扮演着越来越重要的作用”，美国正在把这一地区的石油引向市场，“从而扩大能源供应来源的多元化，并使这一地区走向繁荣”。[②] 克林顿政府认为美国在里海地区的能源战略有三大目标：不断增加的能源供应；将伊朗排除在石油勘探、运输、发展和石油产品市场之外；防止任何国家（即俄罗斯）垄断当地石油供应。[③] 1995年，克林顿政府成立了一个跨部门小组，把在里海铺设石油管道当作关系到美国国家利益的重大外交问题来处理。1998年，美国新设立负责里海盆地的总统能源外交特别顾问一职，负责协调美国海外私人投资公司、美国进出口银行及其他机构的工作人员，以确保里海的发展和该地区的能源准入。[④]

克林顿政府积极拓展与里海地区油气生产国的政治、经济、军事联系，积极鼓励哈萨克斯坦、乌兹别克斯坦等中亚国家推进政治经济改革，接受美国的价值观，从而进一步摆脱俄罗斯的影响。美国同它们的军事合作也在加强，1997年9月，美国及其北约在中亚举行了“中亚维和”联合军事演习，美军第82空降师的500名官兵在哈萨克斯坦空降，美国军事力量首次踏上中亚领土。[⑤]

在克林顿政府时期，实行石油供应多元化，避免过分依赖不稳定地区一直是美国的主要目标，如果里海能源稳定的话，那么美国就能减少对中

---

① White house, “Visit of Present Heydar Aliyev of Azerbaijian,” Statement by the Press Secretary, 1 August 1977, http://www. clinton6. nara. gov.

② White house, *A National Security Strategy for a New Century*, October 1998, pp 32、40, http:// clinton2. nara. gov.

③ Michael P. Crossant and Bulent Aras, *Oil and Geopolities in the Caspian Sea Region*, West Port Conn Praeger, 1999, p. 256.

④ Jim Nichol, “Central Asia's new state: Political Development and Implication for U. S Internet”, CRS Issue Brif for Congress, March 1, 2001.

⑤ 张晓红：《美国在中亚地区的军事存在》，《内蒙古师范大学学报（哲学社会科学版）》2010年第5期。

东油气的需求，从而削弱伊拉克、伊朗、俄罗斯对国际石油市场的影响。

（三）控制能源通道

里海丰富石油的外运——实质上是由谁控制油气阀门的问题，油气管道成为争夺的焦点。美国与俄罗斯、伊朗的斗争焦点便集中在里海油气管道的建设之上。如果成功修建东向和西向的油气管道（东达中国，西至欧洲），则可以连通欧亚能源生产和消费市场，意义重大。面对如此巨大的商机及战略利益，拥有“天时”“人和”的美国与占据“地利”的俄罗斯、伊朗展开激烈的争夺，各方为建成有利于自己战略的管道展开了激烈的竞争，竞相出台新方案。

欧洲是石油天然气的消费大户，是油气管线的重要走向之一。1997 年以前，里海地区的石油是通过一条每天可运输 21 万桶的阿特劳（哈）—萨马拉（俄）管道出口，天然气是通过俄罗斯天然气股份有限公司控制的天然气管道系统出口。运往欧洲的里海石油管线从俄境铺设是最经济的，但是这将使俄罗斯完全控制了里海石油的出口权，让俄罗斯掌控油气阀门是美国绝对不能接受的。

为绕过俄罗斯的影响，美国提出“西向方案”，即“欧亚能源走廊”。它的一支是从巴库经格鲁吉亚首都第比利斯再到土耳其的地中海港口杰伊汉的石油管道，简称巴库—杰伊汉管道。“西向方案”降低了俄罗斯在里海能源输出方面的发言权。①

第二节　美国国际能源战略的强化

进入 21 世纪，世界格局形成一超多强的态势，这一时期的国际能源体系在供给板块方面，美国通过“胡萝卜加大棒”政策来分化瓦解 OPEC 阵

---

① 潜旭明：《美国对里海地区能源地缘战略及其走向》，《美国问题研究》，北京：世界知识出版社，2008 年版，第 151 页。

营，极力拉拢沙特阿拉伯，打压伊拉克、伊朗。美国通过伊拉克战争推翻了萨达姆政权，驻军海湾，扶植亲美政府。美国通过阿富汗战争，逐鹿中亚。为抢滩非洲，2007 年美国成立了非洲司令部，加大对非洲的军事介入力度。

在需求板块方面，美国汽车工业的发展对石油的需求依然强劲。美国通过能源独立计划，大力发展新能源和可再生能源，提高能源的利用效率。而且美国的石油战略储备已经非常成熟，在应对石油危机方面发挥了重要的作用。在国际能源通道方面，美国通过其庞大的遍布全球的军事基地网络加以控制。在国际石油市场方面出现了一些新的进展，国际石油远期合约和期货合约开始出现，成为以美国为首的西方国家谋取国际石油市场定价权的重大举措。在国际石油机制方面，美国通过国际能源机构（IEA）、八国集团（G8）、二十国集团（G20）等来与 OPEC 博弈，通过石油美元来影响国际石油的价格走势。

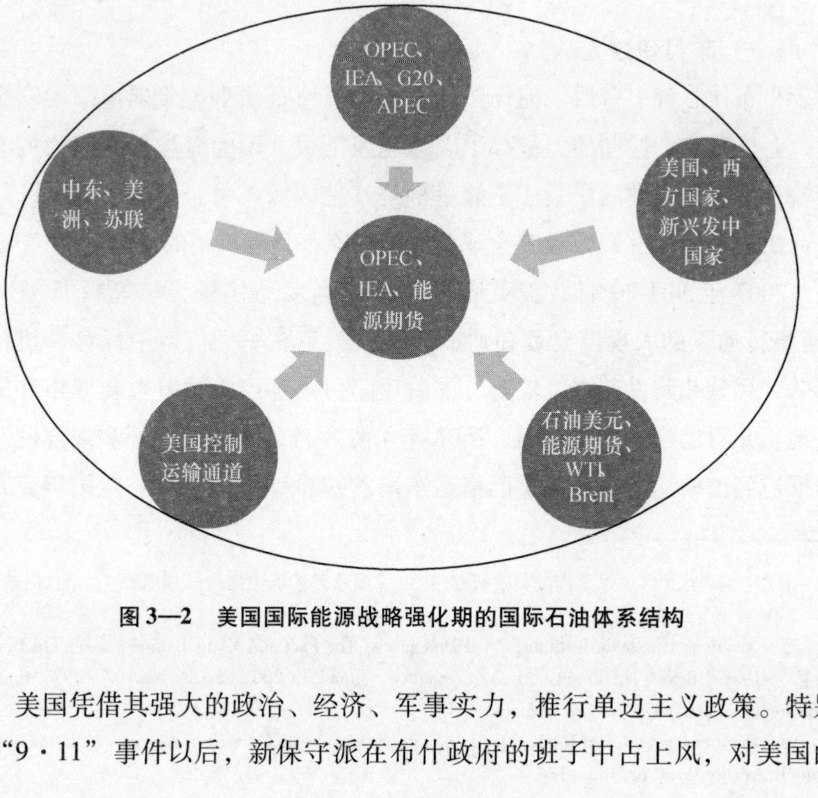

图 3—2　美国国际能源战略强化期的国际石油体系结构

美国凭借其强大的政治、经济、军事实力，推行单边主义政策。特别是“9·11”事件以后，新保守派在布什政府的班子中占上风，对美国的外交政策产生重大影响。① 小布什政府的国际能源战略目标主要有两个：一是确保以合理的价格获得可靠的能源供应，以促进美国经济的增长和繁荣；二是确保美国的外交政策不会受外国石油武器所操纵。② 小布什总统进一步强化了能源安全战略，对国际能源战略部署进行了调整。

美国依靠其强大的政治、经济、军事实力，尤其是通过其强大的海权和空权，抢占石油地缘战略支点，力图在世界能源地缘政治格局中确立主导地位。美国通过伊拉克战争，扶植亲美政权，控制了海湾石油阀门；通过阿富汗战争，实现了进军中亚的梦想；美国抢滩非洲，守住拉美后院，开发北美的石油资源，扩大石油战略储备；控制国际石油运输线，进而推进全球能源战略布局。

一、供给板块方面

（一）攻打伊拉克

小布什总统上台后，他仍然认为控制海湾石油事关美国重要的安全利益，对反对这一控制的力量都予以遏制或摧毁。因为海湾拥有巨大的石油储备，不管是石油的质量还是储量都是其他区域无可企及的，这一区域对任何想建立地区性霸权或者全球霸权的国家都具有重要的战略意义。③

2003 年 3 月 20 日，美英联军向伊拉克发动代号为“斩首行动”和“震慑行动”的大规模空袭和地面攻势。美英联军凭借空中优势和机械化部队，兵分几路发起强大攻势，先后攻陷伊南部巴士拉等重要城市和战略要地，并对巴格达形成合围。2003 年 4 月 8 日，美军从北部和南部两个方向推进到巴格达，并夺取了巴格达东南的拉希德军用机场。美国坦克开进

---

① 中国现代国际关系研究院美欧研究中心：《反恐背景下美国全球战略》，北京：时事出版社，2004 年版，第 49 页。

② American Petroleum Institute, “Oil Diplomacy: The Fact and Myths Behind Foreign Oil Dependency”, Hearing Before The Foreign Affairs Committee, June 20, 2002 Serial, No. 107 – 197, http://www.foreignaffairs.hoU.S.e.gov/archives.

③ Doug Stokes and Sam Raphael, *Global Energy Security and American Hegemony*, Baltimore: the Johns University Press. pp. 183 – 184.

巴格达，占领了萨达姆城。美军2003年4月15日宣布，伊拉克战争的主要军事行动已结束，联军“已控制了伊拉克全境”。此次战争使伊拉克的石油资源重新回到美国的控制之下，掌握伊拉克的石油权必将对控制整个海湾地区的石油供应，甚至对OPEC成员国的石油政策也将产生重要抑制作用。

（二）进军中亚

小布什总统上台以后，进一步强调了中亚的重要性。2001年5月，美国副总统切尼向布什提交美国《国家能源政策》报告，该报告详细论述了美国的能源现状，提出了相应的对策。该报告认为，里海地区的阿塞拜疆和哈萨克斯坦的探明石油储量约200亿桶，经过持续的勘探，预计探明储量将大幅度增加。美国支持的东—西管线路将实质性地增加新的石油运输能力，可以使产量和出口量继续增加。该报告建议美国总统指示美国国务卿、商业和能源部长，支持证明了商业可行性的（巴库—第比利斯—杰伊汉）BTC石油管线的建设，扩大与哈萨克斯坦、阿塞拜疆及其他里海国家的商业对话，为能源与相关基础设施项目提供一个健全的、透明稳定的商业环境。[①] 在2006年3月的《国家安全战略报告》中，布什政府将促进美国能源来源多样化，保证美国未来能源安全作为美国在中亚地区的外交方向之一。[②]

美国通过发动阿富汗战争，驻军中亚，于是中亚里海地区成为美国反恐斗争的前沿基地和防止核扩散的重要地区。美国以阿富汗为枢纽，整合中亚和南亚，促使中亚能源出口多元化。通过加强与中亚和南亚的联系，打破俄罗斯对中亚国家能源出口的垄断。中亚能源经阿富汗到达巴基斯坦和印度，既能满足南亚次大陆特别是印度急剧增长的能源需求，又能实现中亚能源出口多元化。美国的计划包括从土库曼斯坦经阿富汗至巴基斯坦

---

① Report of the National Energy Policy Development Group, *National Energy Policy*, May 2001.

② George W. Bush, “National Security Strategy of the United States of America 2006”, http: // www. whitehouse. gov/nsc/nss/2006.

和印度的输气管（全长 1600 千米）[①] 以及连接巴基斯坦、阿富汗、塔吉克斯坦和吉尔吉斯斯坦的电网等。其次，阿富汗与塔吉克斯坦、土库曼斯坦和乌兹别克斯坦接壤，阿富汗的安全问题很容易蔓延至这些国家。美国在阿富汗的军事行动使“乌兹别克伊斯兰运动”（IMU）等恐怖组织难以在阿富汗生存，美国担心这些组织转移到中亚发展。[②]

2006 年 2 月，美国国务卿赖斯调整了国务院地区局的划分，将中亚从欧洲局并入南亚局，改名为南亚和中亚事务局，任命原国务院发言人里查德·鲍彻为负责南亚和中亚事务的助理国务卿。此举反映出美国的中亚战略发生了深刻的变化，表明一个以阿富汗为中心、涵盖中亚和南亚的美国“大中亚”战略新框架逐渐形成。美国的“大中亚计划”以经济为重点，目标主要是帮助中亚五国相互降低贸易壁垒，推动中亚五国与其邻近地区的融合，促进中亚同全球经济和国际机构整合，实现中亚与国际准则、规范和惯例的接轨，以促进中亚经济“一体化”。美国政府为计划的实施牵线搭桥、构筑平台、吸引投资和援助，具体项目则主要由美国和西方国家的公司承办。[③] 总体来看，美国的“大中亚计划”吸取了其“大中东计划”失败的教训，以经济为重点，适应了中亚国家发展的需要，因而得以实施并取得了一些进展。[④]

美国政府专门成立了“里海能源工作小组”，负责该地区的能源外交事务，由国家安全委员会直接领导。2003 年美国白宫里海能源方面的外交问题高级顾问国务卿斯蒂文·曼恩访问哈萨克斯坦，双方讨论了里海能源发展的前景、哈萨克斯坦加入巴库—杰伊汉石油输出管道等问题。2005 年

---

① “India Formally Invited to Join Central Asia Gas Pipeline Pro2ject,” http://www.adb.Org/Media/Articles/2003 1984_Central_Asia_India_Formally_ Invited_to_Join_Central_Asia_Gas_Pipeline_Project_ /.

② 邵育群：《美国中亚政策调整评述》，《现代国际关系》2007 年第 5 期，第 33、34 页。

③ Evan A. Feigenbaum, Deputy Assistant Secretary of State South and Central Asian Affairs, As Prepared Remarks to the U. S. – Kazakhstan Business Association and the American – Uzbekistan Chamber of Commerce, Washington, DC, March 20, 2007, http://www.state.gov/p/sca/rls/rm/2007/82024.htm。转引自潘光、张屹峰：《“大中亚计划”：美国摆脱全球困境的重要战略步骤》，《外交评论（外交学院学报）》2008 年 4 月 25 日。

④ 潜旭明：《美国对里海地区能源地缘战略及其走向》，《美国问题研究》，北京：世界知识出版社 2008 年 12 月版。

10 月，美国国务卿赖斯访问了吉尔吉斯斯坦、哈萨克斯坦、塔吉克斯坦和阿富汗四国。2006 年 5 月，美国副总统切尼访问了哈萨克斯坦，双方签署了就拆除哈境内大规模杀伤性武器基础设施协议的修改协议、在防止核材料非法转移领域合作的协议，以及关于两国在哈美经济合作框架内的谅解备忘录等。①

美国进一步加大对中亚里海地区石油和天然气产业投资的力度，美国与哈萨克斯坦签署了价值 260 亿美元的石油开采合同，到 2001 年，美国的埃克森—美孚，雪佛龙—德士古等石油公司在中亚—里海地区能源生产设施方面的投资已经高达 300 亿美元。② 2004 年 6 月，时任美国贸易代表罗伯特·B. 佐利克与中亚五国代表签署了贸易及投资发展的框架协议（TI-FA）③，此协议提出了美国与中亚国家贸易及投资发展的若干目标，其关键内容之一是建立“美国—中亚贸易和投资委员会”，该委员会的宗旨是增强美国与中亚地区的经济合作。

为加强与里海地区的军事联系，2001 年，美国借着打击恐怖主义的旗号攻打阿富汗，进军中亚，先后在乌兹别克斯坦、吉尔吉斯斯坦、哈萨克斯坦、阿塞拜疆和格鲁吉亚建立军事基地，并通过经济渗透加强了对中亚和高加索地区能源的影响和控制。美国准备在阿塞拜疆部署 1.5 万人的兵力，同时还将把在西欧的一些军事力量转移到中亚和里海拥有石油资源的地方。2003 年，美国推出“里海卫队”战略，于当年秋开始组建“里海卫队”，在巴库建立了一个雷达系统指挥中心，用来监视阿、哈两国水域的石油钻探和运输情况。④ 2005 年，巴库—第比利斯—杰伊汉输油管道开

---

① 郑羽主编：《中美俄在中亚：合作与竞争（1991—2007）》，北京：社会科学文献出版社，2007 年版，第 505、513、514 页。

② US Department of Energy，EIA，Kazakhstan，Major oil and Natural Gas Projects，http：//www. eia. doe. gov /emeu /cabs/kazaproj. html.

③ Framwork Agreement between the Government of the United state of America，the Government of the Republic of Kazakhstan，the Govenmemt of the Kyrgyz Republic，the Government of tajikistan，the Government of the Republic of Turkmenistan，and the Government of the Republic of Uzbekistan concerning the Development of trade and Investment Relations，http：//www. bisnis. doc. gov /bisnis/bisdoc/0508TIFA. pdf.

④ 潜旭明：《美国对里海地区能源地缘战略及其走向》，《美国问题研究》，北京：世界知识出版社，2008 年版，第 149 页。

通。美国国防部设在德国的斯图亚特的欧洲服务司令部负责协调多家机构为巴库—杰伊汉输油管项目培训保卫人员。①

（三）守住拉美

美国政府在2001年的《国家能源政策报告》中认为，墨西哥是“美国最可靠的能源来源国，其石油储量比美国的储量多25%，预计未来10年墨西哥的石油储量还会有巨大的增长”。委内瑞拉是世界第五大石油出口国，是美国的第三大能源供应国，其能源部门“与美国市场的融合进一步加深”。哥伦比亚“也成为美国重要的能源供应国”。② 美国军方对拉美的石油价值报以极大的关注，美国的“重大利益”就是维持石油的供应，随后的需要就是要让这些资源到达市场。③ 近年来，随着美国对能源来源多元化的进一步重视，美国对拉美的关注进一步升温。美国前驻哥伦比亚大使安妮．帕特森（Anne Patterson）解释说，“‘9·11’事件以后，石油安全成为美国安全的首要目标”，尤其是“传统的能源供应地”中东石油变得“不太安全”，面对石油危机，防止“价格波动”，美国除了在拉美进口能源外，选择余地不多。④

委内瑞拉、哥伦比亚、厄瓜多尔和玻利维亚这些石油储量丰富的国家都处于安第斯地区而且相互联系，美国的国际能源战略会对邻近的产油国产生影响。尽管哥伦比亚的石油产量正在下降，有可能在将来成为石油进口国，但哥伦比亚临近委内瑞拉，所以美国对哥伦比亚政局不稳非常关心。美国对拉美石油战略主要有两个目标：一是维持这一地区的稳定，把

---

① 潜旭明：《美国对里海地区能源地缘战略及其走向》，《美国问题研究》，北京：世界知识出版社，2008年版，第149页。

② National Energy Policy Development Group, *National Energy Policy*, May 2001, http://www.whitehouse.gov.energy/.

③ Peter Pace, Advanced Questions for Lieutenant General Peter Pace: Defense Reforms. US Senate Committee on Armed Services, 2000, http://www.senate.gov/; Admiral James G. Stavridis, the Posture Statement of United States Southern Command before the 110th Congress, 21 – 22 March 2007, http://www.Southcom.Mil/.

④ “Interview with Anne Paterson, US Ambassador to Colombia,” El Tiempo (Colombia), 10 February 2002, http://www.ciponline.org/.

这一区域国家的经济融入美国；二是进一步把墨西哥经济融入国际体系。①

2000 年美国南方司令部战区总司令彼得·佩斯（Peter Pace）在听证会上陈述美国的国家利益时说过，“对美国的生存、安全、活力具有重要作用的因素包括以下几个方面：第一是持续地、不受阻碍地获得中美洲的战略自然资源。第二是持续、稳定地进入中美洲的市场，这对于美国经济的持续发展和繁荣非常重要。”他表示：“美国和拉美的贸易额占美国出口总量的46%，我们相信在将来这一百分比还会增加。”② 彼得·佩斯的继任者杰姆斯·黑尔（James T. Hill）认为，“美国与中美洲每年的贸易总额达3600 亿美元”，随着美国资本和中美洲国家进一步融合，贸易联系还会更加紧密。根据美国军方的一份文件显示，美国在拉美的“战略目标”是通过自由贸易协定来进一步加强和拉美国家之间的经济联系，中美洲司令部在这一地区的行动，就是为了应对在这一地区威胁美国的投资，采用“战区合作安全战略”（密切的军事介入）来建立所在国的军事能力，这样就能“有助于营造一种必要安全的条件来达到持续的繁荣”。③

美国对拉美国家进行安全援助的主要目标，是使“自由的政治体系和自由的经济体系”不受到威胁。在这一地区，军人干政已是屡见不鲜。近年来，在危地马拉、萨尔瓦多、洪都拉斯和巴西等国家都发生过军人干政的现象。从 20 世纪 90 年代中期到 21 世纪初，美国对拉美的军事和警务援助增加了 2 倍，每年达到 8 亿—9 亿美元。从 1997—2007 年的 10 年间，美国向这一地区提供的安全援助约为 73 亿美元，美国还为拉美国家提供军事训练，拉美国家的军事机构或者警察机构每年大约派 1. 5 万学生参加美国开设的军事课程。④

---

① Doug Stokes and Sam Raphael, *Global Energy Security and American Hegemony*, Baltimore: the Johns University Press, p. 180.

② Peter Pace, *Advanced Questions for Lieutenant General Peter Pace: Defense Reforms*, US Senate Committee on Armed Services, 2000, http: //www. senate. gov/; Admiral James G. Stavridis, the Posture Statement of United States Southern Command before the 110th Congress, 21 – 22 March 2007, http: // www. Southcom. Mil/.

③ Doug Stokes and Sam Raphael, *Global Energy Security and American Hegemony*, Baltimore: the Johns University Press. pp. 183 – 184.

④ Ibid.

美国对拉美产油国的能源战略具有连续性，美国关注这一地区自由市场模式的发展，把拉美国家民众推动的改革视为对美国在该地区利益的一种威胁。但能源安全因素在美国的战略中也起着非常重要的作用。① 为确保美国资本进入拉美石油的勘探和生产部门，美国对拉美的亲美国家在政治、经济、军事上给予支持，而对美国不友好的国家，则千方百计加以遏制甚至企图颠覆该国政权。②

（四）抢滩非洲

小布什政府时期，非洲向美国供应的石油几乎占美国石油进口总量的1/9，其中西非几内亚湾是非洲的主要产油区，对美国的石油供应占15%，已经接近沙特的供应量。尼日利亚是世界第六大石油输出国，美国每天从尼日利亚进口的石油达90万桶，居美国石油进口的第五位。安哥拉在2007年内战结束之前石油日产量接近100万桶，是美国石油进口的第八大来源。③ 而且非洲石油抵达美国的时间只有中东石油抵达美国时间的一半，与里海沿岸、南美等原油供给地相比，从稳定性和成本两方面来说，非洲石油都更加划算。美国在非洲几内亚湾地区的石油勘探和开采活动已经覆盖20万平方千米，涉及近10个国家。美国各大石油公司计划在未来的10年内在这一地区投资700亿—800亿美元。在尼日利亚和安哥拉之后，美国石油公司又进入几内亚比绍、乍得以及圣多美和普林西比，并逐步向整个几内亚湾地区扩张。④

以切尼副总统为首的国家能源政策研究小组公布的《国家能源政策》报告认为西非国家是“石油增长最快的区域之一”，这一区域生产的石油

---

① Doug Stokes and Sam Raphael, *Global Energy Security and American Hegemony*, Baltimore: the Johns University Press, p. 214

② Ibid.

③ Energy Information Adiministration, *Country Analysis Briefs*: *Nigeria*, April 2007 update; Davied L. Goldwyn and J. Stephen Morrison, "A Strategic Approach to Governance and Security in the Gulf of Guinea: A Report of the CSIS Task Force on Gulf of Guinea Security," CSIS, July 2005, p. 5, http//csis. org.

④ 任娜、孙暖，《地缘政治视角下的能源安全——以美国全球能源安全战略为例》，《世界经济与政治》2007年第2期。

“高质、低硫，符合高标准的提炼要求”。美国当局强调这一区域石油的战略重要性，报告认为美国从西非国家进口油气有着巨大的增长空间。由于这些区域还没有充分开发，而且美国公司可以很容易地经大西洋把这些区域的石油运回，所以很受欢迎。2000 年，西非的两大产油国尼日利亚和安哥拉对美国的石油日出口量为 120 万桶，在未来的 10 年其出口量可以翻番或者达到现在的 3 倍。①

随着西非国家石油生产和出口的增加，美国在西非地区的军事活动也逐渐增加。2002 年美国助理国务卿沃特·坎斯特纳（Walter Kansteiner）指出：“非洲石油涉及美国的国家战略利益，而且随着美国的发展，它将变得更加重要。”2003 年，盟军欧洲最高司令部杰姆斯·琼斯（James Jones）将军说，他希望他辖区的航母舰群有“一半时间到非洲的西海岸去”，而不是在地中海。2007 年“麦克亨利堡垒”号（USS Fort McHenry）登陆舰推出了“非洲伙伴驻地行动”（the Africa Partnership Station initative），该舰将长期出现在几内亚湾，向伙伴国提供培训、进行联合军事演习，以提高伙伴国海军在该地区维持安全的能力。②

在 2003 年公布的《美国国家安全战略》中，美国将强化与非洲能源生产国的合作确定为“加强美国自身能源安全”的重要途径，为确保对非洲产油国家和地区的影响和控制，美国政府和美国跨国石油公司从政治、经济、外交以及军事等各个方面对非洲产油国实行全方位出击。③ 美国以反恐和维护国家安全为由，通过增加对非洲产油国的军事援助、军事人员培训或者与这些国家开展联合军事演习等形式加强在非洲的军事存在。

随着美国在非洲能源利益的日益增长，美国对非洲的援助也在不断增加，布什政府认为，可以通过对尼日利亚的援助来建立“一种战略关系”，为了把尼日利亚变成一个“可靠的、越来越重要的贸易伙伴”，援助将集中于“发展经济和巩固民主”。援助目标是与美国的利益直接相关的，包

① National Energy Policy Development Group, *National Energy Policy*, May 2001, http://www.whitehouse.gov.energy/.

② Keith Crane, Andreas Goldthau, *Imported Oil and U.S. National Security*, Rand. 2009, p. 62.

③ 修光利、侯丽敏编著：《能源与环境战略研究》，北京：中国时代经济出版社，2008 年版，第 61 页。

括其“大规模储量的石油和天然气”，关键是防止任何“来自尼日利亚石油供应的不稳对美国石油安全战略的冲击”。①

美国对于安哥拉的援助是由于2008年该国的石油日产量“将有望达到200万桶”，对其石油部门的投资是美国对安哥拉政策的一个重要动因。② 为了确保美国在安哥拉的能源利益，美国加大了对石油储量丰富的产油国的援助力度，在小布什任总统期间，美国通过一些关键安全项目，如外国军事财政援助（Foreign Military Finance FMF）、外国军售（Foreign Military Sale FMS）等项目，对尼日利亚、安哥拉等非洲国家提供数百万美元的军售，美国还通过发放许可等形式批准美国军火公司直接出售武器给非洲国家。③ 此外，小布什政府还通过紧急立法机制从五角大楼的仓库里抽出价值400万美元的重武器来加强尼日利亚的军事力量。④

同时，美国对非洲的军事训练项目也大大提升，尼日利亚成为2006年度美国国际军事教育和训练（IMET）项目接受方，当年尼日利亚共接受国际军事教育和训练项目8亿美元、安哥拉接受4亿美元。为了把非洲富油国家拉入美国主导的石油体系，奥巴马政府对非洲富油国的军事训练项目资助增加了30%。⑤ 美国对非洲不断增加的军售和军事援助表明，为了确保其在这一地区的能源安全，在该地区展示美国的经济和军事力量。

2007年，小布什政府专门设立了非洲司令部。⑥ 据专家分析，重视石油等战略资源利益是美国设立非洲司令部的重要原因，美国的对非政策已

① US State Department, *Congressional Budget Justification for Foreign Operation*, FY 2007, http://www.state.gov/.

② Ibid.

③ US State Department, *Congressional Budget Justification for Foreign Operation*, FY 2007, http://www.state.gov/. US Departmentof Defence, *Foreign Military Sales*, *Foreign Miliotary Construcction Sales and otherSecurity Cooperation Historical Facts*, 30 September 2007 Update, http://www.dsca.mil/.

④ Office of the Press Security, White House, “Memorandum for the Securitary of State and Secretary of Defence: Determination to Authorize the Furnishing of Emergency Military Assistance to the Government of Nigeria,” Presidential Determination No. 2002 - 16, 19 April 2002, http://www.whitehouse.gov/.

⑤ Doug Stokes and Sam Raphael, *Global Energy Security and American Hegemony*, Baltimore: the Hopkings University Press, 2010, p. 151.

⑥ Office of the Press Secretary, White House, *President Bush Creates a Department of Defence United Combatant for Africa*, 6 February 2007, http://georgewbush - whitehouse.archives.gov/.

巧妙地将反恐、石油、驻军三者结合起来。[①] 美国想把非洲打造成美国石油来源多元化的重要基地，使该地区成为维护其能源安全的重要能源地缘支轴。

二、需求板块方面

(一) 能源独立计划

小布什政府通过加强能源的国内供给、降低对国际能源供应的依赖度，并利用法律手段和财税杠杆，提倡能源节约，大力发展可再生能源、研发替代能源、天然气与核能为主的清洁能源，塑造多元化能源格局。

2005 年 8 月 8 日，布什总统签署了《2005 年美国能源政策法》（E-PACT 2005），该法将以增加国内能源供给、降低能源国际依存度和节约能源、“开源节流”并重的政策思路来替代以往主要依靠国外能源资源来保证能源安全，保证未来美国的能源供给，这标志着美国 21 世纪初期的能源政策发生了重大转变。[②] 2006 年的《美国能源部战略计划》继承和加强了前述一系列政策计划，该计划的特点主要是：增加能源的国内供给，逐步降低对国外能源的依赖，提倡节约能源，强调“节流”，提高能源利用率，确保美国的核安全，有力防止核扩散，以科技创新为主导，发展清洁能源，开发替代能源和可再生能源，实现能源来源多样化。[③]

这些政策出台无疑会推动新能源、新技术的长足发展。全球石油供应趋紧导致各国能源消费需求转向多样化。以风能、水能、太阳能、生物能为代表的可再生能源和氢能源等洁净能源一直在吸引着人们的视线，成为人们能源消费的新增长点。全球经济逐步复苏，发达国家和发展中国家都迎来了新一轮经济高速增长期，引发了各国对于能源的需求，而石油资源

---

① 任娜、孙暖：《地缘政治视角下的能源安全——以美国全球能源安全战略为例》，《世界经济与政治》2007 年第 2 期。

② The Energy Policy Act of 2005，http：//www. eere. energy. gov/buildings/appliance standaeds/pdfs/epact2005 appliance stds. pdf.

③ U. S. Department of Energy，Strategic Plan，http：//www. energy；gov/abou/Strategicpl-pan. htm.

大都集中在局势动荡的地区，而出产铀的加拿大和澳大利亚等国则政局稳定。在国际原油价格高企的现实压力下，美国首先带头推动能源政策转型，带动全球核电产业的进一步发展。

（二）强调通过战略石油储备防范能源风险

调整后的美国能源战略，进一步强调发挥能源战略储备机制的作用，在降低对进口能源依赖程度的同时，更加发挥石油战略储备机制的杠杆作用。战略石油储备是美国国家能源安全战略的核心，该机制在应对世界能源市场动荡、调控国际能源价格主导世界能源事务方面发挥了重大的战略作用。由于国内石油产量与需求的巨大差距，美国战略石油储备机制建立早、运行时间久、运行效率高，石油战略储备数量居全球首位，并有相当完备的法律法规作为依据与保障。

从更深层面来看，战略石油储备不仅有利于化解国际能源价格短期波动带来的不良影响，还能够从战术的角度延伸到战略高度，为应对世界能源市场短缺的冲击，在中长期的时间内逐步规避全球范围内的系统能源风险。美国拥有全世界最高的战略石油储备量，储备能力为7亿桶。动用时，战略石油储备的最快抽油速度为410万桶/日，可持续90天。90天后，抽油速度降为100万桶/日。这样可持续一年半。总统发出动用战略石油储备的命令后，15日战略储备油就能投放市场。目前，美国的战略石油储备约相当于美国目前60天的净进口，如果加上商业石油储备，可以替代160天的进口量。战略石油储备的最大释放能力为每天430万桶，可以连续提取155天左右。①

2006年国际油价达到历史新高后，美国运用了包括动用战略石油储备在内的一系列手段对国际油价进行调节，减少损失，稳定国际能源市场，并最终在2007年1月份将国际油价拉回到低于50美元的价位②，可见对美

---

① 查道炯：《中国石油安全的国际政治经济学分析》，北京：当代世界出版社，2005年版，第210页。

② International Energy Agency，*Oil Market Report*，released 18 January 2007，http：// omrpublic. iea. org/omrarchive/ 18jan07full. pdf.

国而言，战略石油储备不仅仅是为了对付石油供应短缺而设置的头道防线，其真正的作用不在于弥补损失掉的进口量，而在于阻止油价的上涨。[①]有了战略石油储备，便可以给调整经济增长方式，特别是能源消费方式以及实施具体的能源政策争取时间。另外，战略石油储备可以起到一种威慑作用，使人为的供应冲击不至于发生或频繁发生。在欧佩克国家交替实行“减产保价”和“增产抑价”的政策时，战略石油储备能够使石油进口国不受到以政治或经济动机为出发点的人为石油供应冲击的影响，从而保持经济和政治稳定。

三、国际战略通道

美国使用军事力量控制全球石油战略枢纽，保证石油输出地、输油管线和海上运输线的安全。例如美国在中东地区拥有数十个军事基地，重点是控制波斯湾地区。这些军事基地和军事存在的主要任务之一，就是保障美国从这些地区的石油进口。

布什政府注重对海上重要战略要道的控制，美国通过庞大的军事基地网和海上结盟来实现对海洋的控制。冷战期间，美国就确定了对全球16条海上要道的控制从而赢得各大洋控制权的战略目标。2006年，美国海军提出了“千舰海军”（Thousand - Ship Navy）计划，来联合世界上所有能联合的力量，一起应对各种海上威胁，其实质就是要与外国海军结成亲密的伙伴关系，形成一个海上联盟[②]，来加强对国际战略通道的控制。

四、国际能源机制

在美国主导和操控下的国际能源署和能源合作已完成布局，并进入有效、良好运作状态。这些国际能源机制在稳定国际能源价格、应对能源危

---

① 唐昀：《大搏杀—世界石油之争》，北京：世界知识出版社，2004年版。

② Christopher， “Thousand - Ship Navy”，*Armed Force Journal*，December，2006，http：//armed forcejournal. com /2006/12/2336959.

机、应用新能源、开发新技术方面发挥着重要的作用。

从2001—2005年国际石油市场发生了4次大规模石油中断的冲击，第一次是2001年6—7月，伊拉克政府停止石油出口，想以此争取联合国取消对它的制裁，使国际石油市场每天面临210万桶的供应缺口。① 第二次是2001年12月至2003年3月，委内瑞拉发生石油工人罢工事件，国际石油市场每天面临260万桶的供应缺口。第三次发生在2003年12月，由于美国发动伊拉克战争，造成国际石油市场供应每天短缺260万桶。② 这几次石油中断期间，国际能源署（IEA）通过成员国之间的信息共享系统及时调配石油资源，在稳定国际石油市场方面发挥了重要作用。第四次冲击发生在2005年8月，“卡特琳娜”飓风破坏了美国墨西哥湾的炼油设施，使美国的石油供应每天减少约100万桶。③ 面对这一冲击，国际能源署（IEA）9月2日宣布立即启动石油紧急分享机制，各成员国在30天内分别按比例每天释放200万桶战略石油储备，10月份国际油价下降到62美元每桶。④

第三节　美国国际能源战略的新发展

近年来，能源和全球气候变化等全球性问题在国际事务中的作用日益突出，各国的绿色新政对新世界秩序的形成和发展具有重大的影响，未来国际秩序变化的前提条件是世界能源结构，国际体系的主导国纷纷争夺新能源和低碳经济的创新优势⑤，从而获得更加有利的经济发展空间，进而

---

① 王波：《美国石油政策研究》，北京：世界知识出版社，2008年版，第165页。

② IEA, “Fact Sheet on IEA Oil Stocks and Emergency Response Potential”, http://www.iea.org/dbtw-wpd/Textbase/Paper/2004/facesheetcover.pdf.

③ IEA, “Supply”, *Oil Market Report*, September 9, 2005, p.1, http://omrpublic.iea.org/omrarchive/09sep05sup.pdf.

④ IEA, “Price”, *Oil Market Report*, September 9, 2005, p.1, http://omrpublic.iea.org/omrarchive/11Oct05pri.pdf.

⑤ 杨洁勉主编：《世界气候外交和中国的应对》，北京：时事出版社，2009年版。

影响世界权力的转移。欧美发达国家利用其技术和在国际秩序中的优势地位，通过能源和气候变化谈判来占领能源市场和温室气体排放额度的先机，实现对低碳经济的控制。因此，能源与气候变化问题成为国际政治、经济、文化、外交的重点。

一、绿色新政

美国总统奥巴马上台以来，在应对国际金融海啸的同时推出新能源政策，该政策突出“绿色”，推动能源产业转型、发展新能源和可再生能源、提高能源使用效率，来引领能源技术发展新潮。奥巴马的绿色新政从 IT 革命延伸到能源革命，又带动了汽车、建筑、新材料、通讯等产业的发展。这是一次以能源为主导的全球新技术、新产业革命，其主要突破口是大力发展风能、太阳能、地热、潮汐能等。能源是现代工业的“血液”，是推动社会经济发展的主要物质基础之一。能源产业经济体量大、存量价值高、内部需求强健，对 GDP 的拉动强，而且与金融、贸易、交通、新技术等密切结合[①]，对于促进生产发展、增加就业起着重要的作用。能源和气候变化问题密切相关，由于能源的使用过程中会产生碳排放，而碳排放又导致气候变化问题，所以气候变化的实质是能源问题。

当前美国在核电技术、太阳能、生物能以及液化天然气等新能源技术方面处于世界领先地位，奥巴马的新能源政策以其雄厚的技术实力为支撑，其战略意图是想借此来引领新世纪全球能源新技术体系。奥巴马新能源政策就是基于其先进能源技术体系：核电、太阳能、生物能等新能源技术体系，液化天然气技术体系和二氧化碳地下储留技术体系，这些技术体系的产业化与减少二氧化碳排放紧密相关。

奥巴马于 2009 年 2 月 17 日签署了《美国复苏与再投资法案》（*American Recovery and Reinvestment Act*），该法案通过投资 7870 亿美元来重新振兴美国经济，其重点是发展新能源和保障就业。大力发展新能源，包括发展

---

① 曹海东：《复兴美国，奥巴马为何锁定绿色革命?》，《南方周末》2009 年 2 月 12 日。

高效电池、智能电网、碳储存和碳捕获、可再生能源如风能和太阳能等。在节能方面最主要的是汽车节能。①

2009 年 2 月 26 日，奥巴马公布了“美国 2010 年度财政预算”，提出美国版气候战略的三点措施：第一，设定美国温室气体排放总量上限，引进市场交易机制，对超过一定规模的排放源（企业），将课以“个别减排定额”，通过市场交易促其达标。关于排放总额度的分配方式，奥巴马政府决定采用“额度拍卖”，筹措财源，奖勤罚懒，促进低碳技术的开发与运用。第二，明确减排目标。到 2020 年之前将美国的温室气体碳排放量减少到低于 2005 年水平的 14%（相当于到 2020 年碳排放降到 1990 年的水平）和在 2050 年之前将碳排放水平降到低于 2005 年水平的 83%（相当于到 2050 年减少碳排放到 1990 年水平的 69%）第三，设定美国版的基准年，强调“以 2005 年为基准年”，而不是欧盟规定的“以 1990 年为基准年”。②

2011 年 3 月，奥巴马总统颁布了《能源安全的未来蓝图》，勾勒出美国能源战略：（1）拓展国内能源供应安全：加大资金投入、创新发展、技术研发来发展更多的国内资源，使美国能源发展到国家能源经济的前列；（2）为消费者提供降低成本、节约能源的选择。不稳定的能源价格给消费者一个明确的信号，即能源创新是必要的。人们会越来越有能力购买能源利用率更高的交通工具，或者更便捷地使用公共交通。通过这些方式以达到省钱和保护环境的目的，对这类措施的扶持可以减少对化石能源的依赖并帮助创造就业机会。（3）开创清洁能源的未来：美国要成为世界清洁能源领域的领导者，为新清洁能源技术创新开辟市场，并支持开发狭义的能源技术的研究。③

奥巴马政府推出的绿色新政，其目的就在于通过开启这一“绿色革命”，来发动一场以美国为中心的全球能源产业集群的整体改革，造就新

---

① American Recovery and Reinvestment Act of 2009，http：//en. wikipedia. org/wiki/American_Recovery_and_Reinvestment_Act_of_2009.

② http：//usclimatenetwork. org/hot – topics/2010 – budget.

③ IEA，Energy Policies of IEA Countries the United States 2014 Review，2014.

能源产业作为美国经济结构的基轴和美国经济崛起的动力[1]，从而保证其重新获得全球经济最高端的优势。新型能源战略将不仅使美国从经济、外交、环境方面受益，而且能创造新的出口产业。奥巴马的最终目标就是通过能源改造、转型，使得美国大幅减少对中东、委内瑞拉等国的石油依赖，较少依赖化石能源，进而实现国际秩序的重建，促使全球经济转型。

奥巴马政府的绿色新政为美国以后主导世界气候秩序做了铺垫。首先，奥巴马的“上限交易制”与欧盟主导的碳排放权交易体制（ETS）挂钩，推动欧美交易体制对接，为伺机构建交易货币的美元化铺路，也为日后夺取国际政治谈判主导权奠定市场制度基础。[2] 其次，奥巴马否定竞选公约中坚持的欧盟基准年（1990），而另设美国基准年（2005），为争夺后京都议定书体制的主导权和全球气候战略主导权打下基础。1997 年，欧日主导的《京都议定书》明确规定以 1990 年为基准年，并依此设定中长期目标和减排指标。事实上，奥巴马在绿色新政中提出的中长期目标，与在竞选公约中主张的中长期目标并没有太大区别，仅仅是表示方式的不同。但表示方式的变化，却包含了强烈的国际政治博弈色彩：鉴于 2005 年美国的温室气体排放量比 1990 年增加了 16.2%，绿色新政主张的“2020 年比 2005 年削减 14%”与竞选公约提出的“2020 年恢复到 1990 年水平”几乎是一致的。2050 年的长期目标也是一样的情况，其关键在于基准年的设定。第三，通过构建美国版的上限交易制，主导全球二氧化碳交易市场的美元结算制，确保美元地位。第四，通过拍卖国内二氧化碳排放额度，鼓励国内不同产业积极展开低碳技术创新，瓦解欧盟主导的国别指标化体制。[3]

奥巴马的能源新政对国际经济格局产生较大的影响：（1）奥巴马能源新政倡导大力发展新能源、可再生能源、智能电网、低碳技术，力图革新全球能源产业体系，将引发全球能源技术的一次革命。（2）奥巴马政府提出了以“碳排放上限与碳交易政策”为核心的解决思路。这一政策存在贸

---

① 曹海东：《复兴美国，奥巴马为何锁定绿色革命?》，《南方周末》2009 年 2 月 12 日。

② 刘军红：《奥巴马绿色新政的全球战略含义》，《绿叶》2009 年第 3 期，第 101 页。

③ 刘军红：《奥巴马绿色新政的全球战略含义》，《绿叶》2009 年第 3 期，第 102 页。

易保护风险，对我国的外贸产业将会产生很大影响。（3）奥巴马能源新政大力发展可再生能源，试图摆脱对OPEC国家石油的过度依赖，美国的能源政策将影响到全球石油市场格局，进而影响到石油输出国组织的石油生产计划和国际油价。①

奥巴马能源新政将引领世界技术体系的创新与发展，引发全球地缘政治战略的重心转移。随着美国页岩气革命如火如荼地开展，美国对中东、东亚和中南美影响力的恢复，美国与印度、日本的原子能合作关系的形成，以及日本与俄罗斯在萨哈林的液化天然气的开发，亚太地区将成为全球能源气候秩序博弈的重心，国际能源格局正发生重大变化。②

二、能源总体战略

2012年1月，奥巴马总统在国情咨文中指出，美国拥有满足100年需要的天然气（主要是页岩气），美国政府将采取一切可能的措施，安全地开发页岩气，为汽车和工厂提供更清洁更便宜的能源，这一产业将在未来10年内为美国带来60多万个就业岗位。同时还提出能源总体战略，并提出3个主要目标：（1）支持经济的发展、创造就业岗位；（2）提升能源安全；（3）发展低碳技术，为未来使用清洁能源打下基础。③ 这一战略就是美国通过生产更多石油和天然气，利用风能、太阳能等可再生能源生产出更多的电，更少地消耗石油，促进经济和能源的安全，减少能源部门二氧化碳的排放，应对气候变化的挑战。④ 这是一个“更清洁、更便宜、充满新的工作机会的战略”。这个战略被称为“最大化利用美国能源资源蓝图”，作为奥巴马政府扩大安全可靠的国内能源生产“能源总体战略”的

---

① 杨玉峰：《奥巴马政府能源新政及潜在影响》，《中国能源》2009年第6期，第7页。

② 刘军红：《奥巴马绿色新政的全球战略含义》，《绿叶》2009年第3期，第104页。

③ The White House，Office of the Press Secretary，Remarks by the President in State of the Union AddressUnited States Capitol，January 24，2012. http：//www. whitehouse. gov/the – press – office/2012/01/24/remarks – president – state – union – address.

④ Jason Furman，Jim Stock，New Report：The All – of – the – Above Energy Strategy as a Path to Sustainable Economic Growth，May 29，2014，https：//obamawhitehouse. archives. gov/blog/2014/05/29/new – report – all – above – energy – strategy – path – sustainable – economic – growth.

一部分，美国内政部和海洋能源生产局（BOEM）敲定了一项为期 5 年（2012—2017）的海上油气租赁项目。该项目利用最有潜力的海上油气租赁资源，聚焦于美国外大陆架可再生的油气资源，并初步定下来 15 个五年期的离岸平台租赁合同，12 个在墨西哥湾，3 个在阿拉斯加的海湾地带，其中墨西哥湾的 6 个项目已经在运作当中。①

2013 年 6 月 25 日，奥巴马宣布了一项应对气候变化的综合性气候行动计划。② 该计划分为三个部分，列出了减少碳排放的步骤，不仅包括对现存的以及新建发电厂的标准，应对气候变化的准备措施，还包括引领全球应对气候变化的规划。此项计划由系列执行性行动条款构成，主要有三项支柱：

1. 减少国内排放：（1）通过空气洁净法令规范现存和新建发电厂的排放。（2）发展清洁能源。通过国内研发生产或政府购买来发展可再生能源，支持生物燃料和电池的清洁能源创新，以及碳捕捉和碳储存。（3）减少能源的浪费，通过在建筑、供应链和重型运输工具方面增强提高能源利用率的政策扶持。（4）关注典型的温室气体排放：比如氟利昂和甲烷排放。

2. 应对气候变化的影响：（1）与本地机构合作提高社区基础设施的抗压力，包括在受 sandy 飓风影响区域的基础设施应对海岸洪水的适应性。（2）提供战备数据和工具。（3）帮助农民适应干旱以保持农业生产率。

3. 引领国际社会应对气候变化：（1）双边和多边（UNFCCC）气候谈判。（2）停止对发展中国家煤电厂的资金支持。（3）利用科学技术管理气候的影响。

美国致力于用实际行动来达到全球温室气体减排，通过有具体激励行动的国际倡议来加强应对气候变化的准备，其中包括与中国、印度和其他主要温室气体排放国家的倡议。该计划同时呼吁美国准备应对气候变化的影响，包括检查能源行业漏洞，以及增强能源基础设施抵御风险的能力。

---

① IEA，Energy Policies of IEA Countries the United States 2014 Review，2014.

② The white house，THE PRESIDENT'S CLIMATE ACTION PLAN，June 2013，https：//obamawhitehouse. archives. gov/sites/default/files/image/president27sclimateaction plan. pdf.

该计划同时呼吁国际社会通过和其他排放大国的双边倡议来关注国际气候变化，呼吁美国停止利用公共行业资金来支持新的海外煤电厂［除非是在世界最贫穷国家的高能源利用率煤电厂或者采用CCS技术的项目（CO2 - capture and storage，CCS）］；加强全球应对气候变化的能力。

三、页岩气革命

随着美国水平井与分段压裂综合技术等一系列的技术创新及其成熟完善，为页岩气等非常规天然气的商业化开采奠定了基础。利用这一技术，原先被视为不可能被开发的页岩层油气资源得以大量开采。美国本土油气产量自2008年开始迅猛增长。2008—2011年，美国国内天然气产量年均增长率达4.49%，2011年同比增长达7.81%。天然气产量的44%来源于非常规天然气。[①] 2011年美国超过俄罗斯成为世界第一大天然气生产国。根据美国能源信息署预测，美国的页岩气产量将由2012年的9.7万亿立方英尺增加到2040年的19.8万亿立方英尺，页岩气在美国天然气中的比重从2012年的40%上升到2040年的53%。[②] 美国的石油产量也得到了提高，从2009年起，美国扭转了石油产量下滑的势头，2012年美国原油产量达到了650万桶/天，同比增幅13.8%，[③] 石油总产量达23.8亿桶。同年美国越过了石油净进口量和进口依存度双双上升的拐点，开始出现下行趋势。[④]

美国的“页岩气革命”取得了巨大成功，使美国摆脱当前的经济困境，缓解了就业问题，为其经济复苏注入活力。2012年，页岩气和页岩油的生产在美国已经创造了80万个就业机会，在5年之内，仅页岩气和页岩油业收益就可使GDP年增长率提高超过一个百分点并创造300万个新工作

---

① 张抗：《美国能源独立和页岩气革命的深刻影响》，《中外能源》2012年第12期，第1—16页。

② EIA，Annual Energy Outlook 2014，April 2014，p. Mt - 23.

③ 潜旭明：《美国“能源独立”的影响及对我国的启示》，《理论视 野》2014年12月。

④ EIA，Annual Energy Outlook 2012，April 2013，p. 2.

岗位。同时，天然气价格的下降又可使美国人均开支每年减少近1000美元。[①]“页岩气革命”正在推动美国的工业复兴，美国天然气发电量占总发电量的比例从2001年的17.1%跃至2011年的24.7%，得益于低廉的天然气价格，美国的一些高能耗企业正在回归本国，美国各企业计划向造纸、化工、废料、钢铁、铝、轮胎和塑料等行业新增高达720亿美元的投资，这些投资在美国国内创造了118万个工作岗位。[②] 美国页岩气和页岩油的产量增加还有助于削减其财政赤字和政府债务。随着美国国内油气资源的开发，特别是页岩油和页岩气等非常规油气资源的大量开采，美国将逐渐降低进口能源依赖度，并有可能逐步实现其“能源独立”的目标。这就意味着美国将因此节省大量的资金，其不断恶化的财政赤字和政府债务状况也将有所缓解。[③]

美国的“能源独立”不仅有利于其经济的复苏，还将对全球能源地缘政治格局产生巨大的影响。随着美国页岩气和页岩油的大规模开发，世界油气版图发生了新变化，新的能源线北起加拿大的艾伯塔，向南穿过北达科他州和得克萨斯州南部地区，再经过法属圭亚那沿海的一处新发现的大油田，最后到达巴西附近发现的海上超大油田，世界石油版图的中心从中东、中亚转向西半球。[④] 全球将形成以中东、中亚为核心的东半球常规油气能源中心板块和以美洲为核心的西半球非常规油气资源中心板块的“东西两极能源供应格局”。[⑤]

---

① Roger Altman，“The US Economy May Surprise Us All”，September 3，2012，http：//www. ft. com/cms/s/0/f7ec 3e66 – f5ac – 11e1 – bf76 – 00144feabdc0. html#axzz2DDwVPqSh.（访问日期：2014年10月31日）

② American Chemistry Council，“Shale Gas，Competitiveness and New U. S. Investment：A Cast Study of Eight Manufacturing Industries”，May 2012，http：//www. american – chemistry. com/policy/energy/shale – gas – com – petiiveness – and – new – US – Investment. pdf（访问日期：2014年11月1日）

③ 孔祥永：《美国“页岩气革命”及影响—兼论对中国页岩气开发的启示》，《国际论坛》2014年第1期。

④ Daniel Yergin，“Oil’s New World Order”，The Washington Post，October 28，2011，http//www. washingtonpost. com/opinions/daniel – yergin – for – the – future – of – oil – look – to – the – americans – not – the – middle – east/2011/10/18/gIQA xDw7L_story. html.（访问日期：2014年11月1日）

⑤ 李扬：《非常规油气资源开发现状与全球能源新格局》，《当代世界》2012年7月，第50页。

四、在能源供应板块方面

1. 在中东，奥巴马政府一方面通过“巧实力外交”，改善美国在中东的形象；另一方面，美国通过内部能源结构的调整，实现能源来源多元化，降低对中东能源的依赖。具体来说，美国采取了以下行动。

（1）从伊拉克撤军

2009 年 2 月，奥巴马在美国海军陆战队基地勒琼宣布，将逐步从伊拉克撤军，并设定了最后期限。2009 年 9 月，美军开始撤出巴格达，将 38 个军事基地移交给伊拉克军方。① 2011 年 12 月 16 日，美国向伊拉克移交了最后一座军事基地——艾德营地，美军在伊拉克驻军只剩 5000 人。② 作为撤军的交换条件，美国及其盟国在伊拉克获得开采石油的权力。

表 3—1　美国及其盟友在伊拉克石油开采情况③

油田	公司	国家	所占份额	增产率	服务费（美元/桶）	最高收入（美元/年）
Majoon	壳牌（shell）	荷兰	45%	0.788	1.39	4 亿
Halfaya	道达尔（Total）	法国	18.75%	0.099	1.39	0.51 亿
Rumaila	英国石油公司（BP）	英国	37.5%	0.713	2	5.2 亿
Zubair	意大利埃尼集团（ENI）	意大利	32.81%	0.328	2	2.4 亿
	美国西方石油公司（Occidental）	美国	23.44%	0.234	2	1.71 亿

① Michael Christie, “Iraqi civilian death drop to lowest level of war,” Reuters, November 30, 2009, http://www.reuters.com/article/2009/11/30/idUSGEE5AT2AD.

② 《美军移交在伊拉克最后一个营地》，中国网络电视台，2011 年 12 月 16 日，http://news.cntv.cn/world/20111216/118379.shtml? ptag = vsogou。

③ 李扬：《冷战后美国国际能源战略研究》，中国社会科学出版社，2015 年版，第 234—235 页。

续表

油田	公司	国家	所占份额	增产率	服务费（美元/桶）	最高收入（美元/年）
West Qurna 1	艾克森石油公司（Exxon）	美国	60%	1.228	1.9	8.51 亿
	壳牌（shell）	荷兰	15%	0.307	1.9	2.13 亿
West Qurna 2	挪威国家石油公司（Statoil）	挪威	18.75%	0.338	1.15	1.42 亿

（2）对伊朗软硬兼施

2010 年 7 月，奥巴马签署了《伊朗全面制裁、问责和撤资法案》，加大对伊朗的制裁的力度。2011 年 11 月 19 日，针对伊朗发展大规模杀伤性武器的行为，奥巴马签署了专门针对伊朗石油化工产业的第 13590 号行政令，展开针对伊朗的新一轮制裁。经过多年艰苦谈判，2015 年 7 月 14 日，伊朗核问题的最后阶段谈判终于达成了历史性的全面协议。7 月 20 日，联合国安理会通过决议，支持伊朗核问题的协议。

（3）干预利比亚内战，推翻卡扎菲政权

奥巴马政府对利比亚的干预采取了“多边主义”和“有限军事参与”的方式。2011 年 3 月 17 日，联合国安理会通过 1973 号决议，决定在利比亚设立禁飞区，授权多国部队介入利比亚内战。19 日，美英法等国军队对利比亚发动空袭，在多国部队的协助下，8 月 22 日，利比亚“过渡委员会”宣布已经控制首都的黎波里。10 月 20 日，卡扎菲在其家乡苏尔特附近遭袭，受重伤而丧生。① 利比亚的政权和能源控制权落入西方支持的“利比亚过渡委员会”手中，以美国为首的西方国家掌握了利比亚的石油控制权。②

---

① 朱盈库：《英媒称卡扎菲被捕时藏水泥洞中 被俘时请求不要开枪》，环球网，2011 年 10 月 20 日，http://world.huanqiu.com/roll/2011-10/2102951.html。

② 李扬：《冷战后美国的国际能源战略研究》，北京：中国社会科学出版社，2015 年版，第 241 页。

2. 在中亚，美国加大与中亚国家的能源合作，积极建设能源走廊

美国和中亚国家签署能源合作协议。2009 年，美国和乌克兰创建了政府间的“双边能源安全工作组”。2011 年 2 月，美国与乌克兰签署了《美国 - 乌克兰非常规天然气资源谅解备忘录》，加深了美国与乌克兰之间在能源领域的合作。2010 年 4 月，美国和哈萨克斯坦发表联合声明，共同致力于核安全、核能和替代能源的开发和合作。双方还建立了“美哈双边磋商机制”，为两国在能源领域的对话与合作提供机制性的平台。[①] 在土库曼斯坦，2006 年 6 月 14 日开启了“美土年度双边磋商”，2009 年成立了“美土商业委员会”，在这些机制的推动下，土库曼斯坦在“土—阿—巴—印”天然气管道建设项目上与巴基斯坦等三国对纳布科天然气管道的态度发生了变化。[②]

美国积极建设“南部能源走廊”，其主要包括纳布科天然气管线、土耳其—希腊—意大利能源网（ITGI）、东南欧管线和跨亚德里亚海管线。美国一方面积极促成“南部能源走廊”建设，另一方面鼓励中亚和中东国家向“南部能源走廊”投放能源。

3. 在非洲，美国积极开展能源外交，加大与非洲国家的能源合作

美国国务院 2009 年向国会提交了要求对外国援助的第一批拨款报告，该报告认为，西非的几内亚湾“石油丰富”，对美国来说具有“重要的战略价值”，要求美国决策者增加对这一地区的关注。[③] 2009 年 2 月，奥巴马政府的代理助理国务卿菲利普·卡特在对 50 多个非洲国家的军事领导讲话中表示：“长期以来，非洲一直是美国外交政策利益的薄弱环节。在第二次世界大战中，非洲是通往欧洲重要地区的战略基石。在冷战时期，非洲

---

① Office of the Press Secretary, The White house, Joint Statement on the meeting between President Obama and Kazakhstan President Nazarbayev, April 11, 2010, http://www.whitehouse.gov/the - press - office/joint - statment - meeting - between - president - obama - and - Kazakhstan - president - nazarbayev.

② Jin Nichol, Turkmanistan: Recent Developments and U. S. Interests, Congressional Research Service, May 26, 2011, p. 7, http://www.fas.org/sgp/crs/row/97 - 1055.pdf; TAPI Gas Pipeline Project, December 17, 2010, http://www.state.gov/r/pa/prs/2010/12/153121.htm.

③ US State Department, *Congressional Budget Justification for Foreign Operations*, FY 2010, p. 136, http://www.state.gov/.

是东西方博弈的棋子。”卡特认为，这种情况现在变了，美国现在关注非洲国家“形成一个组织较好的国家网络，通过负责任的主权国家来保护自己，有助于地区安全，而且还有助于维护国际体系”。①

美国在非洲的重点是加强与安哥拉、埃及、尼日利亚等国家的能源合作。美国与安哥拉签署了“贸易与投资框架协议”，建立了新的“战略伙伴对话机制”，为两国在能源和贸易方面的合作提供平台。2010 年 4 月，美国和尼日利亚建立了高层对话机制“美尼两国委员会”，美国帮助尼日利亚政府进行能源改革，增加对尼日利亚能源领域的投资，帮助其加强在电力等方面的基础设施建设。②

美国还与非盟建立起双边高层对话机制，美国国际开发署与非盟签署了新的伙伴关系协议，促进美国与非洲国家的经济以及能源合作。“非洲繁荣与机遇法案论坛”也是美国与非洲国家进行能源合作的重要平台。

4. 在美洲，奥巴马政府帮助美国的企业向美洲油气生产国的能源领域渗透。

2009 年 6 月，在美国的倡导下成立了“美洲能源与气候伙伴关系”，旨在向美洲推广清洁能源、提高能效、完善能源基础设施等。2009—2010 年，奥巴马政府向“美洲能源与气候伙伴关系”框架下的项目累计投资 6000 万美元。③

美国还通过“北美峰会”这个平台加强与加拿大、墨西哥的能源合作。奥巴马政府推动墨西哥石油公司私有化的进程，2011 年初，墨西哥政府首次允许国外石油公司参与本国公司的许可证合同竞争，将石油上游领域向国外石油公司开放。作为交换条件，外国石油公司不能获得开采石油

---

① Phillip Carter，“US Policy in Africa in the 21 Century，” *Africa Center for Strategic Studies*，9 February 2009. http：//www. state. gov/.

② 美国国际开发署（United State Agency for International Development，USAID）于 1961 年成立，是美国一个独立的联邦机构，隶属于国务院，主要负责管理美国对外非军事援助事宜。

③ Office of the Press Secretary，The White house，Energy and Climate Change Patnership of the Amiricas：Fact Sheet，March 21，2011，p. 1，http：//www. whitehouse. gov/sites/default/files/ecpa_factsheet. pdf.

的所有权，并要向墨西哥提供急需的技术。①

五、在能源通道方面

美国调整亚太军事部署，落实“空海一体战”作战概念。美国国防部在2010年的《四年防务评估报告》中首次提出“海空一体战”概念，以便在一系列军事行动中打败对手。② 2011年10月，美国国防部正式设立跨军种的“海空一体战”办公室。2012年1月，美国国防部推出《联合作战介入概念》(the joint Operational Acces Concept)，“海空一体战”开始走向实践阶段。2015年1月8日，美国国防部签发备忘录，正式将“海空一体战”(ASB)作战概念更名为“全球公域介入与机动联合概念”(JAM-GC)，丰富“海空一体战”概念内涵，但主要针对对象仍是反介入。

随着美国“亚洲再平衡”战略的付诸实施，美国将印度洋与太平洋两个世界重要地区连成一体，不断加强对印太地区的战略关注。2015年5月，美国发布了名为《前沿、接触、准备：21世纪海上力量合作战略》新版海洋战略，强调美国要持续“亚太再平衡”战略，积极推进“印—太”战略转型，增加部署在“印太”地区的舰船、飞机和海军陆战队部队。美国海军还将为该地区提供最先进的武器装备和最现代化的部队。到2020年时，美国海军将把60% 的舰艇和飞机部署到“印太”地区。美国为获得“全域进入”(包括海上、空中、陆地、太空、网络空间以及电磁波谱等六大空间)的能力，美国将积极寻求加强与“印—太”地区的长期盟国——日本、澳大利亚、韩国、菲律宾和泰国的合作，并把印度纳入到美国的“印太战略”中，强化战略伙伴关系。继续深化双方在作战互通性、防务能力等方面的融合③，加大对能源战略通道的控制力度。

---

① U. S. Energy Information Administration, Counties: Mexico, http://www.eia.gov/countries/cab.cfm? fips = MX.

② U. S. Department of Defense, Quadrennial Defense Review Report, February 1, 2010, p. 33, http://www.defense.gov./QDR/image? QDR_as_of_12Feb10_1000.pdf.

③ 胡志勇：《美国积极塑造“印太”战略格局及其地缘影响》，《南亚研究季刊》2016年第1期。

第四节　美国国际能源战略的新调整

特朗普上台之后对美国的能源政策作了重大调整，他取消了奥巴马政府的能源倡议，减少了对环境和气候问题的关注。特朗普总统专注于两个优先事项：生产低成本能源和创造就业机会。特朗普的能源计划来源于其竞选承诺，主要由三个部分组成：（1）扩大美国低成本化石燃料的开采，创造就业机会，实现能源独立；（2）恢复美国煤炭行业；（3）撤销奥巴马政府的气候政策，结束《气候行动计划》。特朗普能源政策的核心长期以来一直是共和党能源政策的基础，与民主党的环境和气候优先事项形成鲜明对比，总统的计划保留了共和党能源目标的传统焦点。①

一、"美国第一"能源计划

特朗普宣誓就职后第一天就发布了《美国第一能源计划》，主要内容如下：（1）最大限度开发和利用美国的本土资源，降低成本，实现能源独立。（2）取消诸如《气候行动计划》和《美国清洁水法》等法律法规，减轻企业负担。（3）充分开发和利用政府和个人土地下储存的价值近50万亿美元未开发的页岩气、石油和天然气储备。利用油气资源的收入来重建道路、学校、桥梁等公共基础设施。通过廉价的能源来促进美国农业的发展。（4）致力于清洁煤炭技术的发展，振兴美国煤炭产业。（5）认为促进美国本土能源的生产是美国的安全利益所在。特朗普政府致力于实现能源独立，使美国的能源不依赖石油输出国组织以及反美国家。美国和海湾盟国建立积极的能源关系，反对恐怖主义。（6）在使用能源的过程中注意环境保护，保护新鲜空气和干净的水以及自然环境，把保护美国的资源储

---

① SARA VAKHSHOURI, The America First Energy Plan: Renewing the Confidence of American Energy Producers, The Atlantic Council GlobalEnergy Center, AUGUST, 2017.

备放在至关重要的地位。

为了实现上述目标，特朗普承诺将减少对石油、天然气和煤炭的管制，将资金从可再生资源和气候项目中转移出来，并批准新的能源生产和出口项目。2017 年 1 月在宾夕法尼亚州费城的务虚会上，特朗普宣称："我们将释放美国能源的全部力量，结束对页岩油、天然气和清洁煤炭的工作岗位限制……我们要使我们的煤矿工人重新回到工作中。"[①] 1 月 24 日，特朗普总统在白宫签署行政命令，决定重启美加"拱心石（Keystone）XL"输油管道项目，批准北达科他州输油管道建设项目。2 月，特朗普签署了一项撤销能源公司财务披露规则的法案。3 月，特朗普发布了一项停止执行"清洁电力计划"的行政命令。4 月，特朗普签署了美国第一个近海能源战略，推翻了奥巴马总统关于数百万英亩联邦近海土地发展的禁令。[②] 6 月，他宣布美国将撤出《巴黎气候协定》。此外，特朗普政府也急于开放更多的联邦土地勘探。

特朗普政府还通过以下一些政策推进天然气行业发展：一是降低天然气开采排放标准。特朗普政府计划未来两年内将对天然气排放标准进行修订，争取降低开采气体排放标准，降低行业开采成本，促进天然气行业快速发展。二是放松对水力压裂技术的开采限制。页岩气开采的水力压裂法由于环保原因而被奥巴马政府限制，特朗普推翻联邦政府决议、各州的限制或禁令，促进页岩气行业发展。三是依托"页岩气革命"冲击 OPEC 国家对油气市场的影响力。推进页岩气开采成本下降，增加市场供给，增强美国在油气市场的影响力。[③]

在扩大生产的同时，特朗普政府还大力推动液化天然气（LNG）出口的增长。在强调减少贸易赤字的同时，政府认为美国液化天然气的销售是

---

① Donald Trump, Speech Delivered at the Republican Party Philadelphia Retreat via CNN, January 26, 2017, http://www.cnn.com/TRANSCRIPTS/1701/26/wolf.02.html.

② SARA VAKHSHOURI, The America FirstEnergy Plan: Renewing the Confidence of American Energy Producers, The Atlantic Council Global Energy Center, August, 2017.

③ 郑家平、王进：《特朗普能源政策对中国的影响及对策建议》，《中外能源观察》2017 年 7 月 18 日。

其贸易政策的一个组成部分。[①] 亚洲是美国液化天然气出口战略的重要目的地。2017 年 5 月，美国商务部发表声明，表示支持向中国出口天然气。

2017 年 4 月，习近平同特朗普举行中美元首会晤，约一个月后，中美双方就农产品贸易、金融服务、投资和能源等领域的问题达成共识，形成《中美经济合作百日计划早期收获》。在该文件中提到：美国欢迎中国和其他美国贸易伙伴，从美国进口液化天然气。在液化天然气出口许可上，美国给予中国的待遇将不低于美国给予其他非自贸协定伙伴的待遇。来自中国的公司可以在任何时间与美国液化天然气出口商谈判所有类型的合同安排，包括长期合同。[②] 6 月 8 日，美国能源部长里克·佩里访华，中国常务副总理张高丽与他进行了会晤，双方就两国能源、科技领域合作深入交换了意见。[③] 虽然目前美国在中国液化天然气进口比重中仅占 7%，但几家主要的中国公司正考虑签订长期合同进口更多的美国液化天然气。[④]

特朗普高度重视煤炭业发展，特朗普政府关于煤炭方面的具体政策包括：一是解除联邦土地煤炭开采租赁的临时禁令。主要表现在解除联邦土地煤炭开采租赁的临时禁令以及油气领域的相关限制，并对温室气体的“社会成本”开展重新评估。二是大力推进煤炭清洁化利用。在油价低迷、页岩气市场冲击的背景下，推广清洁煤技术阻力重重。后续政策主要表现为加大对清洁煤技术的研发支持、不断扩大商业化推广的税收优惠补贴力度等。三是放松环境及气候管制。特朗普政府已签署行政命令暂停执行奥巴马时期的《清洁电力计划》和《气候行动计划》，从碳排放、环保等方面为煤炭行业发展赢得时间和空间。四是试图通过煤炭、油气等传统能源

---

① Barney Jopson, Demetri Sevastopulo, and Ed Crooks, “Trump Looks to Lift LNG Exports in US Trade Shift,” FinancialTimes, June 22, 2017, https://www.ft.com/content/c5c1958c-5761-11e7-80b6-9bfa4c1f83d2? mhq5j=e3.

② 财政部国际经济关系司：《中美经济合作百日计划早期收获联合新闻稿》，财政部网站，2017 年 5 月 12 日，http://wjb.mof.gov.cn/pindaoliebiao/gongzuodongtai/201705/t20170512_2599646.html。

③ 余湛奕：《张高丽会见美国能源部长佩里》，中国新闻网，2017 年 6 月 8 日，http://www.chinanews.com/gn/2017/06-08/8245674.shtml。

④ Jude Clemente, “US Liquefied Natural Gas to China Is aGame-Changer,” Forbes, May 25, 2017, https://www.forbes.com/sites/judeclemente/2017/05/25/u-s-liquefied-natural-gas-to-china-is-a-gamechanger/#24c541b2671a.

行业发展带动美国就业。而实际上，据2017年1月美国能源部官方数据显示，美国目前可再生能源领域雇员人数（65万）是煤炭领域就业人数（7.5万）的8倍多，且随着煤炭生产效率的提高，煤炭行业就业人数还将持续下降。①

二、能源独立政策

2017年3月28日，白宫新闻秘书办公室发布了《特朗普总统的能源独立政策》。该文件指出："特朗普将解除对美国能源的限制，让这一财富流入美国的社区。""前一届政府加在美国人身上的法规增加成本，影响了美国的工作和能源生产"，因此亟需改革。该文件援引美国国家经济研究协会（NERA）经济咨询公司的分析指出，奥巴马政府的《清洁电力计划》可能每年耗资多达390亿美元，并将41个州的电力价格至少提高10%。文件还援引全国矿业协会（NMA）的评估，认为《清洁电力计划》将导致煤炭产量下降2.42亿吨。近期美国有27个州、24个行业协会、37个农村电动合作社和3个工会在联邦法院状告《清洁电力计划》违法。②

《特朗普总统的能源独立政策》的主要目标包括：解除对能源生产和相关就业的规制；指示环保署中止、修正或废除4个与原能源计划有关的可能压制美国能源工业的措施；废除有碍于能源独立的前政府气候变化行政行动；解除对石油、天然气和页岩油气行业的限制；指示所有政府机构重审现存伤害国内能源生产的行动，中止、修订或废除没有得到法律授权的行动；指示各部门用最有效的科学和经济学进行监管分析；解散"温室气体社会成本的跨部门工作组"（IWG）；③ 避免联邦对能源过度监管，要

① 郑家平、王进：《特朗普能源政策对中国的影响及对策建议》，《中外能源观察》2017年7月18日。

② President Trump's Energy Independence Policy, March 28, 2017, https://www.whitehouse.gov/briefings-statements/president-trumps-energy-independence-policy/. 转引自周琪、付随鑫：《特朗普政府的能源政策及其可能影响》，《国际石油经济》2017年第10期。

③ MATT EGAN. Donald Trump's Energy Plan: Regulate Less, Drill More [EB/OL]. May 27, 2016. http://money.cnn.com/2016/05/26/investing/donald-trump-energy-plan/index.html.

还权于州。①

3 月 28 日，特朗普签署了“促进能源独立和经济增长”总统行政令，审查所有可能影响能源安全有效发展的相关法律法规，取消一些与能源、气候问题相关的总统行动和法规行动。（1）撤销了奥巴马政府时期的一些总统命令，包括《准备应对气候变化的影响（13653 号）》（2013 年 11 月 1 日）、《电力部门的碳污染标准》总统备忘录（2013 年 6 月 25 日）、《发展并鼓励相关私人投资以减轻对自然资源的影响》总统备忘录（2015 年 11 月 3 日）、《气候变化与国家安全》总统备忘录（2016 年 9 月 21 日）。（2）撤回《总统的气候变化应对方案》总统办公室报告（2013 年 6 月）、《减少甲烷排放的气候行动计划战略》总统办公室报告（2014 年 3 月）、《联邦部门和机构在温室气体排放和气候变化对国家环境政策影响方面的最终指导意见》（2016 年 8 月 5 日）。（3）审查环境保护署的“清洁能源计划”以及相关的规定和机构行动。（4）解散温室气体社会成本的跨部门工作组（IWG），废除 IWG 所发布的一些文件。这些废除的文件包括：行政命令 12866 号中的《技术支持文件：用于监管影响分析的碳社会成本》（2010 年 2 月）、《碳社会成本的技术更新的影响分析》（2013 年 5 月）、《碳社会成本的技术更新的影响分析》（2013 年 11 月）、《碳社会成本的技术更新的影响分析》（2015 年 7 月）、《关于碳社会成本的技术支持文件的补充：应用该方法评估甲烷社会成本和一氧化二氮社会成本》（2016 年 8 月）、《碳社会成本的技术更新的影响分析》（2016 年 8 月）。（5）修改或撤销 2016 年 1 月 15 日发布的部长命令《自由裁量的规划环境影响声明（PEIS）使联邦煤炭计划现代化》，取消一切与 3338 号行政命令相关的联邦土地煤炭租赁的活动。（6）审查与油气资源开发有关的规定。审查《石油与天然气部门：新建、重建、改建资源的排放标准》（2016 年 6 月 3 日）以及任何由此派生的规定，审查《油气；适用于联邦土地和印第安土地的水力压裂法》（2015 年 3 月 26 日）、《总体规定及非联邦石油、天然气权利》（2016 年 11 月 4 日）、《非联邦石油和天然气权利的管理》（2016 年 11 月 14 日）、

---

① 周琪、付随鑫：《特朗普政府的能源政策及其可能影响》，《国际石油经济》2017 年第 10 期。

《废物产生预防、生产特许权使用费、资源保护》(2016年11月18日)。[①]

三、《美国优先国家安全战略》

2017年12月，特朗普政府发布了《美国优先国家安全战略》，该战略指出，美国将首次成为能源主导国，美国作为主要的生产者、消费者和创新者在全球能源体系中处于核心地位。从国内获得清洁、经济和可靠的能源是美国未来几十年繁荣、安全和强大的基础。[②]

美国将在以下几个方面采取优先行动：(1) 减少监管：美国将推动能源资源的清洁和安全发展，同时减少制约能源生产和限制经济增长的监管负担。从输油管网和出口终端到集装箱装运和集输管网，简化能源基础设施的联邦监管审批程序，同时确保负责任的环境管理。(2) 促进出口：美国将推动能源资源、技术和服务出口。通过继续支持私营部门发展沿海能源运输终端以扩大出口能力，为美国工业提供更多的市场准入和更大的竞争优势。(3) 确保能源安全：美国将与盟国和合作伙伴一起，保护全球能源基础设施免受威胁。美国将支持国内外能源来源和路线的多样化。使美国的战略石油储备现代化，并鼓励其他国家发展与本国能源安全需求相一致的战略石油储备。(4) 实现普遍的能源利用：美国将努力确保普遍获得经济、可靠的能源，包括高效能的化石燃料、核能和可再生能源，以减少贫困、促进经济增长和繁荣。(5) 强化美国的技术优势：提高美国在能源领域的技术优势，包括核技术、电池技术、先进计算技术、碳捕集技术以及能源与水关系的技术。美国将继续引领创新和高效的能源技术，并确认最终用户的经济和环境利益。[③]

---

① Whitehouse, Presidential Executive Order on Promoting Energy Independence and Economic Growth, Issued on: March 28, 2017, https://www.whitehouse.gov/presidential - actions/presidential - executive - order - promoting - energy - independence - economic - growth/.

② THE WHITE HOUSE , National Security Strategyof the United States of America, December 2017.

③ Ibid.

四、在能源板块方面

在中东，美国的主要目标是：希望中东能对全球能源市场的稳定做出贡献。不希望中东成为“圣战”恐怖分子的避难所和温床，也不希望中东被任何敌视美国的大国所主导。美国通过加强伙伴关系并形成新的伙伴关系，通过稳定来促进安全，加强与海合会的关系，以及与伊拉克的长期战略伙伴关系。介入叙利亚问题，遏制伊朗在中东影响力的扩张。在南亚和中亚，美国深化与印度的战略伙伴关系，对巴基斯坦施压，增兵阿富汗，支持阿富汗政府和安全部队打击塔利班、“基地”组织、“伊斯兰国”和其他恐怖分子。在非洲，美国扩大与非洲的贸易和商业关系，与合作伙伴一道，打击恐怖组织和其他组织。①

五、在能源通道方面

在海上能源通道方面，特朗普总统在 2017 年 11 月的亚洲之行中，首次正式提出了“开放和自由的印太”概念，美、日、印、澳四国的西太平洋海上合作磋商机制启动，这标志着美国新政府的亚太战略正在出现不同于奥巴马政府的新变化。12 月 18 日，特朗普政府发布的《美国国家安全战略》报告中指出，美国将鼓励区域合作，维持自由开放的航道。美国将在这一地区维持长足的军事存在以威慑对手，美国将加强与盟友和合作伙伴的长期军事关系，并鼓励与盟国和伙伴发展一个强大的防御网络。② 在南海，特朗普政府的“自由航行计划”将开始执行新方案。新出炉的“自由航行计划”将改变奥巴马政府时代“一事一报”的原则，直接将在哪里执行和什么时间执行“自由航行”行动的权力下放给美军太平洋司令部；新的美军南海“自由航行”行动频率增加。③

---

① THE WHITE HOUSE , National Security Strategyof the United States of America, December 2017.

② Ibid.

③ 朱锋：《“印太战略”阴影下的南海大国较量》，《世界知识》2018 年第 1 期。

六、影响全球能源金融格局

随着美国由油气进口大国向出口大国的转变，美国将逐步弱化沙特、伊拉克、俄罗斯等传统油气出口国在国际原油定价机制中的作用，改变国际资本市场中石油美元的数量和结构，在大幅缩小美国贸易逆差的同时，改变全球资本市场资金构成和流向。美国作为油气生产、消费及出口大国，再加上其在国际原油期货市场上的主导地位，决定了美国在国际油气价格合理水平及波动预期、以及在国际原油期货市场定位和对冲基金管理等相关政策取向上均存在明显的两面性和不确定性。①

七、加快全球能源治理多元化

随着美国页岩气革命取得巨大的成功，美国已经逐渐替代了欧佩克在全球原油定价机制中“机动生产者”的地位。随着特朗普能源新政的实施，美国油气行业的发展将进一步加快，美国在国际原油定价机制中的重要性将进一步增加，美国对欧佩克将拥有更多的议价能力。② 特朗普“美国第一”能源政策的实施，以及特朗普宣布退出《巴黎气候协定》，表现出使美国在气候变化议题上与其他国家出现明显分歧，在全球能源治理机制上也难以达成一致。美国由油气进口大国变为油气出口大国，必将逐步减少战略石油储备，在国际能源署的作用也会明显弱化，全球能源治理格局将面临重大改变。美国成为石油输出国组织和俄罗斯之外的主要油气出口国，在“美国能源主导权”战略下，与 OPEC 和俄罗斯等的博弈也将更为复杂和激烈。③

---

① 崔成、刘建国、蒋钦云：《特朗普“美国能源主导权”战略的重大冲击》，《中国经贸导刊》2017 年 11 月。

② 王震、赵林、张宇擎：《特朗普时代美国能源政策展望》，《国际石油经济》2017 年第 2 期。

③ 崔成、刘建国、蒋钦云：《特朗普“美国能源主导权”战略的重大冲击》，《中国经贸导刊》2017 年 11 月。

第四章

中美能源地缘政治竞合分析

21世纪以来，美国政府对能源战略更加重视，特别是奥巴马政府上台以来，美国强化了其能源政策，一方面，能源技术实现了突破，页岩气革命如火如荼，美国从最大的石油进口国变为最大的油气生产国；另一方面，美国对其能源战略做出了相应的调整，在中东、中亚、非洲、拉美等地区继续维持其影响力。中国推出“一带一路”倡议，提出推进能源革命，全面加强国际合作，实现全面开放条件下的能源安全。中国积极参与全球能源治理，提升在全球能源治理体系中的地位，在国际能源体系中实现了从跟随者到影响者的转变。特朗普总统上台以来，继续推进页岩气革命，最大限度地利用本国资源，减少对国外石油的依赖，通过能源外交扩大美国的全球影响，推动对中国、日本和印度等国的油气出口，试图通过能源出口加强美国在海外的影响力。在能源通道方面，美国实行“印太”战略，加强与盟友和合作伙伴的长期军事关系，并鼓励与盟国和合作伙伴建立一个强大的防御网络。在新时期，中美在国际能源体系中呈现竞逐兼容的能源关系。

第一节　中美在能源供应板块中的博弈

一、中美在中东的能源博弈

从地缘政治视角来看，中东连接亚、非、欧三大洲，扼东西半球的交通要冲，“连接欧亚大陆东西两端的运输网，世界60%以上的石油和1/4的贸易从黑海—地中海—红海—波斯湾—印度洋—马六甲这条海上黄金通道经过；更集中了巨大的天然气和石油储藏以及包括黄金在内的重要矿产资源，具有‘更加无法估量’的重要性”。①

中东既是犹太教、基督教和伊斯兰教的发源地，具有重要的社会文化意义，又蕴藏着丰富的石油资源，是世界石油阀门之一。欧佩克成员除委内瑞拉和印度尼西亚外均为中东国家。2008年，欧佩克国家平均日产量约为3670.5万桶，是世界原油日产量的44.8%。② 仅波斯湾沿岸的沙特、伊拉克、阿联酋、科威特、伊朗五国，就集中了全球约28.6%的石油产量，以及近71.9%的世界探明石油储量。据英国石油公司2009年的数据显示，在中东的各主要产油国中，沙特的石油剩余探明储量占世界剩余探明储量的16.1%，伊朗占9.1%，伊拉克占8.7%，阿联酋占5.9%，科威特占6.1%。③ 海湾地区石油的蕴藏量要比世界各地平均水平高出40年以上。④中东油层埋藏浅，石油开采成本低于世界平均水平，出产石油油质好，多为经济价值较高的中、轻质油。

虽然近年来在中亚里海地区和非洲等地发现了一些较大的油气储量，但在今后的一个世纪中，“中东地区仍将是国际石油市场的核心，在未来甚至会变得更加重要”⑤，在不久的将来，海湾地区仍是全球主要的石油供应基地和大国争夺焦点。

由于中东在地缘政治上的位置非常重要，美国历届政府都非常重视对中东地区的政策，通过实施一系列战略逐步控制了中东的石油。⑥

（一）美国中东能源战略的目标及其手段

中东石油储量丰富、产量高、质量好。目前世界上有5个石油探明储

---

① 高祖贵：《美国与伊斯兰世界》，北京：时事出版社，2005年版，第10页。

② BP. *BP Statistical Reviewof World Energy*，June 2009，http：//www. bp. com/statisticalreview

③ BP. *BP Statistical Reviewof World Energy*，June 2012，http：//www. bp. com/statisticalreview

④ 朱耿华、陈丙先：《中东石油的忧与乐》，《百科知识》2006年第4期。

⑤ 据BP 2003年预测。

⑥ 爱·麦·伯恩斯：《当代世界政治理论》，曾炳钧译，北京：商务印书馆，1983年版，第475—479页。

量超过 100 亿吨的国家位于中东地区，这些国家是：沙特阿拉伯（366 亿吨）、伊拉克（206 亿吨）、科威特（140 亿吨）、伊朗（218 亿吨）和阿联酋（130 亿吨）。[①] 中东石油对美国具有重要意义，美国如果掌控中东石油资源，进而完成“大中东战略”目标，不但能满足自身的石油需求，而且能扼制欧亚大陆其他国家的能源命脉，进而影响其发展和政治决策。美国的中东石油战略主要有以下几点考虑。

第一，满足美国国内的石油需求。美国是世界上最大的石油消费国，2016 年消费石油 8.231 亿吨，占全球石油消费量的 19.5%。[②] 美国从多个国家进口原油。美国国家能源政策发展小组（NEPD）发表的《国家能源政策》报告认为，在 2000—2020 年间，美国的石油消费量将增加约 1/3，石油产量则会下降 12%，到 2020 年，进口石油将占美国石油消费的 2/3。[③] 第二，满足美国盟友的石油需求。20 世纪 60 年代，随着石油成为工业国家的主要能源，石油对于美国和北约国家的战略意义凸显。“对美国来说，中东是世界上独一无二的地区，既能满足美国未来对石油的需求，更重要的是，具有提供给西欧日益增长的石油需求的能力。”[④] 第三，美国追求世界霸权的需要。随着世界多极化趋势的发展，美国为了维护霸权，就会加大对中东石油控制的力度，干预国际石油市场的销售价格，以此来拉拢盟国、排挤竞争对手。

由于中东地区蕴藏的石油资源埋藏浅、储量丰富、开采成本低、品质好，再加上中东地区在地缘政治上重要的地位，这便使得中东石油问题成了涉及经济安全和国际政治的重大国际问题。中东的局势一有风吹草动，就会对国际石油市场产生巨大的影响，例如：产油国的武装冲突、出口量变动、世界其他能源进口大国中东石油政策的变更等等，为降低石油市场变化可能对美国和其盟国的经济造成的不利影响，最直接有效的方法就是

---

① BP，BP Statistical Review of World Energy，June 2017，p. 12.

② Ibid.，p. 17.

③ 韩志斌：《能源安全地缘战略和全球霸权——美国在伊拉克战争中的石油战略利益考察》，《长安大学学报（社会科学版）》，2003 年 6 月，第 57 页。

④ Svante Kar Lsson，*Oil and the World Oder*：*American Foreign Oil Policy*，Barens and Books1986，p. 73.

掌控中东石油市场的定价权。中东石油由此被美国政府纳入议事日程，其战略意义日益凸显。

美国中东地区能源政策的首要目标，是保证该地区的主要石油资源不被敌对势力所控制，美国和其盟国能够不受限制地从该地区获取石油。[①] 其次是防止因地区不稳定因素，如恐怖主义袭击等造成该地区石油供应的短期中断；[②] 最后是促进该地区石油上游产业重新对国际投资开放（即美国国际石油公司能够重新进入海湾地区），扩大该地区的石油产能，满足世界石油供应需求。[③] 美国在中东实现其能源战略的手段主要有军事、经济和文化等几个方面。

1. 军事方面。美国利用其强大的军事力量，打击欧佩克中对美国强硬的国家，甚至通过军事行动推翻其政权。对于欧佩克中对美国友好的国家，美国通过军售、建立军事基地等手段进行扶植和保护。例如1990年伊拉克入侵科威特之后，美国联合盟国发动有限战争，把伊拉克赶出科威特，并在伊拉克的领空设立禁飞区，进一步遏制和削弱伊拉克。“9·11”事件发生之后，美国为进一步加强对中东的控制，打击反美力量，发动了伊拉克战争，推翻了萨达姆政权，扶植亲美政府，把伊拉克纳入了美国主导的能源体系，消除了中东一个重要的反美因素[④]，改变了美国在中东过度依赖沙特的局面。

对于欧佩克国家中友好的国家沙特，美国历届政府都对其作出安全保证，通过对沙特军售、培训军事人员、签订军事协定等方式，防止其亲美政权被推翻，保护美国石油公司在中东的利益。在1990—1999年期间，美国共向沙特提供了约400亿美元的军火，其中1990—1993年就达到310亿

① 美国白宫：《国家安全战略报告（1990年）》，《美国国家安全战略报告汇编》，梅孜编译，北京：时事出版社，1996年版，第274页。

② Henry Siegman, *US Middle East Policy and the Peace Process*, Report of an Independent Task Force Sponsored by Council on Foreign Relations, Brookings Institution Press, July 1997, pp. 11 – 12.

③ NEPDG, *NEPR*, Chapter 8, pp. 4 – 5.

④ 王波著：《美国石油政策研究》，北京：世界知识出版社，2008年版，第234页。

美元[①]，美国国防部官员还亲自为沙特制定军购计划。[②]

美国在中东地区拥有数十个军事基地，重点是控制波斯湾地区。这些军事基地和军事存在的主要任务之一，是保障美国从这些地区的石油进口。军事基地主要设在土耳其、沙特阿拉伯、巴林、阿曼、埃及和肯尼亚，控制着黑海、东地中海、红海和波斯湾的通道，既可支援东地中海和印度洋的海上作战，又可支援中东和非洲的陆上作战，战略地位十分重要，是欧洲的重要翼侧。美军在这一地区主要的空军基地有：土耳其的因契尔利克、安卡拉和伊兹米尔，沙特阿拉伯的宰赫兰。海军基地有：沙特阿拉伯的朱拜勒。此外，在埃及的巴纳斯角和肯尼亚的蒙巴萨，美军既有港口又有机场，在阿曼的马西腊岛只设有机场。这些机场既可供美国海军使用，也可供美国空军使用。巴林的麦纳麦是美国中央司令部海军司令部和美国第五舰队司令部驻地。[③]

2. 经济方面。美国和中东友好产油国发展经贸联系、构建相互依存的关系。例如，为加强与中东产油国的经济联系，美国政府鼓励本国企业与中东国家加强贸易往来，因此，美国与中东国家贸易额迅速增长，1970 年为 4.25 亿美元，到 1982 年增加至 275.7 亿美元。[④] 美国还向中东国家开放金融市场，并保证其在美国银行存款的安全。[⑤] 从 1974—1982 年，中东国家在美国的总投资额超过 1300 亿美元，其中沙特一国就达到 750 亿

---

① 布什总统在 1992 年竞选连任期间宣布了对沙特出售 90 亿美元武器的决定，其中包括 48 架 F－15E 轰炸机。克林顿总统在竞选中也宣布同意向沙特出售 F－15 战斗机。军火订单成为候选人在选举中争取军工集团的工具。http：//www. cdi. org/adm/711/. 转引自王波著，《美国石油政策研究》，北京：世界知识出版社，2008 年版，第 270 页。

② 1991 年，丹尼斯·迈尔克中校为沙特制订了购买爱国者防空导弹、F－15E 轰炸机和 M－1A2 坦克的计划。1995 年美国国防部建议沙特购买价值 20 亿美元驱逐舰和巡洋舰。http：//www. fas. org/asmp/profiles/Saudi_arabia. htm.

③ 同上。

④ 迈克尔·克津科塔：《美国阿拉伯经济关系》，普雷杰出版社，1985 年版，第 46—49 页。转引自张士智、赵慧杰：《美国中东国际关系史》，北京：中国社会出版社，1993 年版，第 428 页。

⑤ Ricarch P. Mattione，*OPEC's Investments and the International Financial System*，Washington，D. C.：The Brookings Institution，1985，p. 55.

美元。①

对于不友好的产油国，美国则通过贸易制裁、限制其石油生产，削弱其对石油市场的影响，以避免其在国际石油市场中对美国产生不利影响。例如1979年11月，伊朗学生劫持美国大使馆人质后，卡特总统发布两个行政命令，宣布禁止向伊朗出口美国产品，限制美国与伊朗的金融交易，禁止从伊朗进口任何产品，禁止美国公民到伊朗旅游，冻结伊朗中央银行和政府在美国的财产。②

美国通过和石油输出国组织建立石油—美元机制，使得美元在国际石油交易计价货币中处于垄断地位。③ 产油国国内经济结构畸形，国内对石油美元的吸收能力很低，每年都有数百亿美元的剩余资金，它们急于为这笔巨额的石油美元寻找投资出路。美国利用此机会，向中东产油国开放金融市场，接受石油美元存入美国银行、在美国购置不动产、购买产权，还允许中东产油国大量购买美国财政部债券。石油美元的环流在美国通过大量经常项目逆差的方式在维持美元输出的同时，保证了美国的资本项目顺差，从而也就弥补了贸易和财政上的赤字。这对支撑美国经济增长起到了至关重要的作用。④ 这样，石油美元使美国在依赖中东石油的同时，中东产油国也在不断加深对美国经济发展的依赖，美国通过石油美元机制，把石油美元引向美国，双方紧紧联系在一起。中东国家考虑到大量投入美国的石油美元，对石油武器的动用必须慎之又慎。

3. 文化方面。美国政府推出“大中东计划”，对中东国家进行政治改造。伊拉克战争后，美国政府推出“大中东计划”，向中东国家输出美国式民主，宣扬美国式的价值观，对这些国家进行经济改革，促进市场经济的发展。同时还进行政治改革，扩大政治参与，在思想上培养“西化”的

① 彼得·施魏策尔（Peter Schweizer）：《里根政府是怎样搞垮苏联的》，北京：新华出版社，2001年版，第65页。

② Herman Franssen and Elaine Morton，“A Review of US Unilateral Sanction Against Iran”，http：//mafhoum. com/press3/108E16. htm（2006－3－11）

③ 管清友、张明：《国际石油交易的计价货币为什么是美元》，《国际经济评论》2006年第7—8月刊。

④ 张宇燕、李增刚：《国际经济政治学》，上海人民出版社，2008年版，第360、361页。

青年。[①]

2004 年 2 月，小布什政府正式公布“大中东民主计划”，其核心是以武力在中东推行美国式的民主，强迫中东国家（尤其是阿拉伯国家）按照美国价值观来重塑其政治体制，借此根除恐怖主义，确保美国的安全。通过“大中东计划”，小布什政府试图在中东营造出对美国友好的氛围。他认为，只有改造中东，把中东变为民主的地区，“才能从根源上铲除恐怖主义，使美国变得更安全”。[②]

实际上，给中东送去民主、根除恐怖主义只是美国政策的表层目标。从更深层面上看，美国此举是为了削弱甚至控制中东产油国。自从 20 世纪 70 年代发生石油危机以来，美国一直想削弱欧佩克。美国认为欧佩克“定期使石油价格变化无常，增加消费者的负担，违背更加稳定的市场价格给生产者和消费者应带来的利益”[③]，威胁到了本国和西方国家经济的发展。通过实施“大中东计划”，美国试图在中东培养亲美国家，以控制中东石油的流向。

（二）中国对中东的能源政策

从 20 世纪 90 年代开始，中国逐渐从中东进口石油及相关产品，中东地区逐渐发展为我国石油进口的最大来源地，1996 ~ 2009 年中东原油占我国进口总量的份额一直保持在 45% ~ 50% 之间。在中国原油进口的地区结构中，中东、非洲、独联体为三大主要来源地，分别占中国原油进口总量的 47. 8% 、30. 1% 和 10. 5% 。从国家来看，阿拉伯产油国始终是我国原油进口的主要来源地。最初主要是阿曼和也门，2000 年之前它们是中国从中东和阿拉伯世界进口原油的前两位国家，1997 ~ 2000 年阿曼取代印尼成为中国最大原油进口国（26%）。

2001 年伊朗和沙特超过阿曼成为中国前两大原油供应国，2002 ~ 2009

① 舒先林：《美国‘大中东计划’中的石油因素》，《阿拉伯世界》2005 年第 1 期。

② “布什‘大中东计划’意在通过推行美价值观操纵中东”，人民网，http：//www. sxere. eom/ sxere /infopub/eontent/942. htm.

③ 闫文虎：《美国中东“民土化”改造战略初探》，《西北第二民族学院学报》2004 年第 3 期。

年沙特始终以明显的优势成为中国最大原油供应国，2008 年和 2009 年沙特分别占当年中国原油进口量的 20. 3% 和 20. 6% 。2009 年我国进口原油超过 100 万吨以上的阿拉伯国家有沙特、阿曼、伊拉克、科威特、阿联酋、也门、苏丹、利比亚和阿尔及利亚 9 个国家，其中海湾阿拉伯产油国占 6 个；1999 ~2009 年来自阿拉伯国家的对华原油供应由 1336 万吨上升到 9486 万吨，在我国原油进口总量的份额也由 36. 5% 上升到 46. 5% ，其中来自海湾阿拉伯产油国就占 36. 5% 。由此可见，阿拉伯世界尤其是海湾阿拉伯产油国在我国能源进口格局中具有举足轻重的地位。[①] 2011 年，中国从中东进口原油约 1. 3 亿吨，占当年进口原油总量的 50% 以上。[②]

2013 年，中国从中东进口原油达 1. 4654 亿吨，增长了 8. 6% ，占到了石油总进口量的 52% 。2013 年位居前十位的中国原油进口国依次为：沙特阿拉伯、安哥拉、阿曼、俄罗斯、伊拉克、伊朗、委内瑞拉、哈萨克斯坦、阿拉伯联合酋长国、科威特，中东国家就占了 6 个。其中，从沙特进口了 5389. 99 万吨、伊朗 2144. 2 万吨、伊拉克 2351. 54 万吨、阿曼 2547. 53 万吨、阿联酋 1027. 58 万吨。[③]

表 4—1　近年来我国自中东进口原油的数量[④]　（单位：万吨）

国别	2000 年	2005 年	2010 年	2014 年	2015 年	2016 年	2016 年份额
沙特	573. 02	2217. 89	4463. 00	4966. 19	5054. 20	5100. 34	13. 4%
伊拉克	318. 32	117. 04	1123. 83	2858. 04	3211. 41	3621. 64	9. 5%
阿曼	1566. 08	1083. 46	1586. 83	2974. 34	3206. 42	3506. 92	9. 2%
伊朗	700. 05	1427. 28	2131. 95	2746. 13	2661. 59	3129. 75	8. 2%
科威特	43. 34	164. 57	983. 39	1062. 04	1442. 81	1633. 96	4. 3%
阿联酋	43. 05	256. 77	528. 51	1165. 22	1256. 97	1218. 36	3. 2%

① 余建华：《关于中阿能源合作的若干思考》，《阿拉伯世界研究》2010 年第 6 期。

② 中国海关总署网站：http：//www. customs. gov. cn。

③ 《2013 年我国石油进口增速放缓进口来源多样化显现》，《中国能源报》，2014 年 2 月 2 日。

④ 数据来源：中国海关信息网，http：//www. haiguan. info/。

续表

国别	2000 年	2005 年	2010 年	2014 年	2015 年	2016 年	2016 年份额
卡塔尔	159. 89	34. 32	56. 02	36. 10	26. 70	48. 03	0. 1%
也门	361. 24	697. 85	402. 11	249. 96	155. 85	40. 26	0. 1%
中东地区	3764. 99	5999. 19	11275. 63	16058. 01	17015. 96	18299. 26	48. 0%

随着建设“一带一路”倡议的提出，“丝绸之路”将再次成为世界地图上贯通中西、促进各方面交流合作的黄金路线。近年来，中国与中东国家的经贸和能源关系发展迅速，成为“一带一路”倡议的支点。2016 年，中国从中东进口原油达 1. 8299 亿吨，比 2015 年增长了 7. 5%，占到了石油总进口量的 48%。2016 年位居前十位的中国原油进口国依次为：俄罗斯、沙特阿拉伯、安哥拉、伊拉克、阿曼、伊朗、委内瑞拉、巴西、科威特、阿拉伯联合酋长国，中东国家就占了 6 个。①

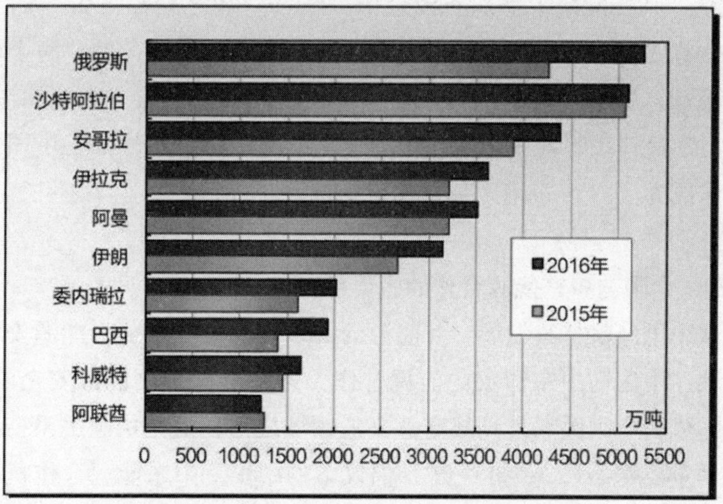

图 4—1　2016 年 10 个最大对华原油供应国②

① 《2013 年我国石油进口增速放缓进口来源多样化显现》，《中国能源报》，2014 年 2 月 2 日。

② 田春荣：《2016 年中国石油进出口状况分析》，《国际石油经济》2017 年第 3 期。

2014 年 6 月 5 日，中阿合作论坛第六届部长级会议在人民大会堂开幕。中国国家主席习近平出席开幕式并发表题为《弘扬丝路精神，深化中阿合作》的重要讲话。习近平表示，“一带一路”是互利共赢之路。中国同阿拉伯国家因为“丝绸之路”相知相交，是共建“一带一路”的天然合作伙伴。中阿双方应该坚持共商、共建、共享原则，打造中阿利益共同体和命运共同体。既要登高望远，也要脚踏实地，构建“1 + 2 + 3”的合作格局，即以能源合作为主轴，以基础设施建设、贸易和投资便利化为两翼，以核能、航天卫星、新能源三大高新领域为新的突破口，未来 10 年，争取把中阿贸易额从去年的 2400 亿美元增至 6000 亿美元。阿方赞同习近平主席提出的加强论坛建设、发展阿中战略合作关系的主张，支持中方提出的共建“一带一路”倡议，愿意同中方加强沟通和协调，推动阿拉伯有关问题的政治解决，共同致力于促进地区和平、稳定、发展。①

“一带一路”倡议包括几个关键的支点：中亚、东南亚、中东、中东欧、欧洲，中东蕴藏丰富的石油资源，是“丝绸之路经济带”的重点区域，中东地区处于亚、非、欧三大洲连接点和交通要冲，是“海上丝绸之路”的枢纽。随着经济的增长，中国现在已成为世界第一大能源消费国、第一大石油进口国，能源因素在中国外交战略中的权重增加，中国与中东能源合作成为“一带一路”倡议的重要支点。

（三）中国与中东能源合作的主要机制

随着中国经济持续发展，对能源的需求也进一步增长，能源安全成为重中之重，中国与中东国家的能源合作关系是确保中国能源安全的关键。能源合作成为中阿关系最具战略意义的领域之一，更是中阿关系持续、稳定发展的重要基石。“一带一路”倡议下的中国—中东能源合作机制主要有“中阿合作论坛”“中阿能源合作大会”“中阿能源合作联盟”等，在这些机制的作用下，中国—中东能源合作取得了可喜的成绩。

---

① 《习近平出席中阿合作论坛第六届部长级会议开幕式并发表重要讲话》，《人民日报》，2014 年 6 月 6 日，第 1 版。

1. 中阿合作论坛

2004 年中国与阿拉伯国家共同设立中阿合作论坛，作为中阿关系发展史上的重要里程碑，成为开启中阿能源合作大踏步进展的契机。[①] 中阿合作论坛的主要机制包括：部长级会议论坛长期机制、高官委员会会议、中阿企业家大会暨投资研讨会、中阿关系暨中阿文明对话研讨会、中阿友好大会、中阿能源合作大会、中阿新闻合作论坛、中阿互办艺术节、中阿卫生高官会议等机制。中阿合作论坛联络组，负责双方的联络并落实部长会和高官会的决议和决定，阿拉伯驻华使节委员会和阿盟驻华代表处为阿方联络方，中国驻埃及大使馆为中方联络组，中方“论坛”事务秘书处办公室设在中国外交部西亚北非司。[②]

2004 年 9 月 14 日，中阿合作论坛第一届部长级会议在开罗举行。中国与阿盟 22 个成员国的外长或代表、阿盟秘书长穆萨出席。会议就“如何进一步发展新时期中阿关系”和“如何建设好论坛和论坛下一步行动”两个议题进行了讨论。会议签署了《中国—阿拉伯国家合作论坛宣言》和《中国—阿拉伯国家合作论坛行动计划》。[③] 双方一致同意在能源领域，特别是在石油和天然气领域加强合作。鼓励阿拉伯国家的石油、石化产品和天然气进入中国市场。双方欢迎对方向本方能源领域投资，双方鼓励各自企业与对方企业在该领域建立合资项目，并向对方提供便利和经验，鼓励并便利中国石油工程服务及其设备进入阿拉伯国家。[④]

到目前为止中阿合作论坛部长级会议已经成功举办了 8 届，论坛对于

① 主要成员为中国和阿盟 22 个成员国：约旦、阿联酋、巴林、突尼斯、阿尔及利亚、吉布提、沙特、苏丹、索马里、伊拉克、阿曼、巴勒斯坦、卡塔尔、科摩罗、科威特、黎巴嫩、利比亚、埃及、摩洛哥、毛里塔尼亚、也门、叙利亚。2011 年 11 月 16 日，阿盟正式中止叙利亚成员国资格；2013 年 3 月 26 日，阿盟决定将叙利亚在阿盟席位授予叙利亚反对派“全国联盟”，但迄今未落实。

② 《中国 - 阿拉伯国家合作论坛》，中华人民共和国外交部网站，http://www.fmprc.gov.cn/web/wjb_673085/zzjg_673183/xybfs_673327/dqzzhzjz_673331/zgalb_673389/gk_673391/。

③ 《第一届部长级会议》，外交部网站，http://www.fmprc.gov.cn/zalt/chn/jzjs/bzjhys/t537789.htm。

④ 《中国—阿拉伯国家合作论坛行动计划》，外交部网站，2004 年 9 月 14 日，http://www.cascf.org/chn/wjk/bzjhywj/dijbzjhy/t866307.htm。

双方加强在能源勘探和利用、市场、环保等领域的合作与对话，加强在国际能源机构中的磋商与协调[①]。加强能源领域的合作，特别是石油、天然气和可再生能源领域的合作，双方相互间进行能源领域投资、技术转让[②]方面起了重要的作用。

2. 中阿能源合作大会

基于中阿合作论坛成立宣言所确立的框架，双方建立中阿能源合作机制。[③] 根据2006年6月1日在北京召开的中国—阿拉伯国家合作论坛第二届部长级会议签署的《中阿合作论坛2006—2008年行动执行计划》，中阿能源合作大会每两年举办一次。[④]

2008年1月9~11日，第一届中国—阿拉伯能源合作大会在中国海南三亚市召开。大会探讨了中阿能源合作的前景和加强能源合作的途径，并对该领域合作取得的成果表示满意。双方就加强可再生能源合作，加强石油、天然气和电力行业合作广泛交换了意见。双方在石油和天然气领域、可再生能源和替代能源领域、电力、经验交流和技术转让领域的合作达成共识。双方强调，中阿能源合作大会是加强双方能源领域合作、提升建立在平等互利基础上的新型伙伴关系水平的重要平台，将更好地为中阿人民的共同利益服务，并将加强中阿合作论坛的建设。[⑤]

2010年1月26~28日，第二届中阿能源合作大会在苏丹首都喀土穆召开，与会代表就中国和阿拉伯国家面临的传统化石能源及核能、可再生能源发展问题进行了交流，强调必须充分开发和利用各种能源，以满足发展需要。与会代表就中国与阿盟开展能源合作的重要意义达成共识，认为应加强双方在石油、天然气、电力、可再生能源及和平利用核能等领域的

---

① 《中国—阿拉伯国家合作论坛第二届部长级会议公报》，2006年6月1日，北京，http：//www. cascf. org/chn/wjk/bzjhywj/derjbzjhy/t866310. htm。

② 《中国—阿拉伯国家合作论坛2006年至2008年行动执行计划》，2006年6月1日，北京，http：//www. cascf. org/chn/wjk/bzjhywj/derjbzjhy/t866311. htm。

③ 《中国国家能源局和阿拉伯国家联盟关于中阿能源合作机制的谅解备忘录》，2010年1月26—28日，喀土穆，http：//www. cascf. org/chn/jzjs/nyhzdhs/t866548. htm。

④ 同上。

⑤ 《第一届中国—阿拉伯能源合作大会联合声明》，中阿合作论坛网站，http：//wcm. fmprc. gov. cn/pub/zalt/chn/wjk/nyhzdhss/dyjnyhzdh/。

密切合作，共同维护全球能源安全。双方签署了《中国国家能源局和阿拉伯国家联盟关于中阿能源合作机制的谅解备忘录》及《第二届中阿能源合作大会闭幕公报》。①

2012 年 9 月 16—17 日，第三届中阿能源合作大会在中国宁夏银川召开。与会代表探讨了中阿能源合作的前景和加强能源合作的途径。双方强调必须充分开发与利用各种能源，共同保障全球能源安全，促进各自经济社会可持续发展。双方还就加强可再生能源合作，加强石油、天然气和电力行业合作广泛交换了意见。双方通过了《联合声明》，一致同意继续发挥中阿能源合作大会机制的作用，积极落实《中国国家能源局和阿盟关于中阿能源合作机制的谅解备忘录》；在互利基础上，继续加强能源领域，特别是石油、天然气、电力、可再生能源领域的合作。②

2014 年 11 月 18—20 日，第四届中阿能源合作大会在沙特阿拉伯首都利雅得召开。来自中国和 22 个阿拉伯国家联盟成员国的政府官员、国际和地区能源机构代表以及双方企业界人士出席大会。中国电力、核电、可再生能源、油气领域的 17 家主要企业负责人以及来自阿盟各成员国的能源企业代表就能源领域的未来发展趋势和合作前景展开研讨。③

3. 中国—海合会战略对话

海湾国家在中国与中东能源合作中处于中心地位，由 6 个海湾阿拉伯国家（沙特、科威特、阿联酋、卡塔尔、阿曼和巴林）组成的海湾阿拉伯国家合作委员会（海合会）在中国与中东能源合作中发挥重要作用。海合会成立后不久，中国就与其建立了联系。从 1990 年开始，中国外长每年都利用出席联合国大会的机会，与海合会 6 国外交大臣及海合会秘书长举行会晤。1996 年，中国与海合会建立了经济、政治磋商机制。2004 年 7 月，海合会秘书长和 6 国财长联合访华，中国与海合会签订了《经济、贸易、

① 邵杰：《第二届中阿能源合作大会闭幕》，新华网，2010 年 1 月 28 日，http://news.xinhuanet.com/world/2010-01/28/content_12893783.htm。

② 夏晨：《第三届中阿能源合作大会在宁夏银川开幕》，新华网，2012 年 9 月 16 日，http://news.xinhuanet.com/politics/2012-09/16/c_113095576.htm。

③ 王波：《第 4 届中阿能源合作大会在沙特召开》，新华网，2014 年 11 月 19 日，http://news.xinhuanet.com/2014-11/19/c_1113311086.htm。

投资和技术合作框架协议》，并宣布启动建立自由贸易区的谈判。2004～2006年间中国与海合会共进行了4轮谈判，随后因种种原因一度中断。2009年6月，双方在沙特重启自由贸易区谈判，迄今为止，已在货物贸易谈判的大多数领域达成了共识，并启动了服务贸易谈判。

2010年6月4日，首轮中国—海合会战略对话部长级会议在北京举行，双方强调愿意继续加强在各领域的合作，双方签署了《中华人民共和国和海湾阿拉伯国家合作委员会成员国关于战略对话的谅解备忘录》。①

2011年5月2日，第二轮中国与海合会战略对话在阿联酋首都阿布扎比举行。双方认为应尽快召开专家会议，为落实上述框架协议和谅解备忘录在贸易、投资、能源、文化、教育、科研、环境、卫生等领域的有关内容制订行动计划，确定具体时间表。双方同意继续加强磋商，尽早完成自由贸易区谈判。②

2014年1月17日，中国与海湾合作委员会在北京举行第三轮战略对话，会后发表新闻公报，强调要加快中国和海合会的自由贸易区谈判进程，认为中国和海合会国家经济互补性强，建立自由贸易区符合双方的共同利益。国家主席习近平在会见参与第三轮战略对话的海合会代表时表示，中国希望双方快马加鞭，早日签署协定。古老的“丝绸之路”曾把海湾国家同中国联系在一起。现代海合会各成员国也积极参与“丝绸之路经济带”和“21世纪海上丝绸之路”建设。

4. 中阿博览会（中阿经贸论坛）

中阿博览会是经国务院批准，由商务部、中国贸促会、宁夏回族自治区人民政府共同主办的国家级、国际性综合博览会。自2010年以来，中阿博览会（原中阿经贸论坛）已在宁夏成功举办4届。博览会按照“共商、共建、共享”的原则，坚持“中阿共办，部区联办，民间协办”的办会机制，从政府、企业、民间三个经度，政治对话、经贸洽谈、技术合作、人文交流四个纬度，搭建商品贸易、服务贸易、技术合作、投资金融、文教

① 王慧慧：《中国与海合会举行首轮战略对话》，《人民日报》2010年6月5日，第3版。

② 安江：《中国与海合会举行第二轮战略对话》，新华网，2011年5月3日，http://www.news.xin huanet.com/2011-05/03/c_121370255.htm

旅游五大平台，把博览会融入到国家向西开放和“一带一路”倡议的部署中去。[①] 经过数年的发展，中阿博览会已经形成了“论坛 + 展会 + 洽谈”等相对成熟固定的模式，办会实效显著提升，“中阿共办、部区联办、民间协办”机制逐步完善，特别是“主宾国”机制的吸引力明显增强。而“弘扬丝路精神，深化中阿合作”这一新主题更使得中阿博览会成为构建“丝绸之路经济带”战略支点的重要平台。[②]

自 2010—2019 年，宁夏已经成功举办了三届中阿经贸论坛和四届中国—阿拉伯国家博览会，为推进中阿务实合作做出了积极贡献，得到了包括阿拉伯国家在内的“一带一路”共建国家的广泛认同，合作项目涉及贸易投资、产能合作、能源化工、科技、卫生、农业、旅游等领域。通过举办中阿博览会，拓宽了中阿合作的渠道。中阿技术转移中心、中阿农业技术转移中心、中阿医疗健康合作发展联盟、中阿商事调解中心、中阿联合商会联络办公室等一批中阿双多边合作机构落地宁夏。[③]

（四）中国与中东能源合作的战略思考

在“页岩气革命”这个大形势下，美国对中东石油的需求相应减少，对中东能源的关注度将会降低。美国对中国与中东国家数额巨大石油贸易的负面态度减少，因为在国际能源市场上，中国石油需求的增加弥补了美国石油需求减少的缺口，维持了国际石油价格的稳定，从而使美国能源企业从中获益。这对中国来说意味着与中东国家有更多的能源合作机会。

从短期来看，中东国家更加欢迎中国石油企业对中东的投资，并加大中东能源企业对中国市场的开拓。中国可以加大与中东、中亚、俄罗斯，甚至北美四大能源供应板块的合作。从长期来看，中国与中东国家的能源合作仍面临着激烈的竞争和严峻的挑战。中国应加大对中东地区的关注和

① 《中国 - 阿拉伯国家博览会概况》，2015 - 03 - 31，http：//www. casetf. org/jieshao/120676. jhtml。

② 《2015 中阿博览会 9 月绽放 中阿友好年助推“一带一路”建设》，2015 - 05 - 13 ，环球网，http：//www. finance. huanqiu. com/zl/2015 - 05/6426263. html。

③ 《历届中国—阿拉伯国家博览会概况》，中阿博览会网站，https：//www. casetf. org/blhgk/1399. html。

引导力度，从顶层设计到具体的战略、各层次人员交流入手，展现中国积极的国家形象，增加与中东产油国的合作。另一方面，中国应大力发展新能源和可再生能源，发展低碳经济，提高能源的使用效率。充分利用好国际国内的能源资源，保障中国的能源安全。

通过对中国和中东能源关系的分析，对照中国能源安全的现状，笔者形成了关于中国加强与中东能源合作的几点思考。

一是强化中东地区在中国全球战略中的地位，制定中国的中东外交政策，积极开展能源外交。随着中国经济的发展和国际地位的提升，中东在中国战略中的地位越来越重要。中东在政治上是中国的战略依托，经济上是中国的重要能源供应地、是中国商品走出去的重要市场，安全上是中国打击“三股势力”、维护国家安全的重要屏障。①

二是推动中国与中东经贸关系的发展，建立相互依存的经贸关系。通过提高相互依存度、增进互信，培育更加友好的国家间关系。为此，应当推动对中东国家非石油领域的外国直接投资，同时，提供投资激励，鼓励中东国家放开投资管理，允许更多的外国投资。设立由国家主导、企业运作的“中东国家发展基金”，帮助中国企业参与中东交通、能源、矿产等产业的建设和开发。进一步完善和改进“市场换资源”“基础设施换资源”等政策。

三是加强机制建设，中国和中东在中阿合作论坛、中国－海合会战略对话等多边机制下加强合作，共同推动中国与中东能源关系发展，就重大全球性问题和地区热点问题保持沟通协调，共同维护地区和平稳定和发展中国家利益。②

四是整合国家资源，加强在能源领域的战略合作，制定综合应对能源供应风险的有效策略。加强国家发改委的中国能源政策统筹能力，成立专门负责海外石油利益的跨部门协调机构，制定长远的海外能源投资发展战略。

---

① 刘中民、朱威烈：《中东地区发展报告》，北京：时事出版社，2013 年版，第 324 页。

② 吴乐珺：《习近平同巴林国王哈马德会谈愿共同推动重启中海自贸区谈判李克强会见哈马德》，《人民日报（海外版）》，2013 年 9 月 17 日。

五是加强与中东国家在人文领域的交流，夯实双边关系的民意基础。利用“中阿合作论坛”框架下的人文领域交流计划，增加中阿民间互访，搭建平台，开展形式多样的交流活动。①

六是实现能源来源多元化，政府支持国内有条件的石油企业尽快“走出去”，参与国外油气田的勘探开发，建立稳定的海外石油生产和供给基地，是保障中国油气安全供应的必然选择。目前中国对海外石油资源的利用，除了由政府指定的企业在国际市场上进行期货及现货贸易外，还包括在勘探、开采等领域与外方进行合作。加大对非洲、拉美、中亚、东南亚等区域的能源合作力度。中亚是中国理想的石油供应源，扩大与中亚的能源合作可以减少中国对中东石油的依赖，能源纽带可以加深中国和中亚国家的互信，保证国家的完整和西部边境的安全。

七是兼顾美国等西方国家在中东的能源安全和战略利益，尊重和理解美国的全球大国地位及西方国家在中东的地区利益，包括能源安全和其他方面的战略利益。中国在积极发展与资源丰富的中东产油国的双边关系的同时，必须兼顾与美国等西方国家的关系平衡，与美国等西方国家在中东石油问题上开展能源安全合作，愿意扮演“负责任的利益攸关者”的角色，具体而言，在中东石油问题上，中国在不损害自己的能源安全和经济利益的前提下，应该尽可能与美国和欧洲协调政策和立场，共同努力和协调政策，解决伊朗和苏丹问题，尽可能把中美间的矛盾与冲突减少到可控制的范畴之内。②

二、中美在中亚里海的能源博弈

里海是世界上最大的内陆湖，位于欧亚大陆的连接处，西面为欧亚分界线高加索山脉，里海海岸线长 7000 千米，南北长约 1200 千米，东

① 刘中民、朱威烈：《中东地区发展报告》，第 326 页。

② 吴磊：《关于中国—中东能源关系发展的若干思考》，《阿拉伯世界研究》2007 年第 1 期。

西平均宽度为320千米。[①] 整个里海地区包括哈萨克斯坦、吉尔吉斯斯坦、塔吉克斯坦、土库曼斯坦、乌兹别克斯坦、阿塞拜疆等国、俄罗斯和伊朗的部分地区及里海。[②] 从地缘政治的角度来看，里海地区是欧亚大陆的枢纽地带，里海地区东面是中国、西面是黑海和土耳其、北部接俄罗斯、南面是伊朗和伊拉克，按照麦金德的地缘政治理论，该地区位于欧亚大陆的“心脏地带”，其地缘政治地位十分重要，是影响世界格局的枢纽地区。

中亚里海地区蕴藏着非常丰富的油气资源，素有“第二个中东”之称，中亚—里海地区的石油储量高达482亿桶，天然气储量达到292万亿立方英尺。哈萨克斯坦、土库曼斯坦和乌兹别克斯坦三国的天然气储量约占全球天然气总储量的近1/7。三个国家中仅土库曼斯坦的天然气储量就达17.5万亿立方米，占到全球天然气总储量的9.4%，位列世界第四位，哈萨克斯坦已探明的石油储量为300亿桶，占全球石油储量的1.8%。[③]

里海地区蕴含着丰富的油气资源，里海沿岸含油气区的面积约50多万平方公里，据美国能源部能源信息局的统计，里海盆地探明的石油储量约为480亿桶、天然气储量为292万亿立方英尺，该地区约75%的石油和76%的天然气探明储量分布在里海沿岸100英里的范围之内。[④] 由于能源在工业社会的重要性，控制这一地区的能源，就可以控制“心脏地带”，进而就可以控制亚欧大陆，因而这一地区成为国际能源地缘政治争夺的焦点。

---

① 郑羽主编，《中美俄在中亚：合作与竞争（1991—2007）》，北京：社会科学文献出版社，2007年12月版，第291页。

② http：//www. eia. doe. gov/emeu/cabs/caspian. html.

③ BP，BP Statistical Review of World Energy，June 2017，pp. 12，26.

④ EIA，“Overview of oil and natural gas in the Caspian Sea region”，Aug 26，2013，http：//www. eia. gov/beta/international/regions - topics. cfm？RegionTopicID = CSR.

表 4—2　里海地区的油气统计数据①

国家	里海地区各国石油探明储量（单位：亿桶）	里海地区各国天然气探明储量（单位：万亿立方英尺）
阿塞拜疆	85	51
伊朗	5	2
哈萨克斯坦	312	104
俄罗斯	61	109
土库曼斯坦	19	19
乌兹别克斯坦	(S)②	7
合计	482	292

表 4—3　里海地区国家油气统计数据③

	2012 年里海地区各国每天石油产量（单位：1000 桶）			2011 年里海地区各国天然气产量（单位：10 亿立方英尺）		
国家	里海地区	全国	百分比%	里海地区	全国	百分比%
阿塞拜疆	922	922	100	7450	7450	100
伊朗	0	3367	0	0	7915	0
哈萨克斯坦	1387	1515	92	10250	13900	74
俄罗斯	120	9922	1	4850	236860	2
土库曼斯坦	216	216	100	2840	23380	12
乌兹别克斯坦	(S)	66	<1	100	22260	<1
合计	2645	16007	17	25490	383000	7

（一）美国在中亚里海地区的能源地缘战略

美国在中亚里海地区的能源地缘战略目标，主要有两个层面：一是出于能源利益的考虑，美国通过将中亚里海这个拥有巨大油气储量的区域纳

① U. S. Energy Information Administration，IHS EDIN，Eastern Bloc Research Energy Databook 2012.

② 少量。

③ U. S. Energy Information Administration，IHS EDIN，Eastern Bloc Energy，Rigzone，Rystad Energy.

入美国的油气供给体系，实现美国能源来源的多样化，可以保证美国长久的能源国际安全。[①] 二是出于能源地缘政治利益的考虑，美国通过对中亚里海区域的介入，逐步在亚欧大陆展开地缘战略布局，控制中东和里海这两个世界最大石油阀门，抢占能源地缘战略支点，推进全球能源战略布局，力图在世界能源地缘政治格局中确立主导地位。

"大中亚计划"。2001 年美国入侵阿富汗，驻军中亚，于是中亚里海地区成为美国反恐斗争的前沿基地和防止核扩散的重要地区。美国以阿富汗为枢纽，整合中亚和南亚，促使中亚能源出口多元化。通过加强中亚和南亚的联系，打破俄罗斯对中亚国家能源出口的垄断。中亚能源经阿富汗到达巴基斯坦和印度，既能满足南亚次大陆特别是印度急剧增长的能源需求，又能实现中亚能源出口多元化。美国的计划包括从土库曼斯坦经阿富汗至巴基斯坦和印度的输气管（全长 1600 千米）[②] 以及连接巴基斯坦、阿富汗、塔吉克斯坦和吉尔吉斯斯坦的电网等。其次，阿富汗与塔吉克斯坦、土库曼斯坦和乌兹别克斯坦接壤，阿富汗的安全问题很容易蔓延至这些国家。美国在阿富汗的军事行动使"乌兹别克伊斯兰运动"（IMU）等恐怖组织难以在阿富汗生存，美国担心这些组织转移到中亚发展。[③]

2006 年 2 月，美国国务卿赖斯调整了国务院地区局的划分，将中亚从欧洲局并入南亚局，改名为南亚和中亚事务局，任命原国务院发言人里查德 · 鲍彻为负责南亚和中亚事务的助理国务卿。此举反映出美国的中亚战略发生了深刻的变化，表明一个以阿富汗为中心、涵盖中亚和南亚的美国"大中亚"战略新框架逐渐形成。"大中亚计划"以经济为重点，其目标主要是帮助中亚五国相互降低贸易壁垒，推动中亚五国与其邻近地区的融合，促进中亚同全球经济和国际机构整合，实现中亚与国际准则、规范和

---

① 郑羽主编，《中美俄在中亚：合作与竞争（1991—2007）》，北京：社会科学文献出版社，2007 年 12 月版，第 327 页。

② "India Formally Invited to Join Central Asia Gas Pipeline Pro2ject," http: / /www. adb. Org/ Media /Articles/2003 1984_Central_Asia_India_Formally_ Invited_to_Join_Central_Asia_Gas_Pipeline_ Project_/.

③ 邵育群："美国中亚政策调整评述"，《现代国际关系》2007 年第 5 期，第 33、34 页。

惯例的接轨，以促进中亚经济“一体化”。① 美国政府为计划的实施牵线搭桥、构筑平台、吸引投资和援助，具体项目则主要由美国和西方国家的公司承办。总体来看，美国的“大中亚计划”吸取了“大中东计划”失败的教训，以经济为重点，适应了中亚国家发展的需要，因而得以实施并取得了一些进展。②

“新丝绸之路”计划。美国的“新丝绸之路”计划是其“大中亚计划”的优化版，2009 年 12 月，美国国务院负责南亚和中亚事务的副助理国务卿乔治·科罗尔（George A. Krol）在国会听证会上宣布了美国新中亚政策的几个要点：首先是美国需要增进与中亚国家在阿富汗反恐上的合作；其次是使中亚地区的能源和运输线路尽可能地多元化；督促中亚地区推进民主和人权；发展自由竞争的市场经济，加强中亚各国的自我管理能力；防止在塔吉克斯坦、吉尔吉斯斯坦发生国家失控。这一系列政策基于这样的判断：“中亚地区处于美国关键的安全、经济和政治利益的支点上。”③

2011 年 7 月，美国国务卿希拉里在印度金奈的演讲中首次宣布美国“新丝绸之路”战略，并于同年 9 月正式提出该计划。其主要构想为：以阿富汗为枢纽，将中亚、西亚等能源资源充沛的国家与经济迅猛发展的印度，以及东南亚和东亚地区连接起来，从而打造一个覆盖中亚、西亚和南亚的经济、交通、贸易发展网络，从而实现区域间的资源流动与优势互补，促进整个中亚、南亚及西亚地区的可持续发展。④ “新丝绸之路”战略

① Evan A. Feigenbaum, Deputy Assistant Secretary of State South and Central Asian Affairs, As Prepared Remarks to the U. S. – Kazakhstan Business Association and the American – Uzbekistan Chamber of Commerce, Washington, DC, March 20, 2007, http://www. state. gov/p/sca/rls/rm/2007/82024. htm

② 潜旭明：《美国对里海地区能源地缘战略及其走向》，《美国问题研究》2008 年 12 月版。

③ Jim Nichol, Central Asia: Regional Developments and Implications for U. S. Interests, Washington, D. C.: Congressional Research Service, RL33458, May 3, 2012, p. 3; George A. Krol's testimony in U. S. House Committee on International Relations, Reevaluating US Policy in Central Asia, Washington, D. C.: Government Printing Office, December 15, 2009, Serial no. 111 – 433, pp. 14 – 15. 转引自许涛：《试析美俄中亚政策演变路径与前景》，《俄罗斯学刊》2015 年第 5 期。

④ 潘光：《美国“新丝绸之路”计划的缘起、演变和发展前景——对话“新丝绸之路”构想的提出人斯塔教授》，《当代世界》2015 年第 4 期，第 25—27 页。

是奥巴马政府对小布什政府提出的“大中亚计划”的一种回归，但在手法上更加巧妙。“新丝绸之路”计划强调能源、物流通道的建设和区域经济合作，放宽了对中亚民主化的要求，以争取中亚各国的合作。①

美国通过“中亚区域经济合作组织”（CAREC）、“阿富汗区域经济合作会议”（RECCA）以及“伊斯坦布尔进程”（Istanbul Process）实施“新丝绸之路”战略的设想，帮助消除阿富汗与巴基斯坦和中亚国家之间的贸易障碍，推动公路铁路等交通项目建设。为建设和拓展经阿富汗连接中亚和南亚的基础设施，包括输电线路、公路、铁路、管道和光缆等，美国国务院确定了40多个项目，作为" 新丝路”战略的骨干项目。②

2015年3月31日，美国副国务卿安东尼·布林肯在布鲁金斯学会发表讲话，阐述了美国的中亚新政策。布林肯表示，美国与每个中亚国家的接触旨在实现三个重要目标：加强伙伴关系，以推进共同安全；锻造更紧密的经济联系；推动和倡导善治和人权。他强调：“从上世纪90年代到今天，美国观察中亚的视角可能有变化，但我们对在这个地区为推进我们的利益和价值而建立持久伙伴关系的承诺丝毫也没有改变。”③ 从讲话内容来看，美国中亚战略的重心开始转向经济和民生。这一转变也和对美国外交决策有重要影响力的智库建言相吻合。

2015年10月28日至11月3日，美国国务卿克里遍访中亚五国，并在乌兹别克斯坦的撒马尔罕与中亚五国外长举行“C5 +1”（中亚五国 + 美国）机制对话。其核心议题是地区局势和安全问题。会后，美国政府还宣布了在经济、气候、教育等领域向中亚国家提供援助的一系列新计划，显示出与该地区加强联系的诚意。④

2016年8月3日，第二次“C5 +1”会议在华盛顿举行，美国国务卿

---

① 耶斯尔：《论美国的“新丝绸之路”战略》，《新疆大学学报》2015年1月。

② Kucera JK. Central Asia: Can Expanded Trade Pacify an Unsettled Region? [EB/OL]. (2011 -10 -31) [2014 -08 -08]. http://www.eurasianet.org/print/64419. 转引自赵华胜：《浅评中俄美三大战略在中亚的共处》，《国际观察》2014年第1期。

③ Antony J. Blinken, Deputy Secretary of State, Remarks at the Brookings Institute, “An Enduring Vision for Central Asia,” http://wwwstate.gov/s/d/2015/240013.htm.

④ 严 瑜：《大国频访 多元力量博弈中亚（国际观察）》，《人民日报（海外版）》2015年11月5日第6版。

克里及哈萨克斯坦、吉尔吉斯斯坦、塔吉克斯坦、土库曼斯坦和乌兹别克斯坦五国外长参加会议。会议同意启动5个区域合作项目，旨在加强包括地区安全、经济互联、环境问题、气候变化以及人道主义等领域的合作。[①]在美国商会举办的招待会上，美国企业界首次与中亚的5个国家一起举行内阁级会晤，以推进中亚与美国政府、商业、学术界和文化机构的合作，[②]

2016年1月，有美国智库研究报告指出，在新环境下，推动华盛顿在中亚地区的优先事项需要美国对中亚政策的显著改变。报告对美国的中亚政策提出若干建议：优先加强与哈萨克斯坦和乌兹别克斯坦在区域事务中的合作；承认与中俄两国在中亚的共同利益关切，寻求将中俄的行为朝着符合美国利益的方向引导；以需求驱动改革，不把民主强加于中亚国家之上；不要以地区国家人权状况作为安全合作的条件；防止对伊斯兰极端主义过度反应并将美国的地区政策“军事化”；更有效地使用手中筹码，追求务实的、优先的政策目标。[③]

（二）美国实现中亚里海能源地缘战略的手段

布热津斯基在概括美国在里海地区的战略核心时指出：“美国首要的利益是确保没有任何一个大国单独控制这一地缘政治空间，使世界各国都能在财政上和经济上不受阻拦地进入该地区。只有在一个油气管道和交通运输网络通过地中海和阿拉伯海以及陆地把这个地区直接与世界经济活动的主要中心连接起来的时候，地缘政治的多元化才能变成一个持久的现实。”[④] 美国要对地区其他强国可能使用的手段进行控制。美国十分重视里海地区的战略价值，为了加强在欧亚大陆上的影响和力量，美国在里海区

① Bao Dandan, Kerry attends U. S. – Central Asia (C5 + 1) foreign ministerial meeting, Xinhua, 2016 – 08 – 04, http://news.xinhuanet.com/english/photo/2016 – 08/04/c_135562915.htm.

② 谢亚宏：《美拉拢中亚欲削弱中俄 加紧重返“心脏地带”》，《环球时报》，2016年8月4日。

③ Eugene Rumer, Richard Sokolsky and Paul Stronski: “U. S. Policy Toward Central Asia 3.0”, http://carnegieendowment.org/2016/01/25/u.s. – policy – toward – central – asia – 3.0/itlr, January 25, 2016.

④ 兹比格纽·布热津斯基著，中国国际问题研究所译，《大棋局：美国的首要地位及其地缘战略》，上海世纪出版集团，2007年1月版，第122、123页。

域所采取的手段主要有以下几方面：

1. 增强对该地区国家的经济援助

美国通过各种渠道加大对俄罗斯和中亚国家的经济援助，以推进这一地区的民主化过程。[①] 据统计，自 1992—1997 年间，美国政府向中亚国家提供了各类经济援助约 15 亿美元，1999 年达 10 亿美元。[②] 2010 年以来美国对中亚国家的援助额度如下表所列。

表 4—4　2010 年以来美国对中亚国家的援助额度[③]

（单位：百万美元）

中亚国家	2010	2012	2014	2015	2016	2017
哈萨克斯坦	22.722	19.285	10.664	8.393	8.136	8.783
阿塞拜疆	28.101	16.206	13.943	10.08	10.341	12.936
塔吉克斯坦	57.972	45.089	39.297	28.941	36.308	41.57
土库曼斯坦	16.512	9.199	5.044	3.36	4.529	4.815
乌兹别克斯坦	12.040	16.732	14.185	10.678	10.631	11.608

2. 鼓励美国石油公司到里海区域投资

1994 年克林顿政府宣布促进中亚投资和贸易计划。1997 年后，美国进一步加大对该地区石油和天然气产业投资的力度，美国与哈萨克斯坦签署了价值 260 亿美元的石油开采合同，到 2001 年，美国的埃克森—美孚，雪佛龙—德士古等石油公司在中亚—里海地区能源生产设施方面的投资已经高达 300 亿美元。[④] 2004 年 6 月，时任美国贸易代表罗伯特・B・佐利克与

① 钱学文等著：《中东、里海油气与中国能源安全战略》，北京：时事出版社，2007 年 11 月版，第 436 页。

② 中国现代国际关系研究院：《全球能源大棋局》，北京：时事出版社，2005 年 1 月版，第 169 页。

③ 根据美国国务院数据制作。

④ US Department of Energy, EIA, Kazakhstan: Major oil and Natural Gas Projects, http://www.eia.doe.gov/emeu/cabs/kazaproj.html.

中亚五国代表签署了贸易及投资发展的框架协议（TIFA）[①]，此协议提出了美国与中亚国家贸易及投资发展的若干目标，其关键内容之一是建立“美国—中亚贸易和投资委员会”，该委员会的宗旨是增强美国与中亚地区的经济合作。

3. 积极开展能源外交

美国政府专门成立了“里海能源工作小组”，负责该地区的能源外交事务，由国家安全委员会直接领导。[②] 美国在一些产油国设置的大使馆，工作人员众多，其中很多工作人员是用来为大公司收集信息或者进行活动。1997 年，美国拟定了“欧亚运输走廊计划”。1998 年任命了总统和国务卿里海盆地能源外交特别顾问，负责协调美国海外私人投资公司、美国进出口银行及其他机构的工作人员，以确保里海的发展和这个地区的能源准入。[③]

围绕里海的法律地位问题，美国也积极开展外交活动，美国支持哈、阿、土等国主张“里海”是海，对其进行彻底划分，不断向俄罗斯施加压力，迫使其作出重大让步，同意先就里海沿岸 45 海里进行划分，其他部分由各国共享。

2003 年美国白宫里海能源方面的外交问题高级顾问斯蒂文·曼恩访问哈萨克斯坦，双方讨论了里海能源发展的前景、哈加入巴库—杰伊汉石油输出管道等问题。2005 年 10 月，美国国务卿赖斯访问了吉尔吉斯斯坦、哈萨克斯坦、塔吉克斯坦和阿富汗四国。2006 年 5 月，美国副总统切尼访问了哈萨克斯坦，双方签署了就拆除哈境内大规模杀伤性武器基础设施协议的修改协议、在防止核材料非法转移领域合作的协议，关于两国在哈美

---

① Framwork Agreement between the Government of the United state of America, the Government of the Republic of Kazakhstan, the Govenmemt of the Kyrgyz Republic, the Government of tajikistan, the Government of the Republic of Turkmenistan, and the Government of the Republic of Uzbekistan concerning the Development of trade and Investment Relations, http: //www. bisnis. doc. gov /bisnis/bisdoc/ 0508TIFA. pdf.

② 潜旭明：《美国对里海地区能源地缘战略及其走向》，《美国问题研究》，北京：世界知识出版社，2008 年 12 月版，第 147、148 页。

③ Jim Nichol, “Central Asia's new state: Political Developments and Implications for U. S. Interest”, CRS Issue Brief for Congress, March 1, 2001.

经济合作框架内的谅解备忘录等。①

4. 加强与里海地区的军事联系

1997 年 8 月，美国、乌克兰、格鲁吉亚在里海地区西部举行了代号为“海风 97”联合军事演习。不久，美国又与哈萨克斯坦、乌兹别克斯坦等国在里海地区的东部举行了“合作伙伴 97”的联合军事演习。1999 年 10 月，美国将中亚五国由欧洲司令部划归中央司令部管辖，采取措施进一步加强与中亚里海地区国家的双边军事联系。② 2001 年，美国借着打击恐怖主义的旗号攻打阿富汗，进军中亚。先后在乌兹别克斯坦、吉尔吉斯斯坦、哈萨克斯坦、阿塞拜疆和格鲁吉亚建立军事基地，并通过经济渗透加强了对中亚和高加索地区能源的影响和控制。美国在阿塞拜疆部署 1. 5 万人的兵力，同时还把在西欧的一些军事力量转移到中亚和里海拥有石油资源的地方。2003 年，美国推出“里海卫队”（Caspain Guard）战略，于 2003 年秋开始组建“里海卫队”，来“整合里海地区的空域、海域和边界管辖体系”。③ 美国在巴库建立了一个雷达系统指挥中心，用来监视阿、哈两国水域的石油钻探和运输情况。2005 年，巴库—第比利斯—杰伊汉输油管道开通。美国国防部设在德国的斯图亚特的欧洲服务司令部负责协调多家机构，为巴—杰输油管项目培训保卫人员。④

5. 控制油气管道

“谁控制了出口油气管道，谁就能控制油气；谁控制了油气，谁就能控制心脏地带。”⑤ 里海没有直接出海口，其油气资源要通过陆路外运，管道运输是一种较好的输送方式，因此，逐鹿中亚成了控制和争夺输油管道的斗争。

① 郑羽主编：《中美俄在中亚：合作与竞争（1991—2007）》，北京：社会科学文献出版社，2007 年 12 月版，第 505、513、514 页。

② 郑羽主编：《中美俄在中亚：合作与竞争（1991 - 2007）》，社会科学文献出版社，2007 年 12 月版，第 30 页。

③ 迈克尔·克莱尔著，孙芳译：《石油政治学》，海口：海南出版社，2009 年版。第 205 页。

④ 潜旭明：《美国对里海地区能源地缘战略及其走向》，《美国问题研究》，北京：世界知识出版社，2008 年 12 月版。

⑤ Philippe Le Billon. The Geopolitics of Resource War: Resource Dependence Governance and Violence. Frank Cass. 2005. p. 148.

在中亚油气运输管道中，有所谓的“北线”“东线”“西线”“南线”四个方向的线路，分别代表俄罗斯、中国、美国及西方盟国、伊朗和印度及巴基斯坦的利益倾向；“北线”是指经过中亚到俄罗斯的线路；“东线”是指经过中国的线路；“西线”是指从中亚经过里海、高加索和土耳其到达地中海的线路；“南线”是从里海经伊朗到波斯湾，或者是从哈萨克斯坦等国到阿富汗再到阿拉伯出海口。美国的考虑主要是降低俄罗斯和伊朗对石油管道的控制，减少中国对中亚地区能源的影响，比较而言，“西线”最符合美国的利益。①

为打通亚欧大陆桥，确保“西线”的安全，以美国为首的北约在“人道主义”的旗帜下，对科索沃实施了狂轰滥炸，以确保美国的战略目标的实现。如果控制中亚这一能源蕴藏量丰富的“石油阀门”，美国便可以借此控制和影响其他任何国家的发展。从这个意义上说，在中亚进行的能源博弈，不仅有现实的能源安全意义，还有着遏制俄罗斯势力发展和经济腾飞的战略意义。② 在石油运输管道方面，美国积极推动巴库—第比利斯—杰伊汉的石油管线（BTC）建设，在小布什政府的推动下，该管道于2002年6月开工，2006年7月建成，并开通启用。美英两国是该管线项目的最大股东，占44%的股份，阿塞拜疆占25%，挪威、意大利、法国、日本和土耳其占其余的31%的股份。③

在天然气管道建设方面，美国政府大力支持“巴库—第比利斯—杰伊汉—埃尔祖鲁姆”天然气管道，2002年9月，该管道第一阶段工程在英国石油公司的运营下开始动工，2006年底，该天然气管道第一阶段完工，耗资约26亿。各公司持股情况如下：英美合资的BP/Amoco（25.5%）、挪威Statoil（25.5%）、阿塞拜疆国家石油公司SOCAR（10%）、法国Total（10%）、俄、意合资LukAgip（10%）、伊朗OIEC（10%）、土耳其TPAO

① 刘波著：《石油与20世纪的变迁》，郑州：河南大学出版社，2005年9月版，第91页。

② 张国庆著：《一个人的世界：透视布什》，北京：世界知识出版社，2004年3月版，第179页。

③ 张宁：《中亚能源大博弈》，长春出版社，2009年版，第185页。

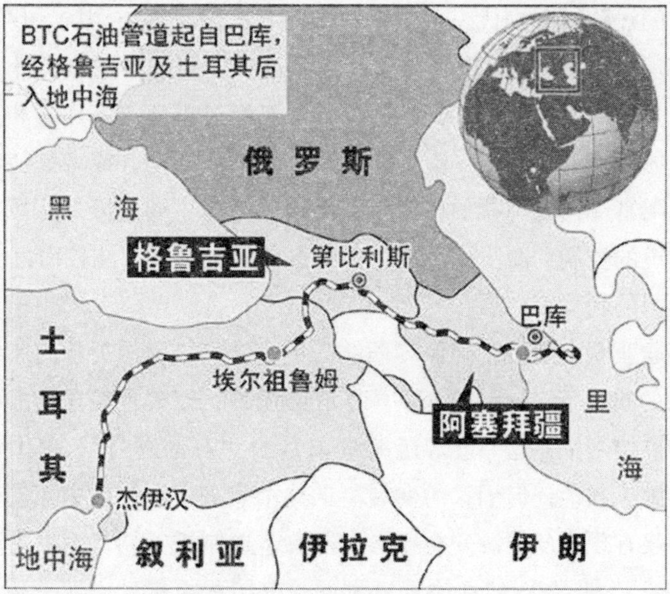

图 4—2　巴库—第比利斯—杰伊汉的石油管线（BTC）

(9%)。[①]

6. 利用北约“和平伙伴计划”加紧向中亚地区进行政治、经济和军事渗透

很明显，美国想在亚欧大陆构建美国主导下的国际秩序，来实现其能源利益。[②] 美国在这一地区的战略与北约东扩密切相关，美国外交家马修·尼米兹认为，随着地中海地区变得日益重要，美国对这一地区的介入并驻兵将有助于提高该地区的安全。北约主要成员国法国、德国、意大利、西班牙、希腊和土耳其也有同样的需求。[③]“为了实现地区安全，北约

① 李扬：《冷战后美国国际能源战略研究》，北京：中国社会科学出版社，2015 年版，第 187、188 页。

② Michael P. Croissant and Bulent Aras. Oil and Geopolitics in the Caspian Sea Region. London: Westport Connection. p. 251.

③ Ambassador Matthew Nimetz, “Mediterranea Security After the Cold War,” MediterraneaQuarterly 8, No 2 (Spring 1997): 29.

不但把这一地区融入西方的经济圈、扶植多元化机制，而且还要运用军事力量。”[①]

1994 年，哈萨克斯坦、土库曼斯坦、吉尔吉斯斯坦和乌兹别克斯坦先后加入北约的“和平伙伴关系计划”。1997 年 7 月，北约马德里首脑会议决定接收波兰、捷克和匈牙利三国加入。北约通过“和平伙伴关系计划”把欧洲大陆的 28 个非北约成员国纳入在一个欧洲安全网络内。欧洲安全与合作组织在中亚五国设有使团，负责推动安全、经济与环境、民主与人权、选举、媒体等领域的项目。[②] 2004 年 6 月伊斯坦布尔峰会后，北约进一步提高中亚的战略地位，加强与伙伴国家的合作。与此同时，北约的各级官员也频频访问里海地区国家，积极推动北约与这些国家的联系，使合作向纵深方向发展，为打入里海地区的石油开发埋下伏笔。

7. 控制中亚里海区域，孤立、防范和遏制伊朗

美国认为伊朗很可能成为一个拥有大规模杀伤性武器的反美准强国。“9 · 11”事件以来，美国以伊朗发展大规模杀伤性武器为由通过了相关法案，禁止任何能源外运线路通过伊朗。[③] 不仅如此，美国还阻止伊朗石油和天然气产业的发展，对外国企业与伊朗在能源方面的合作持反对态度，主要原因在于：一方面，美国认为，如果修建该地区向南通过伊朗的能源外运管道将妨碍往西管道的建设和发展，伊朗石油和天然气产业的发展壮大，将会增加伊朗对中亚—里海地区的影响力。另一方面，美国认为从能源安全的角度看，让更多的能源资源通过波斯湾毫无意义，因为波斯湾已经是一个非常拥挤且极不安全的能源通道。[④]

---

① Michael P. Croissant and Bulent Aras. Oil and Geopolitics in the Caspian Sea Region. London: Westport Connection. p. 252.

② 潜旭明：《美国对里海地区能源地缘战略及其走向》，《美国问题研究》，北京：世界知识出版社，2008 年 12 月版，第 150 页。

③ 同上。

④ 罗振兴：“美国在中亚—里海地区的能源政策评析”，《美国研究》2005 年第 2 期，第 131、132 页。

8. 博弈俄罗斯

美国在中亚的地缘战略有其更深层次的战略意图：与俄罗斯竞争在中亚诸国的影响优势，防范俄罗斯在独联体范围的势力扩展，使之无望在任何程度上卷土重来。[①] 另一方面，美国与俄罗斯在油气的开采和控制输油管道方面展开激烈博弈。里海没有直接出海口，其油气资源要通过陆路外运，因此，控制和争夺输油管道的斗争成了争夺里海石油的另一场战役，美俄为此展开激烈的博弈。[②]

俄罗斯千方百计使油气管道经过自己的领土进入世界市场，而美国决心削弱俄罗斯和伊朗在这一地区的传统影响，协助产油国铺设不经过俄罗斯和伊朗的输油管道。[③] 为了使运往欧洲的石油管道不经过俄罗斯，美国决定铺设一条从里海沿岸城市巴库，途经阿塞拜疆、格鲁吉亚和土耳其的巴—杰管道。俄美围绕里海输油管道的博弈已经持续了大约10年时间，美国在这场博弈中运用了非常见效的武器：车臣、达吉斯坦、北奥赛梯和纳卡的“伊斯兰战士”。

近年来，美俄在中亚的争夺正在加剧，美国发出新一轮攻势，俄罗斯也将采取一系列的措施予以回应，对中亚采取更加进取的态势，不断提升俄乌、俄哈关系。2005年7月，在俄罗斯的支持下乌兹别克斯坦政府正式要求美国军队在180天内撤出汉纳巴德的军事基地，2005年11月，美国完成从乌兹别克斯坦撤军。[④] 在美国方面，美国政府准备以斯塔尔等学者提出的“大中亚计划”为蓝本，增大对中亚地区的经济援助，培养亲美势力。2006年5月，美国国会批准了《中亚民主和人权法案》，继续为在中亚推进美式民主拨款[⑤]……美俄之间的博弈远没有结束。

当然，美俄两国之间也有着共同的利益，其中美国想从俄罗斯获取石

---

① 时殷弘：“当今中亚大国政治：出自中国视角地评估”《国际经济评论》2003年第7—8，第62页。

② 潜旭明：《美国对里海地区能源地缘战略及其走向》，《美国问题研究》，北京：世界知识出版社，2008年12月版。

③ 同上。

④ 同上。

⑤ 同上。

油，以减少对中东的依赖，进而削弱欧佩克石油对美国的制约。俄罗斯则想打入美国的石油市场，夺取欧佩克国家在世界石油市场所占的份额，同时也可以改善俄美的战略合作关系，以获取美国对俄罗斯经济发展的支持和帮助。

（三）中国与中亚国家的能源合作

1. 中国与中亚国家能源合作的发展

中国与中亚国家的能源合作始于20世纪90年代，地理上的相邻性为能源贸易和合作提供了管道运输方面的优势，从经济角度来看，能源资源的互补性和利益的互动性构成了中国与中亚五国能源合作的现实基础。

1993年，随着中国从石油出口国变为石油净进口国，中国提出能源安全的目标是"保障长期、稳定的石油供应"，中国能源企业开始实施"走出去"战略。1997年中国能源企业开始涉足中亚市场，6月，中国石油天然气公司签订了购买哈萨克斯坦阿克纠宾项目60.3%股权的协议，8月，中国公司又在哈第二大油田新乌津油田私有化国际招标中击败了美国阿莫克公司等竞争对手，一举中标。[①] 中国公司并同土库曼斯坦、阿塞拜疆签订了关于产品分成、合资及租让等协议。[②] 2002年中国公司又相继签署了土库曼斯坦、阿塞拜疆 K & K 和哈萨克斯坦滨里海盆地东缘中区项目。2003年1—6月，中国公司又先后签约阿塞拜疆古帕斯坦项目、哈萨克斯坦阿克纠宾项目扩股合同、哈萨克斯坦北布扎齐油田项目和巴斯勘探区块项目。2005年1月，中国石化集团公司完成对2004年3月并购的美国第一国际石油公司的整合，在其所属的哈萨克斯坦石油勘探区块内开始全面作业。同年10月，中国石油天然气集团公司以41.8亿美元成功收购哈萨克斯坦PK石油公司。[③] 2004年6月，中国天然气集团公司与乌兹别克斯坦国家石油天然气公司签署石油天然气互惠合作协议，2005年5月25日，

① 余建华等：《世界能源政治与中国国际能源合作》，长春出版社，2011年5月版。

② 查道炯：《中国石油安全的国际政治经济学分析》，北京：当代世界出版社，2005年版，第18页。

③ 余建华：《21世纪初里海能源竞争的新态势》，《社会科学》2006年第1期。

中乌又签署了两国在乌石油勘探和开采领域长期合作政府间正式协订。①

“十二五”期间，中国能源发展规划的主线是“能源结构调整”，能源政策已从单纯的“立足国内、自给自足”转为“能源外交、石油外交”。通过石油进口来源多元化来规避风险，即减少从中东、北非等局势动荡地区进口石油，增加从中亚、非洲等局势相对稳定的国家和地区进口石油。②

中国目前已成为全球第二大石油消费国、第一大石油进口国，是中亚油气输出的最重要能源市场。近年来，中国—中亚国家在能源资源领域的合作进展顺利，已建成的中哈原油管道、中亚天然气管道 A/B/C 线是中国的重要能源战略通道。

（1）中哈原油管道

中哈原油管道西起哈萨克斯坦西部的里海沿岸港口城市阿特劳，向东途径中石油在哈萨克斯坦购买的阿克纠宾油区、肯基亚克和阿塔苏，横穿哈萨克斯坦全境后至中哈边境阿拉山口，再从阿拉山口至中国新疆的独山子石化公司，总长 3088 千米。中哈原油管道于 1997 年提议修建，是中国第一条跨境石油运输管道。中哈原油管道使中、哈、俄三国的石油管道联网，为确立互利合作的伙伴关系奠定基础，使中国的供油线路更加安全。③

（2）中国—中亚天然气管道

中亚天然气管道过境哈萨克斯坦、乌兹别克斯坦、土库曼斯坦、中国等多个国家。中亚天然气管道项目是一条跨境能源大动脉，管道 A/B 线起点在土库曼斯坦阿姆河右岸的土、乌边境，经乌兹别克斯坦中部和哈萨克斯坦南部，与我国内“西气东输”二号线在新疆霍尔果斯相连接，C 线西起土乌边境格达依姆，与 A/B 线并行铺设，在霍尔果斯连接我国“西气东输”三号线。继 A/B/C 线建成通气之后，中国—中亚天然气管道 D 线于 2014 年 9 月开工建设，2016 年投产，西起土库曼斯坦的复兴气田，沿经乌兹别克斯坦、塔吉克斯坦、吉尔吉斯斯坦，从与吉尔吉斯斯坦接壤的天山

---

① 余建华等：《世界能源政治与中国国际能源合作》，长春出版社，2011 年 5 月版，第 319 页。

② 柴利：《中国与中亚国家能源合作对策研究》，北京：社会科学文学出版社，2013 年 7 月版，第 164 页。

③ 同上书，第 187 页。

南麓与昆仑山两大山系结合部的新疆乌恰入境，连接国内目前正在规划的“西气东输”五号线，主要目标供气市场为华北地区。中亚天然气管道 D 号线的建成，对于进一步保障我国能源安全、激活南疆地区的经济发展具有重要战略意义。届时，中国—中亚天然气运输管道的输送能力将从每年 550 亿立方米增加至每年 850 亿立方米，使之成为整个中亚地区运载规模最大的输气网络。①

2015 年，中国通过中哈原油管道进口原油 1080 万吨，“十二五”期间连续 5 年输油量超过 1000 万吨，自 2006 年 7 月投产至 2015 年年底，中哈原油管道已累计向中国输送原油 8724 万吨。② 2015 年，通过中国—中亚天然气管道 A/B/C 线进口天然气约 305 亿立方米（主要来自土库曼斯坦），占全年中国进口天然气总量的 50% 左右。来自中亚的天然气已输送至中国 22 个省市地区，用户超过 5 亿人。③

2. “一带一路”倡议背景下中国与中亚的能源合作

2013 年 9 月，习近平主席出访中亚四国、参加上合峰会时提出构建“丝绸之路经济带”。2013 年 10 月，习近平主席访问印尼、出席亚太经合峰会时倡导建设“21 世纪海上丝绸之路”。李克强总理在 2014 年 3 月 5 日所作的政府工作报告提出，抓紧规划建设“丝绸之路经济带”和“21 世纪海上丝绸之路”。④ 随着建设“一带一路”倡议的提出，“丝绸之路”将再次成为世界地图上贯通中西、促进各方面交流合作的黄金路线。⑤

中亚地区是古丝绸之路的要冲，在东西方贸易与文化交流中发挥了重要的作用，在实施“丝绸之路经济带”建设中，中亚仍然扮演着重要的角

---

① 岳立、杨帆：《“丝绸之路经济带”中国与中亚五国能源合作的经验借鉴及路径探析——基于地缘经济视角》，《人文杂志》2016 年第 9 期。

② 中哈天然气管道一期指中国—中亚天然气管道 A/B/C 线过境哈萨克斯坦的管道，二期指哈国内从别伊涅乌到巴佐伊到奇姆肯特的管道。

③ 王海燕：《中国与中亚地区能源合作的新进展与新挑战》，《国际石油经济》2016 年 7 月。

④ 李克强：《政府工作报告——2014 年 3 月 5 日在第十二届全国人民代表大会第二次会议》，中华人民共和国中央人民政府网站，http：//www. gov. cn/guowuyuan/ 2014 - 03/05/content_ 2629550. htm。

⑤ 潜旭明：《“一带一路”战略的支点：中国与中东能源合作》，《阿拉伯世界研究》2014 年第 3 期。

色。在“一带一路”倡议的合作领域中，能源合作符合中亚各方发展需求，具有较强的现实和战略意义，是“一带一路”各合作领域的重中之重，成为各合作领域的领跑者和示范者。（1）中国油气企业在中亚地区经济效益高，合同模式好，业务链最完整，效益贡献最大。（2）中国与中亚国家油气合作市场规模大，管控程度强，业务领域涵盖上中下游整个业务链，实现了质量效益可持续发展。（3）合作基础实，安全保供意义大。中国—中亚能源合作，建成亿吨级陆上油气战略通道，可以缓解对中东—北非石油和海上运输的依赖，使我国在全球能源战略博弈中争得主动。①

3. 新形势下中国—中亚能源合作进展

（1）油气合作主题更加多元

在中国—中亚能源合作中，除国有企业实施的项目外，民营企业也开始参与其中。2015 年 6 月，中国吉艾科技公司宣布募资 10 亿人民币，其中 9 亿用于新建塔吉克斯坦丹格拉炼油项目。吉艾科技子公司东营和力投资发展公司与塔吉克斯坦能源和水资源部签署了《谅解备忘录》，双方将建立包括勘探开发、运输设施建设、油品加工销售的全面油气合作关系。2015 年 12 月，中国华信能源公司与哈萨克斯坦 KMC 油气公司签署战略合作协议，② 华信能源公司收购 KMC 下属国际公司（KMCI）51% 股份，交易金额为 5 ~ 10 亿美元。KMCI 业务主要分布于欧洲和中亚地区，涵盖上游开发、炼油加工、油品销售和国内外仓储及贸易。③

（2）能源领域产能合作取得突破

中国在核能、煤化工、风能、太阳能等领域拥有独立自主、较为先进的技术，在能源装备，包括油气设备、管材、电力设备等方面有独特的优势。④ 2015 年，中哈两国在产能领域启动实质性的合作，先后签署了多份

---

① 鲁燕、张鑫：《中国与俄罗斯及中亚能源合作分析》，北京：世界知识出版社，2015 年版，第 19、20 页。

② 《中国华信与哈石油在京签署战略合作协议》，http：//www. cefc. co/ detail/news/1697? lang = cn。

③ 王海燕：《中国与中亚地区能源合作的新进展与新挑战》，《国际石油经济》2016 年第 7 期。

④ 同上。

产能合作的文件，涉及52个项目241亿美元，其中也有涉及能源装备制造的合作，例如，石油天然气集团公司与哈萨克斯坦签署了关于在该国建设大口径管厂的协议。①

3. 合作机制不断健全

近年来，中国和中亚国家建立了一整套完整的双边和多边合作机制。(1）中国与中亚五国分别建立了双边经贸合作领导协作机制：中哈合作委员会、中塔经贸混委会、中土合作委员会、中乌经贸合作委员会、中吉政府间经贸委员会。(2）多边合作机制：上海合作组织、亚行的中亚区域经济合作计划框架内合作、亚洲基础设施投资银行、丝路基金。这些双边和多边机制为“丝绸之路经济带”的建设提供了制度保障。②

2013年9月，国家主席习近平对土库曼斯坦进行国事访问，签署了《中土关于建立战略伙伴关系的联合宣言》。至此，中国与所有中亚国家都建立了战略伙伴关系，在上海合作组织框架下，各成员国签署了《上海合作组织成员长期睦邻友好合作条约》，这些文件为“丝绸之路经济带”的建设提供了政治和法律保障。③

（四）中美在中亚的能源博弈

1. 上海合作组织的成立与发展

2001年6月15日，上海合作组织正式宣告成立，成为中国和中亚国家共同应对威胁和挑战、维护中亚地区和平与稳定、开展能源合作的一个重要平台。

“9·11”事件以后，美国建立全球反恐联盟，入侵伊拉克、攻打阿富汗、驻军中亚，积极推进“北约东扩”及“大中东民主计划”到中亚，牢牢把握中亚这一能源阀门，进而在欧亚大国竞逐中占领先机。阿富汗战争的打响和美国军事力量大规模进入中亚，使刚刚成立3个月的上海合作组

---

① 孙力、吴宏伟：《中亚国家发展报告（2015)》，北京：中国社会科学出版社，2015年8月版，第268页。

② 潜旭明：《“一带一路”倡议背景下中国的国际能源合作》，《国际观察》2017年第3期。

③ 孙力、吴宏伟：《中亚国家发展报告（2015)》，北京：中国社会科学出版社，2015年8月版，第205页。

织面临严峻的挑战。2003 年美国发动的伊拉克战争及其在欧亚大陆产生的连锁反应、2004—2005 年在苏联地区发生的所谓“颜色革命”和中亚的“选举期动荡”，又对上海合作组织产生了影响和冲击，使其再度面临新的挑战和机遇。在这样的形势下，上海合作组织及时抓住机遇，应对挑战，进一步健全和加强自身的运作机制，继续深化安全反恐合作，大力促进经济合作，高度重视文化合作，并积极推动与其他国家和多边组织之间的国际合作，取得了一系列令人瞩目的成就，在中亚乃至全球的和平发展进程中发挥着日趋重要的作用。2003 年，上合组织成员国通过了《多边经贸合作纲要》，规定了成员国经贸合作的优先领域、主要任务和实施机制；2004 年通过了该纲要的落实措施计划。这些文件规定要在上合组织范围内逐步形成真正的一体化空间，实现商品、劳务、资本和技术的自由流动。①2005 年 7 月 1 日，中俄元首发表《关于 21 世纪的世界秩序》的联合声明。

2005 年 7 月美国申请成为上合组织观察员国被拒，而伊朗、蒙古国、印度和巴基斯坦等国却被接纳。7 月 29 日，乌兹别克斯坦要求美国撤出驻军，美国一些分析家认为上合组织具有反美色彩并对美国的国家利益构成挑战。②

从 2005 年开始，美国开始调整其中亚战略，调整主管机构，提出“大中亚”战略构想。“大中亚”战略由美国约翰·霍普金斯大学中亚问题专家斯塔尔提出，主张美国以阿富汗为中心，发展与包括中亚五国和阿富汗在内的“大中亚”地区国家的伙伴关系，通过推动中亚和南亚在政治、安全、能源、交通等领域的合作，建立一个由亲美的、实行市场经济和世俗政治体制的国家组成的新地缘政治板块，从而实现美国在广大中亚和南亚地区的战略利益。③ 美国以阿富汗为枢纽，整合中亚和南亚，促使中亚

---

① 中国现代国际关系研究院：《世界大变局》，北京：时事出版社，2010 年 8 月版，第 155 页。

② 吴心伯：《世事如棋局局新——二十一世纪中美关系的新格局》，上海：复旦大学出版社，2011 年 2 月版，第 39 页。

③ US Policy in Cetnral Asia：balancing Priorities（Part II）. Richard A. Boucher，Assistant Secretary of State for south and Central Asian Affiars，Statement to the House International Relations Committee Subcommittee on the Middle East and Central Asia，april 26，2006（http：//www. state. gov）.

能源出口多元化。中亚能源经阿富汗到达巴基斯坦和印度，既能满足南亚次大陆特别是印度急剧增长的能源需求，又能实现中亚能源出口多元化。美国的计划包括从土库曼斯坦经阿富汗至巴基斯坦和印度的输气管（TA-PI）[①] 以及连接巴基斯坦、阿富汗、塔吉克斯坦和吉尔吉斯斯坦的电网等。

2006 年 2 月，美国国务卿赖斯调整了国务院地区局的划分，将中亚从欧洲局并入南亚局，改名为南亚和中亚事务局，任命原国务院发言人里查德·鲍彻为负责南亚和中亚事务的助理国务卿。在“大中亚”战略中，美国整合盟友的力量，推动与中亚国家的关系，借助“北约东扩计划”和“和平伙伴关系计划”，巩固与中亚国家的关系。北约于 1994 年实施“和平伙伴关系计划”，目的是与中亚国家建立一种联系国制度，确立两者之间的合作关系，参加“和平伙伴关系计划”是成为北约成员的过渡阶段，其根本宗旨是为了向中亚渗透。2002 年，所有中亚国家都已加入“和平伙伴关系计划”，美国一方面利用欧洲安全与合作组织在中亚设立了外交使团，推动与中亚国家安全、经济、环境、媒体等方面的联系。一方面利用其控制的世界银行、亚洲开发银行等国际经济组织支持中亚国家的基础设施建设。[②]

为顺利实施“大中亚”战略，美国调整了推动中亚国家发起“颜色革命”的手段，政策目标由“民主输出”转变为“站稳中亚”，改善与中亚各国的关系，如美国 2006 年对土库曼斯坦和哈萨克斯坦领导人的更换表示了认可。总体来看，美国的“大中亚计划”吸取了其“大中东计划”失败的教训，以经济为重点，适应了中亚国家发展的需要，因而得以实施并取得了一些进展。[③]

中国在中亚地区有着重要的地缘政治、经济和安全利益，不会坐视美国在中亚以竞争和排他的方式扩大影响，中国将继续以双边和多边的方式

---

① “India Formally Invited to Join Central Asia Gas Pipeline Pro2ject,” http: / /www. adb. Org/ Media /Articles/2003 1984_Central_Asia_India_Formally_Invited_to_Join_Central_Asia_Gas_Pipeline_Project_/.

② 张植荣著:《中国对外关系新论：地缘政治与睦邻外交研究》，励志出版社，2008 年 3 月版，第 325 页。

③ 潜旭明:《美国对里海地区能源地缘战略及其走向》，《美国问题研究》，2008 年 12 月版。

积极参与中亚事务，全方位发展与中亚国家的关系。[①] 中国以上合组织为平台，与中亚国家进行全方位的合作。在2007年举行的比什凯克峰会上，6个成员国缔结了《上海合作组织成员国长期睦邻友好合作条约》，进一步以法律形式确定了6国之间的长期睦邻友好合作关系，2009年，吉尔吉斯斯坦关闭了美国在其境内的军事基地。上海合作组织逐渐发展成为一个有凝聚力和影响力的国际组织，[②] 在维护中亚地区稳定、促进成员共同发展方面发挥着重要的作用。

2. “新丝绸之路计划”与“一带一路”倡议

2011年美国推出“新丝绸之路计划”，旨在推动以阿富汗为核心的、连接南亚与中亚的经济一体化和跨地区贸易。[③] “新丝绸之路计划”的出台，表明美国对阿富汗战略从注重北约的作用、奉行军事第一、经济第二的方针，过渡为倚重地区国家并以经济社会发展为重点。[④] 其主要内容是在中亚地区新建基础设施，将阿富汗打造为连接中南亚资源与市场的枢纽；吸引外资参与阿富汗国内的建设，帮助阿富汗建立独立的经济体系等。美国通过中亚区域经济合作组织（CAREC）、阿富汗区域经济合作会议（RECCA）以及伊斯坦布尔进程（Istanbul Process）实施“新丝绸之路计划”的设想，帮助消除阿富汗与巴基斯坦和中亚国家之间的贸易障碍，推动公路、铁路等交通项目建设。为建设和拓展经阿富汗连接中亚和南亚的基础设施，包括输电线路、公路、铁路、管道和光缆等，美国国务院确定了40多个项目，作为" 新丝路”的骨干项目。[⑤] 通过实施“新丝路计划”，美国和中亚国家的关系取得较大的突破：（1）美国与中亚国家建立

---

① 吴心伯：《世事如棋局局新——二十一世纪中美关系的新格局》，上海：复旦大学出版社，2011年2月版，第44页。

② 柳丰华：《中国在中亚：政策和演变》，《俄罗斯中亚东欧研究》2007年第6期，第71页。

③ 牟宗琮、王社恬：《“环访”阿周边国家修补美巴关系裂痕——美国务卿力推“新丝绸之路计划”》，《人民日报》，2011年10月23日。

④ 苏晓宇：《美国中亚军事战略的发展与前景》，北京：中国社会科学出版社，2016年版，第194页。

⑤ KUCERA J K. Central Asia : can Expanded Trade Pacifyan Unsettled Region? [EB/OL]. (2011-10-31) [2014-08-08]. http//www. eurasianet. org/print/64419.

了年度双边磋商机制（ABCs），通过该机制双方讨论安全援助、经济投资、教育文化交流、人权和民主化改革等问题。（2）美国与中亚国家就在阿富汗的安全过渡期内发挥地区作用达成了一定的共识，认识到阿富汗安全问题的复杂性及在地区层面调节的必要性，计划结合本国的实际情况在该问题上发挥了一定的作用。（3）美国的“新丝路计划”中所倡导的内容被中亚国家部分或全部认同，并在推动地区间合作上发挥作用。（4）美国在促进中亚国家开放市场上取得较大的进展。（5）美国在在人权、民主等领域获得了许多与中亚国家对话的机会并有所发展。①

“新丝绸之路计划”的最终目标是在中国的西部、西南部和南部构筑一条由美国主导的经济与能源通道，这可以在一定程度上限制中国对这一地区（中亚、南亚和东南亚）的影响力，尤其是限制中国对这些地区的地缘经济影响。美国的计划还可以分化上海合作组织的凝聚力，逐渐强化美国在这一地区的主导权。② 因此，土库曼斯坦—阿富汗—巴基斯坦—印度管道（TAPI）被奥巴马政府列为“新丝绸之路计划”的主要项目，在美国的推动下，2011 年 11 月、2012 年 5 月和 2013 年 7 月，土库曼斯坦分别与巴基斯坦、印度和阿富汗签署天然气供销协议，2015 年 12 月，TAPI 管道土库曼斯坦段正式开建。③

美国“新丝绸之路计划”期望借助印度来整合中亚、阿富汗及南亚地区，形成一条贯穿南北的重要经济贸易带，在维持该地区和平发展与长治久安的同时，又能同时起到对俄罗斯与中国等大国的战略遏制，维护美国本土利益与国际地位。

2013 年，习近平主席提出“一带一路”倡议，“一带一路”沿线国家成为中国的重点合作对象，从多边经济共同发展的国际合作角度出发，实现中国与周边国家的共同发展，同时对美国的遏制战略也具有一定的对冲

---

① 孙力、吴宏伟主编：《中亚国家发展报告》，北京：社会科学文献出版，2013 年 9 月版，第 136—138 页。

② 吴兆礼：《美国“新丝绸之路计划”探析》，《现代国际关系》2012 年第 7 期。

③ 邓秀杰：《中国与中亚国家油气合作的机遇与挑战研究》，北京：当代中国出版社，2016 年版，第 121 页。

作用。[①]“丝绸之路经济带”主要目的在于拉动中国中西部经济发展，减少对海上贸易通道的依赖，构筑稳定的西部战略空间。“丝绸之路经济带”就是一条横跨欧亚大陆、沟通中西交通贸易的陆上大通道，从中国经中亚、西亚直至欧洲。[②]

中国“一带一路”倡议是以政策沟通、道路联通、贸易畅通、货币流通、民心相通的“五通”为原则[③]，通过亚投行与丝路基金这两大金融平台，采用 PPP 模式推进中亚地区基础设施建设，营造更好的商业环境，得到了世界各国的积极响应与广泛支持，从而实现了中国和中亚国家相互贸易与相互投资的高水平提升。中国同时积极构筑与中亚地区的产业供应链和区域生产网络，并提出了加强互联互通、深化“一带一路”合作的一系列建议，以期最终实现中国和欧亚国家之间的共同发展和共同繁荣的美好愿景。[④]

中国的“丝绸之路经济带”是“横向”或“西向”战略，中国期望通过它打通中国的西向之路，进一步增进与沿线国家与地区的互联互通。在战略实施的进程中，中国一方面应积极应对来自美国的竞争与压力，尽量减少或避免潜在的阻力与风险；另一方面中国也应积极与美国进行合作，维护中亚、南亚地区稳定，共同应对极端恐怖主义。[⑤]

在油气管道方面，美国“新丝绸之路计划”中的 TAPI 管道有多重用意：一方面，跟中国抢夺油气资源；另一方面，有拉拢印度牵制中国、将巴基斯坦拉向美国的意图。[⑥]

---

① 黄梅波、刘振原：《“一带一路”的战略方向与实践路径：中美的比较》，《东南学术》2017 年第 2 期。

② 李兴：《“丝绸之路经济带”与“新丝绸之路计划”——亚欧中心跨区域发展中美倡议比较分析》，《贵州省党校学报》2017 年第 2 期。

③ 王义桅、郑栋：《“一带一路”战略的道德风险与应对措施》，《东北亚论坛》2015 年第 4 期。

④ 崔日明、陈 晨：《美国“新丝绸之路”战略研究——基于中国“一带一路”战略比较》，《世界经济与政治论坛》2016 年 5 月第 3 期。

⑤ 陈宇、贾春阳：《美国“新丝绸之路计划”现在怎样了》，《世界知识》2015 年第 6 期。

⑥ 邓秀杰：《中国与中亚国家油气合作的机遇与挑战研究》，北京：当代中国出版社，2016 年版，第 123 页。

TAPI 管道项目①。TAPI 天然气管道项目将使土库曼斯坦天然气能够输往阿富汗、巴基斯坦和印度。项目全线长 1814 千米，其中土境内长 214 千米，阿境内长 774 千米，巴境内长 826 千米。该管道项目每年天然气运送能力为 330 亿立方米。② TAPI 管道规划合同输气量 9000 万方/天，供气合同期限为 30 年。合同输气量中 90% 的天然气将来自土库曼斯坦，管道将为阿富汗供应天然气 1400 万方/天，为印度和巴基斯坦分别供应 3800 万方/天。③ 从能源供应的角度看，美国支持的 TAPI 管道与土库曼斯坦—中国天然气管道形成一种竞争关系。土库曼斯坦推行的是天然气出口多元化政策，但其开采能力有限，TAPI 管道的气源可能会对土库曼斯坦对中国的天然气供应产生一定的影响。④

表 4—5　TAPI 管道项目的进展⑤

2008 年 4 月	土库曼斯坦、阿富汗、巴基斯坦、印度四国政府签署了 TAPI 管道建设框架协议
2008 年 5 月	举办了 TAPI 国家技术工作组第一次会议
2010 年 12 月	举办了 TAPI 峰会
2012 年 5 月	土库曼天然气康采恩与印度和巴基斯坦国际公司签署天然气购销合同
2013 年 7 月	土库曼天然气康采恩与阿富汗天然气公司签署天然气购销合同
2014 年 11 月	TAPI Pipeline company Ltd. 联合体管理公司成立，商定了投资股份协议方案，明确参与者的各自股份，并将完善后续工作的法律基础
2015 年 12 月	TAPI 管道土库曼斯坦境内段开工，确定“加尔克内什（复兴）”气田三期为主要气源

① 白晶：《TAPI 管道项目即将启动》，《中国能源报》，2012 年 5 月 28 日，第 7 版。

② 顾雯丽：《TAPI 项目阿富汗段将于 2018 年动工》，新华丝路网站，2017 年 12 月 26 日，http：//silkroad. news. cn/2017/1226/76368. shtml。

③ 白晶：《TAPI 管道项目即将启动》，《中国能源报》，2012 年 5 月 28 日，第 7 版。

④ 耶斯尔：《2015 年美国在中亚新动向及其影响》，《和田师范专科学校学报》2016 年第 4 期。

⑤ 驻土库曼斯坦经商参处：《TAPI 天然气管道项目进展概览》，商务部网站，2016 年 9 月 8 日，http：//www. mofcom. gov. cn/article/i/jyjl/e/201609/20160901387254. shtml。

续表

2016 年春天	TAPI 项目各股东签署投资协议，总额超过 2 亿美元
2016 年 6 月	土库曼斯坦总统签发政令，拨款 4500 余万美元用于 TAPI 项目的初始阶段融资
2018 年 1 月 15 日	土库曼斯坦总统签署法令，决定成立土库曼斯坦“土库曼斯坦—阿富汗—巴基斯坦—印度”天然气运输管道（TAPI）项目、“土库曼斯坦—阿富汗—巴基斯坦”交通运输与能源走廊项目建设协调工作委员会。①

TAPI 天然气管道项目的融资主要依靠 TAPI 联合体管理公司各个股东，并将吸引国外贷款。伊斯兰开发银行对该项目提供融资表示有兴趣。土库曼斯坦政府与伊斯兰开发银行之间签署了《关于加强参与开发项目金融方面合作的相互谅解备忘录》，土库曼天然气康采恩和伊斯兰开发银行之间签署了《TAPI 天然气管道项目评估委员会会议纪要》。此外，亚洲开发银行、欧洲复兴开发银行、沙特开发基金及日本政府亦表示了参与 TAPI 项目融资的意愿。

2016 年 5 月 20—21 日，第七届土库曼斯坦国际天然气大会上，与会各方讨论了该项目融资的可能性和投资者参与投资的三个基本方向：1. 项目所需管材和天然气设备供货；2. 以信贷方式参与融资；3. 通过投资参与开发“复兴”气田、加入 TAPI 集团。②

美国“新丝绸之路计划”的实施对中国造成了负面影响，除了对中国西部战略后方构成地缘压力之外，还将遏制中国向中亚、中东地区发展。中国已经在中亚国家投资建设了多条公路、输变电线路项目及油气管道，正在规划中国—伊朗跨国铁路和能源管道项目，这些运输网络都与美国“新丝绸之路计划”中的运输线路存在着竞争关系。对于中国来说，克服美国“新丝绸之路计划”构成的障碍，充分利用上合组织等区域合作机

① 王四海：《土成立“TAPI”、“土—阿—巴”走廊项目建设工作委员会》，2018 年 1 月 16 日，https：//www. baidu. com/link？ url = SXkEsiMcpfqhM3IdT5ZZ9xlSMqHZOyT4J6KLGnvdzEkAj4Av_KJMPrF4maX8GHsyPIgikd5VsNq5SlfyAGwyp_&wd = &eqid = b853b98b00017b7e000000055a64ad8b。

② 驻土库曼斯坦经商参处：《TAPI 天然气管道项目进展概览》，商务部网站，2016 年 9 月 8 日，http：//www. mofcom. gov. cn/article/i/jyjl/e/201609/20160901387254. shtml。

制，继续加强与中亚、南亚国家的合作，促进周边地区运输网络的建设，符合本国和地区的长远利益。[①]

3. 上海合作组织和“C5 + 1”

中国对美国的中亚政策存在两面性：一方面希望美国在中亚稳定与发展上发挥更多的作用；另一方面，中国对美国的中亚政策又心存疑虑，不愿意看到美国在中亚的影响力因此加大。[②] 2012 年 6 月 6—7 日，上海合作组织成员国第十二次元首理事会在北京举行。此次峰会正值上合组织进入第二个 10 年的开局之年，成员国元首们共同签署了《上海合作组织中期发展战略规划》《关于构建持久和平、共同繁荣地区的宣言》《打击三股势力 2013 年至 2015 年合作纲要》等 8 份文件。这些文件为深化成员国政治、安全、经济、人文领域的合作打下了坚实基础，体现了各方对推动上合组织在第二个 10 年大发展的决心和信心。[③] 上合组织通过务实合作，安全经济二轮齐转，在安全领域取得了有目共睹的成绩。经济领域内，成员国间经贸合作也取得长足发展，中国与其他成员国间的贸易额从 2001 年的 121 亿美元增长到 2011 年的 1134 亿美元。各国还将继续推进贸易和投资便利化，加快建立发展基金（专门账户）和开放银行，加强以金融、能源、通信、农业四大领域为重点的多边合作，推动建设交通物流中心。[④]

2005 年 7 月中国和哈萨克斯坦建立战略伙伴关系。2011 年双方宣布发展全面战略伙伴关系。2013 年 5 月，中国和塔吉克斯坦建立战略伙伴关系。2013 年 9 月，习近平主席出访中亚四国，分别与吉尔吉斯斯坦、土库曼斯坦领导人宣布建立战略伙伴关系。2016 年 6 月，国家主席习近平对乌兹别克斯坦进行国事访问期间，与卡里莫夫总统举行会谈，两国元首高度评价中乌传统友谊和双边关系发展取得的丰硕成果，一致决定建立中乌全

---

① 杨雷：《美国“新丝绸之路计划”的实施目标及其国际影响》，《新疆社会科学》2012 第 5 期。

② 孙力、吴宏伟主编：《中亚国家发展报告》，北京：社会科学文献出版，2013 年 9 月版，第 145 页。

③ 《携手共建和谐美好家园—热烈祝贺上海合作组织北京峰会圆满成功》，《人民日报》，2012 年 6 月 8 日。

④ 张晓宁：《盘点上合北京峰会“谋划未来”等三大亮点》，中国新闻网，2012 年 6 月 8 日，http：//www. chinanews. com/gn/2012/06 – 08/3947535. shtml。

面战略伙伴关系，推动两国合作向前发展。[①]

随着“一带一路”建设的蓬勃开展，美国也随之改变了对中亚地区的态度，2015 年时任美国国务卿克里访问中亚五国，启动了“C5 + 1”机制，这显示出美国与中亚国家的关系不再囿于只发展双边关系，而采取多边模式，试图构建美国主导的中亚地区合作。这表明美国在加大对中亚地区的投入力度，从而增强美国在中亚地区大国博弈中的影响力，以牵制中国、俄罗斯和伊朗，着力开辟中亚投资市场与保障自身在全球能源市场中的影响力。[②] 2016 年 8 月，第二届美国与中亚国家“C5 + 1”会议在华盛顿召开，探讨了地区安全、经济互联、环境、人道主义等问题。[③] 因此，“C5 + 1”机制是美国制衡中国及其上海合作组织在中亚地区扩大影响的积极活动。

中美两国在中亚既有竞争又有着共同的利益，如双方在地缘利益、油气资源、军事利益方面激烈角逐，但在反恐和打击毒品走私方面又需要相互合作。所以，中国与美国在中亚既有竞争乃至斗争，又有着广阔的合作空间。

“9 · 11”事件以后，美国国内迅速地凝聚起一种共识：恐怖主义是对美国安全的最大威胁，并发动了对阿富汗塔利班的战争。中国在 20 世纪 90 年代后，也面临日益严重的恐怖主义威胁。特别是“东突”恐怖势力，已经成为威胁中国安全，特别是西北少数民族地区安全的主要力量。由此导致中美两国在应对亚洲地区恐怖主义威胁方面具有重大的共同利益。中美两国也开展了积极的反恐合作，长期困扰中国的“东突”恐怖势力被认为是与“基地”组织一样的国际公害。中国支持美国对集装箱进行安全检查的倡仪（CSI），允许美国联邦调查局在北京设立办事处，加强双方在反恐怖情报方面的交流，这表明中美反恐怖合作取得了重大突破。此外，

---

① 李智：《中国同中亚五国建交 25 周年“一带一路”力促共同发展》，中国网，2017 年 1 月 3 日，http：//news. china. com. cn/world/2017 – 01/03/content_40028056. htm。

② 董春岭：《克里“5 + 1 机制”启动美国中亚战略第五阶段》，国际网，2015 年 11 月 12 日，http：//comment. cfisnet. com/2015/1112/1303072. html。

③ 王志：《“丝绸之路经济带”视角下中美中亚竞合关系》，《常州大学学报（社会科学版）》2017 年第 5 期。

2009年12月，美国奥巴马政府大幅增兵阿富汗，打击塔利班势力，客观上有利于我国新疆地区的反恐斗争和打击毒品贸易，中国可以借此“搭车”构筑稳定的西部周边安全环境。①

在中亚油气开发领域，中美两国也存在着微妙的合作，例如，中美油气公司之间也相互开展了一些技术合作。1998年，中国石油企业和美国贝克休斯公司签订了钻井合同和修井合同。2003年8月，中国石油集团与美国雪佛龙－德士古全球能源公司签署购买其北布扎奇有限公司（Chevron Texaco North Buzachi Inc.）65%股份的购股协议（SPA），并最终完成对哈萨克斯坦北布扎奇油气田全部股份的收购，并以此为基础建立了中有国际（北布扎奇）有限公司。②

4. 中国在“一带一路”倡议背景下开展中亚能源合作的战略举措

（1）积极推进能源外交，为企业保驾护航

中国政府通过能源外交、政策扶持等方式，为企业保驾护航。通过高层互访，实现政府搭台、企业唱戏，把取得的成绩落到实处，实现能源企业在中亚业务有质量、有效益、可持续地发展。

（2）加强经济相互依存，缓解中美竞争

随着中国经济的持续发展，中国在国际上的影响力不断提升，中美竞争与合作并存。经济相互依赖是中美关系的稳定器。因此，继续坚持改革开放，维护基于贸易自由化基础上的国际贸易制度，促进中美经贸关系发展，加强中美企业在中亚的合作，有助于缓解中美竞争加剧倾向，培育积极稳定的中美关系，进而为“丝绸之路经济带”的实施构建稳定的国际环境。③

（3）加大投入力度，夯实长期发展的资源基础

加大对勘探区块的投入力度，做好哈萨克斯坦南图尔盖盆地、滨里海

---

① Chen Weihua, et al., “US Troop Plan Set to Impact China,” *China Daily*, Vol. 29, No 9235 (December 3, 2009), p. 1.

② 郑羽主编：《中俄美在中亚：合作与竞争》，北京：社会科学文献出版社，2007年12月版，第345、346页。

③ 王志：《“丝绸之路经济带”视角下中美中亚竞合关系》，《常州大学学报（社会科学版）》2017年第5期。

中区块、里海海上、土库曼斯坦、乌兹别克斯坦天然气区的勘探工作，争取进一步的突破。加大资源收购或参股的力度，确保“丝绸之路经济带”可持续发展，有意识加强中亚天然气管道及原油管道周边的新项目获取，保障战略通道气源的稳定。

（4）加快通道建设，确保油气安全平稳供应

全方位推动战略管道涉及的法律、经济、技术瓶颈问题的解决，积极推进战略管道建设。深入研究制约扩大油气管道油源的法律、经济及相关方利益等因素，加大力度，采取综合措施，锁定油气源，确保油气的平稳供应。

（5）协同中俄关系，实现区域共同发展

深化与俄罗斯的油气合作，平衡美国势力。切实履行好企业的社会责任，处理好与俄罗斯在中亚的关系，协同共进，互利共赢，为能源合作营造好良好的外部环境。

（6）利用多边机制，建立能源安全机制保障

充分发挥上海合作组织等国际机制的作用，支持推进上合组织建立能源俱乐部，加强油气领域的多边外交，推动形成国际能源资源基地和通道安全保障的双边和多边应急机制，切实保障我国能源资源和通道安全。①

（7）建立能源利益共同体，探索新型合作模式

借助中哈原油管道、中亚天然气管道等现有的能源基础设施为基础，建立区域性油气管道网，实现各国利益捆绑。通过战略沟通、管线互通、油气畅通、金融流通，实现“丝绸之路经济带”国家共同能源安全。

三、中美在非洲的能源博弈

非洲地大物博，资源丰富。非洲蕴藏着丰富的油气资源，已探明的石油储量至少有1280亿桶，占世界石油储量的7.5%。天然气探明储量14.3万亿立方米，占世界探明总量的7.6%。其中，利比亚、尼日利亚、安哥

---

① 邓秀杰：《中国与中亚国家油气合作的机遇与挑战研究》，北京：当代中国出版社，2016年版，第36—38页。

拉、阿尔及利亚、苏丹、南苏丹、埃及7国的探明石油储量为1178亿桶，占整个非洲地区探明石油储量的92%。尼日利亚、阿尔及利亚、埃及、利比亚四国天然气探明储量合计13.2万亿立方米，占非洲地区天然气总探明储量的92.3%。[①] 由于非洲产油国内部政治不稳定、社会动荡，油气资源没有得到充分开发。目前，非洲地区原油日产量已达约9431千桶/日，占世界总产量的9.8%[②]，随着投资力度的加大，非洲油气资源的勘探开发活动增加，探明油气储量不断增加，产量和出口量也在快速上升。非洲在世界能源政治格局中的战略地位愈来愈重要。[③]

（一）美国对非洲的能源政策

在历史上，由于非洲经济落后、国家政局不稳，在美国能源战略史上，非洲并不为美国所重视，美国军队也少有光顾。到了20世纪90年代，由于海湾国家政局不稳，克林顿政府开始考虑实行能源来源多元化，1997年，时任国务卿奥尔布赖特飞往安哥拉，视察美国雪佛龙石油公司在安哥拉的石油钻井平台，对世界媒体宣布，在她所站的地方“非洲经济的希望正成为现实”，“美国经济利益……直接与该地区的持续稳定相关”。随后，美国向安哥拉贷款9000万美元用于开发石油，并与安哥拉政府进一步商谈3.5亿美元的一揽子贷款问题。[④] 美国在1998年发布的《国家安全战略》中明确表示，美国在这一地区的关键利益是“不受阻碍地获取石油和其他重要的自然资源”。[⑤] 这样，美国便深深地卷入了非洲的石油博弈。

小布什总统上台以来，以切尼副总统为首的国家能源政策研究小组公布了《面向美国未来的可依靠的、经济的和环保的充实能源》报告，该报告认为西非国家是“石油增长最快的区域之一”，这一区域生产的石油

---

① BP，BP统计年鉴，2017年6月，第12页。

② 同上书，第14页。

③ 邹力行：《全球化中的中非能源合作》，《国际金融》2016年第12期。

④ Office of the Spokesman，US Department of States，“Secretary of State Madeleine K. Albright：Remarks at Chevron's Takula oil Drilling Platform，” Cabida，Angola，12 December 1997，http：//www. state. gov/.

⑤ White House，*A National Security Strategy for a New Century*，October 1998，p. 55，http：//clinton2. nara. gov/.

“高质、低硫，符合于高标准的提炼要求”。美国当局强调这一区域石油的战略重要性，报告认为美国从西非国家进口油气有着巨大的增长空间。由于这些区域还没有充分开发，而且美国公司可以很容易经大西洋把这些区域的石油运回，所以很受欢迎。

美国通过积极调整非洲地缘战略，积极部署军事力量，通过对能源地缘控制，保障美国在这一地区的石油供应。① 美国国家能源政策研究小组深知国际石油贸易非常容易受到一些事件的冲击，为确保美国的能源安全，就需要加强在关键区域的军事力量，美国政府通过提高军费预算来加强保障能源安全的能力。2001 年，美国公布《四年国防报告》（Quadrennial Defence Review QDR），该报告重点强调了美国的本土安全和反恐战争，呼吁建立美国导弹防御体系（national missile defence NMD），该报告强调了要增加美国的远距离投放能力，认为石油生产区域是远距离投放的“关键点”。②

随着西非国家石油生产和出口的增加，美国在西非地区的军事活动也逐渐增加。2002 年美国助理国务卿沃特·坎斯特纳（Walter Kansteiner）指出：“非洲石油涉及美国的国家战略利益，而且随着美国发展它将变得更加重要。”2003 年，美军欧洲司令部司令杰姆斯·琼斯（James Jones）将军说过，他希望自己辖区的航母舰群有“一半时间到非洲的西海岸去”，而不是在地中海。2007 年“麦克亨利堡垒”号（USS Fort McHenry）登陆舰推出了“非洲伙伴驻地行动”（the Africa Partnership Station initative），该舰将长期出现在几内亚湾，提供培训，进行联合军事演习，以提高伙伴国的海军在该地区维持安全的能力。③

在 2003 年公布的《美国国家安全战略》中，美国将强化与非洲能源生产国的合作确定为“加强美国自身能源安全”的重要途径，为确保对非洲产油国家和地区的影响和控制，美国政府和美国跨国石油公

① 任娜、孙暖：《地缘政治视角下的能源安全——以美国全球能源安全战略为例》，《世界经济与政治》2007 年第 2 期。

② Michael T. Klare, *Blood and oil*, New York: Metropolitan Books, p. 71.

③ Keith Crane, Andreas Goldthau, *Imported Oil and U. S. National Security*, Rand. 2009, p. 62.

司从政治、经济、外交以及军事等各个方面对非洲产油国实行全面接触政策。①

美国以反恐和维护国家安全为由，通过增加对非洲产油国的军事援助、培训军事人员或者与这些国家开展联合军事演习等形式加强在非洲的军事存在。从2000—2002年间，五角大楼将派往非洲的使馆随员增加了一倍。2002年美国同位于几内亚湾东南部的圣多美和普林西比达成协议，在其境内建立美国海军基地和修建一个规模庞大的雷达网。2003年10月美国向吉布提的美军基地派遣约1800人的特种部队；2004年美国在埃塞俄比亚新设了前线作战基地；2005年1月，美国在西非几内亚湾进行海上军事演练后，随后美国与西北非国家又联合举行旨在加强部队反恐能力的军事演习。2005年8月，美军与北非和西非9个国家的共2100名士兵完成了一次名为“燧发枪行动”的反恐演习。2006年6月，以美国为首的北约在西非岛国佛得角境内举行代号为“坚定美洲豹—2006”的军事演习。虽然这次演习是以北约的名义进行的，而且打着反恐的旗号，但实际上难掩美国试图进一步染指非洲石油资源的企图。2006年尼日利亚共接受国际军事教育和训练（IMET）项目8亿美元，安哥拉接受了4亿美元。2007年10月，美军非洲司令部正式宣告成立，成为美国全球第六大战区司令部，由于受到非洲国家的普遍抵制，司令部驻地暂时设在德国的斯图加特，主要处理美军在非洲大陆除埃及以外的全部军事活动。② 重视石油等战略资源利益是美国设立非洲司令部的重要原因，美国的对非政策已巧妙地将反恐、石油、驻军三者结合起来。③ 把非洲打造成美国石油来源多元化的重要基地，使该地区成为维护其能源安全的重要能源地缘支轴。美国连续多年每年投入资金，加强9个非洲国家的安全局势。此外，美军还在油轮经常过往的大西洋水域进行演习，成功演练了控制原油开采地区海上和空中

---

① 修光利、侯丽敏编著：《能源与环境战略研究》，北京：中国时代经济出版社，2008年版，第61页。

② 沐涛：《国际社会三次“非洲热”的历史剖析》，《非洲研究》2014第1卷（总第5卷）》，2013-10-21。

③ 任娜、孙暖：《地缘政治视角下的能源安全——以美国全球能源安全战略为例》，《世界经济与政治》2007年第2期。

走廊、监视原油通往世界市场运输路线的能力。[①]

除了加大在非洲的军事力量外，美国还通过高层互访、增加援助等方式密切与非洲的关系。2003 年以来，美国紧急拨款 150 亿美元，用于非洲抗击艾滋病毒和预防艾滋病，并拨款 12 亿美元防止疟疾传播。2003 年 7 月美国总统布什访问了塞内加尔、南非、博茨瓦纳、尼日利亚和乌干达非洲 5 国，允诺拿出 1 亿美元来帮助东非和非洲之角国家提高反恐能力。2008 年 2 月，布什再次出访非洲，先后访问了贝宁、坦桑尼亚、卢旺达、加纳和利比里亚 5 国。布什在访问坦桑尼亚期间考察了美国援建的达累斯萨拉姆疟疾防治项目和“总统防治艾滋病紧急救援计划”，决定向坦桑尼亚提供援助款 6.981 亿美元，用于实施减贫和经济发展，还向坦桑尼亚儿童提供 500 万顶蚊帐[②]，防止 5 岁以下儿童感染疟疾。

在美国 2008 年从撒哈拉以南非洲国家进口的产品中，石油占 82.8%，达到 712 亿美元。非洲向美国供应的石油几乎占美国石油进口总量的 1/9，其中西非几内亚湾是非洲主要的产油区，对美国的石油供应占 15%，已经接近沙特的供应量。尼日利亚是世界第六大石油输出国，美国每天从尼日利亚进口的石油达 90 万桶，居美国石油进口的第五位。安哥拉在 2007 年内战结束之前石油日产量接近 100 万桶，是美国石油进口的第八大来源。近年来，在美国页岩气革命的大背景下，美国对非洲的石油进口呈下降的趋势，美国对尼日利亚的石油进口量从 2011 年的日均 71.6 万桶下降到 2014 年的 23.9 万桶。[③]

随着美国对非洲日益增长的能源利益，美国对非洲的援助也在不断增加，布什政府认为，通过对尼日利亚的援助来试图建立“一种战略关系”，为了把尼日利亚变成一个“可靠的、越来越重要的贸易伙伴”，援助将集中于“发展经济和巩固民主”。援助的目标是与美国的利益直接相关的，

---

① 任娜、孙暖：《地缘政治视角下的能源安全——以美国全球能源安全战略为例》，《世界经济与政治》2007 年第 2 期。

② 沐涛：《当前西方主要国家对非政策新动向分析》，《人民论坛·学术前沿》2014 年 7 月下。

③ “U. S. Imports by Country by Origin,” October 30, 2014, http://www.eia.gov/dnav/pet/PET_MOVE_IMPCUS_A2_NUS_EPC0_IM0_MBBLPD_A.htm.

包括其“大规模储量的石油和天然气”，关键是防止任何“来自尼日利亚石油供应的不稳对美国石油安全战略的冲击”。[①]

美国对于安哥拉的援助是由于2008年安哥拉的石油日产量“将有望达到200万桶”，对其石油部门的投资是美国对安哥拉政策的一个重要动因。[②] 为了确保美国在安哥拉的能源利益，美国加大了对石油储量丰富产油国的援助力度，在小布什任总统期间，美国通过一些关键安全项目，如外国军事财政援助（Foreign Military Finance FMF）、外国军售（Foreign Military Sale FMS）等项目，对尼日利亚、安哥拉等非洲国家提供数百万美元军售，美国还通过发放许可等形式批准美国军火公司直接出售武器给非洲国家。[③] 此外，小布什政府还通过紧急立法机制从五角大楼的仓库抽出价值400万美元的重武器来加强尼日利亚的军事力量。[④]

2009年1月，奥巴马就任美国总统后，对非洲重视的程度进一步加强。同年7月中旬，奥巴马访问了加纳。8月5—14日，国务卿希拉里·克林顿又对肯尼亚、南非、安哥拉、刚果民主共和国、尼日利亚、利比里亚和佛得角7国进行了访问。强化了美国与中东部非洲国家的关系，促进了美国与非洲之间的经贸联系。[⑤] 美国国务院2009年提交国会要求对外国援助的第一批拨款报告认为，西非的几内亚湾“石油丰富”，对美国来说具有“重要的战略价值”，要求美国决策者增加对这一地区的关注。[⑥] 2009

---

① US State Department, *Congressional Budget Justification for Foreign Operation*, FY 2007, http://www.state.gov/.

② Ibid.

③ US State Department, *Congressional Budget Justification for Foreign Operation*, FY 2007, http://www.state.gov/. US Departmentof Defence, *Foreign Military Sales*, *Foreign Miliotary Construcction Sales and otherSecurity Cooperation Historical Facts*, 30 September 2007 Update, http://www.dsca.mil/.

④ Office of the Press Security, White House, “Memorandum for the Securitary of State and Secretary of Defence: Determination to Authorize the Furnishing of Emergency Military Assistance to the Government of Nigeria,” Presidential Determination No. 2002 - 16, 19 April 2002, http://www.whitehouse.gov/.

⑤ 沐涛：《国际社会三次“非洲热”的历史剖析》，《非洲研究》2014第1卷（总第5卷)》，2013-10-21。

⑥ US State Department, *Congressional Budget Justification for Foreign Operations*, FY 2010, p. 136, http://www.state.gov/.

年2月，奥巴马政府的代理助理国务卿菲利普·卡特在对50多个非洲国家的军事领导人讲话中表示："长期以来，非洲一直是美国外交政策利益的薄弱环节，在第二次世界大战中，非洲是通往欧洲重要地区的战略基石。在冷战时期，非洲是东西方博弈的棋子。"卡特认为，这种情况现在变了，美国现在关注非洲国家"形成一个组织较好的国家网络，通过负责任的主权国家来保护自己，有助于地区安全，而且还有助于维护国际体系"。① 2009年7月奥巴马总统在加纳议会发表了题为"新承诺时刻"的演讲，他在演讲中表示，非洲在21世纪中的发展将关乎世界的发展。②

2011年6月，希拉里访问了赞比亚、坦桑尼亚和埃塞俄比亚非洲三国。2012年6月美国总统奥巴马颁布了针对撒哈拉以南非洲地区的新战略，意图加强非洲的民主进程、促进经济发展、推动地区和平与安全，以及促进美—非双边的机遇与发展。为落实该新战略，国务卿希拉里从2012年8月1日起，又先后访问了塞内加尔、南苏丹、乌干达、肯尼亚、马拉维、南非和加纳7国，历时11天之久。在第一站塞内加尔，希拉里就开始高谈她所认为的美国的"优越性"—民主与人权价值观。③

奥巴马政府进一步强化在非洲的军事存在。奥巴马政府肯定了美军非洲司令部的作用，并强化了该机构的战略配置，向非洲部分地区增派军事人员。2011年10月，奥巴马宣布向乌干达派驻100名美国特种部队士兵，以抓捕该国的"神灵抵抗军"头目科尼（Joseph Kony）。④ 2012年底，美国五角大楼宣布，美军计划在2013年向非洲35个国家派驻军队和在非洲军队中执行100个不同的训练计划。⑤ 2014年由尼日尔主办的"燧发枪"

---

① Phillip Carter, "US Policy in Africa in the 21 Century," *Africa Center for Strategic Studies*, 9 February 2009. http://www. state. gov/.

② "Remarked by president to Ghanaian Parliament", Luly 11, 2009. http://www. whitehouse. gov/the - press - office/remarks - president - ghanaian - parliament.

③ 沐涛：《当前西方主要国家对非政策新动向分析》，《学术前沿》2014年第14期。

④ Eric S. McDuffie: "Abama, the world, and Africa", Souls: A Critical Journal of Black Politics, Culture, and Society, Vol. 14, 2012, p. 32.

⑤ Richard Walker, "U. S. Puts Boots on Ground Across Africa," March 25, 2012, http://americanfreepress. net/? p=3376; "U. S. deploying troops to 35 African countries," http://rt. com/usa/news/us - deploying - troops - order - 749.

联合演习（The 2014 Flintlock Exercise）涵盖了18个国家的1000余名士兵，其中包括8个非洲国家。①

（二）中国对非洲的能源政策

1. 中非关系的发展

自1949年中华人民共和国成立至今，我国三代领导人都非常重视对非洲的关系，并且随着世界形势的变化，尤其是中非双方各自需求的变化，不断改进与完善对非政策。

进入20世纪90年代后，中国领导人进一步调整了对非政策，突出强调“全面合作”，谋求“共同发展”，建立一种“新型战略伙伴关系”。1996年中国提出了构筑面向21世纪长期稳定、全面合作的中非关系的5点建议，其核心内容是：“真诚友好、平等相待、团结合作、共同发展、面向未来。”②

2004年2月，时任国家主席胡锦涛在访问加蓬时，进一步提出深化全面合作、促进共同发展的三点倡议：“坚持传统友好，推动中非关系新发展；坚持互助互利，促进中非共同繁荣；坚持密切合作，维护发展中国家的权益”③。这成为新时期发展中非关系的指导原则。时任国家主席胡锦涛还进一步提出：“凡是有利于非洲和平与发展、有利于中非友好合作、有利于维护广大发展中国家利益的事情，中国都愿意同兄弟的非洲国家一道去做。”④

2006年1月，中国政府首次发表《中国对非洲政策文件》。该文件揭示了中国对非政策的总体原则、目标和措施，提出了中非今后在政治、经济、科教文卫、社会、和平与安全等30个领域全方位合作的具体规划，提出“坚定不移地继承和发扬中非友好的传统，从中国人民和非洲人民的根

---

① The white house, “FACT SHEET: Partnering to Counter Terrorism in Africa,” August 6, 2014. http://www.whitehouse.gov/the-press-office/2014/08/06/fact-sheet-patnering-counter-terrorism-africa.

② 《中非友好60年回眸》，《浙江日报》，2015年12月7日，第17版。

③ 王恬：《美好的兄弟情谊》，《人民日报》，2004年2月4日。

④ 胡锦涛：《巩固中非传统友谊深化中非全面合作》，《人民日报》，2004年2月4日。

本利益出发，与非洲国家建立和发展政治上平等互信、经济上合作共赢、文化上交流互鉴的新型战略伙伴关系”。[①] 该文件的发布为同年 11 月召开的“中非合作论坛北京峰会”打下了良好的基础。

2015 年 12 月，中国政府发表了第二份《中国对非洲政策文件》，文件阐述了中非全面战略合作伙伴关系的建立和发展，指出巩固和夯实中非命运共同体的重要性。新形势下，中国将秉持“真实亲诚”对非政策方针和正确义利观，推动中非友好互利合作实现新的跨越式发展。根据上述理念主张，文件从增强政治互信、深化国际事务合作、深化经贸合作、加强中非发展合作、深化和扩大人文领域交流与合作、促进非洲和平与安全以及加强领事、移民、司法、警务领域交流与合作 7 个方面，阐述了中国推动中非合作全面发展的政策举措。为今后一段时期中非各领域的交流与合作提供指导。[②] 在能源合作方面，中非在“合作共赢、绿色、低碳和可持续发展”原则的指导下，扩大和深化资源能源领域互利合作。中国帮助非洲国家加强资源能源勘探开发和加工能力，提高初级产品附加值。创新中非资源能源合作模式，扩大能矿领域全产业链合作。支持非洲国家和区域电网建设，推进风能、太阳能、水电等可再生能源和低碳绿色能源的开发合作，促进非洲可再生能源的合理开发利用，服务非洲的工业化。[③]

中非经济和能源合作是建立在平等相待、优势互补和互利共赢的基础之上的。至 2006 年，中国向非洲提供的各种援助达 444 亿元人民币，已帮助非洲国家援建了包括坦赞铁路在内的 900 个基础设施和社会公益项目。双边贸易额已从上世纪 50 年代初的 1211 万美元，发展到 2005 年的将近 400 亿美元、2006 年的 555 亿美元，2007 年为 733.11 亿美元，到 2008 年

---

① 中国政府网站：《中国对非洲政策文件》，http：//www. gov. cn/ztzl/zflt/content _ 428674. htm。转引自安永玉：《成就辉煌的中非互利合作五十年》，《外交评论》2007 年第 1 期。

② 《中国政府发表第二份对非洲政策文件》，新华网，2015 年 12 月 4 日，http：//www. xinhuanet. com/world/2015 - 12/04/c_128500622. htm。

③ 《中国对非洲政策文件（全文）》，新华网，2015 年 12 月 5 日 ，http：//www. xinhuanet. com/2015 - 12/05/c_1117363276. htm。

达到1068亿美元①，首次迈上千亿美元的新台阶，比2007年增长了45.1%，提前2年实现我国提出的2010年中非双边贸易达到千亿美元目标，实现了历史性跨越。2011年中非贸易额达到1663亿美元，比2009年增长83%。② 2012年进一步上升到1984亿美元。中国连续4年都是非洲的第一大贸易伙伴国。

在投资方面，至2012年底，中国在非洲各类投资总额累计超过了400亿美元，经商务部核准或备案的在非中资企业超过1000家，涉及贸易、生产加工、资源开发、交通运输、农业及农产品综合开发等多个领域。中国企业在实现自身良好发展的同时，也带去了适用技术和管理经验，增加了当地的税收和就业，为当地培养了经营管理人员。③ 中国还为非洲援助基础设施项目519个，包括建成2000多千米的铁路、3000多千米的公路和数十座体育场（馆），增加了投资所在国的就业和税收，给非洲国家带去了适用技术，培养了大批非洲人才，提高了非洲国家的生产能力。④ 2007年10月，中国工商银行与南非标准银行集团有限公司就股权交易和战略合作事宜达成协议，中国工商银行支付约54.6亿美元的对价，收购南非标准银行20%的股权，成为该行第一大股东。⑤

2. 中国与非洲的能源合作

我国自1992年开始进口非洲原油，进口量为50万吨，占当年1136万吨进口总童的4.4%，1993年从非洲进口原油增加到226万吨，所占的比重扩大为14%。⑥ 1995年中国主要从非洲5个国家进口石油，到2016年中国从非洲进口石油的国家增加到13个。如表4－6所示，非洲原油占中国

---

① 《魏建国副部长在中非合作论坛北京峰会8项政策措施落实情况通报会上的讲话》，中国商务部西亚非洲司网站，2007年11月14日；中国商务部：《2007年我与西亚非洲国家贸易统计》，《2007年我与西亚非洲国家贸易统计》，http：//xyf.mofcom.gov.cn/aarticle/date/。

② 《温家宝总理在第四届中非企业家大会开幕式上的讲话》，新华社北京2012年7月18日电。

③ 黄梅波、范修礼：《中非经贸关系：现状、问题与对策》，《国际经济合作》2009年第10期。

④ 熊思浩、费列娜、部背平：《中国落实中非合作论坛北京峰会各项举措不打折扣》，中国政府网站，2009年1月31日，http：//www.gov.cn/jrzg/2009－01/30/content_1217331.htm。

⑤ 林华：《中资银行掀“出海”并购潮》，《国际融资》2007年第12期。

⑥ 田春荣：《近5年来我国石油进出口形势浅析》，《国际石油经济》1994年第3期。

原油进口总量的比例呈稳中有升的趋势。①

表4—6　中国从非洲进口原油（1992—2016年）②（单位：万吨）

国家/年份	阿尔及利亚	埃及	安哥拉	赤道几内亚	刚果	加蓬	加纳	客麦隆	利比亚	尼日利亚	苏丹	南苏丹	乍得	占总进口量%
1992			20						30					4%
1993			122			13			71					14%
1994	1		37			12								4%
1995	13		100			9			21	39				11%
1996			166						14					9%
1997		29	384	20	98	38			7					17%
1998		20	111	24	38				14	12				8%
1999		11	288	81	38	65		25	13	137	27			20%
2000		12	864	92	145	46		43	13	119	331			24%
2001			380	215	64	15		82	25	77	497			22%
2002			571	178	105			35		49	643			23%
2003	13	8	1010	146	339				13	12	626			24%
2004	68		1621	348	478				134	149	577		83	29%
2005	82	8	1746	384	553				226	131	662		55	30%
2006	25.67		2345.2	526.65	541.9	80.22			338.52	45.19	484.65		55.3	31.5%
2010		68.89	3938.19	82.27	504.83	42.29		35.94	737.33	129.1	1259.87		96.31	29.6%
2014		94.6	4065.04	324.89	705.17	155.48	87.96	51.97	96.55	199.64	177.33	644.38	14.31	22.1%
2015		142.07	3870.75	201.5	586.2	155.83	213.26	102.29	214.55	65.86	139.35	660.62	23.07	19.2%
2016		65.61	4375.16	116.68	694.31	319.7	254.15	38.97	101.59	84.84	104.32	536.5	35.35	17.8%

中国参与非洲石油资源勘探开发的时间较晚，1995年9月，中国石油天然气总公司与苏丹政府签订了石油合同，获得穆格莱德盆地6区块石油

① 查道炯：《中国在非洲的石油利益：国际政治课题》，《国际政治研究》2006年第4期。

② 根据田春荣发表于《国际石油经济》各年（根据海关总署公布数据）的统计汇总。

开发权。1996 年 10 月，由中石油与其他几家国际石油公司联合组建了国际石油投资集团（大尼罗石油作业公司，GNPOC），中标开发苏丹 1/2/4 区的石油资源。[①] 1997 年 3 月，中石油签订了与苏丹合资建设喀土穆炼油厂协议。1999 年 8 月，苏丹 1/2/4 项目首批原油装船出海，标志着我国第一个海外大型新油田正式投产。2000 年 5 月，中国石油承建的喀土穆炼油厂建成投产，成为苏丹境内第一个现代化炼油厂。2002 年 11 月，中石油在苏丹勘探开发的第一个独资油田——富拉油田生产设施建设启动。2004 年 3 月，中石油在苏丹合作建设的富拉油田原油外输管道正式投产。2005 年 8 月 30 日，中石油与马来西亚国家石油公司、尼日利亚 EXPRESS 石油公司、苏丹 SUDAPET 石油公司和 HI - TECH 集团公司等 5 家公司联合与苏丹政府签署 15 区块勘探开发产品分成合同。[②]

在阿尔及利亚，中石油于 2003 年 11 月 29 日中标谢里夫盆地 102a/112 和乌埃德姆亚盆地 350 两个区块油气风险勘探项目。2005 年 5 月，中石油与阿尔及利亚国家石油天然气公司正式签署基克达凝析油炼厂建设项目。此外，中石油于 2004 年 1 月 29 日与埃及石油部签署石油领域合作谅解备忘录。2004 年 9 月 6 日与毛里塔尼亚正式签订 Ta13、Ta21 和 12 区块石油合同。2005 年 12 月 7 日与利比亚国家石油公司签订海上 17—4 区块风险勘探合同。[③]

之后，中国石化、中海油等集团纷纷涉足非洲能源市场，在苏丹、安哥拉、尼日利亚、加蓬等地区都获取了开发能源的契机。

中国石化也已经成功进入“非洲、南美、中东、亚太、俄罗斯—中亚、北美”，初步形成了海外油气资源战略基本布局，非洲已成为六大战略油气区之一。2002 年 10 月，中石化获得阿尔及利亚扎尔扎亭（Zarzaitine）油田提高石油采收率项目，年限为 20 年。2003 年，中石油购得安哥拉近海 3 号油田的股份，同年 2 月，通过收购阿特兰蒂斯公司而获得突尼

---

① CNPC 苏丹项目协调领导小组办事处：《尼罗河畔树丰碑》，《中国石油石化》1999 年第 6 期，第 22—23 页。

② 苏文：《十年风雨十年辉煌——中国石油进入非洲十周年专题》，《中国石油报》2006 年 11 月 6 日，第 7 版。

③ 潜旭明：《“一带一路”倡议背景下中国的国际能源合作》，《国际观察》2017 年第 3 期。

斯的12个勘探和开发区。在同一时间，中石化获得尼日利亚尼日尔河三角洲图布溪（Stubb Creek）边际油田100%开发权，该油田储量为2130万桶，最高年产量为330万桶。2004年，中石油与尼日利亚国家石油公司达成协议，获得64/66区块的石油开发权。2004年1月，中石化获得加蓬DT－2000、GT2000和LT2000区块勘探开发权，以LT区块为主。2004年2月，通过收购海湾石油公司股份，获得苏丹3/7区块6%的权益。2005年2月，中石化从美国环球石油公司手中购得加蓬G4－188区块股份，成为第一个进入加蓬的中国能源公司。2006年8月，中石化获得了尼日利亚2号沥青矿产开发权。[①] 2006年安中国际（中石化下属子公司，中石化国际勘探股份有限公司与安中石油国际控股有限公司合资成立，Sonangol－Sinopec International）参加安哥拉国家石油公司推出的的15/17/18石油生产区块的竞标，分别获得这三个区块的20%、27.5%、40%的权益。2011年底，中石化国际勘探股份有限公司还收购了道达尔公司在安哥拉31区块的5%项目权益。[②]

进入21世纪以来，随着中国经济的迅速发展，对油气的消费也越来越大，国内油气生产已不能满足消费的需求，为了改变中国油气进口高度依赖中东的状况，实现能源进口多元化，中国加快了与非洲的油气合作，合作的国家包括南苏丹、北苏丹、利比亚、阿尔及利亚、突尼斯、尼日尔、乍得、毛里塔尼亚、埃及、尼日利亚、加蓬、赤道几内亚、肯尼亚、安哥拉等。[③] 2016年中国从非洲国家进口原油6783.76万吨，约占进口总量的17.8%。[④]

（三）中美在非洲的竞争与合作

随着中国实力的增强，中国对非洲的影响力不断提升。美国一方面把中国定位为竞争者，一方面又承认许多非洲问题的解决离不开中国的合

① 潜旭明：《“一带一路”倡议背景下中国的国际能源合作》，《国际观察》2017年第3期。

② 姜忠尽、刘立涛：《中非合作能源安全战略研究》，南京大学出版社，2014年11月版，第268、269页。

③ 李慧：《中非能源合作的经验与启示》，《科技创业月刊》2014年第10期。

④ 田春荣：《2016年中国石油进出口状况分析》，《国际石油经济》2017年第3期。

作，从而形成中美在非洲既竞争又合作的关系。

1. 中美在政治外交领域的竞争与合作

近年来，中国与非洲国家高层互访频繁，政治互信不断增强。中非领导人在联合国、二十国集团等多边机制中举行会晤，在重大问题上保持密切沟通和协调。而美国对于不断深化的中非关系表现出一定程度的焦虑和担忧。美国国会智库发表文章，营造中美在非洲激烈竞争的气氛，给中美关系带来一些负面的影响。中美在非洲也有一些共同的利益，如维持地区的和平稳定、反对恐怖主义等。在 2011 年举行的中美第三轮战略与经济对话上，双方进行了非洲事务磋商，就非洲形势和地区热点问题交换了意见。在接下来举行的第四轮、第五轮、第六轮中美战略对话成果中，都提出或拟定中美在非洲问题上展开对话，加强协调与合作。[①] 中美在苏丹、索马里、非洲人道主义援助、反恐等问题上展开初步合作。

2. 在经贸领域的有限竞争

美国凭借其雄厚的政治、军事、经济实力，为埃克森美孚、雪佛龙等美国石油公司提供保护，使它们长期在非洲占据主导地位。中国的石油公司发展迅速，但与美国跨国石油公司相比还有很大的差距，中国石油公司进入非洲相对晚，在技术、资金、管理方面与美国石油公司还有一定的距离。面对中国石油公司在非洲的发展壮大，美国采取多种措施予以压制，在美国的主导下，联合国通过决议，对苏丹进行制裁，从而影响了中国在苏丹的大规模石油投资，2010 年，中海油与加纳国家石油公司进行收购谈判时，美国科斯莫斯能源公司对谈判进行了干扰。[②]

3. 中美非共赢

中美在非洲不存在战略性冲突，中美在非洲并不是“零和”博弈。一方面，中国在非洲的发展没有对美国构成根本性的威胁，另一方面，中美两国在维护发展的和平稳定、反恐、传染病控制等非传统安全威胁方面有着巨大的合作空间。

---

① 陈积敏、魏雪梅：《美国对非洲外交研究》，北京：世界知识出版社，2015 年版，第 240、241 页。

② 同上书，第 244、245 页。

（四）中美在非洲的能源博弈：以苏丹为例

苏丹是非洲最早与中国建交的国家之一，1964 年周恩来总理访问苏丹，开创两国友好合作的先河。苏丹拥有较为丰富的油气资源，其勘探项目始于 20 世纪 50 年代，投资者主要是一些国外的石油公司，由于苏丹局势不稳，1984 年外国公司纷纷撤资。克林顿政府时期，美国与苏丹因为恐怖主义问题关系恶化，美国对苏丹实行孤立与遏制政策。一方面，美国支持苏丹南方叛军和国内反对派；另一方面，美国与苏丹邻国乌干达、厄里特里亚、埃塞俄比亚交好，为它们提供军事财政援助。[①]

20 世纪 90 年代中期，苏丹的经济发展陷人停滞状态。为了寻找更为可靠的石油合作伙伴，1995 年 9 月，苏丹总统巴希尔访华，推动了中国石油公司参与苏丹石油的开发建设，部署调研。9 月 26 日，中石油使用中国政府贴息援外贷款上亿元人民币与苏丹政府签订了穆格莱德盆地区块石油产品勘探开发分成合同。[②] 1996 年初开挖第一口探井即获得高产油流。1997 年 3 月，由中石油牵头的大尼罗石油作业公司与苏丹能源矿业部签订区块石油产品分成协议和至红海沿岸苏丹港输油管道建设协议，同月，中石油与苏丹政府签订合资建设喀土穆炼油厂协议。在此后的数年内，先后实施一系列后续项目，分别涵盖了勘探、开采、集输、提炼、石油化工、销售等石油工业运营的主要环节项目。

1997 年 12 月，美国冻结了苏丹在美国银行的资产，对苏丹实行全面的经济和金融制裁，限制其进出口贸易，阿拉伯树胶除外；同时禁止美国在苏丹的投资和金融交易，禁止美国石油公司进入苏丹开采石油。在南北问题上，美国一直支持苏丹南方叛军。1999 年底，有报道称，除提供食物援助外，美国还向南方叛军约翰·加朗领导的“苏丹人民解放运动”提供武器。[③]

---

① 刘辉：《苏丹南北分立的美国因素》，《世界民族》2017 年第 4 期。

② 高宁：《开辟黑色黄金——中国进出日银行对外优惠贷款支持苏丹石油项目》，《国际融资》2001 年第 5 期，第 11 页。

③ Veronica Nmoma, “The Shift in United States - Sudan Relations: A Troubled Relationship and the Need for Mutual Cooperation”, TheJournal of Conflict Studies, Vol. 26, No. 2, 2006.

2001 年 6 月 13 日，美国众议院以 422 票赞成、2 票反对通过《苏丹和平法案》（Sudan Peace Act）。该法案规定，如果喀土穆政府没有诚意同“苏丹人民解放军”谈判，继续干涉救济物资，总统将会同国会磋商采取以下措施：（1）通过财政部指示各个国际金融机构的美国执行董事，继续投票反对延长对苏丹的贷款、信贷及担保；（2）考虑降级或中断美国与苏丹外交关系；（3）采取所有必要的合适步骤，包括多边的努力使苏丹政府无法利用石油收入购买武器或为军事行动提供财政支持；（4）寻求通过联合国安理会决议对苏丹政府实行武器禁运。① 2002 年 10 月 21 日，该法案由美国总统小布什签署生效。法案同时声称，在 3 年的过渡期内，将为叛军提供 1 亿美元的援助。② 在美国的干预下，在伊加特的支持下，苏丹南北和平谈判取得重大成果。2002 年 10 月，苏丹内战南北双方在肯尼亚签署《马查科斯宣言》。《马查科斯宣言》厘清了自决权及国家和宗教的关系这两个关键问题。继《马查科斯宣言》后，双方又签署了《权力分配协议》《财富分配协议》《阿卜耶伊冲突协议》《安全安排协议》和《南科尔多凡州和青尼罗河州协议宣言》。③

随着达尔富尔问题日益成为国际社会的焦点问题，美国等一些西方国家也开始敦促中国对苏丹政府施加压力。鉴于中国与苏丹政府在经济、军事和外交的良好关系，美国与其他西方国家认为中国政府有义务也有能力要求苏丹政府改变现状。2004 年 9 月，美国、欧洲等西方国家要求联合国安理会对苏丹石油工业实施制裁，安理会以 10 票对 0 票的表决结果（中国、俄罗斯等国弃权）通过了联合国 1564 号决议。决议指出，如果喀土穆政府不能停止达尔富尔地区的人道主义危机并允许非洲维护和平部队扩大其“维和”力量的话，联合国将对苏丹进行制裁。安理会表决不久，中国表态称任何对苏丹石油工业“实际”制裁的努力都将受到中国的否决。④

2005 年 9 月 21 日，时任副国务卿的罗伯特·佐利克在美中关系全国

① “Sudan Peace Act”, U. S. Department of State, Washington, D. C. Public Law 107 - 245 - Oct. 21, 2002. 116 STAT. 1508.

② Human Rights Watch, Sudan, Oil and Human Rights, p. 700.

③ 刘辉：《苏丹南北分立的美国因素》，《世界民族》2017 年第 4 期。

④ Cabriel Collins, “Over a barrel: China's foreign policy and energy security”, p. 12.

委员会发表演讲时就曾指出，中国不应当只从苏丹获取石油，还应该为解决苏丹的人道主义危机承担一些责任。中国可以与美国、联合国等方面共同支持非洲联盟的维和行动，为达尔富尔地区提供人道主义援助，还可以促进苏丹冲突的解决。① 2007 年 6 月，时任美国国务卿赖斯表示，中国在非洲的经济影响逐年增强，能够为帮助终止达尔富尔的种族灭绝大屠杀发挥重大作用。美国认为中国“同喀土穆政府确有特殊关系，他们最近开始公开强调喀土穆政府必须履行义务，因为该政府在反复承诺履行（保护达尔富尔人）的义务后并未遵守承诺”。美国希望中国说服喀土穆政府允许目前部署在达尔富尔的 7000 名非洲联盟维和人员得到一支联合国维和部队的增援，组建至少 2 万人的多国部队。②

美国是南部苏丹独立的最大支持者，不仅力促 2005 年《全面和平协议》的达成，还一贯支持南部“苏丹人民解放运动”在南部苏丹的主导地位。在南苏丹独立后，美国力量大举重返苏丹，对中国在当地的利益构成挑战。③

在美国、英国、挪威、肯尼亚、埃塞俄比亚、乌干达和厄立特里亚等国的努力下，喀土穆政府与“苏丹人民解放运动”于 2005 年 1 月达成《全面和平协议》。苏丹南方成立自治政府，几乎处于独立状态。2005 年后，中国方面也和南苏丹开始接触，得到南部苏丹对保护中国在当地利益的承诺，南部“苏丹人民解放运动”领导人萨尔瓦 · 基尔于 2005 年和 2007 年两度访问中国。2008 年 9 月 2 日，中国驻朱巴总领馆开馆。2011 年 7 月 9 日，南苏丹共和国正式建国，中国政府与南苏丹共和国签署建交公报，中国驻南苏丹大使馆开馆。2012 年南苏丹总统基尔作为国家元首访华，为培育双方关系提供了契机。④

中美两国对于如何解决苏丹问题也存在着分歧。美国强调达尔富尔地区的和平必须建立在改善当地人权状况的基础上，2011 年以后苏丹南

① 周云亨：《中国能源安全中的美国因素》，上海人民出版社，2012 年版，第 122、123 页。

② 王建伟：《中美在处理苏丹达尔富尔问题上的冲突与合作》，《美国问题研究》2008 年第 1 辑。

③ 崔守军：《能源大外交》，北京：石油工业出版社，2012 年 11 月版，第 126 页。

④ 《南苏丹总统战争期间访华望中国出钱助其摆脱苏丹》，《环球时报》，2012 年 4 月 24 日。

北的统一与否需要通过南方人民的自决公投来决定。美国的长期目标还在于要推翻苏丹的巴希尔政权，将其改造为民主国家，不再成为恐怖分子的庇护所。中国则认为达尔富尔问题是苏丹的内部事务。达尔富尔问题的根源在于贫困、欠发达和资源短缺，实质上属于发展问题。只有帮助苏丹发展经济，提高人民的生活水平，才能从根本上消除苏丹动乱的根源。中国政府尊重苏丹的主权和领土完整，并不赞同通过施压或用强制的方式来解决苏丹的南北冲突问题。中国通过与联合国和非盟等组织合作，表达自己的主张。中国在联合国安理会利用议题设置、议案表决及参与联合国维和等方式，合理清晰地表达本国在达尔富尔问题上的外交政策和主张。如 1769 号决议为联合国和非盟派遣维和部队铺平道路，力阻国际社会对苏丹进行制裁。[①] 此外，作为一个负责任的大国，中国赞成联合国安理会授权在达尔富尔地区部署联合国部队，并且承诺派出工程兵加入维和部队。中国由此成为非洲之外第一个向达尔富尔地区派遣维和部队的国家。[②]

四、中美在拉美的能源博弈

拉美地区化石能源储量巨大，根据 BP 数据统计，2015 年拉美石油储量约为 3292 亿桶，占世界石油储量的 19.4%，仅次于中东的石油储量。[③] 其中，委内瑞拉、巴西、墨西哥、厄瓜多尔、阿根廷、哥伦比亚等是拉美的主要产油国。委内瑞拉已探明石油储量约为 3009 亿桶，占世界石油储量的 17.7%，2015 年产量为 1.352 亿桶，占世界总产量的 3.1%。[④]

---

① 刘中民、范鹏：《对中国外交应对苏丹达尔富尔问题的总结与思考》，《国际观察》2015 年第 5 期。

② 周云亨：《中国能源安全中的美国因素》，上海人民出版社，2012 年版，第 124 页。

③ 2007 年的数据，拉美（包括墨西哥）地区的石油储量达 1234 亿桶，British Petroleum，*BP Statistical Review of World Energy* 2008，June 2008，p. 6，http：//www. bp. com/.

④ BP：《BP 世界能源统计年鉴》，2016 年 6 月，第 10 页。

表 4—7　拉美国家油气储量及产量①

国家	石油储量（亿吨）	石油产量（百万吨）	天然气储量（万亿立方米）	天然气产量（10 亿立方米）
阿根廷	3	29.7	0.3	36.5
玻利维亚	/	/	0.3	20.9
巴西	19	131.8	0.4	22.9
哥伦比亚	3	53.1	0.1	11.0
厄瓜多尔	12	29.1	/	/
秘鲁	2	4.7	0.4	12.5
特立尼达和多巴哥	1	4.9	0.3	39.6
委内瑞拉	470	135.2	5.6	32.4
其他拉美国家	1	7.4	0.1	2.6

拉美地区非传统化石能源储量丰富，页岩气资源多且分布广泛，如阿根廷的哇卡穆尔塔、墨西哥的伊格尔福特、巴西的蓬塔格罗萨、哥伦比亚与委内瑞拉共有的拉鲁那等地都有广泛分布。② 此外，巴西的深水盐下石油、委内瑞拉的重油、阿根廷的页岩油气等非常规油气资源丰富，急需资本雄厚、技术成熟的外国企业参与投资开发。③

（一）美国对拉美的能源政策

从能源地缘政治的视角来看，拉美位于美国的南部，紧邻大西洋，是美国重要石油供应来源地，由于地理上的邻近，从委内瑞拉出发的油轮仅需数日便可抵达美国东海岸的主要炼油厂，而波斯湾原油运抵美国却需要长达一个多月的时间。所以拉美地区是美国重要的石油供应地，拉美石油资源对于美国的重要性甚至要大于波斯湾地区。2010 年美国从拉美进口原

① 该表根据 BP 数据制成。

② Lucian Pugliaresi，“Will Latin America join petroleum’s new world order？”in Oxford Energy Forum，Vol. 98，November 2014，p. 11.

③ 王双、周云亨：《世界能源秩序转型背景下的中拉能源合作？——新秩序、新角色与新篇章》，《国际观察》2016 年第 6 期。

油和成品油的数量约占美国当年进口总量的 29.9%，远高于中东地区的 14.9%。[①] 拉美国家原油出口也高度依赖美国市场。

美国自提出“门罗主义”以来，一直没有放弃对该地区事务的主导权，美国对拉美国家奉行干预外交政策，从政治制衡、经济控制到军事干预，施加各方面影响。美国非常关注中国在委内瑞拉、厄瓜多尔、秘鲁以及玻利维亚等国能源领域的投资，担心中拉能源合作会影响美国的能源安全，并降低拉美对美国资本、能源市场的依赖。因此，中拉能源合作应充分估计到对美国在拉美的能源商业竞争、地区国际关系、军事存在等多方面的影响。[②]

美国政府在 2001 年《国家能源政策报告》中认为，墨西哥是“美国最可靠的能源来源国，其石油储量比美国的储量多 25%，预计未来 10 年墨西哥的石油储量还会有巨大的增长”。委内瑞拉是世界第五大石油出口国，是美国的第三大能源供应国，其能源部门“与美国的市场的融合进一步加深”。哥伦比亚“也成为美国重要的能源供应国”。[③] 美国军方对拉美的石油价值报以极大的关注，美国的“重大利益”就是维持石油的供应，随后的需要就是要让这些资源到达市场。[④] 近年来，随着美国对能源来源多元化的进一步重视，美国对拉美的关注进一步升温。

美国对拉美石油战略主要有两个目标：其一是维持这一地区的稳定，把这一区域国家的经济融入美国，其二是进一步把墨西哥经济融入国际体系。[⑤] 为达到这两个目标，1989 年，时任美国总统布什批准与拉美的一揽子贸易，1991 年 12 月通过了《安第斯贸易优惠法》（Andean Trade Prefer-

---

① 周云亨：《中国能源安全中的美国因素》，上海人民出版社，2012 年版，第 124 页。

② 金燕：《投资拉美无法回避美国因素》，《中国石化报》，2010 年 12 月 31 日，第 5 版。

③ National Energy Policy Development Group，*National Energy Policy*，May 2001，http：//www. whitehouse. gov. energy/. pp. 8 – 10.

④ Peter Pace，Advanced Questions for Lieutenant General Peter Pace：Defense Reforms. US Senate Committee on Armed Services，2000，http：//www. senate. gov/；Admiral James G. Stavridis，the Posture Statement of United States Southern Command before the 110th Congress，21 – 22 March 2007，http：//www. Southcom. Mil/.

⑤ Doug Stokes and Sam Raphael，*Global Energy Security and American Hegemony*，Baltimore：the Johns University Press，p. 180.

ence Act ATPA)，该法旨在“鼓励和支持在该地区以市场为动力的经济的改革”，对外国资本的投资尤为有利。① 1993 年美国、加拿大、墨西哥签署了《北美自由贸易协定》(NAFTA)，该协定旨在建成一个世界上最大的最富有的市场，而且美国还想把这个自由市场扩展到整个美洲大陆。20 世纪 90 年代美国和拉美国家就达成《美洲自由贸易法案》（FTAA）进行谈判，2004 年美国和哥斯达黎加、多米尼加、萨尔瓦多、危地马拉、洪都拉斯和尼加拉瓜签署了《中美洲自由贸易协定》（CAFTA)。② 该协定生效时，主要商品的关税被取消，美国公司的商品可以畅通无阻地进入中美洲市场。③

2000 年美国南方司令部战区总司令彼得 · 佩斯（Peter Pace）在听证会上表示：“对美国的生存、安全、活力具有重要作用包括以下几个方面：第一是持续地、不受阻碍地获得中美洲的战略自然资源。第二是持续、稳定地进入中美洲的市场，这对于美国经济的持续发展和繁荣非常重要。”他表示：“美国和拉美的贸易额占美国出口总量的 46%，我们相信在将来这一百分比还会增加。”④ 彼得 · 佩斯的继任者杰姆斯 · 黑尔（James T. Hill）认为，“美国与中美洲每年的贸易总额达 3600 亿美元”，随着美国资本和中美洲国家进一步融合，贸易联系还会更加紧密。根据美国军方的一份文件显示，美国在拉美的“战略目标”是通过自由贸易协定来进一步加强美国和拉美国家之间的经济联系，美国中美洲司令部在这一地区的行动就是为了应对威胁美国在这一地区的投资，采用“战区合作安全战略”（密切的军事介入）来建立所在国的军事能力，这样就能“有助于营造一

---

① George H. W. Bush, “Statement on Trade Initiative for the Andean Region,” 1 November 1989, http: //www. bushlib. tamu. edu/.

② *Central American Trade Deal Done*, BBC News, 28 May 2004, http: //www. news. bbc. co. uk/.

③ “US Tradewith the CAFTA – DR Countries”, *CAFTA Policy Brief*, July 2007, http: //www. ustr. gov/.

④ Peter Pace, *Advanced Questions for Lieutenant General Peter Pace*: *Defense Reforms*, US Senate Committee on Armed Services, 2000, http: //www. senate. gov/; Admiral James G. Stavridis, the Posture Statement of United States Southern Command before the 110th Congress, 21 – 22 March 2007, http: //www. Southcom. Mil/.

种必要安全的条件来达到持续的繁荣”。①

美国对拉美国家安全援助的主要目标是使“自由的政治体系和自由的经济体系”不受到威胁。在这一地区，军人干政已是屡见不鲜。近年来，在危地马拉、萨尔瓦多、洪都拉斯和巴西等国家都发生军人干政的现象。从20世纪90年代中期到21世纪初，美国对拉美的军事和警务的援助增加了2倍，现在每年达到8亿－9亿美元。从1997—2007年10年间，美国向这一地区提供了约73亿美元的安全援助，美国还为拉美国家提供军事训练，拉美国家每年从军事机构或者警察机构大约派1.5万学生参加美国开设的军事课程。②

美国对拉美产油国的能源战略具有连续性，美国关注这一地区自由市场模式的发展，把拉美国家民众推动的改革视为对美国在该地区利益的一种威胁。能源安全因素在美国的拉美战略中也起着非常重要的作用。为确保美国的资本能够进入拉美石油的勘探和生产部门，美国对拉美的亲美国家在政治、经济、军事上给予支持；而对美国不友好的国家，则千方百计地加以遏制甚至企图颠覆该国政权。③

（二）中国与拉美的能源合作

中拉能源合作始于20世纪90年代，是中国政府实施“走出去”战略的后续步骤，同时也意味着中国开始全面进入与美欧日等先入大国在全球范围内进行油气资源竞争的行列。④ 1993年10月，中石油在秘鲁获得油田开发服务合同，标志着中拉能源合作的开端。中国能源企业在拉美主要以

---

① Doug Stokes and Sam Raphael, *Global Energy Security and American Hegemony*, Baltimore: the Johns University Press. pp. 183 – 184

② Doug Stokes and Sam Raphael, *Global Energy Security and American Hegemony*, Baltimore: the Johns University Press, p. 184

③ Doug Stokes and Sam Raphael, *Global Energy Security and American Hegemony*, Baltimore: the Johns University Press, p. 214

④ 吴白乙：《中国发展对能源的刚性需求，以及拉美地区的资源潜力及合作需求，为中国企业“走出去”奠定了坚实基础——务实拓展走进拉美能源合作互利共赢》，《中国石油报》，2014年7月15日，第4版。

竞标、并购、参股等方式获得区块资产，并积极参与工程技术服务。①

中国与拉美国家的能源合作可以分为两个阶段。

第一阶段为1993—2005年，中国企业主要通过议标的形式参与拉美石油资源开发，并获得初步成功。1993年10月，中石油以2500万美元获得位于秘鲁北部海岸的塔拉拉油田7区块的采油权。② 1994年中石油接管秘鲁塔拉拉油田，经过中方技术人员的努力，3年后油田产量由8万吨上升到30万吨，1997年达到峰值，日产量从接管时的1700桶提高到7000桶。③ 2003年中石油获得秘鲁亚马逊热带雨林地区两个区块的勘探权，从而顺利进入丛林田区。2005年1月，中国与秘鲁签署了有关石油勘探和出口合作的谅解备忘录。同年中国石化与古巴也签订了石油生产合同。④

第二阶段为2006年至今，中国石油公司在拉美的投资规模扩大，投资形式多样化，投资对象扩展到巴西、阿根廷。2006年6月，巴西矿业与能源部长访问北京，两国签署了备忘录，双方决定建立一个委员会——促进能源委员会，来促进能源和矿业领域的合作。⑤ 2010年，中石油、中石化参与竞标，最终与巴西国家石油公司和西方跨国石油公司建立联盟，共同开发巴西里贝拉深海油田。2011年，中石油投资哥斯达黎加炼油厂升级改造和扩建项目；2012年，中国和委内瑞拉共同投资建造了3个炼油厂。⑥ 2014年，中石油向厄瓜多尔太平洋炼油厂建设投资100多亿美元，厄瓜多尔国家石油公司持股51%，中石油持股30%，委内瑞拉国家石油公司持股19%。⑦ 目前，中石油与中海油等中国国有石油公司已占据了巴西盐下油项目开发的先手，中石油已成为委内瑞拉奥里诺科重油带勘探与开发的重

① 薛力等：《中国的能源外交与国际能源合作》，北京：中国社会科学出版社，2011年版，第326页。

② 孔博：《解读中国国际石油政策》，北京：石油工业出版社，2012年8月版，第43页。

③ 根据中国石油天然气股份有限公司1995—2007年的年度报告整理。

④ 吴磊：《能源安全与中美关系：竞争、冲突、合作》，北京：中国社会科学出版社，2009年版，第133页。

⑤ 同上书，第134页。

⑥ Lacob Kock - West, "Chinese Energy Engagement with Latin America: A Review of Recent Findings," Inter - America Dialogue, January, 2015, p. 5.

⑦ 周楠：《中国对拉美石油的投资研究》，北京：中国社会科学文献出版社，2016年12月版。

要参与者，2009—2011年期间，委内瑞拉政府对奥里诺科重油带胡宁和卡拉沃沃地区进入新一轮勘探开发阶段，由中石油和委内瑞拉国家石油公司于2010年12月组建委中合资公司PETROURICA，S. A.，目标产量40万桶/日。[①] 阿根廷也有意吸引中国金融资本投资开发巴塔哥尼亚地区的瓦卡穆尔塔大型页岩气田。[②]

近年来，随着中拉双方经贸往来日益紧密，中拉能源合作关系也掀开了新篇章，中国已成为拉美地区油气资源最具潜力的进口国。其中，中拉能源合作的顶层设计、新兴能源产业与开发项目的务实合作以及中国经济发展的成功经验，为中拉能源合作关系深化提供了强大的动力。2015年5月，李克强总理对巴西、哥伦比亚、秘鲁、智利四国访问，首次提出了中拉产能合作"3×3"模式：一是契合拉美国家需求，共同建设物流、电力、信息三大通道；二是遵循市场经济规律，实现企业、社会、政府三者良性互动的合作方式；三是围绕中拉合作项目，拓展基金、信贷、保险三条融资渠道。[③] 这一模式为实现中拉合作升级打下了坚实的政治基础。2015年1月8—9日，中拉论坛首届部长级会议在北京召开，开创了中拉整体合作的新阶段。会议提出构建"1+3+6"的中拉务实合作框架，制定《中国与拉美和加勒比国家合作规划（2015—2019）》，以贸易、投资、金融合作为引擎；以能源资源、基础设施建设、农业、制造业、科技创新、信息技术为合作重点[④]。力争实现10年内中拉贸易规模达到5000亿美元。[⑤] 2018年1月22日，中拉美第二届部长级会议在智利首都圣地亚哥举行，中拉双方围绕促进创新、合作、发展等议题，以及推进"一带一

① 《委内瑞拉奥里诺科重油带基本情况及开发现状》，中国驻委内瑞拉使馆经商处网站，2013-04-17，http：//www.ve.mofcom.gov.cn/article/ddgk/zwjingji/200710/20071005165721.shtml。

② 王双、周云亨：《世界能源秩序转型背景下的中拉能源合作——新秩序、新角色与新篇章》，《国际观察》2016年第6期。

③ 岳云霞：《"3×3"新模式升级中拉产能合作》，人民网，2015年5月21日，http：//www.opinion.people.com.cn/n/2015/0521/c1003-27037124.html。

④ 马海燕：《习近平提中拉论坛四点建议 助其成南南合作典范》，中国新闻网，2015年1月9日，http：//www.chinanews.com/gn/2015/01-09/6950920.shtml。

⑤ 潜旭明：《"一带一路"倡议背景下中国的国际能源合作》，《国际观察》2017年第3期。

路”倡议与拉美发展战略对接进行深入交流。①

中国与拉美能源合作呈以下特点：（1）“份额油”占相当大的比重。（2）原油进口呈递增趋势。（3）以竞购、并购等方式获得油气区块权益。（4）以贷款融资推动助推能源合作。②（5）中国在拉美的能源投资规模较小且东道国集中。③

当前，中国与拉美地区能源合作正进入一个新的阶段。在这一阶段，能源需求方与供给方、其他竞争方的关系往往更加错综复杂，因而需要中国做出更加主动和全面的战略规划，增加对全球能源体系的影响力，积极参与全球能源治理，加大在市场机制中的参与和合作，最大限度地减少来自其他竞争对手的干扰和阻滞。④

（三）中美在拉美的能源博弈

拉美地区被认为是美国的传统势力范围，美国对中国与拉美的能源合作感到忧心忡忡。中国在拉美的能源介入更加直接面对美国的能源安全与战略利益前沿，中拉在能源领域的互动引起了美国的高度关注。⑤ 美国情报委员会认为，中国对于石油的获取和影响力，对美国的能源和安全构成挑战。美国要运用自己对巴拿马运河的影响力，限制中国使用巴拿马运河。2004 年中国与委内瑞拉以及哥伦比亚签署了一份协议，通过修建绕过巴拿马运河的一条管道，将委内瑞拉的石油直接输送到哥伦比亚的出海口，然后装运中国油轮。⑥ 中国和拉美的能源通道合作引起美国方面的高度警觉。

---

① 刁云娇、富文佳：《中拉论坛第二届部长级会议举行 开启中拉合作新时代》，《中国日报网》，2018－01－23，http：//www. chinadaily. com. cn/interface/toutiaonew/53002523/2018－01－23/cd_35566179. html。

② 薛力等：《中国的能源外交与国际能源合作》，北京：中国社会科学出版社，2011 年版，第 328 页。

③ 周楠：《中国对拉美石油的投资研究》，北京：社会科学文献出版社，2016 年 12 月版，第 43、44 页。

④ 吴白乙：《中拉能源合作：经验、问题与未来选择》，《当代世界》2013 年第 4 期。

⑤ 吴磊：《能源安全与中美关系：竞争、冲突、合作》，北京：中国社会科学出版社，2009 年版，第 136 页。

⑥ 杨志敏：《中国与拉美国家能源合作问题分析》，《海外投资与出口信贷》2005 年第 6 期。

1. 中拉能源关系中的“美国因素”

“9·11 事件”后，美国尽管在西半球遭遇一系列不利因素的困扰，其政治主导权和影响力受到一定的削弱，但是它在美洲所拥有巨大的地缘政治优势。因此，我们在考量中拉能源合作关系时，应正视美国拥有的传统能源地缘政治优势，稳步推进与拉丁美洲和加勒比地区能源关系的发展。

21 世纪以来，拉美国家寻求政治独立和经济自主的呼声高涨，这在一定程度上削弱了美国在其“后院”的霸主地位。2005 年 11 月，第四次美洲国家首脑会议在阿根廷马德普拉塔举行，会议讨论了是否重新启动美洲自由贸易区谈判进程的问题，拉美国家与美国之间分歧严重，最终双方没有达成《最后宣言》的共识。21 世纪初委内瑞拉、玻利维亚、厄瓜多尔等国左派领导人崛起，他们通过民主选举掌握了政权，在国内推行民众主义，主张动员民众积极参与国家的政治发展进程，反对美国主导的新自由主义经济政策，实施社会变革，改善贫苦大众的社会经济条件；在国际上反对美国的霸权主义，推行独立自主的外交路线。但这并不表明美国的地缘政治优势趋向式微，相反，它在西半球的强势地位仍然是任何一个大国无法撼动的。①

新世纪初美国对中国加强与拉美的关系始终保持较高的关注度，有鉴于此，中国在与拉美的能源合作中，应当重视“美国因素”的作用，采取因势利导的策略，化解美国的疑虑。

美国负责拉美事务的助理国务卿香农于 2006 年 4 月初访问北京，中美首次就拉美事务展开了高级别对话。然而西半球的多数舆论质疑美国这种过分紧张的态度，墨西哥一家有影响的报纸指出：“作为美国的重要贸易伙伴国，中国在拉美问题上与美国对抗并不符合中国利益。美国不需要太过敏感和警觉，至少现在如此。”② 美国约翰·霍普金斯大学一位教授分析认为，中国与拉美关系的迅速发展，是中国经济迅速增长的自然结果，而不是中国出于政治目的的有意图谋。③ 的确，中国推进与拉美的关系是顺

① 朱鸿博、刘文龙：《新世纪中国对拉美的地缘战略》，《现代国际关系》2008 年第 3 期。
② 墨西哥《改革报》，2006 年 4 月 10 日。
③ 刘新宇、刘茜：《查韦斯访华“超越遏制”》，《环球》，2006 年 8 月 30 日。

应环太平洋地区政治经济发展的自然进程，不会也不可能损害美国的地缘政治优势。

在能源通道方面，美国对于巴拿马运河的经营权一直予以关注，特别是对于1997年香港和记黄埔公司通过商业竞标方式取得运河两端港口的经营管理权，美国一些政客和媒体极不放心，他们散布种种谬论，胡说“中国借手香港公司控制巴拿马运河”，“巴拿马运河安全将受到威胁”等。美国国会发布的一份报告宣称，和记黄埔公司获得运河经营管理权不是单独事件，而是中国全球战略的一部分。美国前国防部长温伯格认为，中国正在世界三大咽喉之一的巴拿马运河谋求立足之地，运河港口合同是“对运河最大的威胁”。解密的美国国防部文件也写道，中国在巴拿马的影响对美国国家安全构成潜在威胁。[①] 然而，和记黄埔公司经营管理10年来，巴拿马运河一直在安全有效运营，事实完全驳斥了美国人散布的所谓中国对其有安全威胁的谬论。

从以上分析可以看出，在与拉美国家开展能源合作时，有必要借助各种途径和手段、对话和沟通，化解美国的疑虑和担忧，表明中国不会损害第三国的利益，更不会跟美国搞对抗[②]，这一措施将会有利于我们拓展拉美的地缘发展空间。

在进一步发展同拉美国家关系之时，为了“深化战略共识，增强政治互信”，有必要通过国家领导人的经常互访，从政治领导层面保证双边或多边交流和互信机制的形成和运作。中国和拉美国家在政治和经济上有许多共同点和共同利益。双方都是发展中国家，面临着发展民族经济、追求国际政治经济秩序的公正与合理的共同任务，这是加强中国和拉美关系的基础。由此出发，逐步克服因两者相隔距离遥远和历史文化差异而产生的相互了解不足，同时进一步超越过去形成的政治意识形态疆界，将中国与拉美的政治关系推上新的高度。

2. 中拉能源关系的挑战及政策建议

拉美被美国视作自己的后院，是美国拥有传统的能源地缘政治优势的

---

① 吴德明：《浅析运河回归后的美巴关系》，《拉丁美洲研究》2001年第2期。

② 朱鸿博、刘文龙：《新世纪中国对拉美的地缘战略》，《现代国际关系》2008年第3期。

地区；而同时这一地区与我国相距遥远；到了20世纪后期部分国家才先后同我国建立了外交关系，因此长期以来我国在拉美的地缘政治发展空间十分有限。中拉关系受制于中美关系的发展。21世纪以来，中拉关系取得长足的发展。中拉在涉及各自核心利益和重大利益问题上始终相互理解、相互支持，在重大国际问题和全球性问题上保持良好沟通和配合，政治互信不断加深。中拉合作给双方人民带来实实在在的利益，是互利共赢的，是可持续的。①

尽管中国和拉美能源合作取得较大的进展，但是从中国外交的全局来讲，还存在一些不利因素：

（1）拉美作为美国的后院，中拉关系具有一定的敏感性、艰巨性和复杂性。中拉能源合作会受到来自美国因素的干扰。

（2）拉美是政治、经济较成熟的地区，民族主义传统深厚，不利于我国经济和政治影响的进入，容易产生政治怀疑和经济摩擦。

（3）拉美的一体化程度较为发达，中国难以一对一进行外交突破。墨西哥通过北美自由贸易区和美国的关系日益紧密，双方立场趋于一致，这从美国和墨西哥联手在世贸上向中国发难可以看出来。而以巴西为首的南方共同市场，对外来的经济竞争非常敏感，近年来阿根廷等国针对中国的贸易保护主义措施是一个明显的例子。

同时，也不应忽视有利因素，应更好地调动有利因素推动中拉关系健康发展：

（1）特朗普总统上台以来，推行“美国第一”的外交政策，美国对拉美的重视程度有所降低，拉美国家对此不满。这为中国进入拉美提供了机遇。

（2）近年来拉美左翼运动发展，激进左翼势力扩大。有些国家希望中国发挥平衡作用，想利用中国作为抗衡美国的杠杆。

（3）中国经济近年来发展很快，迫切需要资源和市场，为进入拉美提供了现实的推动力和物质基础。

---

①　习近平：《携手开创中拉全面合作更加美好的未来——在联合国拉丁美洲和加勒比经济委员会的演讲》，《光明日报》，2011年6月12日第2版。

（4）2008 年国际金融危机之后，南美洲国家最先复苏，这很大程度是由于中国的原材料进口拉动了巴西、阿根廷和智利等国的出口。与此相反，墨西哥近 9 成的出口依赖美国市场，在金融危机中受打击最为沉重，并且复苏也最缓慢。中国市场和投资是推动未来中拉关系的重要力量。

针对以上的趋势所作的分析，提出若干对拉美的政策建议：

（1）在能源合作中淡化政治色彩

中拉能源合作要以企业参与为主、外交渠道为辅，在企业行为和政治关系之间灵活平衡。为避免美国对中拉能源合作的过度敏感，在宣传上能源合作要突出企业行为，弱化政治色彩。一方面，中国企业可以与欧美油气企业进行合作，同时也要与其划清界限，维护中拉关系的大局，而不一味追随欧美企业处理纠纷的立场和方式。[①]

（2）与当地石油公司建立合作

中国能源公司通过与当地石油公司或其他国家在拉美的石油公司开展多种形式的合作，通过双边或多边合作开发石油项目，降低投资拉美石油的风险。[②] 一方面，当地石油公司信息较为灵通，了解本地的法律和环境，当遇到拉美东道国石油政策变化时，在解决一些应急问题中可以发挥较大的作用。另一方面，通过责任分担、风险分担的办法，有效降低投资的风险，中国能源公司还可以享受与拉美东道国石油公司平等的国民待遇，并获得良好的经营环境。[③]

（3）对美外交的筹码和杠杆

拉美是我国能源外交需要突破的难点，因为拉美是美国的后院，我国难和某些亲美国家发展密切关系，其特殊性和敏感性恰恰适合成为我国进行外交平衡的筹码和杠杆。加强和拉美一些在能源地缘政治上有重要作用国家的关系，具有重要意义和作用。我国外交战略应该将拉美放在全球战

---

① 薛力等：《中国的能源外交与国际能源合作》，北京：中国社会科学出版社，2011 年版，第 340 页。

② R. Evan Eillis, “The Strategic Dimension of Chinese Engagement with Latin America,” William J. Perry Center for Hemispheric Defence Studies, 2013, p. 24.

③ 周楠：《中国对拉美石油的投资研究》，北京：社会科学文献出版社，2016 年 12 月版，第 104、105 页。

略平衡格局和中美关系的大视野中进行观察，制定相应的政策和战略。不能因为发展中拉关系影响中美关系的大局，但是这并不意味着因为美国因素的存在就放弃对拉美的外交，忽视拉美的重要作用。拉美的独特作用和角色在于可以充当对美外交的筹码和杠杆，增强中国外交谈判回旋的余地。但是发挥这种作用需要有一个限度和切入点，否则就会危害外交的总体利益和目标。

4. 以建设自由贸易区为重点

我国和拉美国家建立自由贸易区，有利于化解中拉经贸关系中的许多摩擦，有利于中国进入拉美市场，获取稳定的资源，而且有利于促进中国和拉美的政治关系。自由贸易区建设不仅具有经济意义，而且具有很强的政治意义。中国近几年首先和智利签订了双边自由区协议，这是一个良好开端。但是为了拓展我们在拉美的地缘政治空间，需要和其他拉美主要贸易区，例如南方共同市场以及重要国家开启自由贸易区的建设。以巴西为首的南方共同市场国家应该成为近期建立自贸区的重点地区。南方共同市场目前是抗衡美国美洲自由贸易区设想的主要力量。其他安第斯国家和委内瑞拉等国的计划不具有重要地区影响力和发展前景。①

第二节　中美在能源通道中的交锋

能源资源在地球上分布不均，油气资源的生产和消费往往不在同一地方，需要用油气管道或者交通工具把油气资源从生产区运到消费区，能源在运输过程中会面临各种风险，需要保证油气资源的运输通道的安全，因此，能源通道安全就显得十分重要。目前跨地区油气运输主要有两种形式：第一种是在陆地上的油气运输；第二种是海上油气运输。

（1）陆上石油运输通道。就陆地运输而言，石油输出的方向主要是从

① 倪世雄等：《我国的地缘政治及其战略研究》，北京：经济科学出版社，2015 年 7 月版，第 427 页。

“石油中轴”中亚区域向欧洲、南亚和东亚这个“内需求月形地带”流通，具体有西向、南向和东向这三个方向，形成了西线、南线和东线。西线是从俄罗斯和中亚输往欧洲市场；南线是从波斯湾和中亚到南亚次大陆；东线则是从俄罗斯、中亚到环黄海地区的中国、日本及韩国。[①] 为保证陆上石油运输通道的安全，就需要发展强大的陆权来保卫输油管道、交通运输线和重要关口的安全。一般而言，传统的陆权国家具有较大的战略纵深，可以保证其运输安全。欧亚大陆国家大多是以陆权为主的国家，如果它们接近世界的油库，跨地区的石油管道运输对它们就具有战略意义。[②]

（2）海上石油运输通道。全球大约有60%的原油及其产品的出口是通过油轮来运输的，每天大约有4800万桶原油及其产品通过油轮往返于各个港口。[③] 世界出口的石油大约40%通过霍尔木兹海峡、28%通过马六甲海峡、7%通过曼德海峡。[④] 对于石油供应而言，保障海上运输线非常重要。在漫长的海上运输线中，起决定性作用的是一些具有战略意义的海峡，也称为海上战略运输通道。在全世界的海峡中起重要作用的仅有40多个，这些海峡是海上交通运输的生命线，是货物贸易的大动脉，它们对国家的经济发展和影响力扩大具有极其重要的战略意义。

国际战略通道是海上交通的走廊和枢纽，也是国际海上运输的捷径。如马六甲海峡是沟通太平洋与印度洋航运的咽喉要道，2013年中国石油进口的85%、天然气进口的24%途经马六甲海峡[⑤]，被认为是中国的“海上生命线”；英吉利—多佛尔海峡号称世界上最繁忙的海峡，是欧洲到美洲、非洲航线的必经之路，每年通过的船只多达12万艘；霍尔木兹海峡是世界著名的“石油海峡”，是波斯湾通往阿拉伯海的咽喉、波斯湾沿岸国家石油出口的要道。苏伊士运河的开通，使欧洲大西洋沿岸国经苏伊士运河—

① 刘新华、秦仪：《略论21世纪的石油地缘政治学》，《当代亚太》2003年第7期。

② 同上。

③ 菲利普·赛比耶—洛佩兹：《石油地缘政治》，潘革平译，北京：社会科学文献出版社，2008年版，第33页。

④ Carlos Pascual and Jonathan Elkind, *Energy Security*, Washington, DC: Brookings Institution Press, 2010. p. 14.

⑤ 舒源：《中国进口油气运输安全研究》，北京：社会科学文献出版社，2016年版，第101页。

曼德海峡航线比绕道好望角缩短航程 5500—8000 千米；巴拿马运河的通航，使太平洋和大西洋之间的航程比绕道麦哲伦海峡缩短了 5000—14000 千米。①

国际能源通道的通畅与否，也会反映到能源供应和需求板块上，影响供给和需求曲线，进而影响到国际石油的价格，如武装冲突、恐怖主义、海盗抢劫、极端民族主义行为等，多会对国际石油的价格产生影响。对于石油供应而言，保障海上运输线非常重要。20 世纪 70 年代末，伊朗伊斯兰革命和两伊战争的爆发，伊朗和伊拉克相互攻击对方及中立国的船只，霍尔木兹海峡的石油运输受到破坏，引发了 1979—1980 年的第二次石油危机，1979 年 4 月，石油价格达到 14. 5 美元/桶，随后两伊战争爆发，油价高达 32 美元/桶，甚至一度突破 40 美元/桶。

1986 年 2 月，美国海军宣布将控制世界上 16 个最具有战略价值的海上通道。美军认为，只要控制了这 16 个通道，就可以控制连接几个大洋的海上交通线，从而达到控制海上石油运输通道的目的。在这全球 16 条海上战略通道中，大西洋有 7 条：加勒比海和北美的航道、佛罗里达海峡、斯卡格拉克海峡、卡特加特海峡、好望角航线、巴拿马运河、格陵兰—冰岛—联合王国海峡；地中海有 2 条：直布罗陀海峡和苏伊士运河；印度洋有 2 条：霍尔木兹海峡和曼德海峡。太平洋有 5 条：马六甲海峡、巽他海峡、望加锡海峡、朝鲜海峡和太平洋上通过阿拉斯加湾的北航线。

一、中国的战略能源通道

我国从 1993 年成为石油净进口国以后，石油进口量逐年增加，2003 年石油消费总量为 2. 7 亿吨，进口石油总量达 1. 1937 亿吨，依存度达 44. 2%。2007 年中国原油表观消费量约为 3. 46 亿吨，净进口原油 1. 5928 亿吨，同比增长 14. 7%。2009 年中国进口原油约 2. 04 亿吨，比 2008 年增

① Seaway maritime directory St. Clair, Mich. : McDaniel, 1965.

长约 14%，中国石油消费对外依存度为 51.3%。[①] 2010 年，中国能源消费量占全球的 20.3%，超过美国成为世界上最大的能源消费国。[②] 2010 年中国原油进口 2.39 亿吨，对外依存度为 53.8%。[③] 2016 年中国石油（包括原油、成品油、液化石油气和其他产品）净进口量达到 3.783 亿吨，占中国油品消费量 5.620 亿吨的 67.3%。[④] 2017 年，由于国内产量下滑，石油消费形势好转，全年石油净进口量约为 3.96 亿吨，同比增长 10.8%，石油对外依存度达到 67.4%。[⑤] 我国石油进口的 48% 主要来自中东地区[⑥]，这些石油大部分通过海上运输通道运到我国，其中约 85% 要经过马六甲海峡。

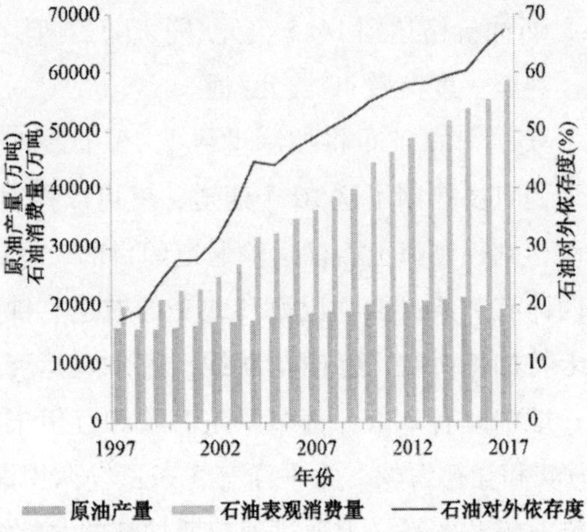

图 4—3　1997—2017 年中国石油进口依存度[⑦]

① 陈柳钦："新世纪中国能源安全面临的挑战及其战略应付"，《决策咨询通讯》2011 年第 3 期。

② "中国超美国成全球最大能源消费国"，中国能源信息网，2011 - 06 - 09，http：//www.nengyuan.net/201106/09 - 664231.html。

③ 陈柳钦："新世纪中国能源安全面临的挑战及其战略应付"，《决策咨询通讯》2011 年第 3 期。

④ 田春荣：《2016 年中国石油进出口状况分析》，《国际石油经济》2017 年第 3 期。

⑤ 刘朝全、姜学峰主编：《2017 年国内外油气行业发展报告》，北京：石油工业出版社，2018 年版，第 52 页。

⑥ 田春荣：《2016 年中国石油进出口状况分析》，《国际石油经济》2017 年第 3 期。

⑦ 刘朝全、姜学峰主编：《2017 年国内外油气行业发展报告》，石油工业出版社，2018 年版，第 52 页。

在天然气方面，近年来中国天然气的生产、消费和进口量都处于高速增长之中。2012 年中国天然气进口量为 398.9 亿立方米，到 2017 年天然气进口量为 926 亿立方米，同比增长 24.4%，对外依存度达到 39.4%。①

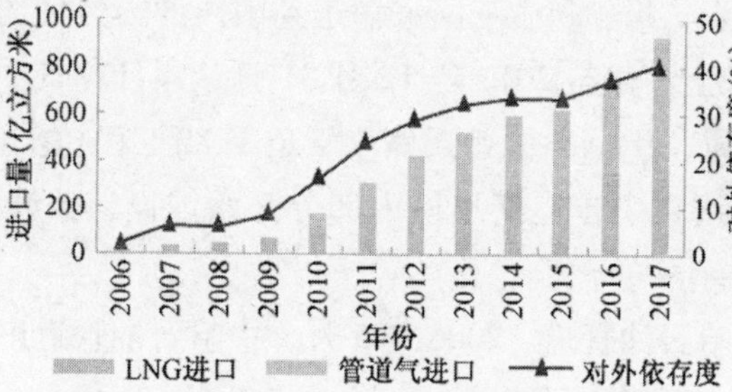

图 4—4　2006—2012 年中国天然气进口情况②

国外进口的油气在可以承受的政治、经济条件下，及时、足额、安全地运回国内，中国的能源安全才有保障，中国的经济社会才能平稳地发展。中国已初步形成东北亚中俄原油管道、西北中哈油气管道、西南中缅油气管道及海上 4 个方向 6 条油气进口通道的战略布局。

1. 中国陆上油气进口运输通道

我国当前主要的陆路油气运输管道主要有 4 条：第一条为中俄油气管道。2011 年 1 月，中俄原油管道正式投入运行。该管道从俄罗斯远东石油管道斯科沃罗季诺分输站，经过黑龙江省和内蒙古自治区，最后到达黑龙江大庆站。2018 年 1 月，中俄原油管道二线正式投入商业运营。该管道起点位于黑龙江省漠河输油站，途经黑龙江、内蒙古两省区，终点为黑龙江省大庆市林源输油站，工程全长 932.1 千米、管径 813 毫米。管道建成后每年从东北通道进口原油将从 1500 万吨增至 3000 万吨。③

① 刘朝全、姜学峰主编：《2017 年国内外油气行业发展报告》，北京：石油工业出版社，2018 年版，第 77 页。

② 同上。

③ 李延平、奚望、周民：《中俄原油管道二线正式投入商业运营》，中国石油网，2018 - 01 - 02，http：//www. news. cnpc. com. cn/system/2018/01/02/001673746. shtml。

第二条为中国－中亚天然气管道。2009 年 12 月，中国－中亚天然气管道 A 线竣工开始运营，经过多年建设，目前已形成 A/B/C 三线并行输气格局，途经乌兹别克斯坦、哈萨克斯坦，经新疆霍尔果斯口岸入境，与国内的“西气东输”二线和三线相连。中国－中亚天然气管道年输气能力达到 550 亿立方米，每年从中亚国家输送到国内的天然气约占全国同期消费总量的 15% 以上。截至 2017 年 12 月 31 日，累计输气 2032.33 亿立方米。[①] 2017 年 8 月，中国—中亚天然气管道 D 线工程初步设计通过审查，2018 年 1 月，D 线在塔吉克斯坦境内部分开始铺设，预计管道将于 2020 年 1 月起全面运行。[②]

第三条为中哈石油管道。2006 年 5 月，中哈石油管道正式对华输油。[③] 该管道西起哈萨克斯坦的阿特劳，经过肯基亚克、库姆科尔和阿塔苏，东至阿拉山口—独山子输油管道首站，全线总长 2800 多千米，被誉为“丝绸之路第一管道”。[④]

第四条为中缅油气管道。中缅油气管道于 2010 年开工建设。2013 年 7 月，中缅天然气管道工程正式投产向中国通气，2017 年 4 月，中缅两国签署了《中缅原油管道运输协议》，中缅原油管道正式运营。[⑤] 中缅油气管途经缅甸若开邦、马圭省、曼德勒省、掸邦 4 个省邦，从云南瑞丽进入中国后，天然气管道延伸到广西贵港，直达位于云南省安宁市的云南石化。[⑥]

我国目前的铁路石油进口通道主要有两条：一条由俄罗斯的伊尔库茨克至我国内蒙古的满洲里；另一条从哈萨克斯坦的阿拉木图到我国新疆的

---

① 朱景朝、李明：《中亚天然气管道 2017 年向中国输气逾 387 亿立方米》，中国新闻网，2018 年 1 月 5 日，http：//www. chinanews. com/cj/2018/01－05/8417217. shtml。

② 《土库曼斯坦－中国天然气管道在塔吉克斯坦境内部分开始铺设》，中国“一带一路”网，2018－02－02，https：//www. yidaiyilu. gov. cn/xwzx/hwxw/46902. htm。

③ 彭波：《5 月 25 日首批原油经中哈石油管道抵阿拉山口》，《人民日报（海外版）》2006 年 5 月 26 日。

④ 张翼：《中哈原油管道累计向中国输油一亿吨》，《光明日报》，2017 年 3 月 30 日。

⑤ 李春晖：《“一带一路”之中缅油气管道：互利共赢的国际化范本》，中国网，2017 年 4 月 27 日，http：//finance. china. com. cn//news/20170427/4192498. shtml。

⑥ 姚兵：《中缅原油管道原油抵达云南石化》，新华社网站，2017－06－08，http：//www. xinhuanet. com/2017－06/08/c_1121104943. htm。

阿拉山口。①

此外，随着“一带一路”倡议和“中巴经济走廊”建设的推进，“中巴经济走廊”也将成为中国油气进口的重要通道。

2. 中国石油进口海上运输通道

表 4—8　我国海上石油进口运输通

北向线路	北冰洋航线	随着气候变化和各国对北冰洋航线的关注，以及北冰洋大陆架油气资源的开发，北冰洋航线有望得到开拓，在此基础上形成“冰上丝绸之路”
东向线路	太平洋航线	经日本—太平洋—北美、加拿大及中美洲的航线。随着加拿大和哥伦比亚建成太平洋石油出口终端，巴拿马运河改造工程完毕，由东向西跨越太平洋进入中国的海运线路也越来越重要②
	拉美航线	中国沿海港口—太平洋—巴拿马运河—拉美，拉美航线运输量稳步上升
南向线路	东南亚航线	由东南亚—马六甲海峡—南海—中国沿海港口。由于自身对石油资源需求和日益减少的石油产量的影响，东南亚航线运输量一直处于下降中
	澳新航线	经台湾海峡，进入南海、巽他海峡、新加坡海峡，到达澳大利亚、新西兰③
西向线路	中东航线	由中东—波斯湾—霍尔木兹海峡—印度洋—马六甲海峡—南海—中国沿海港口。中东航线承担我国近一半的石油进口运输量，是目前最重要的石油进口运输线路
	北非航线	由北非—苏伊士运河—亚丁湾（船舶吨位一般低于 30 万吨）。或者北非—直布罗陀海峡—好望角（船舶吨位一般大于 30 万吨）—印度洋—马六甲海峡—南海—中国沿海港口④
	西非航线	由西非—好望角—印度洋—马六甲海峡—南海—中国沿海港口
	南非航线	由南非—印度洋—马六甲海峡—南海—中国沿海港口。我国 30% 左右的石油经由非洲航线运输

① 汪玲玲、赵媛：《中国石油进口运输通道安全态势分析及对策研究》，《世界地理研究》2014 年第 3 期。

② 舒源：《中国进口油气运输安全研究》，北京：社会科学文献出版社，2016 年版，第 6 页。

③ 梁芳：《海上战略通道论》，北京：时事出版社，2011 年版，第 259 页。

④ 汪玲玲、赵媛：《中国石油进口运输通道安全态势分析及对策研究》，《世界地理研究》2014 年第 3 期。

二、中美在能源通道中的博弈

美国既是油气生产大国，又是油气消费大国，而且还拥有强大经济和军事手段，这些手段确保了美国的能源政策对国际能源体系产生影响，并保证了能源的供应与能源通道的安全。美国的全球战略和遍布全球的军事基地对中国陆上能源通道和海上能源通道安全产生了重要影响。

（一）中美陆上能源通道博弈

1. 巴库－杰伊汉管线与中哈管线的竞争

美国对中国陆上石油通道的影响最初体现在巴库－杰伊汉管线与中哈管线的竞争上。2004 年，当中石油和中石化试图收购英国天然气公司持有的哈萨克斯坦境内最大油气田卡沙甘的股份时，遭到了联合开发集团中的美国埃克森美孚公司的否决。巴杰管道设计运输能力为 5000 万吨/年，主要输送阿塞拜疆巴库、哈萨克斯坦田吉兹和卡沙甘近海油田的石油。而中哈石油管道从哈萨克斯坦包括卡沙甘油田在内的里海湾出发，途经哈萨克斯坦西部和中部的石油区，最终进入中国境内，与巴杰管道有一定的竞争。[①] 对此，美国采取了三大措施对中哈石油管道施加影响：（1）加快巴库－杰伊汉管道建设，将哈萨克斯坦石油引入该管道，并向欧洲及西方市场输出。（2）说服欧洲银行、世界银行不要向中哈石油管道提供贷款。（3）通过经济援助等形式向哈政府施加影响，要求其放弃修建中哈石油管道。如果里海的油气资源不能同时满足中国与欧洲的需求，那么围绕里海油气资源的竞争将会进一步加剧。[②]

美国的《国家安全报告》指出，中亚地区被视为是美国外交政策中需要持久优先关注的地区。按照其公开的说法，美国的中亚政策必须同时去追求所有这些方面的目标，包括“有效促进的民主，扩展自由市场改革，

---

① 周云亨：《中国能源安全中的美国因素》，上海人民出版社，2012 年版，第 149、150 页。

② 倪建民主编：《国家能源安全报告》，北京：人民出版社，2005 年版，第 140—141 页；李向阳：《谁来为 21 世纪中国加油》，北京：中国社会科学出版社，2005 年版，第 152 页。

实现能源资源进口的多元化，加强安全并赢得反恐战争”。[①] 美国通过在中亚驻军、向中亚国家提供经济与军事援助、推进中亚各国的民主化与市场化改革、扶植亲美的非政府组织等方式，为美国企业在中亚地区营造良好的能源投资环境。美国除了加快实施有利于己的石油管道方案外，还以保护油气管道以及反对恐怖主义为由加强在里海地区的军事存在。“9·11”事件后，美国通过阿富汗战争推翻塔利班政权，确立并维持在阿富汗的军事存在。[②]

美国的能源战略具有全球性特点，除了保证自身能源安全外，还通过控制主要油气生产地和油气运输通道影响国际市场，以加强对盟国以及世界其他能源消费国的影响力，从而实现全球战略并维护其世界霸权地位。[③] 从能源安全的角度看，美国认为，让更多的能源资源运往中国会损害美国及其盟国的能源安全利益，中国－中亚天然气管道每年向中国输送300亿立方米天然气，未来扩建后年输气能力还将提高到400亿立方米。这条管道使中国一跃成为中亚和里海天然气的最大消费国。而纳布科项目的目的同样在于将里海的天然气经土耳其、保加利亚、罗马尼亚和匈牙利输送至奥地利，然后再输往欧盟各国。有人认为中国与中亚天然气管道的通气会妨碍欧洲纳布科天然气项目的进展。[④]

美国作为中亚各国重要能源合作伙伴的出现对中国产生了不良影响，这不仅提高了中石油等中国企业在中亚油气上游领域进行战略投资的门槛，而且美国油气巨头的积极参与也抬高了中国企业购买中亚石油、天然气的价格。随着中亚通往欧洲油气管道的陆续投产，中亚能否保障对中国持续、充足的油气供应也存在疑问。当然，相对美国石油公司进军中亚而言，美国部队进驻中亚更令中国不安，这是因为美国的军事设施就在中国

---

① The Whitehouse, The National Security Strategy of the United States, March 16, 2006, p. 40.

② 李义虎：《欧亚地缘政治新变局》，《现代国际关系》2006年第9期。

③ 徐洪峰、李林河：《美国的中亚能源外交》，北京：知识产权出版社，2010年版，第3页。

④ 赵丽娜：《外媒：中国－中亚管道输气 纳布科项目或失败》，2009年12月17日，http://intl.ce.cn/specials/zxxx/200912/17/t20091217_20638152.shtml。

边境几百千米之外。[①]

2. “新丝绸之路计划”与“丝绸之路经济带”

2011 年美国推出“新丝绸之路计划”，旨在推动以阿富汗为核心的、连接南亚与中亚的经济一体化和跨地区贸易[②]，其主要内容是在中亚地区新建基础设施，将阿富汗打造为连接中南亚资源与市场的枢纽；吸引外资参与阿富汗国内的建设，帮助阿富汗建立独立的经济体系等。美国通过中亚区域经济合作组织（CAREC）、阿富汗区域经济合作会议（RECCA）以及伊斯坦布尔进程（Istanbul Process）实施“新丝绸之路”战略的设想，帮助消除阿富汗与巴基斯坦和中亚国家之间的贸易障碍，推动公路铁路等交通项目建设。为建设和拓展经阿富汗连接中亚和南亚的基础设施，包括输电线路、公路、铁路、管道和光缆等，美国国务院确定了 40 多个项目，作为“新丝路”的骨干项目。[③] 通过实施“新丝路计划”，美国和中亚国家的关系取得较大的突破：（1）美国与中亚国家建立了年度双边磋商机制（ABCs），通过该机制美国和中亚国家讨论安全援助、经济投资、教育文化交流、人权和民主化改革等问题。（2）美国与中亚国家就在阿富汗的安全过渡期内发挥地区作用达成了一定共识，认识到阿富汗安全问题的复杂性及在地区层面调节的必要性，计划结合本国的实际情况在该问题上发挥一定的作用。（3）美国的“新丝路计划”中所倡导的内容被中亚国家部分或全部认同，并在推动地区合作上发挥作用。（4）在促进中亚国家开放市场上取得较大进展。（5）在人权、民主等领域获得了许多与中亚国家对话的机会并有所发展。[④]

“新丝绸之路计划”的最终目标是在中国的西部、西南部和南部构筑一条由美国主导的经济与能源通道，这可以在一定程度上限制中国对这一

---

① ［美］玛莎·布瑞尔·奥卡特，李维健译：《中亚的第二次机会》，北京：时事出版社，2007 年版，第 237 页。

② 牟宗琮、王社恬：《“环访”阿周边国家修补美巴关系裂痕——美国务卿力推“新丝绸之路”计划”》，《人民日报》，2011 年 10 月 23 日。

③ KUCERA J K. Central Asia ：can Expanded Trade Pacifyan Unsettled Region? ［EB/OL］.（2011－10－31）［2014－08－08］. http//www. eurasianet. org/print/64419.

④ 孙力、吴宏伟主编：《中亚国家发展报告》，北京：社会科学文献出版社，2013 年 9 月版，第 136—138 页。

地区（中亚、南亚和东南亚）的影响力，尤其是限制中国对这些地区的地缘经济影响。美国的计划还可以分化上海合作组织的凝聚力，逐渐强化美国在这一地区的主导权。[①] 因此，土库曼斯坦—阿富汗—巴基斯坦—印度管道（TAPI）被奥巴马政府列为“新丝绸之路”的主要项目，在美国的推动下，2011 年 11 月、2012 年 5 月和 2013 年 7 月，土库曼斯坦分别与巴基斯坦、印度和阿富汗签署天然气供销协议，2015 年 12 月 TAPI 管道土库曼斯坦段正式开建。[②]

2013 年习近平主席提出“一带一路”倡议，“一带一路”沿线国家成为中国的重点合作对象，从多边经济共同发展的国际合作角度出发，实现中国与周边国家的共同发展，同时对美国的遏制战略也具有一定的对冲作用。[③]“丝绸之路经济带”的主要目的在于拉动中国中西部经济发展，减少对海上贸易通道的依赖，构筑稳定的西部战略空间。“丝绸之路经济带”就是一条横跨欧亚大陆、沟通中西交通贸易的陆上大通道，东西而走，从中国经中亚、西亚直至欧洲。[④] 中国的“丝绸之路经济带”是“横向”或“西向”战略，中国期望通过“丝绸之路经济带”打通中国的西向之路，进一步增进与沿线国家及地区的互联互通，在战略实施的进程中，中国一方面应积极应对来自美国的竞争与压力，尽量减少或避免潜在的阻力与风险；另一方面中国也应积极与美国进行合作，维护中亚、南亚地区稳定，共同应对极端恐怖主义。[⑤]

“丝绸之路经济带”通过亚投行与丝路基金这两大金融平台，采用 PPP 模式推进中亚地区基础设施建设，营造更好的商业环境，同时积极构

① 吴兆礼：《美国“新丝绸之路计划”探析》，《现代国际关系》2012 年第 7 期。

② 邓秀杰：《中国与中亚国家油气合作的机遇与挑战研究》，北京：当代中国出版社，2016 年版，第 121 页。

③ 黄梅波、刘振原：《“一带一路”的战略方向与实践路径：中美的比较》，《东南学术》2017 年第 2 期。

④ 李兴：《“丝绸之路经济带”与“新丝绸之路计划”——亚欧中心跨区域发展中美倡议比较分析》，《贵州省党校学报》2017 年第 2 期。

⑤ 陈宇、贾春阳：《美国“新丝绸之路计划”现在怎样了》，《世界知识》2015 年第 6 期。

筑与中亚地区的产业供应链和区域生产网络。①

在油气管道方面，“新丝绸之路计划”中的TAPI管道有多重用意：一方面，跟中国抢夺油气资源；另一方面，拉拢印度牵制中国，将巴基斯坦拉向美国的意图。② 从能源供应的角度看，美国支持的TAPI管道与土库曼斯坦—中国天然气管道形成一种竞争关系。土库曼斯坦推行的是天然气出口多元化政策，但土库曼斯坦天然气开采能力有限，TAPI管道的气源可能会对土库曼斯坦对中国的天然气供应产生一定的影响。③

美国“新丝绸之路计划”的实施对中国造成负面影响，除了对中国西部战略后方构成地缘压力之外，还将遏制中国向中亚、中东地区发展。中国已经在中亚国家投资建设了多条公路、输变电线路项目及油气管道，正在规划中国—伊朗跨国铁路和能源管道项目，这些运输网络都与美国“新丝绸之路计划”中的运输线路存在着竞争关系。对于中国来说，克服美国“新丝绸之路计划”构成的障碍，充分利用上合组织等区域合作机制，继续加强与中亚、南亚国家的合作，促进周边地区运输网络的建设，符合本国和地区的长远利益。④

（二）中美海上能源通道关系

美国非常重视控制海洋及海上关键岛屿，进而控制世界市场及能源资源关键地区。在这一原则的指导下，美国的海洋霸权是通过对海上通道的控制，包括控制战略岛、建立广泛密布的军事基地和强大的海军力量来实现的。因而美国对中国海上能源战略通道形成巨大的压力。

美军在中东及波斯湾地区保持着强大的前沿军事存在。美国前海军部长小约翰·莱曼认为美国此举的意图在于：“首先，体现在确保美国及其

---

① 崔日明、陈晨：《美国“新丝绸之路”战略研究—基于中国“一带一路”战略比较》，《世界经济与政治论坛》2016年5月第3期。

② 邓秀杰：《中国与中亚国家油气合作的机遇与挑战研究》，北京：当代中国出版社，2016年版，第123页。

③ 耶斯尔：《2015年美国在中亚新动向及其影响》，《和田师范专科学校学报》2016年第4期。

④ 杨雷：《美国“新丝绸之路计划”的实施目标及其国际影响》，《新疆社会科学》2012年第5期。

盟国的海湾石油运输线长期畅通无阻。第二，我们必须防止敌对国家对波斯湾的控制。"[①] 1949 年 1 月，美军成立了波斯湾地区司令部，其作战范围涵盖红海至缅甸边境、赤道至波斯湾北端。1983 年，为对抗苏联在这一地区的影响，美国在快速部署联合任务部队的基础上成立了中央司令部，负责保卫波斯湾石油通道。[②] "9·11" 事件后，美国在反恐的名义下，把本国的能源地缘战略巧妙与维护波斯湾地区的和平与稳定联系在了一起，保证中东地区石油钻井平台以及连接中东油气输出港到美国东西海岸能源通道的安全。

美国还在印度洋至太平洋沿岸航道区域维持强大的军事存在。从日本、韩国开始，以关岛为链接，一直延伸到东南亚的菲律宾群岛、印度尼西亚和新加坡，最后直至印度洋的迪戈加西亚岛，这条巨大的"太平洋岛链"上密布着美军的海空军基地。根据美国国防部发布的《2015 财年美军基地结构报告》数据，美国在全球军事基地的总数达 587 个，在亚太和印度洋地区设有 7 个军事基地群，占其海外基地总数近 50%。这 7 个基地群呈"三线"配置，由阿拉斯加、东北亚、西南太平洋和印度洋等 4 个基地群组成第一线；由关岛和澳大利亚两个基地群组成第二线，为一线的海空运输中转、监视和侦查基地；由夏威夷基地群岛组成第三线，为美国本土防御的前哨。[③] 这些基地群形成西太平洋到印度洋的"弧形地带"，与夹在地中海和波斯湾中间的中东石油供应带相连接。显然，美国具有控制印度洋至太平洋海上石油战略通道的实力。

尽管美国的海上霸权有助于维护国际海上战略通道的畅通，并使中东的石油进入到全球市场，但是美军在波斯湾、印度洋以及马六甲海峡地区强大的前沿军事存在也对中国构成了潜在的威胁。中国的商品市场和原料来源依赖于太平洋至印度洋的海上运输航道，这种依赖将因中国缺乏相应的维护航道畅通的手段而变得更为突出。尽管现阶段美国的目的在于确保

---

① ［美］小约翰．莱曼，海军军事研究所译：《制海权：建设 600 艘舰船的海军》，北京：海潮出版社，1991 年版，第 481 页。

② 同上书，第 470 页。

③ 中国南海研究院：《美国在亚太地区的军力报告 2016》，北京：时事出版社，2016 年版，第 13、14 页。

中东油气资源不断地流向全球市场，但在特殊情况下，美国海军也有可能封锁霍尔木兹海峡和马六甲海峡，这是中国最为担心的。

为打破“马六甲困局”，中国一方面积极修建中缅油气管道，另一方面加大“中巴经济走廊”的建设，从而实现能源通道的多元化。

1. 中缅油气管道

中缅油气管道包括石油管道和天然气管道，该管道于2010年开工建设，到2013年7月，中缅天然气管道工程正式投产向中国通气，2017年4月，中缅两国签署了《中缅原油管道运输协议》，中缅原油管道正式运营。[①] 石油管道的起点位于缅甸西海岸的马德岛，天然气管道起点在皎漂港，穿过缅甸境内，从云南瑞丽进入中国，在贵州安顺实现油气管道分离，分别通往重庆、广西。

中缅油气管道的建成，改变了中国石油进口高度依赖马六甲海峡的单一局面，促进能源进口布局的合理化，有利于中国拓展与东南亚国家的能源合作以及推动相关产业的发展。[②]

2. 中巴经济走廊

2013年5月，李克强总理访问巴基斯坦时提出建设“中巴经济走廊”的战略构想。2015年4月，中巴双方正式确定了以“走廊为中心，以瓜达尔港、能源、交通基础设施、产业合作为重点”的“4+1”合作布局。2016年11月，举行瓜达尔港开航揭幕典礼，标志着“中巴经济走廊”进入全面实施阶段。“中巴经济走廊”起点是新疆的喀什，终点是巴基斯坦的瓜达尔港，是贯通南北丝路的构建枢纽，是一条包含公路、铁路、油气管道及光纤光缆“四位一体”的贸易走廊。[③] 2016年11月“中巴经济走廊”基本贯通，从喀什出发的中国重型车队沿走廊抵达瓜达尔港，其装载

---

① 李春晖：《“一带一路”之中缅油气管道：互利共赢的国际化范本》，中国网，2017年4月27日，http：//finance. china. com. cn//news/20170427/4192498. shtml。

② 戴永红主编：《世界油气管道的地缘政治经济研究》，北京：时事出版社，2016年版，第201页。

③ 金鑫、张秋生主编：《“一带一路”跨境通道建设研究报告》，北京：社会科学文献出版社，2018年版，第202页。

的货物由瓜达尔港转发往西亚和非洲等地。①

为破解“马六甲困局”，应尽快建成中巴能源运输通道，推进建设连接新疆喀什和瓜达尔港的油气管道，为我国在印度洋方向绕开马六甲海峡开辟第二条陆路油气进口通道，从而增强我国在印度洋方向的能源安全保障能力。②

（三）当前中美在能源通道上的战略态势

中美两国在印太区域各具优势，中国具有强大的陆权优势，而美国具有强大的海权优势。③美国将中国视为未来长期的战略竞争对手，对中国的权力增长极为敏感焦虑，如频繁指责中国进行海洋“扩张”，开始在钓鱼岛和南海问题改变不持立场的模糊中立政策，推动“亚太再平衡”战略，贯彻“空海一体战”作战概念等，中国的反强敌干预战略则与美国的“空海一体战”战略针锋相对，中美两国在能源通道的博弈将进入一个新的阶段。④

1. “空海一体战”

美国通过积极推动“亚太再平衡”战略，调整亚太军事部署，落实“空海一体战”作战概念。美国国防部在 2010 年的《四年防务评估报告》中首次提出“海空一体战”概念，以便在一系列军事行动中打败对手。⑤2011 年 10 月，美国国防部正式设立跨军种的“海空一体战”办公室。2012 年 1 月，美国国防部推出《联合作战介入概念》（the joint Operational Access Concept），“海空一体战”开始走向实践阶段。美国规划“海空一体战”主要是为了应对西太平洋军事上的不平衡，即中国日益强大的“反

---

① 贺斌：《中巴经济走廊提供了安全和稳定》，《光明日报》，2018 年 5 月 3 日。

② 朱雄关、张帅：《“一带一路”背景下构建我国能源合作的对策探讨》，《学术探索》2017 年第 7 期。

③ Robert Ross：Bipolarity and Balancing in the East Asia，阎学通编：《东亚安全合作》，北京大学出版社，2004 年版，第 51—54 页。

④ 胡波：《海上强国的崛起之路：2049 年的中国海上权力》，北京：中国发展出版社，2015 年版，第 121 页。

⑤ U. S. Department of Defense，Quadrennial Defense Review Report，February 1，2010，p. 33，http：//www. defense. gov. /QDR/image? QDR_as_of_12Feb10_1000. pdf.

介入/区域拒止”能力，防止中国动摇美国在西太平洋的海上霸权，并赢得与中国可能发生的冲突的胜利。① 为此，美国加强在亚太地区的军事部署，加快推动美日同盟的军事合作，重点加强在东南亚地区以及澳大利亚的军事存在，强化关岛等第二岛链的战略地位。在装备建设上，将侦查、预警、导弹、通信卫星等空间支援系统作为发展重点，将新一代隐形轰炸机、舰载无人机、无人潜航器、新型潜艇等远程、快速、隐形侦查及打击力量作为装备建设的重点。② 为保持美军优势，2014 年 9 月，五角大楼发起第三次“抵消战略”，通过利用美国在无人系统和自动化、远程隐形空中作战、水下作战以及复杂系统工程与集成方面的“核心能力”，以不同的方式来投送力量，从而在总体上反制对手在“反介入/区域拒止”能力方面的投资，尤其是导弹存量的扩充，来构建一个全球监视与打击网络（GSS）。③ 试图将国防部投资聚焦于美国具有决定性的军事技术领域，以克服对手日益紧迫的数量追赶。2015 年 1 月 8 日，美国国防部签发备忘录，正式将“海空一体战”（ASB）作战概念更名为“全球公域介入与机动联合概念”（JAM - GC），丰富了“海空一体战”概念内涵，但主要针对对象仍是反介入。

中国高度关注美国在海湾战争、阿富汗战争中表现出来的高度一体化、信息化、现代化作战能力，将打赢信息化条件下的局部战争上升为中国军队的主要使命。2004 年 12 月，中国在发表的国防白皮书中指出：未来需要打赢“信息化条件下的局部战争”。④ 2013 年 4 月，中国在发表的新版国防白皮书中指出，“坚定不移把军事斗争准备基点放在打赢信息化条件下的局部战争上，统筹推进各战略方向军事斗争准备，加强军兵种力

---

① Center for Strategic and Budgetary Assessments：Air Sea Battle：A Point - of - Departure Operational Concept，May 2010，pp. 17 - 30，http：//www. csbaonline. org/publications/2010/05/airsea - battle - concept.

② 胡波：《中美在西太平洋的军事竞争与战略平衡》，《世界经济与政治》2014 年第 5 期。

③ Robert Martinage，Toward a New Offset Strategy：Exploiting U. S. Long - Term Advantages to Restore U. S. Global Power Project Capacity，Center for Strategic and Budgetary Assessments，October 27，2014.

④ 中国国防部：《2004 年中国的国防（白皮书）》，http：//www. mod. gov. cn/affair/2011 - 01/06/content_4249947_2. htm.

量联合运用，提高基于信息系统的体系作战能力。”①

2. 印太再平衡

近年来，美国不断加强对印太地区的战略关注，将印度洋与太平洋两个重要地区视为一个整体。美国提出“印太”这一概念主要是为了拉拢印度等南亚国家，以便构建规模更宏大的“印太再平衡”。②

2011 年 11 月，时任美国国务卿希拉里·克林顿在《外交政策》杂志上发表的文章《美国的太平洋世纪》，指出亚太地区从印度次大陆到美国西海岸，连接太平洋和印度洋，是重要的运输通道和战略要地，这一地区将成为国际政治的主要引擎。美国要加强在这一地区的军事存在，加强和这一地区盟国及其伙伴国的关系。③

2015 年 5 月，美国发布了名为《前沿、接触、准备：21 世纪海上力量合作战略》新版海洋战略，强调美国要积极推进“印太”战略转型，增加部署在“印太”地区的舰船、飞机和海军陆战队。美国海军还将为该地区提供最先进的武器装备和最现代化的部队。到 2020 年时，美国海军将把 60% 的舰艇和飞机部署到“印太”地区。美国为获得“全域进入”（包括海上、空中、陆地、太空、网络空间以及电磁波谱等六大空间）能力，将积极寻求加强与“印太”地区的长期盟国——日本、澳大利亚、韩国、菲律宾和泰国的合作，并把印度纳入到美国的“印太”战略中，强化战略伙伴关系。继续深化双方在作战互通性、防务能力等方面的融合，并极力使这些中国周边国家形成抗衡中国崛起的对冲力量。④

美国积极塑造“印太”战略格局，并在此基础上重新调整和部署了美国的亚洲战略，强化与其地区盟友及伙伴的战略关系，例如，加强了与日本的安全合作，进一步提升美日、美韩以及美澳关系。主动加强了与印太地区枢纽国家（印度、澳大利亚）的政治、安全关系，不断拓展和扩大在

① 中国国防部：《国防白皮书：中国武装力量的多样化运用》，http：//www. mod. gov. cn/affair/2013 - 04/06/content_4442839. htm.

② 薛力：《美国“再平衡战略”与中国“一带一路”》，《世界经济与政治》2016 年第 5 期。

③ Hillary Clinton，America's Pacific Century，*Foreign Policy*，October 11，2011.

④ 胡志勇：《美国积极塑造“印太”战略格局及其地缘影响》，《南亚研究季刊》2016 年第 1 期。

印太枢纽地区的军事存在，以塑造印太地区新的国际秩序，从而达到继续维护美国国家利益、主导地区事务的战略目的。美国的“印太”战略增加了该地区安全的不确定性，导致该地区安全局势更趋复杂化。

近年来，中国军队加快推进军事现代化，重点打造导弹、静音潜水艇、隐形战机等先进武器。利用信息技术发展传感器和指挥网络，优化舰机平台和制导武器，全面提高导弹、战斗机、水面作战舰艇、潜水艇和网络武器的目标定位和打击能力。中国在强化近海存在的同时，正积极走向远洋，中国海军加快了“走出第一岛链”，建设远洋军事步伐，派遣大规模编队赴印度洋及西太平洋进行远洋训练。①

2012 年 9 月 25 日，我国第一艘航母“辽宁”号交付中国人民解放军海军，2013 年 11 月，“辽宁”号航母赴南中国海开展综合演练，期间编组了大型远洋航空母舰战斗群，战斗群编列近 20 艘各类舰艇，标志着“辽宁”号航空母开始具备海上编队战斗群能力。②

2018 年 5 月 13 日 – 18 日，我国第二艘航母（也是第一艘国产航母），在大连造船厂正式下水海试，国产航母下水对我国具有重要意义：一是能提高我国的海上防御作战能力；二是可以保护我国海上能源通道安全，维护海外利益；三是提升中国海军的投射能力，有利于我国更好承担责任和义务，包括人道主义救援行动。这艘国产航母未来服役后，中国将拥有真正意义上的双航母战斗群，让中国朝着海洋强国的方向迈出更坚实的一步。③

3. 中美两军在国际能源通道的博弈

能源通道安全实际上由传统安全和非传统安全两部分组成。传统安全主要围绕着争夺关隘、海峡、航运和航线，这是军事领域的角逐、国家权力的碰撞。非传统安全则指恐怖活动、大规模杀伤性武器的扩散、海盗活动猖獗、跨国有组织犯罪、沿海经济设施安全等。④

---

① 胡波：《中美在西大平洋的军事竞争与战略平衡》，《世界经济与政治》2014 年第 5 期。

② 《辽宁舰入列中国迈向海洋强国》，《科学新闻》2014 年第 12 期。

③ 《中国首艘国产航母正式下水》，《坦克装甲车辆》2017 年第 6 期。

④ 中国现代国际关系研究院海上通道安全课题组：《海上通道安全与国际合作》，北京：时事出版社，2005 年版，第 6 页。

（1）从传统安全角度分析中美在国际能源通道的关系

从传统安全角度看，中美在维护能源安全通道领域的竞争要大于合作。海上油气运输通道是中国的一大软肋，而美国通过遍布全球的军事基地网络，基本上实现了对印度—太平洋关键航运通道的控制，在战略上占据了主动权。中国担心一旦两国关系恶化，美国军队会切断这些能源战略通道。

美国对于中国加强海军建设十分警觉，美国国防部内部报告指出，中国正在以中东为起点构建一条海上战略“珍珠链”，以便向海上投放力量，保护自己的石油运输。中国希望建立一支“蓝水海军”来控制海上航道，以避免能源供应因为美国海军等潜在威胁而可能出现的中断状况，特别是在它与台湾发生冲突的情况下。[①] 在美国看来，中国出于确保能源与国家安全目的的强化海军之举，将会对美国构成严重威胁。

中美在海上能源通道上的博弈主要表现在两国军队之间的博弈。中美两国军队之间的较量是两种平台、两种战略以及两国综合国力的博弈。中国是陆权大国，中国军队主要依靠强大的陆军，在发展远洋海军的同时，更加注重发展海军技术；美国是海上霸权国，美国的军队是一支以海上平台为核心的力量，依托海洋、整合内部及盟友的资源，强化通过海空平台投送力量的能力。[②]

在第一岛链及附近海域，中国有可能取得战略博弈的优势。在附近海域，中国的海权受到强大陆权的保护，中国可以利用地缘优势打造陆上目标跟踪监视系统、一体化防化系统以及先进的地下坑道体系，使用导弹、无人机等发射装置对海上目标进行打击。近年来，随着中国综合实力的不断增长，中国军队在技术方面取得了重大进展，随着“东风 21D”导弹、静音潜艇，以及大规模现代化水面舰艇和海上打击飞机的列装，中国军队可以依托陆基战斗机和导弹力量，对 1000 公里以外的海上和陆上目标进行

① Juli Macdnald, Amy Donahue, and Bethany Danyluk, Energy Future in Asia, Booz Allen Hamilton report sponsored by the Director of Net Assessment, Novmber 2004.

② 胡波：《海上强国的崛起之路：2049 年的中国海上权力》，北京：中国发展出版社，2015 年版，第 144 页。

打击。[①] 美国及其盟友部署的拦截装置很难应对中国数目庞大的导弹系统的攻击。在临近大陆的海域，大型舰队尤其是水面舰艇编队的行动容易被跟踪定位并遭受打击。

在第一岛链以外的海域，美国的海上力量处于优势。美国海军是世界上最强大的海上力量，在目标跟踪瞄准系统和作战网络的支持下，美国战舰的打击范围和生存能力都远远超过对手。在大洋上，主要依靠天基的遥感和电子侦察卫星来获取目标信息，陆基雷达、无人机等跟踪定位方式作用有限。由于预警时间的延长，海上力量对导弹和飞机的拦截效率提高，这些因素无疑对美军有利。中国海军东出太平洋的战略通道都为美国及其盟友所控制，第一、第二“岛链”成为中国海军进入大洋的障碍。在第一、第二“岛链”之外，中国海军失去了大陆提供的屏障和便利，行动的自由度和效率将大幅降低。美国海军却相反，灵活度得到加强，并容易得到各基地的后勤补给和支援。[②]

中美两国在多大程度上能够取得协调，一方面取决于中国能否使美国确信，中国海军现代化的目标旨在维护本国海上能源运输通道的安全，同时为国际社会提供海上“公共产品”。中国海军没有能力更没有意愿挑战美国在印太地区及全球的海上优势地位，没有争夺海上霸权的野心。

客观地讲，美国的海上霸权在某种程度上也是维护公海航行自由的强有力保障。地区安全与稳定以及公海航行自由是开放的世界贸易体系得以维系的必要前提，而中国在某种程度上是现行世界贸易体系的主要受惠者。[③] 对于中国而言，目前阶段更为明智的政策或许在于，与其过于强调极少发生、甚至几乎不可能发生的类似于敌对大国切断本国海上能源生命线等一些重大的地缘政治风险，还不如更多地思考如何应对已经大量出现

---

① Ian Easton，China's Military Strategy in the Asia Pacific：Implications of Regional Stability，the Project 2049 Institute，2013，p. 16，http：//www. project2049. net/document/China_Military_Strategy_Easton. pdf.

② 胡波：《海上强国的崛起之路：2049 年的中国海上权力》，北京：中国发展出版社，2015 年版，第 144 页。

③ Thomas，J. Christensen，“Shaping China's Global Choice Through Diplomacy”，testimony before the U. S. – China Economic and Security Review Commission，March 18，2008.

的类似于索马里海盗对本国商船队的袭击等一系列小规模低烈度的非传统安全威胁。退一步讲，任何针对中国的大规模的海上石油禁运和封锁都意味着战争，如果在未来的二三十年中，中国的经济、政治以及军事实力尚不足以避免国际封锁的话，那么在本土上建立的能源设施被战争破坏也将是难以避免的。① 从长远来看，中国应该建立起一支与其经济实力、安全防务需求相匹配的现代化海上军事力量，这是对各种潜在威胁的有效威慑，也是维护海上能源通道畅通的终极手段。如果中国能拥有强大的海洋军事力量，并经常出现甚至部署在拥有海外利益的地区，将是对国际恐怖势力的最好威慑，也能够更好地保障中国的海外油气运输安全和油气产业的正常发展。②

（2）从非传统安全角度分析中美在国际能源通道关系

在应对非传统安全挑战方面，中美两国更多的是合作关系。能源安全问题是全球性问题，具有跨国、跨地区的特性，仅依靠一国力量无法解决，必须多国联手，以集体的力量共同维护安全。③ 中国与恐怖组织的斗争由来已久，具备丰富的反恐经验，在反恐情报与后勤供应方面可以与美国展开交流与合作。

首先，对于中美两国而言，建立稳定而有序的全球能源市场、稳定的石油价格符合彼此的根本利益。中美两国都鼓励中东、中亚等油气富集区的经济发展和能源开发，希望限制恐怖活动、贩毒及走私大规模杀伤性武器。

其次，中美两国在维护国际能源通道安全方面也有着共同的利益。从非传统安全角度看，海盗活动威胁着海上能源运输安全，主要体现在两方面：一是运输成本大幅上升，包括人员成本与货物成本；二是保险费用不断增加。由于海盗横行，每年在马六甲海峡附近海域遭受的国际贸易损失

---

① 胡鞍钢、吕永龙主编：《能源与发展：全球化条件下的能源与环境政策》，北京：中国计划出版社，2001年版，第36页。

② 穆献中：《中国油气产业全球化发展研究》，北京经济管理出版社，2010年版，第279页。

③ 肖天亮：《军事力量的非战争运用》，北京：国防大学出版社，2009年版，第28页。

高达160亿美元。[①]

海盗活动属于全球公共问题，包括美国在内的任何一个国家都难以单枪匹马地肩负起维护公海安全的职责。[②] 为了维护自身的海外利益，同时为国际社会提供必要的公共产品，2008年12月，中国派遣本国舰队参与索马里海域的打击海盗行动。对此，美国海军高级将领做出了积极的回应，承诺将在亚丁湾与中国军队进行包括分享情报、建立通信线路在内的密切合作。这是中美海上军事协调的良好开端。反映了美国尊重中国的利益，并愿意接受中国在东亚地区之外发挥维持区域稳定的作用。[③]

中美两国在打击海盗和其他海事领域开展了合作，并且取得了一定的成效，具体体现在以下几方面：第一，中国的香港、上海和深圳这三大港口响应美国海关提出的集装箱安全倡议，中美两国在集装箱安全方面的合作取得稳步进展。第二，中美积极启动了“海关－贸易伙伴反恐计划”方面的合作项目。第三，中美保持在海运安全执法方面的密切合作。第四，中美在危险货物安全运输方面开始了初步合作。[④] 此外，中美两国在海上军事安全机制建设方面也取得了一些成果。早在20世纪末，中美就已签署《关于建立加强海上军事安全磋商机制的协定》。这一协定有助于双方海空力量避免发生意外事故、误解或错误判断，从而促进了中美关系的稳定健康发展。[⑤]

由于能源安全通道领域的复杂性、动态性和多方面性。中美在能源安全通道领域的关系既非纯粹的竞争也不是简单的合作。实际上，在能源安全通道领域，传统与非传统两类安全问题是互相交织并且互为影响。

（3）建立中美新型海权关系

建立中美新型海权关系是建立中美新型大国关系的关键。经过两国领

---

① 中国现代国际关系研究院海上通道安全课题组：《海上通道安全与国际合作》，北京：时事出版社，2005年版，第405页。

② ［美］约翰．摩根、查尔斯．马托格里奥：《打造全球联合舰队：美国海军“千舰海军”计划揭密》，《国际展望》2007年第5期。

③ Peter A. Dutton, “Charting a Course: U. S. – China Cooperation at Sea”, China Security, Vol 5, No. 1, Winter 2009, p. 17.

④ 史春林：《中美海运安全合作：进展及存在的问题》，《现代国际关系》2010年第5期。

⑤ 钱春泰：《中美海上军事安全磋商机制初析》，《现代国际关系》2002年第4期。

导人和各部门的努力，中美在建立新型军事关系、加强合作与交流方面已经达成一些共识。两国海军舰艇和人员互访日益增加，美国还邀请中国参加美国主导的“环太平洋”海上联合军事演习。[①] 2015 年中美签订了《海空相遇安全行为准则》，建立了重大军事行动相互通报机制，为两军管控危机、深化非传统领域合作、增进海上互信发挥了积极的作用。中美在国际能源通道中博弈的前景取决于双方的选择和努力，需要双方共同改善互动的进程，把握和平的机会，具体来讲双方应做到以下几方面：

一是加强沟通和交流。中美之间已经建立起 90 多对双边或多边的沟通和对话机制，内容丰富、形式多样。中美双方要充分利用这些沟通渠道，用对方能听懂的语言和逻辑表达自己的观点和目的。

二是建立危机预防机制。由于中美之间发生摩擦不可避免，双方有必要建立危机预防机制，预防和管控危机的发生，建立不冲突、不对抗的中美新型两军关系。首先，双方要建立相互通报和海空军相遇规则。如相互通报方式、航行及飞行规则、紧急避险程序等。其次，建立有关危机预警、危机管控的相关规定。防止出现误判和误操作而引发的冲突升级。第三，建立应急联络机制，通过设立军事热线等机制的标准程序，从而在制度上在危机发生的时候保持及时沟通。[②] 2014 年 11 月，中美签署了《重大军事行动相互通报机制》和《公海海域海空军事安全行为准则》，为构建中美新型军事关系奠定了基础。

三是推动相互合作。中美双方要积极推动相互合作，建立互信，维护共同利益。一方面，中美可以在打击海盗、反恐、防扩、减灾救灾等方面加强合作。另一方面，中美两国应在完善海洋法和海洋机制方面加强沟通和对话，增进相互理解。[③]

① 中国南海研究院：《美国在亚太地区的军力报告 2016》，北京：时事出版社，2016 年版，第 6、7 页。

② 胡波：《海上强国的崛起之路：2049 年的中国海上权力》，北京：中国发展出版社，2015 年版，第 165 页。

③ 同上书，第 167 页。

第三节　中美在国际能源金融中的角逐

能源市场与金融市场紧密联系，相互渗透和融合，逐渐形成能源金融。关于能源金融的定义，从狭义来看，能源金融即能源融资；从广义上看，能源金融是指能源信息与金融信息的关联机制，以及相关产业主体通过关联机制实现能源资源与金融资源的整合，促成能源与金融产业共生，并在此过程中有效防范风险的一系列产业活动。① 总体而言，能源金融体系大体由三个层面组成。（1）能源货币体系。能源货币体系就是围绕国际能源贸易及相关衍生金融产品的计价及结算货币的国际规则与制度安排，能源货币体系不仅左右国际能源市场，而且对全球能源产业链的利益分配具有重要的意义。（2）能源金融市场。能源金融市场是能源市场、货币市场、外汇市场、期货市场及场外交易市场等传统的金融市场相互联动、融合、渗透而形成的复合金融体系，是国际金融市场的重要组成部分。（3）能源产业资本运作。能源公司通过兼并、收购和重组等资本运作手段，实现能源产业链整合与优化，提高其整体规模和运营能力，扩大市场占有率，从而提高其全球竞争力。②

能源金融是全球能源产业链利益分配中的一个重要环节，能源金融的发展与能源战略的实施息息相关。第一，能源霸权国通过将本币作为国际能源贸易的主要计价及结算货币，一方面可以维持本币在国际货币体系中的地位，另一方面可以在全球能源产业链的利益分配中获得有利的位置。③第二，借助国际金融市场来影响国际能源市场中能源价格形成。能源金融的核心是对于能源商品尤其是石油定价权的争夺。国际石油市场已经形成

---

①　何凌云、薛永刚：《产业共生视角下的能源金融内涵及架构》，《生产力研究》2010 年第 12 期。

②　林伯强、黄晓光：《能源金融》，北京：清华大学出版社，2014 年版，第 15、16 页。

③　林伯强：《发展能源金融 保障国家能源安全》，《南方都市报》，2014 - 07 - 01。

了包括现货、远期、期货等在内的较为完善的市场体系，期货交易逐渐替代现货贸易和长期合同成为国际能源市场的定价基础。[①] 第三，通过兼并、收购等资本运作手段来实现能源产业链的整体与优化，提高跨国能源公司的整体规模与竞争力。[②]

中美在能源金融领域展开激烈地角逐，美国极力维护其石油美元机制，巩固美元霸权。中国一方面加快人民币国际化进程，提升人民币作为国际能源货币的使用程度；另一方面加快组建和完善石油储备和原油期货市场，摆脱中国缺乏原油等期货产品的困境，从而有效应对石油价格的波动。逐步拓宽人民币国际支付范围，扩大“能源—人民币”国际认可度，与“石油美元”展开竞争。

一、石油美元与能源人民币

（一）石油美元与美国霸权

20 世纪初，美国是世界上最大的产油国，石油出口居世界首位，1917 年美国产油 3. 35 亿桶，占世界石油总产量的 67%，其中 25% 的石油用于出口。[③] 当时墨西哥湾的原油大都采用美元定价，从墨西哥湾出口的石油采用基点体系来定价（墨西哥湾产出的原油价格 + 运输的费用 = 到岸的石油价格），这为石油用美元定价奠定了历史基础。

二战后，美国通过布雷顿森林体系使美元的地位进一步提升，世界各国的货币同美元挂钩，美元同黄金挂钩，固定汇率，加上美元是国际货币基金组织的官方贷款货币，这样美元就成为世界货币。“马歇尔计划”于 1947 年开始启动，该计划最大的单项支出就是利用这些援助美元来购买石油，这些石油主要由美国供给，石油—美元机制也得到了进一步的加强。

1971 年尼克松总统宣布停止美元兑换黄金。美国政府和沙特当局举行

---

① 昆仑银行课题组：《能源金融纵横观（上）》，《当代金融家》，2015 - 6 - 8。

② 林伯强、黄晓光：《能源金融》，北京：清华大学出版社，2014 年版，第 44 页。

③ 丹尼尔·耶金：《石油大博弈（上）》，艾平等译，北京：中信出版社，2008 年版，第 122 页。

高层会谈，商谈使用美元作为石油交易的单一货币，并于1974年达成协议，其后，沙特政府用其盈余的石油美元购买了25亿美元的美国政府债券。几年后，时任美国财长迈克尔·布鲁门撒尔（W. Michael Blumenthal）与沙特政府达成秘密协议，确保欧佩克成员使用美元作为石油交易的唯一货币。[①] 这些协议使得美元在国际石油交易计价货币中处于垄断地位，沙特等国的石油收入又以资本的方式重新回流到了美国，为美国巨额的贸易逆差融资。布雷顿森林体系崩溃以后，美国正是通过美元垄断石油等大宗商品的交易媒介地位来维系和巩固美元的霸权地位。[②]

石油输出国通过国际石油贸易获得的大量美元收益，急于寻找投资渠道，而美国拥有强大的经济实力和发达的资本市场，石油输出国拥有的美元以回流方式填补美国的贸易与财政赤字，支撑美国经济在长期呈现消费膨胀、外贸逆差的同时，美国还能够大量吸收外资，维持经济增长[③]，从而形成石油美元环流。美国通过石油美元的环流，吸收中东产油国的巨额石油美元存到美国银行、在美国购置不动产、购买产权，还允许大量购买美国财政部债券。石油美元的环流在美国通过大量经常项目逆差的方式维持美元输出的同时，保证了美国的资本项目顺差，从而也就弥补了贸易和财政上的赤字。这对支撑美国经济增长起到了至关重要的作用。[④]

对美国来说，维护石油美元计价机制，不仅有利于其控制国际石油市场，而且对于维持美元在国际货币体系中的地位、巩固美国全球霸权也具有深远的意义。美国从石油美元计价机制中可以获得以下好处。[⑤] 第一，征收国际铸币税，当美元作为国际石油贸易的主要媒介后，美国可以通过输出美元来换取石油资源，而美元的发行流通量是受美国政府控制的，这样美国就获得了额外的收益。第二，影响和控制油价，由于国际石油贸易

---

① David E. Spiro, *The Hidden Hand of American Hegemony: Petrodollar Recycling and International Markets*, Ithaca: Cornell University Press, 1999. p. X.

② 管清友、张明：《国际石油交易的计价货币为什么是美元》，《国际经济评论》2006年第7—8期。

③ 林伯强、黄晓光：《能源金融》，北京：清华大学出版社，2014年版，第99页。

④ 张宇燕、李增刚：《国际经济政治学》，上海：上海人民出版社，2008年版，第360、361页。

⑤ 林伯强、黄晓光：《能源金融》，北京：清华大学出版社，2014年版，第98页。

以美元计价，美国通过调整其财政政策和货币政策，影响美元汇率，进而影响国际石油价格。第三，确保美元地位，由于许多国家需要大量进口石油，为了支付石油进口费用就必须保证在外汇储备中有相当一部分的美元，这样就无形中维护了美元作为国际货币的主导地位。① 美国通过巧妙的“石油－美元”贸易结算机制，使能源的所有权与定价权分离，使能源的供应者不能成为定价者，通过美元与石油挂钩的机制，美国获得了强大的定价能力；通过石油美元回流机制，让美国获得巨大的资本得利。②

石油美元处于美国霸权再分配体系的中心，美国及其盟国主要通过稳定的国际货币、开放的市场、稳定的石油价格这三个利益机制，获得收益并服从美国的领导。③ 石油美元增加了国际金融市场对国际石油市场的影响，并成为两者之间风险传递的重要渠道。首先，石油美元计价机制形成了新的国际分工格局。由于存在“石油美元环流”，为吸引和吸纳这些美元，美国必须将国内的金融市场做大，提供具有足够流动性、收益性和安全性的投资工具。美国鼓励金融创新，为投资者提供数量和品种更多的投资工具、更低的准入门槛、更为宽松的金融环境等。金融自由化使得美国经济的虚拟化程度大大提高，金融服务业和房地产服务业成为支柱产业，也就形成了新的国际分工格局。④

石油美元计价增加了国际货币体系的不稳、国际石油市场的风险。美元是石油交易的媒介，而各国想要购买石油必须持有一定的美元储备，使得本国货币与美国挂钩，这就形成了某种意义上的“美元本位制”，类似于布雷顿森林体系的“双挂钩”体制。“双挂钩”体制会存在“特里芬两难”问题，“美元本位制”也存在同样问题。随着全球对美元需求的不断增加，对美元的需求也就不断增加。要满足市场对美元的需要，就需要输出大量的美元，这样必然造成美国经常项目上的国际收支逆差越大，就越

① 林伯强、黄晓光：《能源金融》，北京：清华大学出版社，2014 年版，第 98 页。

② 马登科、张昕：《国际石油价格动荡之谜：理论与实证》，北京：经济科学出版社，2010 年版，第 100 页。

③ 管清友：《石油的逻辑：国际油价波动机制与中国能源安全》，北京：清华大学出版社，2010 年版，第 135 页。

④ 林伯强、黄晓光：《能源金融》，北京：清华大学出版社，2014 年版，第 99 页。

需要吸引更多的投资进入美国市场。吸引投资只有两种方法，要么提高利率，国际资本在逐利动机下将从发展中国家流向美国，这样会造成发展中国家的资本项目发生逆转，给发展中国家的货币造成贬值压力，而且由于发展中国家的汇率制度往往缺乏弹性，不能及时进行调整，形成汇率高估，给国际金融投机资本提供机会，进而扰乱国际金融秩序；要么放松金融管制，这样则会使得衍生产品泛滥，加剧金融市场投机氛围，产生巨大的资产泡沫，最终导致美国爆发金融危机，对国际经济造成巨大冲击。①石油美元计价机制增加了国际石油市场的风险。由于美元汇率不仅受到美国国内财政货币政策的影响，而且还要受到国际外汇市场的影响。国际外汇市场是一个投机性非常强的市场，汇率波动往往反映的是市场投机者对未来世界宏观经济基本面的看法，这就使得美元计价不仅不能反映国家石油市场真实的供求关系，而且往往脱离了市场基础，进一步扭曲国际石油价格。美联储和欧洲央行采取低利率的宽松货币政策，新兴市场国家美元外汇储备不断增加也导致了其基础货币发行量的增加，因此整个国际货币市场存在严重的流动性过剩②，从而增加了国际石油市场的风险。

随着内外部条件的变化，出现了一些导致石油美元体系运行不畅的因素，使美元石油的经济根基不断弱化。这些因素主要包括：特里芬悖论、美国与 OPEC 成员国之间的关系紧张、以及页岩气革命的影响等。

（1）特里芬悖论。石油美元体系中的特里芬悖论表现为“减少经常项目逆差”和“释放美元供给”两者的矛盾，两者存在着内在的不稳定性很难达成理想的平衡状态。如果放任释放美元供给，石油美元面临贬值的威胁，当美元出现贬值时，石油输出国的资产将会缩水，购买力下降，当贬值持续发生，石油输出国必将放弃美元作为计价结算货币，而转向另一种更为稳定的货币，这将导致石油美元体系的崩溃。

（2）美国与 OPEC 成员国之间的关系紧张。长期以来 OPEC 凭借资源禀赋的优势统一行动，影响国际能源价格。近年来，面对国际油价低迷，OPEC 联合俄罗斯等国家定期召开减产会议，美国和 OPEC 关系紧张。

---

① 林伯强、黄晓光：《能源金融》，北京：清华大学出版社，2014 年版，第 99 页。

② 同上书，第 100 页。

2018 年 5 月，美国国会提出 NOPEC 法案，2019 年 4 月 4 日，美国众议院司法委员会通过 NOPEC 法案。如果该法案通过，欧佩克就被定义为垄断组织，美国政府将有权起诉欧佩克操纵油价，并可能要求高达数十亿美元的赔偿。①

（3）页岩气革命的影响。页岩气革命是把双刃剑，一方面使美国摆脱当前的经济困境，缓解了美国的就业问题，为其经济的复苏注入活力。一方面又对石油美元体系的运行形成障碍。美国从石油净进口国变为净出口国，石油的锚定属性就失去了意义；美国通过页岩气革命实现了能源独立，美国与 OPEC 会因在油气市场的竞争关系产生矛盾，从而动摇石油美元体系运行的基础。

（4）金融制裁的影响。美国频频挥舞制裁大棒，对俄罗斯、伊朗、委内瑞拉等国频频发起能源金融制裁。2018 年 5 月，美国总统特朗普正式宣布退出伊朗核协议，并将对伊朗实施最高级别制裁。伊朗则放弃用美元作为石油结算的货币，改用欧元、阿联酋迪拉姆和人民币作为三大主要换汇货币。② 2017 年 9 月委内瑞拉总统宣布，在国际支付中使用人民币、欧元、日元、俄罗斯卢布等组成的一揽子货币替代美元作为国际结算货币，以摆脱对美元的依赖。③ 随着石油美元问题不断出现，包括石油生产国和消费国在内的一些国家都在寻求新的石油结算方式。

（二）人民币的国际化提升中国能源金融实力

人民币在国际经贸市场中的影响力与我国在国际政治经济领域的地位与影响力密切相关。中国目前已成为世界第二大经济体和第一大贸易体，中国经济的发展重点也逐渐从贸易领域转向金融领域，人民币国际化是中国能源金融实力增强的主要体现。中国政府经过一系列国内金融市场和汇率机制改革，实施一系列金融外交战略，在储备货币变革、搭建货币伙伴

---

① 李倩：《拟在国会通过反垄断法案“NOPEC”美酝酿立法对抗欧佩克》，《中国能源报》，2018 年 7 月 30 日第 5 版。

② https：//www. sanarate. ir/Default. aspx

③ 陈寅、冯俊扬：《新闻分析：委内瑞拉为何弃用美元》，新华网，2017 - 09 - 09，http：//www. xinhuanet. com//world/2017 - 09/09/c_1121636468. htm。

网络以及参加多边金融机构等方面都取得较大的进展，已经在国际上确立了人民币的地位。①

目前，人民币已被纳入国际货币基金组织（IMF）特别提款权（SDR）的货币篮子，在其中的权重为10.92%，成为SDR货币篮子的五大货币之一。随着人民币储备货币的地位逐渐被认可，越来越多的央行和货币当局把人民币作为其储备资产。2017年上半年，欧洲央行共增加等值5亿欧元的人民币外汇储备。新加坡、俄罗斯等60多个国家和地区将人民币纳入外汇储备。②

中国是能源消耗大国，2017年中国进口原油4.22亿吨，占全球进口的15.2%，超过美国（14.9%），排名第一。③ 2018年中国进口天然气超过9000万吨，超越日本，成为全球第一大天然气进口国④，进口来源涵盖亚太、中东、北美等25个国家和地区。随着人民币国际化的扩大，中国能源金融实力的提升，将会有越来越多的油气生产国采用人民币结算，从而促进能源人民币的形成和发展。

人民币的国际化需要各个货币伙伴国的合作与支持，搭建货币伙伴网络是推进人民币国际化的重要举措。近年来，中国政府通过以下4个方面推进人民币国际化，与52个国家进行了不同内容的货币合作，形成了人民币崛起初级阶段的货币伙伴网络。⑤（1）扩大本币结算伙伴。本币结算是人民币国际化的重要环节。2009年本币结算试点开始以来，中国共与30多个国家将“推动本币结算”写入双边或多边的政府联合公报。（2）增加货币交易伙伴。本币结算的广泛推行需要通过人民币与更多外币的直接交易。从2010年开始，中国货币外交开始积极推动人民币实现与更多币种的

---

① 黄晓勇、崔民选：《世界能源发展报告（2017）》，北京：社会科学文献出版社，2017年版，第249页。

② 中国人民银行：《2017年人民币国际化报告》，北京：中国金融出版社，2017年版，第10页。

③ BP：《世界能源统计年鉴》，2018年6月，第24页。

④ 钱小岩：《中国超越日本成最大天然气进口国！供需变局有望改善“亚洲溢价”现象》，第一财经网站，https://www.yicai.com/news/100154658.html。

⑤ 李巍：《伙伴、制度与国际货币——人民币崛起的国际政治基础》，《中国社会科学》2016年第5期。

可直接交易，并在 2014 年进入快车道。目前人民币已经可以和除了美元之外的 12 种货币进行直接交易。[①]（3）搭建货币清算伙伴网。从 2013 年开始，中国开始积极推动在海外建立人民币清算机制，截至 2018 年 6 月，人民银行已在 24 个国家和地区建立了人民币清算安排，覆盖东南亚、欧洲、中东、美洲、大洋洲和非洲，共开办境外人民币清算行账户 1126 家，清算量超过 285.6 万亿元[②]，初步形成了一个人民币清算的海外网络，大大便利了人民币的海外流通。[③]

（4）签署双边货币互换协议。[④] 中国央行通过不断推进与产油国之间的货币互换，增加人民币在产油国中的影响。人民银行先后与哈萨克斯坦、俄罗斯、卡塔尔、苏里南、亚美尼亚、南非、智利、塔吉克斯坦、澳大利亚、马来西亚、白俄罗斯、乌克兰、英国、土耳其、阿联酋、格鲁吉亚、吉尔吉斯斯坦的中央银行签署双边本币互换协议与合作协议，截至 2017 年末，人民银行已与 29 个国家和地区的中央银行或货币当局签署了双边本币互换协议，协议总金额超过 3.024 万亿元人民币。[⑤] 一个以人民币为中心的货币互换网络已经初步形成，其协议数量多、覆盖对象广，已成为与美元和欧元并驾齐驱的全球三大货币互换网络之一。[⑥]

在国内，随着中国银行“外币交易系统”“转账系统”相继营运，人民币跨境支付系统（CIPS）在上海建立，世界上任何希望不以美元进行石油买卖的国家都可以用人民币进行结算。[⑦] 2016 年，人民银行进一步推动

---

① 中国人民银行，《2017 年人民币国际化报告》，北京：中国金融出版社，2017 年版，第 13 页。

② 中国人民银行，《2018 年人民币国际化报告》，北京：中国金融出版社，2018 年版，第 17 页。

③ 李巍：《伙伴、制度与国际货币—人民币崛起的国际政治基础》，《中国社会科学》2016 年第 5 期。

④ 黄晓勇、崔民选：《世界能源发展报告（2017）》，北京：社会科学文献出版社，2017 年版，第 249 页。

⑤ 中国人民银行：《2018 年人民币国际化报告》，北京：中国金融出版社，2018 年版，第 16 页。

⑥ 张明：《全球货币互换：现状、功能及国际货币体系改革的潜在方向》，《国际经济评论》2012 年第 6 期，第 65—68 页。

⑦ 冯跃威：《石油美元背后的绞杀及石油人民币的崛起困局》，《能源》2016 年第 8 期。

人民币跨境支付（CIPS）系统建设和直接参与者扩容。2016 年 7 月，中国银行（香港）有限公司作为直接参与者接入 CIPS，中国银行（香港）有限公司是 CIPS 首家境外直接参与者，其成功接入使 CIPS 业务量有大幅提升。[①] 2016 年，人民币跨境支付系统处理业务 63.61 万笔，金额 4.36 万亿元，日均处理业务 2544.4 笔，金额 174.47 亿元。[②] 2017 年，人民币跨境支付系统处理业务 125.91 万笔，金额 14.55 万亿元。截至 2018 年 5 月，CIPS 共有 31 家直接参与者、724 家间接参与者，参与者范围覆盖全球 6 大洲、87 个国家和地区，业务实际覆盖全球 150 个国家和地区、2381 家法人金融机构。[③]

能源人民币是指能源生产国通过国际贸易收支项下经常项目的人民币盈余资金，也可以理解为扣除掉因能源勘探、开采、运输等相关产业链的服务成本后，能源贸易的全部人民币形式的外汇和商品收入。能源人民币与人民币国际化相互促进、相互影响。人民币国际化是推动能源贸易用人民币结算的基础，能源人民币结算区域的扩大也将推动人民币国际化的进程。我国在扩大人民币在岸金融市场的建设、完善人民币回流机制的基础上，循序渐进扩大人民币对能源与其他大宗商品价格的影响力。[④]

在能源投资领域，中国能源企业积极开展海外业务，收购油气资产和石油公司股份逐渐成为重要的投资方式。三大石油公司确立了成为具有全球竞争力的国际能源公司的发展战略目标，海外投资活动更加积极活跃。陆续获取俄罗斯、哈萨克斯坦、土库曼斯坦和乌兹别克斯坦等四国的油气上游市场业务，获得在勘探和开发上的准入资格。同时中国企业还推动在

---

① 中国人民银行：《2016 年人民币国际化报告》，北京：中国金融出版社，2017 年版，第 16 页。

② 中国人民银行：《2016 年支付体系运行总体情况》，2017 年 3 月 15 日，http://www.pbc.gov.cn/goutong jiaoliu/113456/113469/3273108/index.html。登录时间：2018 年 6 月 1 日。

③ 中国人民银行：《2018 年人民币国际化报告》，北京：中国金融出版社，2018 年版，第 16 页

④ 温馨：《石油金融化：内涵、趋势与影响研究》，成都：西南财经大学出版社，2016 年版，第 204 页。

非洲加纳和喀麦隆等国家的开发行为。[①] 2017 年初，山东和四川的民营油气企业相继成立行业联盟，通过“装备换石油”的方式，用出口油气技术设备换取石油进口。其技术、资金和装备通过整合水平得到大幅提升。[②] 2017 年初，中石油与道达尔组成的合资公司获得伊朗南帕尔斯气田的开采。中方投资 14.4 亿美元。在哈萨克斯坦，中国石油成功中标杰列斯肯（Tepeckeh）Ⅰ和杰列斯肯Ⅱ两个勘探区块。“北京燃气”收购俄罗斯上乔公司 20% 的股份交易成功交割。[③] 中国民营能源企业华信集团挺进哈萨克斯坦和俄罗斯，其成就包括收购俄罗斯石油公司（Rosneft）14.16% 的股份、哈萨克斯坦国有石油天然气企业 KMGI－51% 的股权。仅俄油交易涉及金额就高达 90 亿美元以上。[④]

在石油贸易中，先是俄罗斯，其次是伊朗使用人民币结算，中东阿联酋等产油国接受了人民币，随后更多的发展中国家在双边贸易中使用人民币。2012 年 9 月，中俄两国签署了一系列协议，俄方同意中国用人民币购买任意量的石油。其后，俄罗斯一些石油生产商与中国的石油贸易采用人民币结算。2017 年 10 月 12 日，中国外汇交易中心依托大额支付系统推出人民币对卢布交易同步交收业务，这标志着我国外汇市场正式建立人民币对外币同步交收机制，[⑤] 中俄石油交易实现无美元交易。2017 年 9 月，委内瑞拉总统马杜罗宣布委内瑞拉使用人民币来代替美元为石油计价。[⑥] 面对美国的制裁，2018 年 8 月 20 日，伊朗央行旗下的外汇牌价网站

---

① 吴梦启：《油气投资海外大抄底，中国能源企业“出海”融资不走寻常路?》，《华尔街见闻》，2017－11－15 11，https：//wallstreetcn. com/articles/3041340。

② 吴梦启：《油气投资海外大抄底，中国能源企业“出海”融资不走寻常路?》，《华尔街见闻》，2017－11－15 11，https：//wallstreetcn. com/articles/3041340。

③ 刘朝全、姜学峰：《2017 年国内外油气行业发展报告》，北京：石油工业出版社，2018 年版，第 150 页。

④ 吴梦启：《油气投资海外大抄底，中国能源企业“出海”融资不走寻常路?》，《华尔街见闻》，2017－11－15 11，https：//wallstreetcn. com/articles/3041340。

⑤ 朱江：《我国外汇市场正式建立人民币对外币同步交收机制》，人民网，2017 年 10 月 12 日，http：//money. people. com. cn/n1/2017/1012/c42877－29582685. html。（访问时间：2018 年 6 月 1 日）

⑥ 《马杜罗：委内瑞拉开始用人民币计油价》，人民网，2017 年 9 月 17 日，http：//world. people. com. cn/n1/2017/0917/c1002－29540278. html。（访问时间：2018 年 6 月 1 日）

Sanarate. ir 将欧元（EUR）、阿联酋迪拉姆（AED）和人民币（CNY）列为三大主要换汇货币。2019 年 1 月，伊朗央行外汇储备中人民币的份额达到 15% 。①

在油气市场方面，中国先后成立了一批能源交易所和能源交易中心。2013 年 11 月 22 日，上海国际能源交易中心股份有限公司在上海期货交易所正式揭牌。2015 年 3 月 4 日，上海石油天然气交易中心在上海自贸区成立，2016 年 11 月 26 日，交易中心正式投入运行。交易品种主要包括管道天然气、液化天然气、煤层气和液化石油气，其中管道天然气交易已经覆盖了华东、华中、华南、华北、西南和东北 6 个区域，液化天然气交易主要在华东、华南地区。2018 年 3 月，中国首个原油期货在上海国际能源交易中心挂牌交易，成为中国能源期货市场的重大里程碑。中国原油期货上市以来，经受住了中美贸易摩擦连续几轮升级和主力合约移仓的考验。截至 2018 年 9 月 4 日，按双边计算，112 个交易日总成交量 2265. 43 万手、日均 20. 23 万手，总成交金额 110365 亿元、日均 985 亿元。从交易量走势来看，中国原油期货日趋活跃，整体呈不断增加态势，其中 3 月 26 日至 6 月 26 日的前 3 个月，交易量呈快速上升态势，日均成交量仅次于美国纽约 WTI 原油期货与英国布伦特原油期货两大老牌基准市场的交易量，跻身全球交易量前三。②

（三）中美在能源金融领域的互动

能源人民币体系是由计价机制、持有机制、扩张机制和回流机制等一系列机制所构成。计价机制是必要条件，是指国际能源贸易以人民币作为计价及交易货币的机制；持有机制是途径，能源生产国外汇储备和主权财富基金为主要持有模式，通过持有机制发挥能源人民币在政治、经济方面的影响力；扩张机制是必要条件，国际金融机构和国际金融市场是能源人

---

① 驻伊朗经商参处：《伊朗央行将人民币储备的比例增加至 15%》，2019 - 01 - 16，http：//ir. mofcom. gov. cn/article/jmxw/201901/20190102827500. shtml。

② 吴晋文、张卫青、张蓉：《中国原油期货上市对石油价格机制的影响研究》，《总会计师》2018 年第 10 期。

民币体系的扩张机制实现场所；回流机制是保障，国际贸易和国际投资构成能源人民币体系的回流机制。以油气为基础的能源不但可以为国民经济发展直接提供能源支持，还对维系着社会生活的运转、政治稳定、国家安全等方方面面起着间接作用，由于能源的特殊属性，能源是人民币理想的锚定物。

人民币作为能源人民币的核心，其国际化和能源人民币相互促进、共同发展。在推进人民币国际化进程中，美国将人民币视为美元的威胁，一方面阻挠人民币在 IMF 中增加份额；另一方面通过对中国汇率形成机制的干预，逼迫人民币升值；挑起贸易战，打压人民币的国际影响力，进而挤压中国的能源金融能力。在能源地缘政治方面，美国实施印太战略，派航母到南中国海大秀肌肉，制造台海和南海地区的紧张局势[①]，再辅之以美元加息，以地缘政治撬动能源金融，使大量人民币流向美国，从而达到打压能源人民币的目的。中国则沉着应对，提出“一带一路”倡议，侍机推出原油期货，打造能源人民币计价机制、持有机制、扩张机制和回流机制。

1. 中美在国际金融治理体系中的角逐。对于中国等新兴经济体在 IMF 推动的份额权改革，美国国内有一股阻挠力量。2007 年爆发全球金融危机，在金融危机的压力下，2010 年 IMF 成员国达成了改革协议，IMF 的份额将增加一倍，约 6% 的份额将向有活力的新兴市场和代表性不足的发展中国家转移。中国跻身 IMF 第三大成员国，印度、俄罗斯和巴西也均进入前 10 位。[②] 2012 年是美国的大选年，奥巴马政府以一些国会议员反对 IMF 改革为由，没有将 IMF 改革方案送入国会表决程序。奥巴马成功连任之后，开始呼吁国会向 IMF 增资，但在 2013 年 3 月遭到国会否决。2014 年 1 月 14 日，在各方聚焦下，美国参众两院再次否决了 IMF 的 2010 年改革方案。2014 年 12 月，美国国会干脆拒绝将改革方案纳入拨款法案进行讨论，

---

① 冯跃威：《石油美元背后的绞杀及石油人民币的崛起困局》，《能源》2016 年第 8 期。

② IMF, “IMF Board Approves Far - Reaching Governance Reforms,” Survey Magazine: In the News, http: // www. imf. org/external/pubs/ft /survey / so /2010 / NEW110510B. htm. （访问时间：2018 年 6 月 1 日）

这使得改革不得不拖到2015年等待美国国会再次审核。由于美国国会屡次否决和拖延，本计划在2014年召开的新一轮IMF份额评审大会也因此不得不一拖再拖，直到2015年底的最后关口，美国参众两院才批准改革方案。[①] 中国的份额从3.996%升至10.92%，[②] 排名从第六位跃居第三位。

近年来，中国在能源金融领域不断进取，一方面致力于推动全球能源金融旧体制的改革，使其更有利于自身的发展；另一方面积极进行区域能源金融新制度的建设，并成为这些新制度的核心领导者：强化G20在能源治理中的作用、强化金砖机制在能源领域的合作、推动上合组织在能源领域的合作、创建亚洲基础设施投资银行、创建丝路基金。金砖机制、上海合作组织、亚投行、丝路基金的设立，成为中国在美国主导的国际能源金融机制之外进行制度建设的四大平台，对美国主导的石油美元形成巨大的压力。

2. 人民币汇率问题。2003年美国参议院议员查尔斯·舒默（Charles Schumer）和林赛·格雷厄姆（Lindsay Graham）提出的针对人民币汇率的法案，2010年3月，130名国会议员联合向政府施压，要求奥巴马政府将中国列为汇率操纵国，2011年10月，美国参议院又通过旨在促使人民币升值的《2011年货币汇率监督改革方案》以及关于人民币汇率的一系列听证会，使人民币问题不断升温。[③] 时任美国总统奥巴马也曾多次公共场合表态：中国操纵人民币汇率，使中国商品获得了不公平的竞争优势，要对中国施加更大的压力，促使人民币升值。此外，行政部门的施压方式还包括中美元首会晤、美国财政部长访华、国际经济和汇率政策报告的发布、SED和S&ED会议、JCCT中美商贸联委会等。[④]

2010年6月，中国人民银行决定进一步推进人民币汇率形成机制改革，增强人民币汇率弹性。2015年8月11日，中国人民银行对人民币汇率

① 李巍：《中美金融外交中的国际制度竞争》，《世界经济与政治》2016年第4期。

② 中国人民银行：《2018年人民币国际化报告》，北京：中国金融出版社，2018年版，第49页。

③ 项卫星、王冠楠：《美国的汇率政治与人民币汇率之争》，《东北亚论坛》2015年第2期。

④ 郭维：《美国政治施压事件对人民币汇率的影响研究：2005～2016年》，《世界经济研究》2017年第1期。

中间价报价机制进行了改革，中国央行宣布调整人民币对美元汇率中间价报价机制，做市商参考上日银行间外汇市场收盘汇率，向中国外汇交易中心提供中间价报价。[①] 2015 年 12 月，外汇交易中心发布人民币汇率指数，央行强调要加大参考一篮子货币的力度，以保持人民币对一篮子货币汇率的基本稳定。央行还在 2017 年 2 月和 2018 年 8 月两次在中间价报价中引入逆周期因子，并对国际资本流动加强了宏观审慎管理。从而有利于克服原有汇率形成机制的顺周期性，培养遵循经济基本面进行交易的理性市场主体。[②] 从 2017 年 5 月至今，人民币汇率基本实现了双向波动，央行退出外汇市场的常态式干预。

3. 中美贸易争端问题。特朗普总统上台后，通过一系列举措加强本国的贸易保护，2018 年 3 月份以来，美国挑起全球范围内的贸易战，中美两大经济体贸易争端不断升温，2018 年下半年，贸易战进一步升级。贸易战造成我国股市剧烈的震荡，为全球经济增长蒙上阴影。受其影响，跨境贸易人民币结算近几年来则表现得相对较差。如下图所示，从 2016 年开始我国跨境贸易人民币结算额及其占贸易进出口的比例不断下降，人民币在国际结算方面的影响力逐渐下降。[③]

在 2018 年 12 月 1 日 G20 阿根廷峰会上，中国国家主席习近平应邀同美国总统特朗普在阿根廷首都布宜诺斯艾利斯共进晚餐并举行会晤，中美达成至 2019 年 3 月 1 日为止的 90 天休兵期共识。双方为此展开了多轮经贸高级别磋商，4 月 3—5 日，举行第九轮中美经贸高级别磋商，双方讨论了技术转让、知识产权保护、非关税措施、服务业、农业、贸易平衡、实施机制等协议文本，取得新的进展。双方决定就遗留问题通过各种有效方式进一步磋商。[④]

---

① 孙亦可：《人民币汇率制度改革历史与发展方向》，《中国商论》2018 年第 32 期。

② 何青、甘静芸、刘舫舸、张策：《逆周期因子决定了人民币汇率走势吗?》，《经济理论与经济管理》2018 年第 5 期。

③ 陆岷峰、徐博欢：《“逆全球化”影响下人民币国际化不确定因素与成长之路》，《云南师范大学学报》2019 年第 1 期。

④ 颜亮、韩洁：《第九轮中美经贸高级别磋商顺利结束》，2019 年 4 月 7 日，第 A01 版。

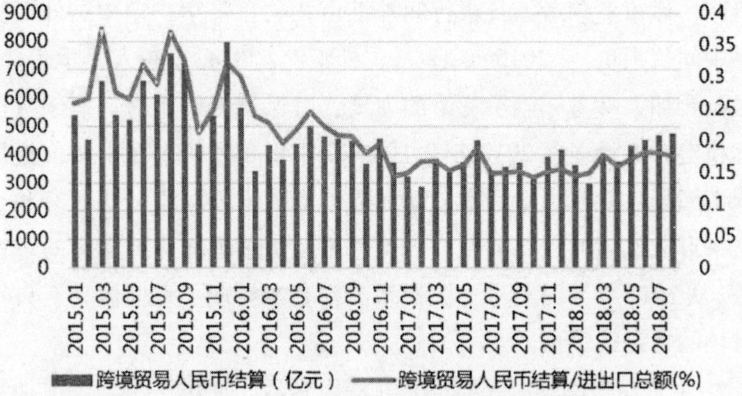

图 4—5　跨境贸易人民币结算规模①

4. 中美能源地缘政治上的博弈。美国考虑到中国巨大的经济规模和日益上升的地缘政治影响力，人民币的崛起将超过当年日元的崛起效应，有可能全面威胁美元的霸权地位。② 美国在能源地缘政治方面频频发力，以维护其美元霸权。特朗普总统上台后，在中东、中亚、非洲、拉美等地区继续维持其影响力，推出“印太”战略，在南海、台海问题上制造事端，通过前沿驻军和建立庞大复杂的双边和多边同盟体系，企图控制海上能源运输线，以能源地缘政治撬动能源金融，影响能源人民币回流，并逐步退出量化宽松，再辅之以减税加息政策，近期美元重新走强，从而使大量货币流向美国。中国推出“一带一路”倡议，提出推进能源革命，全面加强国际合作，实现全面开放条件下的能源安全，积极参与全球能源治理，提升在全球能源体系中的话语权，实现了从跟随者到影响者的转变。

---

① 中国人民银行：《月度金融统计数据报告》；中国海关总署：《全国进出口月度总值表》，转引自陆岷峰、徐博欢：《“逆全球化”影响下人民币国际化不确定因素与成长之路》，《云南师范大学学报》2019 年第 1 期。

② Arvind Subramanian，Eclipse：Living in the Shadow of China's Economic Dominance，Washington，DC：Peterson Institute for Interna－tional Economics，2011，p. 99. 转引自李巍：《美元的霸权与人民币的未来》，《现代国际关系》2016 年第 9 期。

二、提升中国能源话语权

（一）构建石油人民币体系

改革开放取得的巨大成就和对外贸易的巨大发展已经为“能源人民币”的发展打下了一定的市场基础。人民币的国际认可程度逐步提高，已成为第五大国际支付货币和第七大外汇储备货币，人民币的国际货币地位已得到初步确立。[①] 我国作为石油生产和消费大国，具备石油燃料期货市场建立的优势，也有发展石油期货的良好发展前景。上海期货交易所以人民币定价并上市的黄金期货、白银期货、铜期货等，已发展成为全球期货交易排名前列的期货品种。中国原油期货在上海国际能源交易中心上市，对于建立现代、高效的中国石油市场体系，提升我国在国际石油市场上的影响力具有重要意义。随着能源进口渠道的多元化，中国在国际能源市场中的话语权将显著增强，中国可以此为契机，努力提升在国际能源市场的话语权，规划设计能源人民币路线图，形成人民币环流体系，根据自己的实力顺势而为，发展与本国实力相对应的能源金融话语权。

（二）中国大力发展能源市场

2004 年我国正式运营燃料油期货以来，逐渐发挥了风险规避与价格发现功能，具备了套期保值的基础，对新加坡市场也产生了一定的辐射作用。[②] 2015 年 3 月，上海石油天然气交易中心成立，注册资本为 10 亿元人民币。[③] 交易中心于 2016 年 11 月 26 日正式投入运行。中心会员主要是上游生产企业和下游燃气公司，以及下游终端用户。[④] 2017 年 1 月，重庆石

① 钟红：《“石油人民币”助力我国石油安全和人民币国际化》，《国际金融》2018 年第 3 期。

② 温馨：《石油金融化：内涵、趋势与影响研究》，成都：西南财经大学出版社，2016 年版，第 201 页。

③ 上海石油天然气交易中心网站，http：//www.shpgx.com/ff8080815822cd88015823083e150001/ff8080815822cd8801582319908c000b/。

④ 宋薇萍：《上海石油天然气交易中心将择机推出成品油交易》，《上海证券报》，2017 年 11 月 24 日/第 4 版。

油天然气交易中心挂牌成立[①]，注册资金 10 亿元人民币[②]。重庆交易中心设计以管道天然气、成品油、液化天然气和大宗石油天然气化工品等现货为基础交易品种，将努力形成立足中国、面向世界的石油天然气交易中心、定价中心、结算中心和咨询中心。[③] 2017 年 12 月，新疆油气交易中心筹建工作启动。新疆油气交易中心立足于我国西部地区，面向中亚及“丝绸之路经济带”沿线国家，建立起更加符合市场需求的价格体系，形成区域性价格中心，从而提高我国在国际油气交易中的定价权。[④]

2018 年 3 月 26 日，中国原油期货在上海国际能源交易中心上市，中国原油期货的推出不仅丰富了我国资本市场的金融产品，吸引了更多从事原油产业的跨国实体企业、境内外金融机构等汇聚中国，对国内石油市场和石油行业产业链都有着深刻影响。[⑤]

上海国际能源交易中心原油期货合约设计方案为“国际平台、净价交易、保税交割、人民币计价”。[⑥] 原油期货合约标的为中质含硫原油，可交割油种包括阿联酋迪拜原油、上扎库姆原油、阿曼原油、卡塔尔海洋油、也门马西拉原油、伊拉克巴士拉轻油，以及中国胜利原油。升贴水方面，阿联酋迪拜原油和上扎库姆原油、阿曼原油、卡塔尔海洋油为 0 元/桶，也门马西拉原油升水为 5 元/桶，伊拉克巴士拉轻油、中国胜利原油贴水为 5 元/桶。[⑦]

中国推出自己的原油期货，一定程度上可以避免在国际原油市场上受

---

① 韩振：《重庆成立石油天然气交易中心》，新华社，2017 - 01 - 12，http：//www. xinhuanet. com/fortune/2017 - 01/12/c_1120299605. htm。

② 重庆石油天然气交易中心网站，https：//www. chinacqpgx. com/information/skipIndex. htm? type = 3。

③ 同上。

④ 高宇飞：《新疆油气交易中心建设进入实质阶段夯实我区能源国家基地与通道地位》，《新疆日报》，2018 年 1 月 22 日 A05 版。

⑤ 杨毅：《原油期货鸣锣起航 市场迎来“中国声音”》，《金融时报》，2018 年 4 月 2 日，第 1 版。

⑥ 王雪青：《“中国版”原油期货将于 3 月 26 日挂牌交易》，中国证券网，2018 - 02 - 10。

⑦ 《上海国际能源交易中心关于原油期货可交割油种、品质及升贴水规定的公告》〔2018〕2 号，上海国际能源交易中心网站，2018 - 02 - 09，http：//www. ine. cn/news/notice/911319750. html。登录时间：2018 年 6 月 1 日。

过度投机带来的风险，能更好地实现价格发现功能，服务实体经济。有利于中国扩展与产油国之间的贸易，推动人民币结算在“一带一路”沿线国家实现，有利于推动人民币的国际化进程。但原油期货的功能发挥是一个长期过程，不会一蹴而就。在国际原油市场中，通过市场真实有效的竞争，我国会找到人民币和中国经济的真实地位。[①] 原油期货的推出有利于中国在国际原油定价权方面往前推进一步，但在短期之内还不足以对全球原油定价权造成太大的影响，也不会挑战石油美元的地位。[②]

人民币原油期货产生的石油人民币将回补中国经济，并有助于人民币国际化，提升中国国际石油市场话语权，有助于消除“亚洲升水”的价格劣势，可以减少企业的石油现货库存和资金占用，协助完成石油战略储备。人民币原油期货将提供套期保值渠道，为炼厂降低汇兑损失风险和交易成本。[③]

原油期货挂牌交易对推进人民币国际化具有重要意义，一方面打通了“一带一路”沿线国家投资者和境外机构参与国内原油市场的通道，有利于推进石油生产国、消费国之间建立互惠双赢的新型贸易关系，完善中国企业与“一带一路”沿线国家的能源合作机制；另一方有利于优化境内外两种资源，拓宽国际融资渠道，有利于国有石油企业加快“走出去”步伐，从而增强中国在国际石油市场的话语权。[④]

（三）能源人民币的路线图

随着能源进口渠道的多元化，中国在国际能源市场中的话语权将显著增强，中国可以此为契机，遵循先用人民币结算、争取用人民币计价、再实现人民币的定价权的现实路径，努力提升在国际能源市场的话语权，规

---

① 祝惠春：《中国版原油期货破茧而出：将于3月26日挂牌交易》，《经济日报》，2018-02-12。

② 《中国原油期货上市延期 为何中国要推出人民币计价原油?》，中油网，2018年1月18日，http://www.cnoil.com/oil/20180118/i86289.html。登录时间：2018年6月1日。

③ 同上。

④ 魏一鸣、廖华、唐葆君、郝宇：《中国能源报告2016：能源市场研究》，北京：科学出版社，2016年版，第66页。

划设计能源人民币路线图，打造人民币回流体系：能源出口国接收石油人民币→能源出口国使用人民币进行双边贸易结算→能源出口国把人民币作为储备货币→能源出口国用人民币资产进行投资。[①]

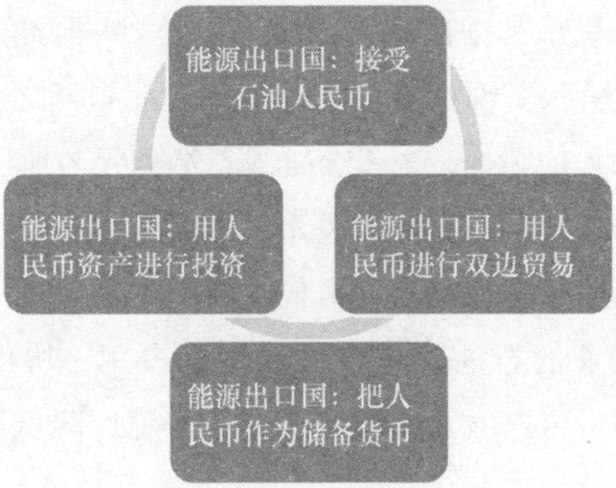

图 4—6 能源人民币回流图

首先，要通过建设、完善上海国际能源交易中心、重庆石油天然气交易中心、新疆石油天然气交易中心，形成几个区域性油气交易平台，为人民币能源贸易提供高效交易场所，逐步提高中国在亚太地区乃至国际石油市场的石油定价权重。其次，提高油气合作中人民币计价结算比例。俄罗斯和中亚五国对人民币的接受程度相对更高，可优先协商在和这些国家的油气交易中加大人民币结算比例。[②] 第三，加强国际能源金融合作，要在南南合作中推动“贷款换能源”，推动人民币直接结算业务，推动更多的国家将人民币作为储备货币。第四，要优化我国油气来源结构，推动海外油气基地建设，可以由中石油等实体企业在海外直接参与，也可以通过石油海外发展基金和国家石油政策性银行以参股等方式进行。[③] 最后，打造能源人民币环流机制。能源人民币以“一带一路”沿线经济发展的内生需

① 孟刚：《构建石油人民币体系的战略思考》，《开发性金融研究》2018 年第 1 期。

② 陈妍：《加快建设“一带一路”区域能源交易市场》，《中国能源报》，2018 年 1 月 1 日，第 19 版

③ 陈华、潘月勇：《中国石油金融的演进、存在问题及其应对研究》，《创新》2015 年第 6 期。

求为动力，以人民币的货币信用为支撑，打造惠及中国、沿线经济体、能源出口国的人民币环流机制。[①] 借助上海自贸区、沪港通和海外人民币债券发行等项目的开展，全面加速资本项目的开放。只有资本项目的逐步开放，能源人民币的流通才会更加顺畅。国内能源期货、期权市场的建设完善，能源人民币海外交易的拓展，为能源人民币国内外交互流动提供更多驱动力。[②]

目前中国的能源人民币体系还处于起步阶段，一方面由于短期内各国很难摆脱对现行以美元为计价单位的国际石油贸易结算体系的路径依赖，另一方面在于我国利率市场化、汇率市场化都不够深入，资本项目下管制还未完全放开，市场法制建设和基础设施建设欠完善。而伴随着中国国内各项市场化改革举措的落实和“一带一路”建设、国际间区域合作项目的开展，各项阻力因素必然会不断削减，能源人民币大有可为。[③]

有鉴于此，我们要尽快完善我们的金融市场、监管体系、创新型的能源金融工具和对能源金融高端人才的培养。在此基础上加速人民币国际化与对外开放，并构建以人民币计价、交易结算的中国标的原油的开放性市场。[④] 进一步扩大人民币作为能源结算货币的作用，进而将其作为人民币国际化的突破口。

（四）提升中国能源话语权

近年来，中国初步建立了统一、开放、竞争、有序的能源金融体系。“十三五”时期，中国将遵循能源发展“消费革命、供给革命、技术革命、体制革命、国际合作”的战略思想，将健全能源金融体系作为建设现代能源体系的重要支点。[⑤] 在目前的国际能源政治经济格局中，中国应根据自己的实力顺势而为，发展与自己实力相对应的能源话语权。不要超越自己

---

① 程实、钱智俊：《石油人民币之“破局”》，《新理财》2017 年第 11 期。

② 陈华、潘月勇：《中国石油金融的演进、存在问题及其应对研究》，《创新》2015 年第 6 期。

③ 同上。

④ 冯跃威：《石油美元背后的绞杀及石油人民币的崛起困局》，《能源》2016 年第 8 期。

⑤ 高晓燕：《能源金融导论》，天津：南开大学出版社，2017 年版，第 152 页。

的实力基础，以不挑战美元霸权为限度，实现能源人民币和石油美元兼容并蓄，共同发展。

1. 提升油气市场的话语权。中国已是世界最大石油进口国，能源安全将面临严重挑战。为此，中国应加快组建和完善石油储备和原油期货市场，提升油气市场的话语权，有效应对石油价格的波动。鼓励国内能源企业更多参与国际能源金融市场，推动能源交易中人民币结算份额，逐步拓宽人民币国际支付范围，扩大能源人民币的国际认可度。①

2. 推进人民币国际化。人民币国际化已取得重要成果，为建立能源人民币体系创造了条件。中俄天然气协议②全部采用人民币结算，中东卡塔尔③建立了人民币清算中心等，这些都将削弱美元在能源贸易结算体系中的地位，提升人民币作为国际能源货币的使用程度。④

3. 加强中国的能源金融市场建设。加强中国的能源金融市场建设，促进产业资本和金融资本的融合，提升中国在国际石油体系中的参与度。期货市场和现货市场是构成现代商品市场的两个重要组成部分，两者相辅相成，缺一不可。市场通过价格对资源配置起决定性作用，现货价格主要对当期消费起作用，期货价格则指挥着未来的生产和投资。⑤ 稳步发展能源期货市场，鼓励市场主体利用能源期货市场套期保值，推进中国能源期货市场的发展壮大，对于构建中国能源话语权意义深远。

4. 借助“一带一路”推动能源金融发展。“一带一路”区域是世界原油天然气的重要产区，其丰富的油气资源为中国与沿线能源开发利用提供了巨大的合作空间。应鼓励政策性和商业性金融机构积极参与“一带一路”能源合作，丰富和完善针对“一带一路”能源特点的能源金融服务与

---

① 陈新风、赵平利：《中国能源金融发展路径研究》，《经济师》2016 年第 8 期。

② 2014 年 5 月 21 日签署，将通过东线，从 2018 年到 2048 年，俄罗斯每年向中国输送 380 亿立方米天然气，总价值约 4000 亿美元。

③ 中国在卡塔尔的石油进口中占比非常小，但卡塔尔是中国最大的液化天然气供应国。

④ 陈新风、赵平利：《中国能源金融发展路径研究》，《经济师》2016 年第 8 期。

⑤ 陈波、宋磊：《完善国际石油体系：中国的角色和作用》，《国际石油经济》2016 年第 9 期。

产品，尝试推出专项金融产品[①]，为实现能源人民币环流打下坚实基础。

三、能源产业资本运作

能源产业具有规模效应，准入门槛高，投资回收周期长，在上游勘探开发、中游油气管道运输或下游销售网络等环节，都需要投入大量的资金，还面临国际能源价格波动带来的风险。能源公司通过资本运作，实现公司兼并、收购和重组，扩大市场占有率，提高全球竞争力。能源公司借助国际资本市场来实现能源产业链整合与优化，提高其整体规模和运营能力，有利于企业发展壮大。能源企业通过收购、兼并等资本运作手段来实现能源产业链的整合与优化，提高其整体规模与竞争力。[②]

中国石油企业走出国门以来，取得了丰硕的成果，我国对外油气合作已经从积极扩张阶段迈向了稳步推进阶段，对外油气合作路径呈现“多元化”态势。中国油气对外投资主要分为三个阶段。[③]

1. 摸索起步阶段（1992—1997）

在这一阶段，中国石油企业通过完成一些小规模项目来熟悉市场、积累经验。对外油气合作的主要方式为收购开采权益和参与政府招标等。1992 年，中国石油第一次与加拿大的阿尔伯达油砂层技术研究管理局合作，利用坑道内开采技术开发油田，此后，中国石油在加拿大收购了 7 个油田开采经营权。[④] 1993 年，中石油收购泰国邦亚区块的石油开采权益；1994 年中海油收购美国阿科公司在印度尼西亚马六甲海峡区块 32. 58% 的权益；1995 年中石油中标秘鲁塔拉拉油田开采承包合同，同年获得苏丹 6 区块石油开采权。这些项目规模涉及石油合作领域的主要合作模式，包括

① 徐洪峰、王晶：《中国能源金融发展报告（2018）》，北京：清华大学出版社，2018 年版，第 210 页。

② 林伯强、黄晓光：《能源金融》，北京：清华大学出版社，2014 年版，第 44 页。

③ 王震等：《中国与全球油气资源重点区域合作研究》，北京：经济科学出版社，2014 年版，第 51 页。

④ 孔博著、裴文斌等译：《解读中国国际石油政策》，北京：石油工业出版社，2012 年版，第 79 页。

许可证模式、产品分成模式、服务合同模式，其中既有当作业者的联合经营项目，也有参股经营的项目。①

2. 成长发展阶段（1997—2005）

在中央“走出去”战略方针指导下和全球化的背景下，中国油气企业的海外投资活动得到快速发展。在这个阶段，中国油气企业积极开展海外业务，以适应全球化趋势和增强自身的国际化发展阶段。收购油气资产和石油公司股份逐渐成为重要的投资方式。1997 年 6 月 4 日，中石油获得哈萨克斯坦 Aktobemunaigaz 公司 60.28% 的股权，包括用 3.25 亿美元购买了 Zhanazhol 油田和 Kenkiyak 油田的开发权，抵押 40 亿美元用于投资企业未来 20 年的发展。8 月 1 日，中国石油获得了哈萨克斯坦第二大油田 Uzen 油田 51% 的股权。② 2002 年中海油以 5.85 亿美元收购西班牙雷普索尔公司在印度尼西亚五大油田的部分权益；同年中石油以 2.16 亿美元收购了美国戴文能源公司（Devon Energy）在印度尼西亚 6 个区块的油气资产；2004 年中石化以 1.53 亿美元的价格收购了美国第一国际石油公司，获得该公司在哈萨克斯坦拥有的 6 家公司，以及所属的石油勘探开发区块；2005 年 10 月 26 日，中石油以 41.8 亿美元的价格成功收购了哈萨克斯坦 PK 石油公司，完成了当时中国公司最大的海外并购。③

3. 积极推进阶段（2006 年之后）

2006 年之后，三大石油公司确立了成为具有全球竞争力的国际能源公司的发展战略目标，海外投资活动更加积极活跃。2009—2010 年，三大石油公司的海外收购项目达到 20 多个。这一阶段海外能源合作的主要方式是大型参股或收购海外石油资源。例如，2009 年 6 月，中石化以 82.7 亿加元（72 亿美元）的价格收购了瑞士阿达克斯（Addax）石油公司，阿达克斯是一家跨国油气勘探开发公司，在西非和中东拥有油气资产。通过此次

---

① 王震等：《中国与全球油气资源重点区域合作研究》，北京：经济科学出版社，2014 年版，第 52、53 页。

② 孔博著、裴文斌等译：《解读中国国际石油政策》，北京：石油工业出版社，2012 年版，第 80 页。

③ 安蓓：《中石油已向哈国家石油公司出让 33% PK 公司股权》，中国新闻网，2006 年 7 月 17 日，http：//www.chinanews.com/finance/gncj/news/2006/07-17/759199.shtml。

收购，中石化获得了其在西非和中东的油气资产。① 2009 年，中石油以 14.7 亿新元（约合 10.2 亿美元）收购新加坡石油公司 45.51% 的股份。该公司在亚太地区拥有大量的下游资产，包括炼油、运输和管道等。②

表 4—9　近年来我国部分能源企业国际资本运作的情况③

企业	年份	模式	项目情况
中国石油天然气集团	2008	收购	15 亿美元收购加拿大 Tanganyika（TYK）石油公司
	2009	收购	72 亿美元收购瑞士阿达克斯石油公司
	2010	股权购买	与康菲公司达成收购其在加拿大 Syncrude 合资公司 9.03% 股权的协议
	2011	收购	22 亿美元收购加拿大 Daylight Energy 公司
	2012	收购	24.6 亿美元收购尼日利亚油田部分权益
中国石油化工集团	2006	股权购买	5 亿美元购入俄罗斯石油公司股票
	2007	股权购买	41.8 亿美元收购哈萨克斯坦国家石油（PK）公司 100% 股权
	2008	股权购买	收购太阳世界有限公司 100% 股权
	2009	股权购买	收购新加坡石油公司公司 45% 股权
	2009	股权购买	17.6 亿美元购入伊朗南阿扎德甘油田 70% 股权
	2009	集合投资	联合英国石油公司（BP Amoco）开发伊拉克最大油田
	2009	股权购买	116.11 亿人民币购买加拿大两项待建油砂项目 60% 股份
	2010	股权购买	35 亿澳元收购澳大利亚 Arrow 能源有限公司全部股份
	2011	收购	10.15 亿美元收购英国英力士集团控股有限公司的股份
	2012	收购	13.04 亿加元收购荷兰皇家壳牌石油集团加拿大上游业务的合作权益（其在加拿大 Groundbirch 页岩气项目中 20% 的矿区权益）
	2012	收购	22 亿美元收购美国 5 个页岩气 33% 的资产权益
	2013	集合投资	与台湾中油股份公司签署合作协议，共同勘采尼日尔油田

① 文风：《中石化购瑞士 Addax 公司要约获发改委批准》，《证券日报》，2009 年 8 月 13 日。

② 王震等：《中国与全球油气资源重点区域合作研究》，北京：经济科学出版社，2014 年版，第 54 页。

③ 何凌云：《能源金融若干理论与实践问题研究》，北京：科学出版社，2016 年版，第 174—176 页。

续表

企业	年份	模式	项目情况
中国海洋石油总公司	2006	收购	27 亿美元收购尼日利亚第 130 号海上石油勘探许可证 45% 的权益
	2007	股权购买	投资印度尼西亚煤电项目获批竞购安达隆煤炭公司的控股股权
	2009	收购	联手中石油 1500 亿收购阿根廷石油企业
	2009	收购	联手中石化 13 亿美元收购安哥拉油田 20% 权益
	2010	收购	约 70. 6 亿美元收购 BP 持有的泛美能源公司中 60% 权益
	2011	收购	与美国切龙匹克勘探公司签署协议，以 5. 7 亿美元购入丹佛 - 朱尔斯盆地及汾河盆地油气项目 33. 3% 的权益
	2011	收购	21 亿美元收购多伦多证券交易所上市的“OPTI Canada Inc”
	2012	股权购买	151 亿美元收购加拿大尼克森公司全部普通股及优先股权
	2012	收购	14. 67 亿美元收购图洛石油公司在乌干达三个勘探区各 1/3 的权益
中国投资有限责任公司	2009	债权投资	以 30 年期高级有抵押可转债方式向加拿大南戈壁能源有限公司投资 5 亿美元
中国华能集团公司	2008	收购	以 44. 35 亿美元从淡马锡手中收购大士能源 100% 股权，获得新加坡裕廊岛登布苏工业区的热电多联产项目（世界第三大炼油中心）开发权，以及新加坡约 1/4 的电力市场份额。

2014 年底，国务院发布《能源发展战略行动计划（2014—2020)》，鼓励油气企业境外投资。在此期间，三大石油公司的海外投资活动积极活跃，陆续获取俄罗斯、哈萨克斯坦、土库曼斯坦和乌兹别克斯坦等四国的油气上游市场业务，获得在勘探和开发上的准入资格。同时中国企业还推动在非洲加纳和喀麦隆等国家的开发行为。①

在 2009—2012 年期间，“新疆广汇”和 2014 年“洲际油气”通过并

① 吴梦启：《油气投资海外大抄底，中国能源企业“出海”融资不走寻常路?》，《华尔街见闻》，2017 - 11 - 15 11，https：//wallstreetcn. com/articles/3041340。

购方式获得在哈萨克斯坦的油气田开发权。2017 年初，山东和四川的民营油气企业相继成立行业联盟，通过“装备换石油”的方式，用出口油气技术设备换取石油进口，其技术、资金和装备通过整合，水平得到大幅提升。[①]

2017 年初，中石油与道达尔组成的合资公司获得伊朗南帕尔斯气田的开采，中方投资 14.4 亿美元。在哈萨克斯坦，中国石油成功中标杰列斯肯（Tepeckeh）Ⅰ和杰列斯肯Ⅱ两个勘探区块。在俄罗斯，“北京燃气”收购俄罗斯上乔公司 20% 的股份，交易成功交割。[②] 11 月，中美签署 1260 亿美元能源合作大单前后，中海油在巴西竞标成功，获得了巴西外海若干块采油区的开采权。中国民营能源企业华信集团在这一年挺进哈萨克斯坦和俄罗斯，其成就包括收购俄罗斯石油公司（Rosneft）14.16% 的股份、哈萨克斯坦国有石油天然气企业 KMGI 的 51% 股权。仅俄油交易涉及金额就高达 90 亿美元以上。[③]

纵观中国石油公司国际能源合作的发展历程，其发展路径主要有以下几个特点：（1）资本运作项目由小到大。早期中国能源公司的海外投资以低风险的小项目为主，项目金额在 10 亿美元之内。随着“走出去”步子的加大，单笔投资的资金不断增多，2009 年中石化以 75 亿美元的价格收购阿达斯科，2012 年中海油以 151 亿美元的对价收购尼克森石油公司全部股权。（2）投资区位从点到面。随着中国石油公司投资的不断扩大，投资区位从点到面，从单一国家辐射到多个区域。经过多年的发展，目前中国油气公司的业务范围遍布中东、中亚、非洲、美洲、亚太等地区。（3）投资对象由“常规油气”到“常规、非常规油气”并重。中国石油公司早期的投资对象主要针对常规的油气资源，2009 年以后，中国石油公司开始加大对非常规油气资源的投资，包括深水、非常规气和油砂资源。（4）投资

① 吴梦启：《油气投资海外大抄底，中国能源企业“出海”融资不走寻常路?》，《华尔街见闻》，2017－11－15 11，https：//wallstreetcn. com/articles/3041340。

② 刘朝全、姜学峰：《2017 年国内外油气行业发展报告》，北京：石油工业出版社，2018 年版，第 150 页。

③ 吴梦启：《油气投资海外大抄底，中国能源企业“出海”融资不走寻常路?》，《华尔街见闻》，2017－11－15 11，https：//wallstreetcn. com/articles/3041340。

合作从自主勘探开发到组建联合战略联盟。中国石油公司在海外投资初期大多是自主勘探开发的项目，或者邀请少数合作伙伴共同开发。随着企业的不断发展壮大，中国石油公司通过与国际大型石油公司合作，建立战略联盟，2010 年，中石油与壳牌石油公司联合收购澳大利亚最大的煤层气生产商箭牌能源公司的全部股份。①

第四节　中美在国际能源机制中的竞合

一、中国参与全球能源治理机制

（一）中国参与全球能源治理的进程

中国参与全球能源治理的发展经历了一个从边缘到中心的过程，在这一过程中，中国由被动接受全球能源治理规则的追随者逐步转向主动参与治理和塑造规则的影响者。中国参与全球能源治理大致可以分为四个阶段：

第一阶段（1949—1971）：中国处于国际能源治理机制之外。新中国成立初期，面临严峻的国际形势，中国采取“一边倒”的政策，与苏联结盟，中美关系紧张对峙，中美之间的遏制与反遏制斗争给两国关系打下了浓重的冷战烙印。朝鲜战争后，美国对中国实行贸易禁运，直到 1971 年中美关系才开始解冻。在这一阶段，中国处于所有国际能源治理机制之外。

第二阶段（1971—1990）：中国初步参与全球能源治理机制。1971 年 10 月，中国恢复联合国合法席位，中国积极参与联合国及其下属机构中涉及能源议程的活动，同时加入一些专门国际能源组织，如世界能源理事会、世界石油大会等，并与其保持频繁的互动。② 由于当时中国不熟悉国际规则，因此在与国际能源机制的接触中采取较为谨慎的态度，以探索外

---

① 王震等：《中国与全球油气资源重点区域合作研究》，北京：经济科学出版社，2014 年版，第 62—64 页。

② 徐莹：《中国参与能源国际组织的现状及前景》，《现代国际关系》2010 年第 12 期。

部世界、学习如何遵守国际规则为主。①

第三阶段（1990—2000）：中国积极参与全球能源治理机制。20 世纪 90 年代以来，中国积极主动参与全球能源治理。1991 年，中国加入亚太经济合作组织，并参加其中的能源工作组②，随后与国际能源治理机制展开了更多的合作。1992 年 6 月中国在里约热内卢签署的《联合国气候变化框架公约》③，1996 年国际能源署就与当时的国家发展计划委员会签署了谅解备忘录，此后双方在能源数据统计、能源市场分析、能源技术、清洁煤、碳捕捉和储存，以及能源效率等方面展开了合作。④ 中国还加入了一些国际能源合作组织，包括国际能源论坛（IEF）、国际可再生能源机构（IRENA）、清洁能源部长会议（CEM）等，并与石油输出国组织（OPEC）、国际能源署（IEA）、能源宪章条约（ECT）等国际能源组织保持着紧密的关系。

第四阶段（2000 年至今）：中国与全球能源治理机制互动新阶段。进入 21 世纪以来，中国开始更加主动、深入地参与全球能源治理，参与方式由积极参与转变为主动影响。通过多种形式与世界主要国际能源组织，如石油输出国组织（OPEC）、国际能源署（IEA）、能源宪章（Energy Charter）、国际可再生能源署（IRENA）和国际原子能机构（IAEA）等开展了合作。中国开始在主要国际能源治理机制中发挥关键作用，如在上海合作组织（SCO）、金砖国家（BRICS）、二十国集团（G20）、亚太经济合作组织（APEC）等框架中积极开展活动。中国还是国际能源论坛（INF）、联合数据倡议组织（JODI）、国际能效合作伙伴组织（IPEEC）和清洁能源部长级会议（CEM）等国际能源机制的创始成员。⑤

---

① 朱轩彤：《中国参与全球能源治理之路》，IEA，2016 年 4 月。

② 徐莹：《中国参与能源国际组织的现状及前景》，《现代国际关系》2010 年第 12 期。

③ 《全国人民代表大会常务委员会关于批准〈联合国气候变化框架公约〉的决定》，中国人大网，http：//www.npc.gov.cn/wxzl/gongbao/1992－11/07/content_1479248.htm。

④ 张旭东：《任后首秀破例来华 国际能源署“一把手”说了啥?》，一财网，2015－09－09，http：//www.yicai.com/news/4683290.html。

⑤ 朱轩彤：《中国参与全球能源治理之路》，IEA，2016 年 4 月。

（二）中国参与全球能源治理的新发展

在观念上，中国对全球能源治理的认识逐步深入。中国以认真务实的态度密切关注全球能源治理问题。政府努力使中国逐渐从该体系的局外人转变为局内人，从跟随者转变为影响者，成为现有能源治理体系的积极参与者、建设者和贡献者。①

（1）中国认为全球能源治理应是互利合作而非零和博弈。中国认为互利共赢、开放包容、公平有序是全球能源治理合作的基础。中国认为全球能源治理作为探讨多边能源合作的平台有诸多益处，从而从传统的只重视双边合作的思维转向更积极有为的、兼顾多双边合作的合作模式。作为全球经济治理的一部分，全球能源治理可以成为利用集体力量加强能源合作的战略工具。②

（2）增强国际能源事务话语权。积极参与国际能源治理，推动全球能源治理机制变革，共同应对全球性挑战，打造命运共同体。巩固和完善我国双边多边能源合作机制，积极参与国际机构改革进程。积极承担国际责任和义务。坚持“共同但有区别的责任”原则、公平原则、各自能力原则，积极参与应对气候变化国际谈判，推动形成公平合理、合作共赢的全球气候治理体系。广泛开展务实交流合作，推动发达国家切实履行大幅度率先减排等《联合国气候变化框架公约》义务。支持发展中国家开发清洁能源和保护生态环境，树立负责任大国形象。③

（3）积极参与全球能源治理。务实参与二十国集团、亚太经合组织、国际能源署、国际可再生能源署、能源宪章等国际平台和机构的重大能源事务及规则制订。加强与东南亚国家联盟、阿拉伯国家联盟、上海合作组织等区域机构的合作，通过基础设施互联互通、市场融合和贸易便利化措

---

① Nuer, Baikeli (2015), Speech at the International Energy Transition Forum, Suzhou, 6 November 2015.

② 朱轩彤：《中国参与全球能源治理之路》，IEA，2016 年 4 月。

③ 国家发展改革委、国家能源局：《能源生产和消费革命战略（2016—2030）》，2016 年 12 月，第 30 页。

施，协同保障区域能源安全，探讨构建全球能源互联网。①

2014 年 6 月，中国国家主席习近平提出中国将推进能源革命，具体包括能源消费革命、供给革命、技术革命、体制革命四个方面，并结合国际能源合作，即“四个革命、一个合作”的战略愿景。他提出“全面加强国际合作，实现全面开放条件下的能源安全”。② 这为中国更深入、更广泛地参与全球能源治理铺平了道路。在 2014 年 11 月于布里斯班举行的 G20 峰会上，习近平主席在主题演讲中提及全球能源治理。他强调：二十国集团必须从完善全球经济治理的战略高度，建设能源合作伙伴关系，培育自由开放、竞争有序、监管有效的全球能源大市场，共同维护能源价格和市场稳定，提高能效，制定和完善全球能源治理原则，形成消费国、生产国、过境国平等协商、共同发展的合作新格局。③

在行动上，中国积极参与全球能源治理，提升在全球能源治理体系中的地位。近年来，中国对多边平台善加利用、进行实质性参与、并以开放务实的态度主动发挥影响，从而实现了从跟随者到影响者的转变：④

（1）开展能源务实合作。秉持互利共赢、共同发展的原则，开展国际能源资源勘探开发互利合作，丰富和完善合作机制与手段，增加全球能源供应，促进供应渠道的多元化。共同稳定大宗能源产品价格，保障各国用能需求，维护能源市场正常秩序。与国际社会携手努力，帮助最不发达国家消除能源贫困，扩大能源服务，促进可持续发展。⑤

（2）加强对话与交流。加强与能源出口国、消费国和中转国之间的对话和交流，是开展能源国际合作的基础。密切双多边关系，加强在提高能效、节能环保、能源管理、能源政策等方面的对话交流，完善国际能源市场监测和应急机制，深化在信息交流、人员培训、协调行动等方面的合作。⑥

---

① 国家能源委员会，《能源发展“十三五”规划》，2016 年 12 月，第 40 页。

② Xi，Jinping (2014a)，Speech at the Sixth Meeting of the Chinese Communist Party CentralCommittee Finance & Economy，Beijing，13 June 2014

③ 李斌、魏建华：《习近平：中方有信心当好 2016 年 G20 峰会主席国》，新华网，2014 年 11 月 16 日，http：//www. xinhuanet. com/world/2014 - 11/16/c_1113268114. htm。

④ 袁剑琴：《中国如何深度参与全球能源治理》，《财经界（学术版）》2017 年第 12 期。

⑤ 国务院新闻办公室：《中国的能源政策（2012）》，2012 年 10 月。

⑥ 同上。

（3）共同维护世界能源安全。公平合理的国际能源治理机制是维护世界能源市场稳定的重要条件。中国通过加强合作，共同维护能源生产国和输送国，特别是中东等产油国地区的局势稳定，确保国际能源通道安全和畅通，减少地缘政治纷争对全球能源供应的干扰。通过对话与协商的方式，解决重大国际能源问题，不应把能源问题政治化，避免动辄诉诸武力，甚至引发对抗。①

（4）向国际能源组织派驻人员，增强参与治理的软实力。中国通过国际原子能机构（IAEA）等国际机制派遣常驻工作人员。国家能源局与国际能源署、亚太经合组织和能源宪章共同发起一项派员计划。中国向国际能源署等国际组织派遣高级别人员，还鼓励中国公民参加国际能源组织高级别职位竞选等。2016 年 6 月，中国石油经济技术研究院原院长、首席研究员孙贤胜当选为国际能源论坛的第四任秘书长。②

（三）中国参与国际能源治理的新特点

近年来，中国积极参加双边、多边的全球能源治理机制，以开放务实的态度主动发挥影响，不断提升在国际能源治理机制中的影响力，实现了从跟随者到影响者的转变：

1. 市场化与全球化为主的双重驱动

中国是全球化进程的受益者之一，在国际能源合作中，中国提出要把“引进来”和“走出去”相结合，利用“两种资源、两个市场”。中国参与国际能源治理的动因从改革开放初期单一的政策驱动转换为市场化与全球化为主的双重驱动。③

2. 注重双边合作

中国建立了 42 个双边能源合作机制，这些合作机制包含了世界主要的能源生产国和消费国。在参与国际能源合作的早期阶段，中国和其他国家

---

① 国务院新闻办公室：《中国的能源政策（2012）》，2012 年 10 月。

② 廖秋雯：《孙贤胜当选国际能源论坛第四任秘书长》，《中国石油新闻中心网站》，2016 - 06 - 14，http：//news. cnpc. com. cn/system/2016/06/14/001596349. shtml。

③ 赵庆寺：《能源安全与中美新型大国关系的构建》，北京：社会科学文献出版社，2017 年版，第 149 页。

共同设立了大量双边机制。这些机制也促进了双边贸易和投资，加深了双方的经贸往来和互利合作。中国已与近30个对话伙伴国建立了双边能源合作机制，包括覆盖所有能源议题的对话机制，涉及不同能源子领域（如煤炭、石油和天然气、可再生能源和能源效率）的对话机制，涵盖更高层次政治经济议题的机制等。①

3. 融入多边合作

随着中国在全球能源领域地位的不断提升，中国政府从偏重双边到融入多边的转变，实现双边和多边并举。双边合作与多边合作互补可以为能源安全、经济增长和可持续发展创造更有利的外部环境。中国已与26个国际能源合作组织和国际机制进行合作，国际合作内容不断深入。② 中国与20多个政府间多边机制开展了合作，从而拓展了中国参加全球能源治理的深度和广度。

二、中美在全球能源机制中的博弈

能源安全在中美两国国家战略中占据重要的位置，由于能源安全观念的分歧，在国际能源体系中的竞争，以及能源利益的差异，导致了中美能源安全关系中存在摩擦和冲突。中美在能源领域博弈的动因有以下三个方面。

1. 能源安全观的差异

美国信奉"自我安全"的绝对安全观，其能源安全战略的实质是建立在"霸权稳定论"基础之上的霸权战略。中国的能源安全观是"集体安全"式的相对安全观，是在"和平发展"理论基础之上的合作共赢战略。③ 而美国认为中国的能源安全战略具有明显的"重商主义"心态，采取的是

---

① 朱轩彤：《中国参与全球能源治理之路》，IEA，2016年4月，第14页。

② NEA（National Energy Administration）（2016），"国际合作开放开发——国家能源工作2015年终专稿之六"（"Opening up and development of international co - operation"），Special Report No. 6on NEA's Year 2015，27 Janaunry 2016，PRC.

③ 曾中林、舒先林：《中美石油安全互动与对外战略比较》，《西安石油大学学报》2007年第2期。

“战略性”或“现实主义”范式。美国把自己却看成是主要依靠全球市场来保证其能源供应安全的“自由主义”范式。[①] 中美能源安全观的差异造成双方能源对话的困难。

2. 守成国和崛起国的冲突

经过一个多世纪的发展，美国推动西方国家组建国际能源署，建立遍布全球的军事基地网，构建能源金融体系，形成了美国能源霸权体系。近年来随着中国综合实力的快速发展，中国正成为国际体系中的崛起大国，其影响力势必会投射到能源领域，从而提升中国对国际能源机制的参与度和领导力，引起国际能源格局的变动和调整。[②] 为了维护霸权，美国势必会在多个领域与中国展开主导权之争，从而引发中美在能源领域的摩擦。

3. 规制与反规制的斗争

美国试图通过掌控国际能源体系规制中国的能源外交，要求中国避免与个别能源生产国展开战略性合作。在奥巴马政府时期，美国还推出 TPP 和 TTIP，强化自由贸易合作，对中国形成一种软平衡。中国长期游离于世界重要的能源机制之外，不利于中国的能源安全。加强对国际能源机制的参与度，成为中国新时期的战略选择。中国一方面与美国主导的能源机制积极对话，寻求符合中国能源利益的合作路径；另一方面，中国尝试构建新领域、新形式的多边合作机制，寻求制约美国能源霸权的博弈空间，如上合组织是中国、俄罗斯和中亚各国一起建立的区域型国际机制。[③]

中美在国际能源机制中的“短兵相接”首先发生在能源金融领域，美国在 2008 年金融危机中受到重创，美国主导国际金融体系的能力遭到质疑。中国经济则一枝独秀，在能源金融领域不断进取，一方面致力于推动全球能源金融旧体制的改革，使其更有利于自身的发展。另一方面中国还积极进行区域能源金融新制度的建设，并成为这些新制度的核心领导者。

---

① 吴磊：《能源安全与中美关系》，北京：中国社会科学出版社，2009 年版，第 206—206 页。

② 赵庆寺：《能源安全与中美新型大国关系的构建》，北京：社会科学文献出版社，2017 年版，第 153 页。

③ 姜宅九：《中国地区多边安全合作的动因》，《国际政治科学》2006 年第 1 期。

而相对于中国的的变革抱负，美国则极力采取“守成型”的政策①，维持现有的国际能源金融制度不变，积极捍卫以石油美元为中心的国际能源金融体系。中国的制度抱负和美国的制度守成构成了中美在能源金融领域制度竞争的基本态势。

（一）强化 G20 在能源治理中的作用

尽管布雷顿森林体系在 20 世纪 70 年代已经崩溃，但美国 1944 年所建立起来的一系列维护美元霸权的国际制度反而得到强化，世界银行和国际货币基金组织发挥着更加重要的作用，再加上七国集团（G7），这三大组织成为支撑美元霸权的三根重要支柱。

在长达 30 多年的时间内，G7 垄断了全球经济和金融治理的主导权，使包括中国在内的新兴国家在国际金融事务中一直处于边缘地位。对于中国而言，G20 取代 G7 有着重大的意义，G20 为中国今后在能源金融领域发挥更大的作用提供了重要的制度平台。2008 年国际金融危机爆发，全球经济的核心治理机制实现了从 G7 到 G20 的转变，这一转变解决了中国参与全球能源治理的问题，给中国全面参与全球能源治理提供了制度保障。中国与金砖国家和其他 G20 伙伴国的协作互让促使各方在 2010 年首尔峰会第二阶段达成协议，通过了《首尔宣言》，实施市场决定型汇率制度，避免竞争性货币贬值。2012 年 1 月，中国总理提出可考虑在 G20 的框架下，本着互利共赢的原则，建立一个包括能源供应国、消费国、中转国在内的全球能源市场治理机制。通过协商对话，制定公正、合理、有约束力的国际规则，构建能源市场的预测预警、价格协调、金融监督、安全应急等多边协调机制，使全球能源市场更加安全、稳定、可持续。②

随着中国经济的发展，中国已成为世界第二大经济体、第一大能源消费国、第一大石油进口国，中国在 G20 的话语权进一步得到提升，在全球

---

① 李巍：《制度之战：战略竞争时代的中美关系》，北京：社会科学文献出版社，2017 年 1 月版，第 87 页。

② 赵承、冯坚、徐松：《温家宝出席世界未来能源峰会并提议建立全球能源市场治理机制》，《人民日报海外版》，2012 - 01 - 17（4）.

能源气候治理中扮演着重要的角色。G20 为中国参与全球能源气候治理的对话与合作提供了平台。中国依托 G20 框架，建立各种层次的能源对话渠道，在峰会内外不断地沟通和磋商，在全球能源气候治理中发出中国的声音。

美国作为守成霸权国，在金融危机时期，确实通过一些妥协和让步来满足中国改革的要求，支持 G20 升级，换取中国支持美国应对金融危机。但随着金融危机的缓解，美国对中国的一系列改革诉求和行动施加了越来越多的阻碍。① 一方面重新强化 G7 的作用而冷落 G20，使最近几次 G20 峰会在对全球能源治理方面没有做出实质性的决议。

（二）强化金砖机制在能源领域的合作

2009 年 6 月，中国、俄罗斯、巴西和印度四国首脑在俄罗斯的叶卡捷琳堡举行首次峰会，与会领导人重点就应对国际金融危机冲击、二十国集团峰会进程、国际金融机构改革、粮食安全、能源安全、气候变化、“金砖四国”对话未来发展等重大问题交换看法。会议发表了《“金砖四国”领导人俄罗斯叶卡捷琳堡会晤联合声明》。②

此后，金砖国家在能源金融领域展开一系列行动，并取得丰硕的成果。2010 年 4 月，“金砖四国”领导人第二次正式会晤在巴西举行，与会领导人就后国际金融危机时期抓住机遇、应对挑战、推进改革、推动发展进行深入磋商。会议通过了一项联合声明。2010 年 12 月，南非作为正式成员加入“金砖国家”合作机制，“金砖四国”更名为“金砖国家”(BRICS)。③ 2011 年 4 月，以“展望未来、共享繁荣”为主题的金砖国家领导人第三次会晤在中国三亚举行。南非总统祖马首次出席会议。与会领导人就国际形势、国际经济金融问题、发展问题以及金砖国家合作深入交换了意见、达成了广泛共识。会后发表了《三亚宣言》。2012 年 3 月，以

---

① 李巍：《霸权护持：奥巴马政府的国际经济战略》，《外交评论》2013 年第 3 期。

② 《背景资料：历次金砖峰会成果》，《人民日报》，2013－03－27。

③ 林秀敏：《历届金砖国家领导人峰会及成果一览》，中国经济网，2015 年 7 月 9 日，http：//intl. ce. cn/specials/zxxx/201507/09/t20150709_5887476. shtml。

“金砖国家致力于稳定、安全和繁荣的伙伴关系”为主题的金砖国家领导人第四次会晤在印度新德里举行。与会领导人在金砖国家合作、全球经济治理、全球和地区形势等问题上达成了重要共识，会后发表了《德里宣言》和行动计划。[①] 2013 年 3 月，第五届金砖国家领导人峰会在南非德班举行，会议决定设立金砖国家开发银行、外汇储备库，宣布成立金砖国家工商理事会和智库理事会，在财经、经贸、科技、卫生、农业、人文等近 20 个领域形成新的合作行动计划。首次举行了金砖国家与非洲领导人对话会，为金砖国家与非洲国家在基础设施建设、促进非洲互联互通方面进行合作释放积极信号，会后发表了《德班宣言》和行动计划。2014 年 7 月，第六届金砖国家领导人峰会在巴西福塔莱萨举行，五国领导人决定成立金砖国家开发银行，总部设在中国上海；建立金砖国家应急储备安排；五国领导人还共同见证了多项合作协议的签署；会议发表《福塔莱萨宣言》。[②] 2015 年 7 月 8—9 日，中、俄、印、巴、南五国领导人在俄罗斯乌法举行金砖国家领导人第七次会晤。会晤期间，五位领导人举行了小范围会议、大范围会议，出席金砖国家同欧亚经济联盟、上海合作组织成员国、观察员国和受邀国领导人对话会，共同会见了金砖国家工商理事会成员，会议发表了《乌法宣言》及其行动计划，通过了《金砖国家经济伙伴战略》。[③]

2015 年 7 月，金砖国家新开发银行在上海正式开业，印度人卡马担任行长，2016 年初启动运营。金砖国家新开发银行的运营标志着金砖国家在能源金融合作方面已经迈入务实阶段。[④]

2016 年 10 月，第八届金砖国家领导人峰会在印度果阿举行，五国同意进一步推动保险和再保险市场合作、税收体系改革、海关部门互动等，并探讨设立一个金砖国家评级机构的可能性。五国强调共同应对国际问题，以及通过政治和外交途径和平解决争端的重要性，并重申对《联合国

---

① 《背景资料：历次金砖峰会成果》，《人民日报》，2013－3－27。

② 林秀敏：《历届金砖国家领导人峰会及成果一览》，中国经济网，2015 年 7 月 9 日，http：//intl. ce. cn/specials/zxxx/201507/09/t20150709_5887476. shtml。

③ 《金砖国家》，外交部网站，2016 年 7 月，http：//www. fmprc. gov. cn/web/gjhdq_676201/gjhdqzz_681964/jzgj_682158/jbqk_682160/。

④ 卢静：《后金融危机时期金砖国家合作战略探析》，《国际展望》2013 年第 6 期。

宪章》原则的承诺，会议通过了《果阿宣言》。[①]

（三）推动上合组织在能源领域的合作

2001 年 6 月，上海合作组织在上海成立，成为中国和中亚国家共同应对威胁和挑战、维护中亚地区和平与稳定的一个重要平台。2003 年，上合组织成员国通过了《多边经贸合作纲要》，规定了成员国经贸合作的优先领域、主要任务和实施机制；2004 年通过了该纲要的落实措施计划。这些文件规定要在上合组织范围内逐步形成真正的一体化空间，实现商品、劳务、资本和技术的自由流动。[②] 2005 年 10 月，上合组织成立了银行联合体（银联体），以扩大成员国企业和金融机构之间的联系与合作，使银联体成为推动区域合作的重要融资平台。此外，上合组织成员国央行还签署了金融合作协定。[③]

在上合组织中，中俄两国的中央银行共同签署了多个双边协定和纪要；两国的政策性银行和商业银行间建立了更为广泛的业务关系，扩大合作范围，互设机构，增加授信额度。双方还在证券和保险业领域开展对话和交往。同时，中国银监会与上合组织中亚地区成员国签署了双边监管合作谅解备忘录。[④] 中国已与俄罗斯、乌兹别克斯坦、哈萨克斯坦分别签署了货币互换协议。2011 年 4 月 19 日，中国人民银行与乌兹别克斯坦共和国中央银行在北京签署了金额为 7 亿元人民币的双边本币互换协议，协议有效期 3 年。[⑤] 2014 年 10 月，人民银行与俄罗斯联邦中央银行签署了规模为 1500 亿元人民币/8150 亿卢布的双边本币互换协议，互换协议有效期 3

---

① 徐海静、胡丹丹、白纯：《金砖国家果阿峰会取得重要成果》，新华网，2016 年 10 月 17 日，http：//news. xinhuanet. com/world/2016 -10/17/c_1119735033. htm。

② 中国现代国际关系研究院，《世界大变局》，北京：时事出版社，2010 年 8 月版，第 155 页。

③ 杜逾舸：《上合组织成员国加强经济金融合作有助增强凝聚力》，《中央政府门户网站》，2009 年 6 月 14 日，http：//www. gov. cn/jrzg/2009 -06/14/content_1339882. htm。

④ 同上。

⑤ 《中国与乌兹别克斯坦在京签署双边本币互换协议》，中央政府门户网站，2011 年 04 月 20 日，http：//www. gov. cn/gzdt/2011 -04/20/content_1848267. htm。

年。[1] 2014 年 12 月，中国人民银行与哈萨克斯坦国家银行（哈萨克斯坦央行）续签了双边本币互换协议，中哈两国双边本币互换规模为 70 亿元人民币/2000 亿哈萨克坚戈，协议有效期 3 年，经双方同意可以展期。[2]

2010 年 11 月，中国总理温家宝在出席上合组织成员国第九次总理会议时，建议上合组织深化财经合作，研究成立上海合作组织开发银行，扩大本币结算合作，促进区域经贸往来。[3] 2016 年 9 月，上海合作组织成员国第三次财长和央行行长会议在吉尔吉斯斯坦共和国比什凯克市举行。与会方通报了本国中期社会经济发展情况和加快经济增长的举措。为落实 2015 年 12 月 15 日在中国郑州签署的上合组织成员国政府首脑（总理）理事会第 84 号决议，各方讨论了建立上合组织开发银行和上合组织发展基金（专门账户）问题。[4]

（四）创建亚洲基础设施投资银行

2013 年 10 月 2 日，习近平主席提出筹建亚投行的倡议，2014 年 1 月 24 日，中国与十多个亚洲国家举行了筹建亚投行第一次多边工作磋商会议，中方还成立了亚投行筹建工作组，加快推进筹建工作。[5] 2014 年 10 月 24 日，包括中国、印度、新加坡等在内的 21 个首批意向创始成员国的财长和授权代表在北京签约，共同决定成立亚洲基础设施投资银行。2015 年 3 月 12 日，英国正式申请加入亚投行，成为首个申请加入亚投行的主要西方国家。随后，法国、意大利、德国等西方国家纷纷以意向创始成员国身

---

① 李海霞：《中俄央行签署 1500 亿元人民币/8150 亿卢布本币互换协议》，人民网，2014 年 10 月 14 日，http：//finance. people. com. cn/money/n/2014/1014/c218900 - 25828488. html。

② 刘铮、王培伟：《中哈两国央行续签双边本币互换协议》，新华网，2014 年 12 月 14 日，http：//news. xinhuanet. com/2014 - 12/14/c_1113636676. htm。

③ 《温家宝出席上合组织成员国第九次总理会议并讲话》，中央政府门户网站，http：//www. gov. cn/ldhd/2010 - 11/26/content_1753763. htm。

④ 《上海合作组织成员国第三次财长和央行行长会议联合声明》，上海合作组织官网，2016 年 9 月 30 日，http：//chn. sectsco. org/news/20160930/137596. html。

⑤ “背景资料：亚洲基础设施投资银行”，新华网 [引用日期 2015 - 08 - 23]，http：//news. xinhuanet. com/fortune/2015 - 03/18/c_1114687561. htm

份申请加入亚投行。[1]韩国、俄罗斯、巴西等域内国家和重要新兴经济体也纷纷申请成为亚投行的意向创始成员国。

2015年6月29日，《亚洲基础设施投资银行协定》签署仪式在北京举行。亚投行57个意向创始成员国财长或授权代表出席了签署仪式，其中已通过国内审批程序的50个国家正式签署了协定。[2] 根据《亚洲基础设施投资银行协定》，亚投行的法定股本为1000亿美元，分为100万股，每股的票面价值为10万美元。初始法定股本分为实缴股本和待缴股本。实缴股本的票面总价值为200亿美元，待缴股本的票面总价值为800亿美元。域内外成员出资比例为75：25。初始认缴股本中实缴股本分5次缴清，每次缴纳20%。因个别国家未能足额认缴按照其GDP占比分配的法定股本，目前总认缴股本为981.514亿美元。中方认缴额为297.804亿美元（占比30.34%），实缴59.561亿美元。[3]

亚投行的建立，标志着中国开始尝试进行国际金融制度建设，展示了中国在国际能源金融领域拥有国际政治动员的能力。

（五）创建丝路基金

2014年11月4日，国家主席习近平主持召开中央财经领导小组第八次会议，研究"丝绸之路经济带"和"21世纪海上丝绸之路"规划、发起建立亚洲基础设施投资银行和设立丝路基金。11月8日，习近平主席宣布，中国将出资400亿美元成立丝路基金。丝路基金是开放的，欢迎亚洲域内外的投资者积极参与。[4] 12月29日，丝路基金有限责任公司完成工商注册，金琦出任公司董事长。

2015年4月20日，习近平主席访问巴基斯坦期间，丝路基金、三峡集团与巴基斯坦私营电力和基础设施委员会在伊斯兰堡共同签署了《关于

---

① 张敬伟："亚投行撕开全球金融旧秩序铁幕"，《羊城晚报》，2015年3月30日，第A02版。

② 财政部新闻办公室："《亚洲基础设施投资银行协定》签署仪式在北京举行"，2015年6月29日，http：//www.mof.gov.cn/zhengwuxinxi/caizhengxinwen/201506/t20150629_1262372.html。

③ 同上。

④ 钱彤："丝路基金从发起建立到宣布成立仅用4天"，《北京青年报》，2014－11－09。

联合开发巴基斯坦水电项目的谅解合作备忘录》，这是丝路基金首个对外投资项目，标志着丝路基金开展的实质性投资运作迈出了重要一步。① 2017 年 5 月召开的首届“一带一路”国际合作高峰论坛上，国家主席习近平代表中国政府宣布向丝路基金增资 1000 亿元人民币，加强了丝路基金为“一带一路”建设提供多币种和可持续资金支持的能力。②

丝路基金将为“一带一路”沿线国家基础设施建设、资源开发、产业合作等有关项目提供投融资支持。亚洲基础设施投资银行和丝路基金同其他全球和区域多边开发银行的关系是相互补充而不是相互替代的，在现行国际经济金融秩序下运行。截至 2017 年 12 月，丝路基金已经签约 17 个项目，承诺投资约 70 亿美元，支持项目所涉及的总投资额达 800 多亿美元。③

金砖机制、上海合作组织、亚投行、丝路基金的设立，成为中国在美国主导的国际能源金融机制之外进行制度建设的四大平台，对美国主导的石油美元形成巨大的压力。面对中国在能源金融领域的“改制”努力，作为霸权国，美国表现出对石油美元及其国际能源金融制度的保守姿态，对中国的改革进行了或明或暗的抵制。

在提出亚投行倡议之初，美国认为这会削弱世界银行和亚洲开发银行的作用。认为亚投行是中国用来拉拢东南亚国家的一个政治工具，是通过经济利益承诺以在担忧其领土主张的邻国间提升自身形象的一种软实力攻势。④ 美国还极力游说其盟国不加入亚投行，日本、韩国和澳大利亚是美国游说的对象。2014 年，美、日、欧甚至就放弃成为亚投行创始国的方针达成一致。⑤ 2015 年 3 月，在英国宣布加入亚投行之后，韩国和澳大利亚才公开表态决定加入。

---

① “丝路基金首单：联合三峡集团斥资百亿投资巴基斯坦水电”，人民网. 2015 年 04 月 21 日［引用日期 2015 - 04 - 21］.

② 和佳：《丝路基金已签 17 个项目 涉及总投资额达 800 多亿美元》，《21 世纪经济报道》，2017 年 12 月 9 日。

③ 同上。

④ Jane Perlez, “U. S. Opposing China's Answer to World Bank,” The New York Times, October 10, 2014, A1.

⑤ 陈绍锋：《亚投行：中美亚太权势更替的分水岭?》，《美国研究》2015 年第 3 期。

面对中国的努力，美国的金融外交最终以失败而告终。美国抵制亚投行失败体现了美国面临的三重困境：美国金融地位下降、金融公共物品供给能力不足、美国控制国际金融制度的合法性受到质疑。①

特朗普总统上台之后，美国对“一带一路”的态度发生了转变，2017年5月，首届“一带一路”国际合作高峰论坛在北京举行，美国总统特别助理、白宫国家安全委员会亚洲事务高级主任波廷杰（Matt Pottinger）率团与会，并称美国认识到中国“一带一路”倡议的重要性。②

三、中国参与全球能源治理的路径

中国参与全球能源治理的方式和路径，和中国的和平发展进程息息相关，也影响到国际能源格局的稳定。中国参与全球能源治理应立足国情，积极参与，逐步形成全方位、深层次、高水平的国际能源合作格局。③

（一）合理定位，发挥引领作用

提升中国在全球能源治理中与自己实力相称的影响力与话语权，在全球能源治理制度的互动与合作层面发挥一定程度的理念、路径引领作用。但不应成为像美国那样以同盟体系为基础的霸权式的领导，而是以新型大国关系以及人类命运共同体为基础的领导。中国提出以构建合作共赢为核心的新型国际关系，打造人类命运共同体，成为当代中国对外大战略的理论内核。在新型大国关系的基础上，中国领导层进一步提出了构建人类命运共同体的倡议，也可以说这是全球治理的中国方案，旨在打造政治、安全、经济、文化、生态“五位一体”的全球共同体。④ 命运共同体则强调

---

① 李巍：《中美金融外交中的国际制度竞争》，《世界经济与政治》，2016 年第 4 期，第 14 页。

② 杨柳：《美国“中国通”详解美国为何派代表参加“一带一路”高峰论坛》，中新网，2017－5－16，http：//www. thepaper. cn/newsDetail_forward_1686058。

③ 赵庆寺：《能源安全与中美新型大国关系的构建》，北京：社会科学文献出版社，2017 年版，第 157 页。

④ 薛力：《人类命运共同体：世界治理新方案》，《党建》2017 年第 4 期。

寻求与合作伙伴的共同利益。在发展合作中每个国家都有自身利益考虑，双方都应为达到互利共赢的结果去努力寻找利益共同点。在合作机制上绑定各合作方的利益，促进各方在合作中的平等地位，达到合作中一损俱损、一荣俱荣。在自身领导力下降，全球治理与世界秩序不稳定的情况下，西方发达国家却不愿看到新兴经济体影响力的提升。正是在这种国际大背景下，人类命运共同体为改善全球治理及国际秩序提出了以包容及“和而不同”为主要内涵的中国思想。

发挥一定程度的领导作用，并非意味着中国要颠覆现存的国际秩序并扛起全球能源治理的“大旗”。中国清醒地认识到，尽管美国实力有所衰落，但在今后很长一段时期里，其仍将是世界最强大的国家。且塑造国际秩序需要超强国力，而中国离这样的国力还有较大距离。塑造国际秩序也须获得主要大国的支持，而中国在这方面同样有较大距离。因此，在相当长的时间内，中国仍不宜担负起塑造未来国际能源秩序的全面领导者角色。中国能做的是在某些特定领域，通过联合其他国家，引领一些现有国际能源秩序的改进或变革。[①] 改革开放以来的实践证明，中国是当前国际秩序的受益者，中国从世贸组织、世界银行和国际货币基金组织等多边经济体系中受益良多，所以中国虽然主导成立了亚洲基础设施投资银行、丝路基金，但这些机构仍需要与国际货币基金、世界银行展开合作。因此，中国的对外大战略本质上是要在国际关系多极化的背景下寻求国际政治的民主化，改善现存全球治理制度及国际秩序，增强中国及其他发展中国家的话语权与影响力，与西方发达国家分享全球治理权力。

（二）提升在全球能源治理体系中的话语权和影响力

在中国对外大战略的框架下，提升中国全球能源治理影响力。（1）在全球能源治理变革中推动大国协调。一方面是通过与其他大国的协调合作并固化为机制，推动全球性的能源治理合作协调机构的建立，促进现有国际能源组织间的协调。另一方面是助推发展中大国在主要国际能源组织中

① 唐世平：《塑造国际秩序需要超强国力》，《环球时报》，2017－04－14。

的地位与作用。在当前主要的全球能源治理体系中，中国应加强与其他发展中大国能源政策的协调，主要在金砖国家机制框架内促进各发展中大国的共同能源利益，进而影响全球能源治理体系。（2）在亚洲区域能源治理的建设中发挥引导作用。在当前西方主导的全球能源治理体系之外，构建区域的能源治理制度是中国获取全球能源治理领导力的重要手段。泛亚洲区域的国际能源合作主要停留在双边层面，多边区域能源治理制度尚未建立，中国可在“一带一路”能源战略框架下积极推动亚洲区域能源治理制度的发展。

（三）推进能源“一带一路”，打造能源命运共同体

“一带一路”中的能源合作是通过沿线国家能源领域的互联互通，将能源供应板块、需求板块、能源通道、基础设施、能源市场、能源金融等各个部分有机整合而重塑全球能源治理格局。一是在能源供应板块方面，随着互联互通带来资源配置范围的扩大，大国能源争夺冲突将大为减少。二是陆上“丝绸之路经济带”是能源资源富集地区，欧亚大陆能源互联互通规模和效率将超过海路，而且陆上油气管道、电网往往牵涉多国利益，陆权大国的地缘政治地位和发展中国家话语权将得以提升。三是随着能源金融合作的加深，以能源为手段遏制或制裁别国将有损本国利益，国家间共同体意识逐步提升，有利于全球能源治理民主化。四是虽然当今世界出现排外主义、保护主义等“逆全球化”现象，但本质上大家反对的是过度全球化造成的分配不公而不是全球化本身。能源“一带一路”所构建的充分尊重主权国家权力的温和全球化机制，将有效促进跨国能源贸易投资繁荣。五是能源“一带一路”是中国在机制层面创新提供的国际公共产品，而鲜明提出的愿意让周边国家“搭车论”，将有力提升中国负责任大国的国家形象和国际能源话语权，适应国际权力结构发生的深刻变化①，满足我国实力增长与海外利益外溢需要。

能源“一带一路”是世界范围内能源领域的互联互通，从战略意图而

---

① 鲁刚：《全球能源互联网重塑全球能源治理格局》，《中国电力 企业管理》，2017 年第 8 期，第 5 页。

言，近期要确保我国能源安全，同时与国内能源革命相协调。中期则要引导调整中东地区、中亚地区、亚太地区等能源地缘政治关系。打造能源“一带一路”需要重视以下四个方面：

一是以有效实施国内能源生产与消费革命为基础，构建能源“一带一路”的基点，带动周边、引领沿线国家能源互联互通建设。作为能源“一带一路”两端之一，国内能源互联网建设、清洁能源发展成效、能源技术进步、能源管理提升、能源企业实力增长都是我国引领能源“一带一路”的根基。

二是以“打造能源利益共同体、能源命运共同体”为纽带，以能源基础设施网络、市场体系、区域治理为抓手，通过互联共赢，渐次实现预期战略目标。通过能源、交通、通信网络建设与融合，以实体的互联互通改变沿线城市、国家、地区的功能和地位，为能源命运共同体打造结实基础。建立“一带一路”沿线统一的能源市场及金融市场，构建制度体系，形成能源利益共同体。逐步建立区域治理体系，形成合作平台、争端解决机制，打造能源命运共同体。

三是以提供“一带一路”国际机制类能源安全公共产品，在沿线国家推行开放、包容、绿色、低碳的能源治理中国理念，持续提升负责任大国影响力。立足建立规则、机制、平台，结合在能源基础设施建设投资、能源贸易、技术管理等方面的有效支持，积极提升沿线国家在全球能源价值链中的地位，建立世界能源发展合作新范式。

四是以大国外交助推能源“一带一路”。能源本身的政治属性要求能源互联互通更是国与国之间的对话，需要建立周边支点国家、次区域强国、全球性大国的协调机制，降低地缘战略反制。在实施能源“一带一路”过程中，要处理好中欧关系、中美关系、中亚地区的中俄关系等，设计好能源的顶层对话协调机制。

（四）依托 G20，在全球能源治理中有所作为

2016 年，中国正式接棒 G20 峰会的主办权，领衔全球治理的顶层设计，这是中国参与全球治理迈上的一个新台阶，演绎了全球能源治理的

“中国时刻”。

2016 年 3 月，习近平主席与奥巴马总统发表第三份中美元首气候变化联合声明，宣布中美将共同推动《巴黎协定》的全面实施，鼓励敦促《联合国气候变化框架公约》其他缔约方采取同样行动，使《巴黎协定》尽早生效。4 月在广州举行的 G20 第二次协调人会议上，中国成功推动 G20 协调人会议首次发表气候变化问题主席声明。6 月，G20 能源部长会议在北京举行，会议以“构建低碳、智能、共享的能源未来”为主题，围绕国际能源发展的机遇与挑战、能源技术与创新、能源可及性的需求和政策现状等多项议题进行了广泛的讨论，形成 4 项成果，包括主文件《2016 年 G20 能源部长会议北京公报》，以及《加强亚太地区能源可及性：关键挑战与 G20 自愿合作行动计划》《G20 可再生能源自愿行动计划》和《G20 能效引领计划》三份附属文件。会议的召开为中国深入参与全球能源治理、引领国际能源发展方向、推动“一带一路”战略实施等提供了重要契机。[①] 9 月 4—5 日，G20 杭州第 11 次峰会核准了 G20 能源部长发布的三份附属文件，并要求他们定期会晤跟踪三项计划落实情况。会议发布公报指出，G20 致力于构建运转良好、开放、竞争、高效、稳定和透明的能源市场，建设能更好地反映世界能源版图变化、更有效、更包容的全球能源治理架构，塑造一个负担得起、可靠、低温室气体排放和可持续的能源未来，同时利用好能源资源和技术。欢迎在 6 个能效关键领域自愿开展的国际合作取得的进展，同时考虑《G20 能效引领计划》中的有关政策措施并确保其符合各国国情。[②]

作为世界上最大的能源消费国，中国把能源治理与“一带一路”倡议相结合，根据自己的国情和发展重点，在全球能源治理中有所作为。

1. 加大对能源基础设施投资

国际能源市场由于技术创新、经济、人口和政治力量的改变而迅速发

① 于欢、仝晓波：《G20 能源部长会议达成多项共识形成 4 项成果，凸显 8 大亮点》，《中国能源报》2016 年 7 月 4 日。

② 2016 年 G20 峰会官网：《二十国集团领导人杭州峰会公报》，2016 年 9 月 6 日，http：//www. g20. org/hywj/dncgwj/201609/t20160906_3392_1. html.

生变化，能源基础设施成为一个极其重要的议题。[1] 过去 20 年，中国一直注重改善实体和社会基础设施建设，扩大能源交通运输网络和电力网络。近年来，中国提出“一带一路”倡议、成立亚洲基础设施投资银行、丝路基金，积极参与金砖国家新开发银行等，显示了在能源基础设施建设和融资领域的领导力。中国在担任 G20 轮值国期间，通过更加标准化的协议，加强监管机制以及确保良好的争端解决机制，进一步争取在基础设施方面构建更好的市场结构，促进公私伙伴关系的发展，使投资者能够大胆投资和发展联合基础设施项目。[2] 推动国际经济合作走廊建设，推进基础设施互联互通，共同构建连接亚洲各次区域以及亚非欧之间的基础设施网络。加强能源资源和产业链合作，积极参与沿线重要港口建设与经营，推动共建临港产业集聚区，畅通海上贸易通道。推进公路、铁路、水运及航空多式联运，构建国际物流大通道，加强重要通道、口岸基础设施建设。[3]

2. 绿色发展和气候治理

气候治理是绿色发展的关键组成部分，中国逐渐接受 G20 在发展和能源安全领域的行动，包括逐步取消化石燃料补贴、提高能源效率和气候融资。在 2012 年墨西哥峰会上，中国同意优先考虑绿色增长理念。2014 年 11 月，习近平主席宣布，中国承诺 2030 年温室气体排放量将到达峰值。要控制排放，需要大量的投资。2016 年杭州峰会可以在三方面作出努力：（1）促进气候融资，通过对融资方式进行改革，在决策机制中加入气候变化和可持续发展的因素，通过制定明确可信的政策来有效调动民间融资。利用新的基础设施投资中心和银行确保创建绿色基础设施，将中国“一带一路”打造成绿色丝绸之路。（2）评估《布里斯班行动计划》承诺中的绿色发展程度与对气候变化控制所做出的贡献，要求迅速实施效果最好的承诺，同时纠正其他做法。（3）确保完成 2009 年 G20 关于逐步取消化石燃

---

① 中国人民大学重阳研究院：《2016 G20 与中国》，北京：中信出版集团，2016 年版，第 434 页。

② 潜旭明：《中国参与 G20 能源治理：机制、进程与展望》，《国际石油经济》2016 年第 9 期。

③ 《“十三五”规划纲要（全文）》，http://sh.xinhuanet.com/2016-03/18/c_135200400_12.htm.

料补贴的承诺，并将其扩大到其他领域。[①]

3. 推动清洁能源技术研发

中国与G20国家探讨在应对气候变化研发活动中进行合作，采取共同合作型解决方案应对气候变化。推动对清洁能源、可再生能源和能源效率的投资，对发展中国家的清洁能源提供资金和技术支持，建立清洁能源联合研究机构，通过联合攻关研发清洁能源技术。采取措施推广这些技术，促使能源供应多元化，改善能源气候安全，实现低碳发展。[②]

4. 发展绿色环保产业

中国与G20成员通过推广节能环保产品，支持技术装备和服务模式创新，完善政策机制，促进节能环保产业发展壮大。推行绿色标识、认证制度。建立绿色金融体系，发展绿色信贷、绿色债券，设立绿色发展基金，加快构建绿色供应链产业体系。[③]

5. 对未来能源治理提出明确规划

中国协调成员国能源部长就落实G20能源原则进行协商，将能源治理合作进一步推向纵深。包括加强与国际重要能源气候组织的合作，例如国际能源署、石油输出国组织、国际能源论坛、清洁能源部长会议以及其他致力于能源政策和技术的国际组织，促进全球多边能源气候治理机制的完善。加强各个层面治理机制的合作，在国际层面，加强G20与联合国、世界贸易组织、国际货币基金组织的合作；在跨区域层面，加强G20与经济合作与发展组织、七国集团、金砖国家、国际能源署、石油输出国组织的合作；在区域层面，加强G20与欧盟、上海合作组织、北美自贸区的合作。在一个多层次全球能源气候治理体系中，重点推动G20成为治理的主要平台，力争提升其权威性和执行力度。[④]

---

① The G20 Seoul Summit Leaders'Declaration, November 11 - 12, 2010 [EB /OL]. http://www.mofa.go.jp/policy/economy/g20_summit/2010-2/declaration.pdf.

② 潜旭明：《中国参与G20能源治理：机制、进程与展望》，《国际石油经济》2016年第9期。

③ 《"十三五"规划纲要（全文）》，http://sh.xinhuanet.com/2016-03/18/c_135200400_12.htm.

④ 中国人民大学重阳研究院：《G20智库蓝皮书（2015—2016）》，北京：中信出版社，2016年版。

第五章

结论

一、美国能源地缘政治的逻辑

纵观100多年来美国霸权的变迁引发其国际能源战略的演变，及其国际能源体系的发展，可以归纳出美国能源地缘政治的逻辑，其变化和发展总是遵循这样一条脉络：美国在国际体系中的权力→美国国际能源战略→国际能源博弈→国际能源体系→能源安全。即国家权力的变迁而引发能源战略的变化，能源战略通过影响国际能源体系的各个要素（供应板块、需求板块、运输通道、能源金融、国际能源市场、国际能源机制）来对国际能源体系产生影响，通过激烈的国际能源博弈，形成国际能源体系，在一定的国际能源体系之下，强国利用其在国际能源体系中的优势地位，进一步增强了其国家权力，从而进一步强化其国际能源战略，经过国际能源博弈，在国际能源体系中占据更加有利的地位。相反，若一个国家的权力削弱了，那么实现其国际能源战略的能力也会相应减弱，经过国际能源博弈，在国际能源体系中的地位也相应下降（如图5—1）。

20世纪初以来，美国的霸权经历了崛起到衰落，再到重新走强的过程。美国的国际能源战略也经历了一个一波三折的发展过程，具体来讲，美国国际能源战略可分为形成、重构、发展和强化三个时期，每个时期都有不同的重点，相应地，美国对国际能源体系的影响和控制也分为三个时期。

20世纪初到50年代是美国国际能源战略的形成期，这一时期，美国在国际体系中由次强国上升为霸权国，其国际能源战略经历着重大的发

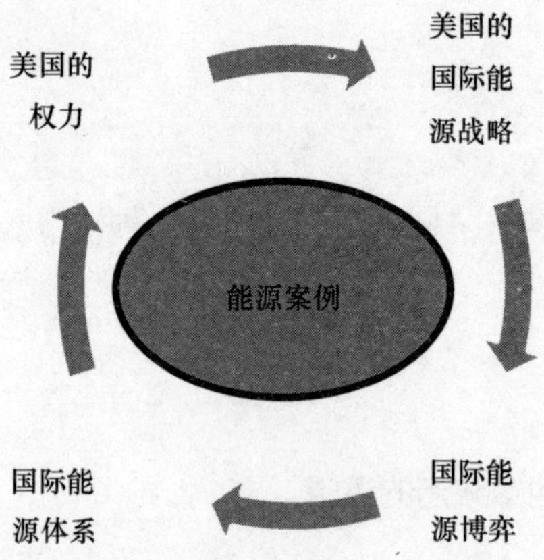

图 5—1　美国能源地缘政治的逻辑

展，在供应板块方面，美国通过“门户开放”政策支持其国际石油公司向外扩张，一步步确立了对中东的主导地位。在需求板块方面，主要的能源需求区域为欧洲，随着美国汽车工业的发展和经济的高速增长，美国也从石油出口国变为进口国。美国凭借其强大的军事力量，控制海上运输通道。在国际石油市场上，以美国为主的七大石油公司（七姊妹）控制了石油生产和销售的各个环节，把国际油价定于极低的水平。在国际机制方面，美国石油公司通过《红线协定》和《阿奇纳卡里“按现状”协定》进入了英国石油公司的势力范围，染指中东的石油资源，通过三个执行的附属协定将触角进一步向海湾地区扩展。

20 世纪 60 年代到 80 年代为美国国际能源战略的危机和重构期，当时的国际体系处于两极格局，在这一时期，苏联发出咄咄逼人的攻势，美国深陷越南战争，世界霸权有所削弱，石油输出国组织 OPEC 通过提价、禁运、参股、国有化……一步步夺回石油市场的主导权，运用石油武器在国际舞台上大显身手。面对危机美国调整了其石油战略，通过推出能源独立计划，开发国内油源，开发非欧佩克国家的石油，建立战略石油储备制度，建立国际能源合作机制等国际机制。以美国为首的西方发达国家实现了国际石油体系的重构，重新获得了国际石油价格的主导权。里根政府通过“星球大战”计划，通过军备竞赛、压低油价来拖垮苏联。在石油供应板块方面，美国通过对非欧佩克产油国的投资，通过对欧佩克成员国的奖惩措施，拉拢温和派沙特阿拉伯，打击强硬派伊拉克和伊朗，加大了对国际石油供给的控制；在需求板块方面，美国通过建立国际能源合作机制（国际能源机构、八国集团等）、压缩需求、发展新技术、扩大国内石油供应等措施，大体实现了对国际石油需求的控制；在能源运输通道方面，美国通过遍布全球的军事基地网，来实现对石油运输通道的控制；在国际石油市场上，美国通过发达的能源期货市场来实现对国际石油价格的影响和控制。

20 世纪 90 年代以来，冷战结束，苏联解体，国际体系形成了一超多强的格局。以美国为首的西方国家进一步加强了对国际石油体系的控制。在供给板块方面，美国又拉又打，极力拉拢沙特阿拉伯，打压伊拉克、伊朗。美国通过第一次和第二次伊拉克战争推翻了萨达姆政权，驻军海湾，扶植亲美政府。美国通过阿富汗战争，逐鹿中亚。为抢滩非洲，2007 年美国成立了非洲司令部，加大对非洲的军事介入力度。在需求板块方面，美国汽车工业的发展导致其对石油的需求依然强劲。美国通过能源独立计划，大力发展新能源和可再生能源，提高能源的利用效率。美国的石油战略储备已经非常成熟，在应对石油危机方面发挥了重要的作用。在国际能源通道方面，美国通过其庞大的遍布全球的军事基地网络加以控制。在国际石油市场方面出现了一些新的进展，国际石油远期合约和期货合约开始出现，成为以美国为首的西方国家谋取国际石油市场定价权的重大举措。

二、美国国际能源战略的经验与不足

美国是世界上唯一的超级大国，美国的国际能源战略的任何变动对世界的能源体系都会产生巨大的影响。通过对美国 100 多年来国际能源战略的分析，我们可以发现，美国的国际能源战略有其成功的经验，也有不足和缺陷。其经验对于中国维护石油安全、获得稳定的石油供应具有很强的借鉴意义，其不足和缺陷对国际能源体系和其他国家带来负面影响。

（一）美国国际能源战略的经验

1. 活跃的能源外交

美国是西方国家中开展能源外交最为活跃的国家。美国《国家能源政策》明确规定“将能源安全置于外贸和外交政策的首要位置”，并强调“能源从一开始就是个外交问题”。[①] 美国能源外交着眼于以本土为中心，确保从加拿大、委内瑞拉、墨西哥等国的石油进口，开拓中东、中亚、非洲等其他石油蕴藏丰富地区，同时与其他大国展开竞争。美国的能源外交主要出发点是确保能源稳定供应，通过开展各种形式的外交，实现与能源相关的目标和安排。美国能源外交主要表现为以外交促进能源安全和对外开展能源合作，通过外交手段，包括与能源输出国发展良好、稳定的关系等来降低能源安全风险。两次石油危机后，美国等西方国家在外交领域采取了诸多措施。首先是采取反卡特尔的石油外交，以多边外交为主要形式。第一次石油危机以后，以美国为首的西方国家成立了国际能源署，制定长期和短期能源计划，实施能源储备、能源来源多元化、环境保护等在内的一整套措施，以削弱欧佩克对国际市场的影响力。第二是通过贸易、投资乃至援助形式与能源供应国构建“相互依赖”关系。20 世纪 80 年代，美国对沙特等专门开放国库券市场，同时向中东产油国输出资本、技术以及军火，加深了石油输出国对美国技术、市场和军事装备的依赖。第三是通过外交手段来消除地区冲突隐患确保稳定供应。美国积极推动促进中东和平进程的重要考虑之一就是能源安全。为能源企业海外开发铺路搭桥也是美国能源外交的重要内容。[②]

2. 保护能源通道安全

为确保能源运输安全，美国下大力气加强海军建设，利用其强大的海军控制全球石油战略枢纽和石油运输通道。控制能源通道是美国国家安全

---

① 修光利、候丽敏：《能源与环境安全战略研究》，中国时代经济出版社，2008 年版，第 61 页。

② 赵宏图：《透视能源外交——兼谈对中国能源外交的思考》，《国际石油经济》2007 年 10 月。

战略的重点之一。在控制海上能源通道方面，美国海军制定了控制世界上16个海上咽喉航道的计划[①]，美国政府还推出“印太”战略，加强对印度洋和太平洋能源通道的影响和控制。在控制陆上油气管道方面，在中亚里海地区，美国以管道及能源利益为借口加强在里海地区的军事存在。

近年来，美国以阿富汗为枢纽，打造南亚、中亚和中东“大三角”，“9·11”事件以后，美国极力撮合以色列、土耳其、印度拉近关系，并试图把自己在中亚、南亚、中东地区的军事基地连成一片，构筑中亚、西亚、南亚一体化军事走廊。在非洲，美国大力投资非洲及其他地区管线，美国石油公司积极修建乍得西南经喀麦隆通往海上的输油管道，参与西非天然气管线建设。[②] 美国还专门设立了非洲司令部[③]，来保卫石油管道和相关的石油设施。美国的这些措施对于保障能源运输安全，对于确保持续、稳定地获取能源具有重要的作用。

3. 规模庞大的石油战略储备

石油战略储备是美国石油应急对策体系政策的核心内容，是美国国际石油战略的重要组成部分。美国的巨额石油战略储备发挥了“能源安全稳定器”的作用，有助于美国在国际政治、军事、经济、外交斗争中占据主动，并可以抵御国际石油供应严重中断或巨额短缺，达到“不战而屈人之兵”的效果。[④] 由于美国的战略石油储备规模庞大，其购买和释放都会给国际石油市场带来冲击。当国际石油市场价格过高时，美国可以通过释放大量的战略石油储备来平抑油价；当石油价格走低时，美国联邦政府可通过购买大量的廉价石油来补充石油战略储备。灵活地释放石油战略储备可大幅增强对国际石油市场操纵和干预的能力，在购买和释放的过程中都占据主动地位。战略石油储备还可使美国产生巨大的经济效益，当油价处于比较低的水平时，美国通过大量购买石油来扩充战略石油储备，当油价处

---

① 王生荣：《海洋大国与海权争夺》，北京：海潮出版社，2000年版，第281页。

② 修光利、侯丽敏编著：《能源与环境安全战略研究》，北京：中国时代经济出版社，2008年版，第131—136页。

③ Office of the Press Secretary, White House, President Bush Creates a Department of Defence United Combatant for Africa, 6 February 2007, http://georgewbush - whitehouse. archives. gov/.

④ 雪峰：《美国的战略石油储备体系》，《全球科技经济瞭望》2004年第8期。

于比较高的水平时，美国可以通过释放战略石油储备来获取大笔资金，这样就可以产生巨大的经济效益。[①]

4. 建立国际能源合作机制

美国目前在能源方面组建和参与的主要国际机制主要有：国际能源署、经济发展与合作组织、七（八）国集团等，美国通过建立国际能源合作机制，整合西方发达国家集体的力量，实现对国际能源市场的影响和调控，对形成以美国为主导的国际能源体系发挥了重要的作用。美国通过组织和参加这些国际机制，大大加强了应对石油危机的能力，提高了其对国际能源体系的影响力和控制力。

5. 能源多元化战略

为避免能源来源过度集中于某一地区，降低能源地缘政治风险，美国积极实行能源多元化政策，并取得良好的效果。（1）能源品种多元化。美国在20世纪70年代经历了第一次石油危机之后就开始走能源品种多元化道路，力图通过不同能源品种之间的替代作用，实现能源结构的多样化，减少对单一能源品种的过度依赖，其核心内容是调整和优化能源结构，实现能源供给和消费的多元化。[②] 美国一方面通过大力开发核能、使用煤炭、增加天然气使用来扩大能源供给，鼓励可再生能源的技术开发，如大力发展太阳能、风能、煤层气、地热和生物质能。另一方面，积极开发新能源，如美国政府高度重视对新能源技术的研究，大力发展新能源，包括发展高效电池、智能电网、碳储存和碳捕获、可再生能源如风能和太阳能等，在节能方面最主要的是汽车节能。（2）能源来源多元化。“能源安全在美国的贸易和外交政策中居于优先的地位”。[③] 在国际上美国实行能源生产来源的多元化。美国的国际能源战略以中东为重点，积极推动能源来源多元化。美国能源来源多元化的首要目标就是增加从拉美国家的进口，如

---

① 雪峰：《美国的战略石油储备体系》，《全球科技经济瞭望》2004年第8期。

② 修光利、侯丽敏：《能源环境安全战略研究》，北京：中国时代经济出版社，2008年版，第123页。

③ National Energy Policy Development Group, *National Energy Policy*, May 2001, http://www.whitehouse.gov.energy/.

墨西哥、委内瑞拉和哥伦比亚。[①] 其次，俄罗斯和中亚里海的主要产油国（阿塞拜疆、哈萨克斯坦、乌兹别克斯坦和土库曼斯坦）是新的石油来源地。为把中亚的能源外运出来，美国还修建了从阿塞拜疆经格鲁吉亚到土耳其的输油管道（BTC）。近年来，随着西非国家石油生产和出口的增加，美国在非洲积极调整地缘战略，部署军事力量，通过地缘控制保障美国在这一地区的石油供应。[②]

6. 成熟发达的期货市场

目前的国际石油市场是全球金融市场的重要组成部分，以美国为首的西方国家通过成熟发达的石油期货交易体系，使得国际油价基本上掌握在西方大国和国际资本集团手中。如在纽约商品交易所（NYMEX）上市的西得克萨斯中质原油（WTI）是全球交易量最大的商品期货，也是全球石油市场最重要的定价基准之一。[③] 美国越来越多的对冲基金和机构投资者把目标转向石油，美国治下的国际金融市场的力量空前强大，对石油市场产生了重大影响。[④]

（二）美国国际能源战略的缺陷和不足

1. 推行强权政治、违背国际法准则

美国以其超强的政治、经济、文化和科技力量，通过制定和实施国际能源战略，对能源生产国的强硬派实施军事打击、经济制裁，粗暴干涉他国内政。[⑤] 美国的国际能源战略具有扩张性、暴力性和进攻性特点，充分暴露了美国霸权主义强权政治的嘴脸。美国为谋取石油利益，不惜发动战争，侵犯他国主权，威胁世界和平。为控制中东和里海这两大世界石油阀

---

① National Energy Policy Development Group, *National Energy Policy*, May 2001, http: // www. whitehouse. gov. energy/.

② 任娜、孙暖：《地缘政治视角下的能源安全—以美国全球能源安全战略为例》，《世界经济与政治》2007 年第 2 期。

③ 黄运成、马卫锋、李畅编：《中国石油金融：战略体系构建及风险管理》，北京：经济科技出版社，2007 年版，第 16 页。

④ 杨洁勉等著：《大体系：多极多体的组合》，天津人民出版社，2008 年版，第 415、416 页。

⑤ 谢磊：《美国石油战略解析》，《合作经济与科技》2007 年 9 月号下。

门，美国借口反对恐怖主义和大规模杀伤性武器，发动阿富汗战争和伊拉克战争，推翻他国政权，扶植亲美政府，给当地人民带来巨大的灾难。

2. 引发军备竞赛、造成地区不稳

为控制石油产地，美国不惜花费巨额美元向相关国家提供军事援助，通过军事合作极力扶植亲美政权。美国向一些国家出售大量先进的武器，为对方培训军事人才，引发产油国之间进行军备竞赛。如在冷战期间，美国在中东推行“双柱政策”，大力扶植沙特阿拉伯和伊朗，向其出售大量的先进武器，以加强其军事力量，一来可以赚取大量的军火利润，二来可以使海湾的“石油美元”回流。美国对产油区友好国家兜售先进武器装备，刺激了这些国家的军购数量和质量，引发军备竞赛，给该地区的和平与安全带来了严重的隐患。

3. 广建军事网络，威胁他国能源安全

美国通过其遍布全球的军事基地和军事网络，控制国际能源战略通道，威胁他国能源安全。为加强对海湾地区的控制，美国于 1983 年成立了中央司令部，该部队有 29 万人①，其后不断地扩大队伍，到 80 年代中期，该部队规模已经仅次于美国部署在欧洲的军队。为控制国际能源通道，美国于 1983 年和 1989 年出兵格林纳达和巴拿马，通过武装干涉扶植亲美政权。随着西非国家石油生产和出口的增加，美国在西非地区的军事活动也逐渐增加。2007 年，布什总统还专门设立了一个新的司令部——非洲司令部②，将反恐、石油、驻军三者结合起来，③ 把非洲打造成美国石油来源多元化的重要基地，使该地区成为维护美国能源安全的重要能源地缘支轴。

4. 放任美元贬值，引发货币危机

在国际能源市场上，美国利用石油—美元机制，放任美元贬值，推高油价，掠夺他国的能源资源，获取巨额利润。高油价和低美元的关系将导致一个恶性循环：更高的石油价格导致美国更大的贸易逆差，导致更加疲

---

① Keith Crane，Andreas Goldthau，*Imported Oil and U. S. National Security*，Rand，pp. 60 - 61.

② Office of the Press Secretary，White House，President Bush Creates a Department of Defence United Combatant for Africa，6 February 2007，http：//georgewbush - whitehouse. archives. gov/.

③ 任娜、孙暖：《地缘政治视角下的能源安全—以美国全球能源安全战略为例》，《世界经济与政治》2007 年第 2 期。

软的美元，从而导致更高的石油价格。[①] 美元贬值将导致国际油价上涨，美国面临通货膨胀压力，美国政府通过提高美元利率来收紧银根，抑制通货膨胀。而一旦美元加息，美国的利率将高于其他国家的利率，国际资本在逐利动机下将从发展中国家流向美国，造成发展中国家的资本项目发生逆转，因此，将给发展中国家的货币造成贬值压力。由于发展中国家的汇率制度往往缺乏弹性，不能及时进行调整，将形成发展中国家的货币高估，为投机集团的货币攻击提供了条件，投机集团一旦对薄弱的国家发动货币攻击，就会导致货币危机[②]，给当地国家和世界经济带来严重后果。

---

① 张宇燕、李增刚著：《国际经济政治学》，上海人民出版社，2008 年版，第 364 页。

② 管清友，张明：《国际石油交易的计价货币为什么是美元》，《国际经济评论》2006 年 7—8 月。

参考文献

一、中文书目

安尼瓦尔·阿木提、张胜旺主编：《石油与国家安全》，乌鲁木齐：新疆人民出版社，2003 年版。

安维华、钱雪梅：《海湾石油新论》，北京：社会科学文献出版社，2000 年版。

［美］爱·麦·伯恩斯著，曾炳钧译：《当代世界政治理论》，北京：商务印书馆，1983 年版。

［美］保罗·罗伯茨著，吴文忠译：《石油恐慌》，北京：中信出版社，2008 年版。

［美］布热津斯基著，中国国际问题研究所：《大棋局—美国的首要地位极其地缘战略》，上海：上海人民出版社，1998 年版。

北京大学亚非研究所西亚研究室编：《石油王国沙特阿拉伯》，北京：北京大学出版社，1985 年版。

查道炯：《中国石油安全的国际政治经济学分析》，北京：当代世界出版社，2005 年版。

柴利：《中国与中亚国家能源合作对策研究》，北京：社会科学文献出版社，2013 年版。

崔民选：《2007 中国能源发展报告》，北京：社会科学文献出版社，2007 年版。

陈积敏、魏雪梅：《美国对非洲外交研究》，北京：世界知识出版社，2015 年版。

曹英伟：《21 世纪能源外交战略研究》，哈尔滨地图出版社，2007 年版。

崔守军：《能源大外交》，北京：石油工业出版社，2012 年 1 版。

［美］丹尼尔·耶金，钟菲译：《石油·金钱·权力》，北京：新华出版社，1992 年版。

［美］丹尼尔·耶金，艾平等译，《石油大博弈（上）》，北京：中信出版社，2008 年版。

［美］丹尼尔·耶金，艾平等译，《石油大博弈（下）》，北京：中信出版社，2008 年版。

［美］丹尼尔·耶金，上海市政协翻译组译：《石油风云》，上海译文出版社，1992 年版。

邓秀杰：《中国与中亚国家油气合作的机遇与挑战研究》，北京：当代中国出版社，2016 年版。

丁志刚、王宗礼：《西部开发与我国地缘经济安全研究》，兰州：甘肃人民出版社，2002 年版。

菲利普·赛比耶—洛佩兹，潘革平译，《石油地缘政治》，北京：社会科学文献出版社，2008 年版。

樊勇明：《西方国际政治经济学》，上海人民出版社，2006 年版。

管清友著：《石油的逻辑》，北京：清华大学出版社，2010 年版。

高祖贵：《美国与伊斯兰世界》，北京：时事出版社，2005 版。

张国庆著：《一个人的世界：透视布什》，北京：世界知识出版社，2004 年版。

黄晓勇：《世界能源发展报告》，北京：社会科学文献出版社，2016 年版。

黄晓勇、崔民选：《世界能源发展报告（2017）》，北京：社会科学文献出版社，2017 年版。

黄运成、马卫锋、李畅编著：《中国石油金融战略体系构建及风险管理》，北京：经济科学出版社，2007 年版。

胡波：《海上强国的崛起之路：2049 年的中国海上权力》，北京：中国发展出版社，2015 年版。

何凌云：《能源金融若干理论与实践问题研究》，北京：科学出版社，2016 年版。

江红：《为石油而战：美国石油霸权的历史透视》，上海：东方出版社，2002 年版。

姜忠尽、刘立涛：《中非合作能源安全战略研究》，南京大学出版社，2014 年版。

［英］杰弗里·帕克，李亦鸣、徐小杰、张荣忠译：《二十世纪的西方地理政治思想》，北京：解放军出版社，1992 年版。

孔博著、裴文斌等译：《解读中国国际石油政策》，北京：石油工业出版社，2012 年版。

陆忠伟：《非传统安全论》，北京：时事出版社，2003 年版。

陆俊元：《地缘政治的本质与规律》，北京：时事出版社，2005 年。

［美］劳伦斯·R·格里、戴维·E·麦克纳布，付满译：《美国的能源政策》，南京：江苏人民出版社，2016 年版。

［美］拉马扎尼，赵祥龄，段稚荃译：《波斯湾和霍尔木兹海峡：国际战略通道》，北京：世界知识出版社，1982 年。

吕敬正等主编：《当代战略指南》，北京：国防大学出版社，1990 年版。

李义虎：《地缘政治学：二分论及其超越》，北京：北京大学出版社，2007 年 9 月版。

李少军：《国际战略学》，北京：中国社会科学出版社，2009 年版。

李扬：《冷战后美国的国际能源战略研究》，北京：中国社会科学出版社，2015 年版。

李巍：《制度之战：战略竞争时代的中美关系》，北京：社会科学文献出版社，2017 年版。

李孟刚：《中国新能源产业发展与安全报告（2011—2012）》，北京：社会科学文献出版社，2012 年版。

刘波：《石油与 20 世纪的变迁》，郑州：河南大学出版社，2005 年版。

刘中民、朱威烈：《中东地区发展报告中东变局的多维透视（2012 年卷）》，北京：时事出版社，2013 年版。

鲁燕、张鑫：《中国与俄罗斯及中亚能源合作分析》，北京：世界知识出版社，2015 年版。

林伯强、黄光晓：《能源金融》，北京：清华大学出版社，2011 年版。

林伯强、黄晓光：《能源金融》，北京：清华大学出版社，2014 年版。

迈克尔·克莱尔著，孙芳译：《石油政治学》，海口：海南出版社，2009 年版。

梅孜：《美国国家安全战略报告汇编》，北京：时事出版社，1996 年版。

美国白宫，梅孜编译：《国家安全战略报告 1990 年》，《美国国家安全战略报告汇编》，北京：时事出版社，1996 年版。

张士智、赵慧杰：《美国中东国际关系史》，北京：中国社会科学出版社，1993 年版。

马登科、张昕：《国际石油价格动荡之谜：理论与实证》，北京：经济科学出版社，2010 年版。

倪健民、郭云涛：《能源安全》，杭州：浙江大学出版社，2009 年版。

倪世雄：《当代西方国际关系理论》，上海：复旦大学出版社，2006 年版。

理查德·尼克松：《尼克松 1973 年对外政策报告》，上海：上海人民出版社，1973 年版。

庞昌伟：《国际石油政治学》，北京：中国石油大学出版社，2008 年版。

［美］彼得·施魏策尔，殷雄译：《里根政府是如何搞垮苏联的》，北京：新华出版社，2001 年版。

钱学文等著，《中东、里海油气与中国能源安全战略》，北京：时事出版社，2007 年版。

潜旭明：《美国的国际能源战略研究》，上海：复旦大学出版社，2013 年版。

石宝珩等：《能源资源与可持续发展》，北京：中国科学技术出版社，1999 年版。

［英］苏珊·斯特兰奇，杨宇光译：《国家与市场》，上海：上海人民出版社，2006 年版。

［俄］斯·日兹宁：《国际能源：政治与外交》，上海：华东师范大学出版社，2005 年版。

孙溯源：《国际石油公司研究》，上海人民出版社，2010 年版。

孙力、吴宏伟主编：《中亚国家发展报告》，北京：中国社会科学文献出版，2013 年版。

孙力、吴宏伟：《中亚国家发展报告》（2015），北京：中国社会科学文献出版社，2015 年版。

上海社会科学院世界经济与政治研究院：《能源问题与国际安全》，北京：时事出版社，2009 年版。

苏晓宇：《美国中亚军事战略的发展与前景》，北京：中国社会科学出版社，2016 年版。

桐川编著：《人民币可以说不》，北京：中国城市出版社，1998 年版。

童媛春：《石油真相》，北京：中国经济出版社，2009 年版。

唐昀：《大搏杀——世界石油之争》，北京：世界知识出版社，2004 年版。

温馨：《石油金融化：内涵、趋势与影响研究》，成都：西南财经大学出版社，2016 年版。

吴磊：《能源安全与中美关系：竞争、冲突、合作》，北京：中国社会科学出版社 2009 年版。

吴心伯，《世事如棋局局新——二十一世纪中美关系的新格局》，上海：复旦大学出版社，2011 年版。

袁志刚：《西方经济学》，北京：高等教育出版社，2010 年版。

［美］维托·斯泰格利埃诺，郑世高、刘晓青、孙旭东译：《美国能源政策：历史、过程与博弈》，北京：石油工业出版社，2008 年版，

华泽澎：《能源经济学》，北京：石油大学出版社，1991 年版。

王全能：《石油与当代国际经济政治》，北京：时事出版社，1993年版。

王逸舟：《当代国际政治析论》，上海：上海人民出版社，1995年版。

王丰、刘洪义、李建华：《石油资源战》，北京：中国物资出版社，2003年版。

王生荣：《海洋大国与海权争夺》，北京：海潮出版社，2000年版。

王波：《美国石油政策研究》，北京：世界知识出版社，2008年版。

王震等：《中国与全球油气资源重点区域合作研究》，北京：经济科学出版社，2014年版。

王恩涌、王正义等编著：《地理政治学——时空中的政治格局》，北京：高等教育出版社，1998年版。

余建华等著，《上海合作组织非传统安全研究》，上海：上海社会科学院出版社，2009年版。

余建华等：《世界能源政治与中国国际能源合作》，吉林：长春出版社，2011年版。

徐洪峰、李林河：《美国的中亚能源外交》，北京：知识产权出版社，2010年版。

徐洪峰：《中美布局：应对全球气候变化背景下的清洁能源合作》，北京：社会科学文献出版社2017年版。

许勤华：《中国国际能源战略研究》，北京：世界图书出版社，2014年版。

徐小杰：《新世纪的油气地缘政治：中国面临的机遇和挑战》，北京：社会科学文献出版社，1998年。

修光利、候丽敏：《能源与环境安全战略研究》，北京：中国时代经济出版社，2008年版。

［美］约瑟夫·奈，张小明译：《理解国际冲突—理论与历史》，上海人民出版社，2002年版。

杨洁勉：《世界气候外交和中国的应对》，北京：时事出版社，2009年版。

杨中强：《石油安全研究》，北京：中共中央党校出版社，2006 年版。

杨洁勉等：《大体系：多极多体的新组合》，天津：天津人民出版社，2008 年版。

朱小莉：《国际战略视野中的中东》，北京：世界知识出版社，2010 年版。

赵庆寺：《美国石油安全体系与外交（1941—1981）》，上海：上海人民出版社，2009 年版。

赵庆寺：《能源安全与中美新型大国关系的构建》，北京：社会科学文献出版社，2017 年版。

资中筠：《战后美国外交史》，北京：世界知识出版社，1994 年版。

郑羽：《中俄美在中亚：合作与竞争（1991—2007）》，北京：社会科学文献出版社，2007 年版。

张宁：《中亚能源大博弈》，吉林：长春出版社，2009 年版。

张抗、周总瑛、周庆凡：《中国石油天然气发展战略》，北京：地质出版社，2002 年版。

张文木：《世界地缘政治中的中国国家安全利益分析》，济南：山东大学出版社，2000 年版。

张植荣著：《中国对外关系新论：地缘政治与睦邻外交研究》，励志出版社，2008 年版。

张宇燕、李增刚著：《国际经济政治学》，上海：上海人民出版社，2008 年版。

张宏民：《石油市场与石油金融》，北京：中国金融出版社，2009 年版。

周云亨：《中国能源安全中的美国因素》，上海：上海人民出版社，2012 年版。

周楠：《中国对拉美石油的投资研究》，北京：社会科学文献出版社，2016 年版。

中国现代国际关系研究院：《世界大变局》，北京：时事出版社，2010 年版。

中国现代国际关系研究院经济安全研究中心：《全球能源大棋局》，北京：时事出版社，2005 年版。

中国现代国际关系研究院美欧研究中心：《反恐背景下美国全球战略》，北京：时事出版社，2004 年版。

兹比格纽·布热津斯基著，中国国际问题研究所译：《大棋局：美国的首要地位及其地缘战略》，上海：上海世纪出版社，2007 年版。

中国南海研究院：《美国在亚太地区的军力报告 2016》，北京：时事出版社，2016 年版。

中国人民银行：《2016 年人民币国际化报告》，北京：中国金融出版社，2016 年版。

中国人民银行，《2017 年人民币国际化报告》，北京：中国金融出版社，2017 年版。

中国人民大学重阳研究院：《G20 智库蓝皮书 2015—2016》，北京：中信出版社，2016 年版。

中国大百科全书总编辑委员会《政治学》编辑委员会：《中国大百科全书—政治学》，北京：中国大百科全书出版社，1992 年版。

二、中文参考文章

安栋平：《中美天然气领域合作进入新阶段》，《国家能源报道》，2017 年 11 月 20 日。

白晶：《TAPI 管道项目即将启动》，《中国能源报》，2012 年 5 月 28 日，第 7 版。

陈和平、白崇军：《美国战略石油储备机制综述》，《全球科技经济瞭望》2007 年第 9 期。

陈绍锋：《亚投行：中美亚太权势更替的分水岭？》，《美国研究》2015 年第 3 期。

陈柳钦：《新世纪中国能源安全面临的挑战及其战略应付》，《决策咨询通讯》2011 年第 3 期。

陈宇、贾春阳：《美国“新丝绸之路计划”现在怎样了》，《世界知识》2015 年第 6 期。

陈华、潘月勇：《中国石油金融的演进、存在问题及其应对研究》，《创新》2015 年第 6 期。

陈新风、赵平利：《中国能源金融发展路径研究》，《经济师》2016 年第 8 期。

初立忠：《浅析地缘政治中的石油因素》，《学术交流》2007 年第 4 期。

崔日明、陈晨：《美国“新丝绸之路”战略研究——基于中国“一带一路”战略比较》，《世界经济与政治论坛》2016 年 5 月第 3 期。

崔成、刘建国、蒋钦云：《特朗普“美国能源主导权”战略的重大冲击》，《中国经贸导刊》2017 年 11 月下。

常新人：《中海油退出竞购优尼科透视》，《记者观察》2005 年第 10 期。

曾中林、舒先林：《中美石油安全互动与对外战略比较》，《西安石油大学学报》2007 年第 2 期。

曹海东：《复兴美国，奥巴马为何锁定绿色革命?》，《南方周末》，2009 年 2 月 12 日，第 C15 版。

杜天琪、葛元芬：《伊朗称 220 亿“油款”被困中国》，载《环球时报》2013 年 11 月 1 日，第 3 版。

段兆芳：《世界天然气发展历史回顾与前景展望》，《中国矿业》2008 年第 11 期。

董宣：《中美能源合作，谁是赢家?》，《中国石油报》，2017 年 11 月 21 日。

付志刚：《“六项原则”弥合东盟分歧》，《光明日报》2012 年 7 月 26 日。

冯跃威：《石油美元背后的绞杀及石油人民币的崛起困局》，《能源》2016 年第 8 期。

管清友、张明：《国际石油交易的计价货币为什么是美元》，《国际经济评论》2006年7—8月。

郭维：《美国政治施压事件对人民币汇率的影响研究：2005—2016年》，《世界经济研究》2017年第1期。

高宁《开辟黑色黄金——中国进出日银行对外优惠贷款支持苏丹石油项目》，《国际融资》2001年第5期。

工业和信息化部赛迪智库光伏产业形势分析课题组：《2014年中国光伏产业发展形势展望》，《太阳能》2014年第1期。

韩志斌：《能源安全地缘战略和全球霸权——美国在伊拉克战争中的石油战略利益考察》，《长安大学学报（社会科学版）》2003年6月。

华黎明：《伊朗核问题与中国中东外交》，《阿拉伯世界研究》2014年第6期。

黄梅波、刘振原：《"一带一路"的战略方向与实践路径：中美的比较》，《东南学术》2017年第2期。

何凌云、薛永刚：《产业共生视角下的能源金融内涵及架构》，《生产力研究》2010年第12期。

黄晓勇：《推进天然气人民币战略的路径探析》，《中国社会科学院研究生院学报》2017年1月。

宏结、黄什：《美国对华光伏产业实施"双反"措施的深层原因》，《国际经济合作》2014年第1期。

姜宅九：《中国地区多边安全合作的动因》，《国际政治科学》2006年第1期。

孔祥永：《美国"页岩气革命"及影响—兼论对中国页岩气开发的启示》，《国际论坛》2014年第1期。

卢静：《后金融危机时期金砖国家合作战略探析》，《国际展望》2013年第6期。

李扬：《非常规油气资源开发现状与全球能源新格局》，《当代世界》2012年第7期。

李怀义：《美国新能源战略初探》，《国家行政学院学报》2003年第6期。

李绍先：《伊核全面协议的影响评估》，《西亚非洲》2015 年第 5 期。

李兴：《“丝绸之路经济带”与“新丝绸之路计划”——亚欧中心跨区域发展中美倡议比较分析》，《贵州省党校学报》2017 年第 2 期。

李慧：《中非能源合作的经验与启示》，《科技创业月刊》2014 年第 10 期。

李巍：《伙伴、制度与国际货币——人民币崛起的国际政治基础》，《中国社会科学》2016 年第 5 期。

李巍：《霸权护持：奥巴马政府的国际经济战略》，《外交评论》2013 年第 3 期。

李冬、魏晓莎：《中美清洁能源贸易摩擦动向、原因及对策研究》，《求索》2012 年第 11 期。

郎一环、王礼茂：《世界石油供应板块地缘格局及重心迁移的驱动力机制研究》，《中国能源》2009 年第 8 期。

林珏：《美国的“页岩气革命”及对世界能源经济的影响》，《广东外语外贸大学学报》2014 年第 2 期。

罗振兴：《美国在中亚—里海地区的能源政策评析》，《美国研究》2005 年第 2 期。

柳丰华：《中国在中亚：政策和演变》，《俄罗斯中亚东欧研究》2007 年第 6 期。

刘新华、秦华：《略论 21 世纪的石油地缘政治学》，《当代亚太》2003 年第 7 期。

刘军红：《奥巴马绿色新政的全球战略含义》，《绿叶》2009 年第 3 期。

刘辉：《苏丹南北分立的美国因素》，《世界民族》2017 年第 4 期。

娄亚萍：《中美南海外交困境：影响及对策》，《国际观察》2016 年第 4 期。

牟宗琮、王社恬：《“环访”阿周边国家修补美巴关系裂痕——美国务卿力推“新丝绸之路”计划”》，《人民日报》2011 年 10 月 23 日。

孟刚、张意翔：《论中国能源安全战略体系框架的构建》，《特区经济》

2007 年 2 月。

倪世雄、潜旭明:《关于中美关系地缘战略的几点思考》,《同济大学学报》2012 年第 4 期。

潘光:《美国“新丝绸之路”计划的缘起、演变和发展前景—对话“新丝绸之路”构想的提出人斯塔教授》,《当代世界》2015 年第 4 期。

蒲瑶:《地缘政治理论的历史、现状与发展趋势—兼论中国的空间安全》,《社会科学家》2008 年 6 月。

齐银山、王军:《石油金融化与我国石油金融战略体系的构建》,《金融教学与研究》2009 年第 4 期。

潜旭明:《美国对里海地区能源地缘战略及其走向》,《美国问题研究》2008 年 12 月。

钱彤:《丝路基金从发起建立到宣布成立仅用 4 天》,《北京青年报》2014 年 11 月 9 日。

冉永平:《中美举行第四次能源政策对话》,《人民日报》,2009 年 9 月 28 日。

任娜、孙暖:《地缘政治视角下的能源安全——以美国全球能源安全战略为例》,《世界政治与经济论坛》2007 年第 2 期。

时殷弘:《当今中亚大国政治:出自中国视角地评估》,《国际经济评论》2003 年第 7—8 期。

苏文:《十年风雨十年辉煌——中国石油进入非洲十周年专题》,《中国石油报》,2006 年 11 月 6 日。

舒先林:《美国‘大中东计划’中的石油因素》,《阿拉伯世界》2005 年第 1 期。

宋效峰、张立华:《传统与非传统:对石油安全的双重解读》,《攀登》2006 年第 4 期。

邵育群:《美国中亚政策调整评述》,《现代国际关系》2007 年第 5 期。

孙德刚、张玉友:《中国参与伊朗核问题治理的理论与实践》,《阿拉伯世界研究》2016 年第 4 期。

谭克非：《世界经济格局中的石油期货交易》，《期货与金融衍生品》2004 年第 8 期。

田春荣：《近 5 年来我国石油进出口形势浅析》，《国际石油经济》1994 年第 3 期。

田春荣：《2011 年中国石油和天然气进出口状况分析》，《国际石油经济》2012 年第 3 期。

田春荣：《2012 年中国石油和天然气进出口状况分析》，《国际石油经济》2013 年第 3 期。

田春荣：《2016 年中国石油进出口状况分析》，《国际石油经济》2017 年第 3 期。

唐勇：《中美举行首次能源政策对话美国能源部在北京设立办事处》，《人民日报》2005 年 7 月 2 日。

田慧芳：《中美能源气候合作：逐渐走向“实打实”》，《世界知识》2015 年第 15 期。

唐彦林：《奥巴马政府能源新政背景下的中美能源合作》，《世界经济与政治论坛》2009 年第 5 期。

魏政、于冰清：《我国光伏产业发展现状与对策探讨》，《中外能源》2013 年第 6 期。

吴磊：《关于中国—中东能源关系发展的若干思考》，《阿拉伯世界研究》2007 年第 1 期。

吴兆礼：《美国“新丝绸之路”计划探析》，《现代国际关系》2012 年第 7 期。

吴白乙：《中国发展对能源的刚性需求，以及拉美地区的资源潜力及合作需求，为中国企业“走出去”奠定了坚实基础—务实拓展走进拉美能源合作互利共赢》，《中国石油报》，2014 年 7 月 15 日。

吴士存：《南海争端：搁置争议的关键在于共同开发》，《南风窗》2011 年第 17 期。

汪玲玲、赵媛：《中国石油进口运输通道安全态势分析及对策研究》，《世界地理研究》第 3 期。

王海燕：《中国与中亚地区能源合作的新进展与新挑战》，《国际石油经济》2016 年 7 月。

王新新：《中国的能源安全与能源战略选择》，《中国科技论坛》2007 年 1 月。

王海滨：《中美能源关系巨变以及我方的应对》，《地区安全研究》2017 年 6 月。

王宇：《绿色经济政策渐渐流行》，《中国经济时报》2009 年 10 月 13 日。

王震、赵林、张宇擎：《特朗普时代美国能源政策展望》，《国际石油经济》2017 年第 2 期。

王慧慧：《中国与海合会举行首轮战略对话》，《人民日报》，2010 年 6 月 5 日。

王义桅、郑栋：《“一带一路”战略的道德风险与应对措施》，《东北亚论坛》2015 年第 4 期。

王志：《“丝绸之路经济带”视角下中美中亚竞合关系》，《常州大学学报（社会科学版）》，2017 年第 5 期。

王双、周云亨：《世界能源秩序转型背景下的中拉能源合作——新秩序、新角色与新篇章》，《国际观察》2016 年第 6 期。

王娜：《南海困局何去何从》，《理论视野》2011 年第 9 期。

王雪青：《“中国版”原油期货将于 3 月 26 日挂牌交易》，“中国证券网”，2018 年 2 月 10 日。

王丽颖：《亚投行路线图猜想》，《国际金融报》，2014 年 11 月 24 日。

王海霞：《全球风能理事会：2013 年中国继续领跑全球风电》，《中国能源报》，2014 年 2 月 17 日。

王磊、刘文革：《中美新能源贸易领域的合作与摩擦》，《中国能源报》，2011 年 10 月 3 日。

王立：《光伏双反背后是争夺话语权》，《中国能源报》，2014 年 3 月 3 日。

雪峰：《美国的战略石油储备体系》，《全球科技经济瞭望》2004 年第

8 期。

谢磊：《美国石油战略解析》，《合作经济与科技》2007 年 9 月号下。

项卫星、王冠楠：《美国的汇率政治与人民币汇率之争》，《东北亚论坛》2015 年第 2 期。

薛力：《美国“再平衡战略”与中国“一带一路”》，《世界经济与政治》2016 年第 5 期。

徐莹：《中国参与能源国际组织的现状及前景》，《现代国际关系》2010 年第 12 期。

杨玉峰：《奥巴马政府能源新政及潜在影响》，《中国能源》2009 年第 6 期。

闫文虎：《美国中东“民主化”改造战略初探》，《西北第二民族学院学报》2004 年第 3 期。

余建华：《关于中阿能源合作的若干思考》，《阿拉伯世界研究》2010 年第 6 期。

袁胜育、钱平广：《美国中亚战略的困境、发展与转向》，《学术前沿》2016 年 6 月下。

严瑜：《大国频访多元力量博弈中亚（国际观察）》，《人民日报海外版》2015 年 11 月 5 日。

杨雷：《美国“新丝绸之路计划”的实施目标及其国际影响》，《新疆社会科学》2012 年第 5 期。

杨志敏：《中国与拉美国家能源合作问题分析》，《海外投资与出口信贷》2005 年第 6 期。

余升翔、马超群、王振红等：《能源金融的发展及其对我国的启示》，《国际石油经济》2007 年第 8 期。

于欢、仝晓波：《G20 能源部长会议达成多项共识形成 4 项成果，凸显八大亮点》，《中国能源报》，2016 年 7 月 4 日。

耶斯尔：《论美国的“新丝绸之路”战略》，《新疆大学学报》，2015 年 1 月。

耶斯尔：《2015 年美国在中亚新动向及其影响》，《和田师范专科学校学报》2016 年第 4 期。

周琪:《中美能源合作空间大于分歧》,《中国石油报》,2013 年 9 月 10 日。

赵宏图:《透视能源外交—兼谈对中国能源外交的思考》,《国际石油经济》,2007 年 10 月。

赵宏图:《关于中美能源合作的几点思考》,《现代国际关系》2006 年第 1 期。

赵可金:《全球化时代的新地缘理论》,《清华大学学报(哲学社会科学版)》,2008 年第 5 期。

赵明昊:《美国在南海问题上对华制衡的政策动向》,《现代国际关系》2016 年第 1 期。

赵承、冯坚、徐松:《温家宝出席世界未来能源峰会并提议建立全球能源市场治理机制》,《人民日报海外版》,2012 年 1 月 17 日。

赵庆寺:《金砖国家与全球能源治理:角色、责任与路径》,《当代世界与社会主义》2014 年第 1 期。

赵庆寺:《中国参与 G20 全球能源治理的策略选择》,《当代世界与社会主义》2015 年第 6 期。

张新利、翟晓敏:《20 世纪 70 年代美国对波斯湾的“双柱”政策》,《世界历史》2001 年第 4 期。

张建新:《21 世纪的国际能源安全问题》,《国际安全研究》2013 年第 6 期。

张抗:《美国能源独立和页岩气革命的深刻影响》,《中外能源》2012 年第 12 期。

张新华:《中国与中亚国家及俄罗斯能源合作探析———以丝绸之路经济带建设为视角》,《新疆社科论坛》2013 年第 6 期。

张铁根:《南海问题现状与前瞻》,《亚非纵横》2009 年第 5 期。

张明:《全球货币互换:现状、功能及国际货币体系改革的潜在方向》,《国际经济评论》2012 年第 6 期。

张司晨:《中美能源合作:成果、挑战与机遇》,《商业经济》2014 年第 12 期。

张敬伟：《亚投行撕开全球金融旧秩序铁幕》，《羊城晚报》，2015 年 3 月 30 日。

郑家平、王进：《特朗普能源政策对中国的影响及对策建议》，《中外能源观察》，2017 年 7 月 18 日。

朱锋：《“印太战略”阴影下的南海大国较量》，《世界知识》2018 年第 1 期。

朱轩彤：《中国参与全球能源治理之路》，IEA，2016 年 4 月。

朱雄关：《“一带一路”战略契机中的国家能源安全问题》，《云南社会科学》2015 年第 2 期。

朱耿华、陈丙先：《中东石油的忧与乐》，《百科知识》2006 年第 4 期。

钟银燕、仝晓：《新能源成中阿能源合作新热点》，《中国能源报》2013 年 9 月 23 日。

庄电一：《中阿合作的盛会世界交流的平台—首届中阿博览会成果丰硕》，《光明日报》，2013 年 9 月 20 日。

张国坤：《试论美国的中亚能源战略》，《世界地理研究》2003 年 9 月。

邹力行：《全球化中的中非能源合作》，《国际融资》2016 年 12 月。

祝惠春：《中国版原油期货破茧而出：将于 3 月 26 日挂牌交易》，《经济日报》，2018 年 2 月 12 日。

中华人民共和国国务院新闻办公室：《中国的能源政策（2012）》白皮书》，2012 年 10 月。

三、英文书目

Ben Dolven, Shirly A. Kan, Mark E. Manyin, “Maritime Territorial Disputes in East Adia: Issues for Congress”, CRS Report for Congress, January 30, 2013.

Benjamin J. Cohen, Currency Power: Understanding MonetaryRivalry, Princeton: Princeton University Press, 2015.

Bardou, Jean - Pierre Jean - Jacques Chanaron, Patrick Fridenson and James M Laux, *The Automoblie Revolution The lmpacto ofAn Industry*, Chapel Hill: University of North Carolina Press, 1982.

Bulent Gokay, The Politics of Oil. Haines House, 2006.

Benjamin Shwadran, *Middle East Oil Crisis Since 1973*, Boulder and London: West view Press, 1986.

Charles W. Hamilton, *American and oil in the Middle East*, Gulf Publishing Company, 1962.

Carlos Pascual and Jonathan Elkind, *Energy Security*, Washington, DC: Brookings Institution Press, 2010.

Chinese Academy of Engineering and National Research Council, *Personal Cars and China*, *Washington DC*, National Academies Press, 2003.

David E. Spiro, *The Hidden Hand of American Hegemony*: *Petrodollar Recycling and International Markets*, Ithaca: Cornell University Press, 1999.

David E. Spiro, *The Hidden Hand of American Hegemony*: *Petrodollar Recycling and International Markets*, Ithaca: Cornell University Press, 1999.

Downs E. The Brookings Foreign Policy StudiesEnergy Security Series: China. The Brookings Institution, December 2006.

Daniel Yergin, *The Prize*: *The Epic Quest for oil*, *Money*, *and Power*, New York: Simon and Schuster, 1991.

Doug Stokes and Sam Raphael. Global Energy Security and American Hegemony, Baltimore. The John Hopkings University Press. 2010.

E. N. Luttwak, *The Endangered American Dream*: *How to Stop United States Becoming A Third Country and How to Win the Geo - economics Struggle for industrial Supremacy* , New York: Simon and Schuster , 1993.

Edward W. Chester, *United States Oil Policy and Diplomacy*: *A Twentieth Century Overview*, Westport, Conn: Greenwood Press, 1983.

E. B. Brossard, *Petroleum Politics and Power*, Oklahoma: Pennwell Publishinf Company, 1983.

Foreign Policy Research Institute, *Oil Diplomacy: The Atlantic Nations in the Oil Crisis of 1978 – 1979*, Philadelphia, 1980.

Fiona Venn, *Oil Diplomacy in the Twenties Century*, Hampshire and London: MacMillan Education Lted. , 1986.

George W. Stocking, *Middle East Oil: A Study in Political and Economic Controversy*, Vanderbilt University Press, 1970.

Hans Morgenthau, *Polities Among Nations*, McGraw – Hill Humanities/Social Sciences/Langua, 1978.

Hans Jacob Bull – Bull – Berg, *American International oil Policy: Causal Factors and Effect*, London: France Pinter.

Hossein Amirsadeghi, Ed, The Security of the Persian Gulf (New York: St Martin's Press, 1981.

Henry Siegman, *US Middle East Policy and the Peace Process*, Report of an Independent Task Force Sponsored by Council on Foreign Relations, Brookings Institution Press, July 1997.

Ian Rutledge, *Addited to Oil: America's Relenless Drive for Energy Security*, London I. B. Tauris, 2005.

Joan Edelman Spero and Jeffery A. Hart, eds. , *The Politics of International Economic Relations*, 5th, New York: St Martin's Press, 1997.

Keith Crane, Andreas Goldthau, *Imported Oil and U. S. National Security*, Rand. 2009.

Klebanoff, S. , *Middle East Oil and U. S. Foreign Policy.* With Special Reference to the U. S. Energy Crisis. New York: 1974.

Kermit Roosevelt, Countercoup: *The Struggle for the Control of Iran*, New York: McGraw – Hill, 1981.

Leonard M. Fanning, *American Oil Operations Aboard*, New York and London: Mcgraw Hill Bppk Company, 1947.

Michael P. Crossant and Bulent Aras, *Oil and Geopolities in the Caspian Sea Region* WestPort Conn Praeger, 1999.

Michael T. Klare, *Blood and oil*, New York: Metropolitan Books.

Michael Tanzer, *The Energy Crisis: World Struggle for Power and Wealth*, New York: Monthly Review Press, 1974.

Melvin A. Conant, Fern Racine Gold, *The Geopolitics of Energy*, Colorado: Westiew Press, 1978.

Peter Gowan, 'The New American Century?', in Ken Coat (Ed.), The spokesman: The New American Century, spokesman Publisher: Nottingham, 2002.

Philippe Le Billon. The Geopolitics of Resource War: Resource Dependence Governance and Violence. Frank Cass. 2005.

Robert E. Harkavy, Great Power Copetition for oversea Bases: the Geopolitics of Access Diplomacy, New York: Pergamon Press, 1982.

Robert B. Krueger, *An Evaluation of the Option of the U. S. Government in Its Relationship to U. S. Firms in International Petroeum Affairs*, California Los Angeles, 1975.

Robert G. Darius, John W. Amos, Ralph H. Magnus, Gulf security into the 1980s: perceptual and strategic dimensions, Hoover Institution Press, Stanford University, 1984.

Ricarch P. Mattione, *OPEC's Investments and the International Financial System*, Washington, D. C.: The Brookings Institution, 1985.

Shaffer, *the United States and the Control of World Oil*, London: Croom Helm, 1983.

Schurr and Netschert, *Energy in the American Economy* 1850 – 1975, The Johns Hopkins Press, 1960.

Svante Karlsson, *Oil and World Order: American Foreign Oil Policy*, Warwick: Berg Publishers, 1986.

Schurmann F., *The Logic of World Power*, New York, 1974.

Shoshana Karlsson, *Middle East Oil and U. S. Foreign Policy: With Special*

Reference to the U. S. Energy Crisis, New York: Praeger Publishers, 1974.

Steven A. Schneider, *The oil Price Revolution*, Baltimore; Johns Hopkins University Press, 1983.

Svante Kar Lsson, *Oil and the World Oder*: *American Foreign Oil Policy*, Barens and Books1986.

VO Xuan Han. *Oil*, *the Persian Gulf States*, *and the United States*, Westport, Connecticut, 1994.

Vinod Kumavi, *The Energy and Society*, Newdelhii Discovery Publish House, 1994.

Walter J. Levy, *Oil Strategy and Politics*, *1941 – 1981*, Boulder, Colorado: Westview Press, 1982.

四、主要英文参考文章

Arvind Subramanian, Eclipse: Living in the Shadow of China's Economic Dominance, Washington, DC: Peterson Institute for International Economics, 2011.

Aviation Weekly and SpaceTechnology, Nov. 13th, 1972; International Herald Tribune, May 14th, 1973.

Antony J. Blinken, Deputy Secretary of State, Remarks at the Brookings Institute, "An Enduring Vision for Central Asia," http: //wwwstate. gov/s/d/2015/240013. htm.

Ambassador Matthew Nimetz, "Mediterranea Security After the Cold War," Mediterranea Quarterly 8, No 2, Spring 1997.

A. Bartlett III, R. Barton, J. Bartlett, G. Fowler, Jr. and C. Hays, *Pertamina*, *Indonesian National Oil*, 1972.

American Petroleum Institute, "Oil Diplomacy: The Fact and Myths Behind Foreign Oil Dependency", Hearing Before The Foreign Affairs Committee, June 20, 2002.

Serial, No. 107 – 197, http: //www. Foreign affairs. hoU. S. e. gov/archives.

BP, *BP Statistical Review of World Energy*, June 2001.

BP, *BP Statistical Review of World Energy*, June 2008.

BP, *BP Statistical Review of World Energy*, June 2009.

BP. *BP Statistical Reviewof World Energy*, June 2012.

BP, *BP Statistical Review of World Energy*, June 2015.

BP, *BP Statistical Review of World Energy*, June 2016.

BP, *BP Statistical Review of World Energy*, June 2017.

Carlos Pascual and Jonathan Elkind, Energy Security: Economics, Politics, Strategies and implications. Washington D. C. Brookings Institution Press, 2010.

Carlos Pascual, *The Geopolitics of Energy: From Security to Survival* [R/OL], http: // www. brookings. edu / papers / 2008/01_energy_pascual. aspx, 2008 - 08 - 18.

Christian E. Weller and Scott Lilly, *Oil Prices Up, Dollar Down - Coincidence*? Center for American Progress, 2004, November 30.

Christopher, "Thousand - Ship Navy", *Armed Force Journal*, December, 2006, http: // armed forcejournal. com /2006/12/2336959.

David Baldwin, "Power Analysis and World Politics - New Trends vs Old Tendencies", *World Politics*, *January* 1979.

Doe /EIA, *Annual Energy Review* 2008, http: //www. eia. doe. Gov/cmeu/ aer/ contents. html.

Doe /EIA, *Annual Energy Review* 2011, http: //www. eia. doe. Gov/cmeu/ aer/contents. Html.

Department of Defense, *United State Security for the Middle East*, 1995.

Donald Trump, Speech Delivered at the Republican Party PhiladelphiaRetreat via CNN, January 26, 2017, http: //www. cnn. com/TRANSCRIPTS/1701/26/wolf. 02. html.

Davied L. Goldwyn and J. Stephen Morrison, "A Strategic Approach to Governance and Security in the Gulf of Guinea：A Report of the CSIS Task Force on Gulf of Guinea Security，" CSIS，July 2005，p. 5，http//csis. org.

Eric S. McDuffie："Abama，the world，and Africa"，Souls：A Critical Journal of Black Politics，Culture，and Society，Vol. 14，2012.

EC Study on Energy Supply and Geopolitics，OECD/IEA，Paris，2004.

E. B. Brossard，*Petroleum Politics and Power*，Oklahoma：PennWell Publishing Company，1983.

EIA，Annual Energy Outlook 2014，April 2014.

EIA，Annual Energy Outlook 2012，April 2013.

EIA，"Overview of oil and natural gas in the Caspian Sea region"，Aug 26，2013，http：//www. eia. gov/beta/international/regions－topics. cfm? RegionTopicID = CSR.

Energy Information Administration，*Annual Energy Review* 2008.

Energy Information Adiministration，*Country Analysis Briefs*：*Nigeria*，April 2007.

Evan A. Feigenbaum，Deputy Assistant Secretary of State South and Central Asian Affairs，As Prepared Remarks to the U. S. －Kazakhstan Business Association and the American－Uzbekistan Chamber of Commerce，Washington，DC，March 20，2007，http：//www. state. gov/p/sca/rls/rm/2007/82024. htm

EIA，Annual Energy Outlook 2012，April 2013.

EIA，Annual Energy Outlook 2014，April 2014.

Ely Ratner et al，More Willing and Able：Charting China's In－ternational Security Activism，CNAS，May 2015.

Frank Umbach，*Global Energy Supply and Geopolitical Challenges*，*Asia and EuropeCooperating for Energy Security*，http：// en. dgap. org.

Fulton，George A.，Grimes，Donald R.，Schmidt，Lucie G.，McAlinden，Sean P. and Richardson，Babara C.，*Contribution of the Automotive Industry to the US Economy in* 1998，Institute of Labour and Industrial Relations，Office for the Study of Automotive Trancportation，University of Mikchigan（Winter 2001）.

Fulton et al. , *Contribution of the Automotive Industry to the US Economy in* 1998, by Institution of Labor and Industrial Relations University of Michigan.

Framwork Agreement between the Government of the United state of America, the Government of the Republic of Kazakhstan, the Govenmemt of the Kyrgyz Republic, the Government of tajikistan, the Government of the Republic of Turkmenistan, and the Government of the Republic of Uzbekistan concerning the Development of trade and Investment Relations, http: //www. bisnis. doc. gov / bisnis/bisdoc/0508TIFA. pdf.

G. Barrows, *Petroleum Legislation*, Supplement 7, 1973.

George H. W. Bush, "Statement on Trade Initiative for the Andean Region," 1 November 1989, http: //bushlib. tamu. edu/.

General James T. Hill, US Southern Command, Testimony before the House Armed Service Committee, Washington, March 24, 2004. http: // www. house. gov/.

Herberg M E. China. s Energy Consumption andOpportunities for U. S. – China Cooperation to Address theEffectsof China. s Energy Use. Testimony Before the U. S. – China Economic and Security Review Commission, 14 June, 2007.

Herman Franssen and Elaine Morton, "A Review of US Unilateral Sanction Against Iran", http: //mafhoum. com/press3/108E16. htm (2006 – 3 – 11)

Ian Noble, "Adaptation to Climate Change and the World Bank", presentation at UNFCC seminar "Development and Transfer of Environmentally Sound Technology

for Adaptation to Climate Change," Tobago, June 14 – 16, 2005.

IOSC (Information Office of the State Council, People's Republic of China) (2012), China's Energy Policy 2012, October 2012.

IEA, Energy Policies of IEA Countries 2014Review The United States.

IEA, "Fact Sheet on IEA Oil Stocks and Emergency Response Potential", http: //www. iea. org/dbtw – wpd/Textbase/Paper/2004/facesheetcover. pdf.

IEA, "Supply", *Oil Market Report*, September 9, 2005, p. 1, http://omrpublic. iea. org/ omrarchive /09sep05sup. pdf.

International Energy Agency, *Oil Market Report*, released 18 January 2007, http: // omrpublic. iea. org/omrarchive/ 18jan07full. pdf.

IEA, Energy Policies of IEA Countries: The United States 2014 review, December 2014.

Ian Rutledge, *Addited to Oil: America's Relenless Drive for Energy Security*, London I. B. Tauris, 2005.

J. R. Powell, *The Maxican Petroleun Industry*, 1938 – 1950, Russell & Russell, 1972.

Jim Nichol, "Central Asia's new state : Political Development and Implication for U. S Internet", CRS Issue Brif for Congress, March 1, 2001.

Jason Furman, Jim Stock, New Report: The All – of – the – Above Energy Strategy as a Path to Sustainable Economic Growth, May 29, 2014, https: //obamawhitehouse. archives. gov/blog/2014/05/29/new – report – all – above – energy – strategy – path – sustainable – economic – growth.

Jin Nichol, Turkmanistan: Recent Developments and U. S. Interests, Congressional Research Service, May 26, 2011, p. 7, http: //www. fas. org/ sgp/crs/row/97 –1055. pdf; TAPI Gas Pipeline Project, December 17, 2010, http: //www. state. gov/ r/ pa/ prs/2010/12/153121. htm.

Jude Clemente, "US Liquefied Natural Gas to China Is aGame – Changer," Forbes, May 25, 2017, https: //www. forbes. com/ sites/ judeclemente/2017/05/25/u – s – liquefied – natural – gas – to – china – is – a – gamechanger/#24c541b2671a.

Juli Macdnald, Amy Donahue, and Bethany Danyluk, Energy Future in Asia, Booz Allen Hamilton report sponsored by the Director of Net Assessment, Novmber 2004.

James Holms, "Faceoff: How America CanReally Stop China's Navy," The National Interest, October 5, 2015.

Keith Crane, Andreas Goldthau, *Imported Oil and U. S. National Security*, the Institute for 21st Century Energy U. S. Chamber of Commerce , 2009.

Kent Calder, *Fereidun Fesharaki*, *Energy and Security in Northeast Asia*: *Fueling Security*: *An IGCC Study Commissioned for the Northeast Asia Cooperation Dialogue* V Energy Workshop, 1996.

Krassimir Petrov, "*The Proposal Iranian Oil Bourse*," http: //www. energybulletin, net/12125. html.

Keith Crane, Andreas Goldthau, *Imported Oil and U. S. National Security*, Rand. May 11th, 2009.

Lucian Pugliaresi, "Will Latin America join petroleum's new world order? " in Oxford EnergyForum, Vol. 98, November 2014.

Lacob Kock – West, "Chinese Energy Engagement with Latin America: A Review of Recent Findings," Inter – America Dialogue, January, 2015.

Michael Christie, "Iraqi civilian death drop to lowest level of war," Reuters, November 30, 2009, http: //www. reuters. com/article/2009/11/30/idUSGEE5AT2AD.

National Energy Policy Development Group, *National Energy Policy*, May 2001.

Patrick M. Cronin et al., The Emerging Asia Power Web: The Rise of Bilateral Intra – Asian Security Ties, CNAS, June 2013.

Phillip Carter, "US Policy in Africa in the 21 Century," *Africa Center for Strategic Studies*, 9 February 2009. www. state. gov/.

Pamela Baldinger and Jennifer L. Turner, "Crouching Suspicions, Hidden Potential: United States Environmental and Energy Cooperation with China," Woodrow Wilson International Center for Scholars, 2002.

Peter Pace, Advanced Questions for Lieutenant General Peter Pace: Defense Reforms. US Senate Committee on Armed Services, 2000, www. senate. gov/; Admiral James G. Stavridis, the Posture Statement of United States Southern Command before the 110th Congress, 21 – 22 March 2007, www. Southcom. Mil/.

Phillip Carter, "US Policy in Africa in the 21 Century," *Africa Center for Strategic Studies*, 9 February 2009, http: //www. state. gov/.

Richard Walker, "U. S. Puts Boots on Ground Across Africa," March 25, 2012, http: //americanfreepress. net/? p =3376; "U. S. deploying troops to 35 African countries," http: //rt. com/usa/news/us – deploying – troops – order –749.

R. Evan Eillis, "The Strategic Dimension of Chinese Engagement with Latin America," William J. Perry Center for Hemispheric Defence Studies, 2013.

Robert Martinage, Toward a New Offset Strategy: Exploiting U. S. Long – Term Advantages to Restore U. S. Global Power Project Capacity, Center for Strategic and Budgetary Assessments, October 27, 2014.

Robert S. Price, "A Chronology of U. S. – China Energy Cooperation," The Atlantic Council of the United States, 2008.

Robert Skinner and Robert Arnott: the Oil Supply and Demand Context for Security of Oil Supply to the EU from the GCC Countries, Oxford Institute for Energy Studies, April 2, 2005.

Richard Nixon, United States foreign policy for the 1970's – to the Congress of the United, States, Address on the State of the Union, January 22, 1970.

Report of the National Energy Policy Development Group, National Energy Policy, May 2001.

Report of the National Energy Policy Development Group, *National Energy Policy*, May 2001.

Steven Liao and Daniel McDowell, Redback Rising: China's Bilateral Swapagreements and Renminbi Internationalization," International Studies Quarterly, Vol. 59, No. 3, 2015.

Shibely Telhami, Fiona Hill, "America's Vital Stakes in Saudi Arabia", *Foreign Affairs*, 2002 (6).

The National Security Strategy of the United States of America, Washington

D. C. : White house, March 2006.

Thomas, J. Christensen, "Shaping China's Global Choice Through Diplomacy", testimony before the U. S. – China Economic and Security Review Commission, March 18, 2008.

US Department of Energy, OTT, O*ak Ridge Natioanl Laboratory Transportation Energy Data Book*, Edition 21, Tennessee, 2001.

Nixon, *The Wars for Vietnam*, President Nixon's Speech on "Vietnamization", November 3, 1969.

Veronica Nmoma, "The Shift in United States – SudanRelations: A Troubled Relationship and the Need for Mutual Cooperation", The Journal of Conflict Studies, vol. 26, no. 2, 2006.

White House, *A National Security Strategy for a New Century*, October 1998, p55, http: // clinton2. nara. gov/.

William Martin, "Maintaining energy security in a global context", a report on the Trilateral Commission, 1996.

Ystein Noreng, *Oil Politics in the* 1980*s*: *Pattens of international cooperation*, New York: McGRAW – HillBook Company, 1978.

后记

这本书是我学习和研究能源地缘政治问题的又一阶段的总结，本书也是我承担的国家社科基金项目（12CGJ009）的研究成果，谨此感谢国家社科基金规划办。

在开展研究和写作的过程中，本书还得到了来自许多老师和朋友的指导和帮助。我要深深地感谢倪世雄教授、樊勇明教授、石源华教授、潘锐教授、赵可金教授、张建新教授给本书提出了宝贵的意见和建议。感谢上海外国语大学中东研究所刘中民研究员、孙德刚研究员以及所里其他老师对我的关心和帮助。感谢课题组成员周云亨副教授的支持和帮助。我还要感谢家人的默默支持、理解和包容。

在研究过程中，我非常有幸获得上海外国语大学“青年英才海外研修计划”项目的资助，在该项目的资助下，我于2015年2月到2016年2月到美国乔治城大学访学，收集有关资料，对有关能源地缘政治专家学者进行访谈，就有关能源地缘政治理论和战略问题进行学术探讨。在华盛顿期间，笔者还专程到美国国会图书馆、美国国家档案馆、乔治敦大学图书馆收集相关的资料。

本书获得国家社科基金的资助，为此我要感谢国家社科基金的评审专家对本成果的支持和肯定。我还要感谢上海外国语大学科研处“中央高校基本科研业务费以及上海外国语大学学术著作出版资助”，他们的及时资助使本书得以顺利出版。

潜旭明

己亥年冬于上外科研楼